미중
디지털
패권경쟁

기술·안보·권력의
복합지정학

서울대학교 미래전연구센터 총서 **5**

U.S.–China Digital
Hegemony Competition
The Complex Geopolitics of
Technology, Security and Power

미중
디지털
패권경쟁

기술·안보·권력의
복합지정학

김상배 지음

한울
아카데미

차 례

제2부 신흥안보 갈등의 복합지정학

제3부 신흥권력 경쟁의 세계정치

| 책머리에 |

　이 책은 필자의 단독 저서로는 다섯 번째 작업이다. 지난 15년여의 기간 동안 기획·편집한 책들을 50여 권 가까이 펴냈지만, 그래도 여전히 단독 저서의 출판에는 큰 의미를 두게 된다. 『정보화시대의 표준경쟁: 윈텔리즘과 일본의 컴퓨터 산업』(2007), 『정보혁명과 권력변환: 네트워크 정치학의 시각』(2010), 『아라크네의 국제정치학: 네트워크 세계정치이론의 도전』(2014), 『버추얼 창과 그물망 방패: 사이버 안보의 세계정치와 한국』(2018)에 이어 다시 한번 연구 결과물을 펴내게 되었다. 되돌아보니 대략 4년 단위로 출판된 작업 중에서 이 책은 순서상으로는 다섯 번째이지만, 그 문제의식의 기본 골격은 필자의 박사논문을 바탕으로 집필한, 첫 번째 책의 연구가 진행되었던 1990년대 후반으로 거슬러 올라간다.

　필자의 박사논문인 "Wintelism vs. Japan: Standards Competition and Institutional Adjustment in the Global Computer Industry"(2000)는 미국과 일본의 표준경쟁을 다루었다. 마이크로소프트의 PC 운영체계인 윈도(Windows)와 마이크로프로세서 업체인 인텔(Intel)을 합성해서 조어한 '윈텔리즘(Wintelism)'은 1990년대 미국의 기술패권을 상징하는 말이었다. 이러한 미국의 기술패권에 도전했지만, 결국 좌절했던 일본 컴퓨터 산업의 사례를 기술-제도-담론의 3차원 표준경쟁의 시각에서 분석한 논문이었다. 이를 다듬어서 낸 것이 『정보화시대의 표준경쟁』이었고, 그 책에 담지 못한 이론적 논의를 인터넷 시대의 버전으로 업그레이드하여 소개한 것이『정보혁명과 권력변환』이었다.

두 번째 책을 마무리할 무렵이던 2010년 1월 구글이 중국 시장에서 철수하겠다고 발표하면서 조명을 받게 된, 미국 기업들과 중국 정부의 갈등은 글로벌 패권경쟁을 첨단기술 경쟁의 시각에서 연구하던 필자의 연구 지평을 바꾸어놓았다. 정보통신기술 혁명의 초점 자체가 컴퓨터에서 인터넷으로 바뀌었을 뿐만 아니라, 그 경쟁을 벌이는 주체도 미국과 일본이 아니라 미국과 중국이 되었다. 이른바 글로벌 리더십의 장주기(long cycle) 이론에서 말하는 패권의 상승과 하강 및 도전의 내용과 주체가 완전히 바뀐 것이다. 원래 지역연구가 아니라 '과학기술 국제정치학'이라는 이슈연구의 시각에서 미일경쟁과 일본을 보았던 필자의 시야가 미중경쟁과 중국으로 바뀌는 순간이었다.

당시 주목한 것은 '비대칭 경쟁'의 축이 바뀌고 있다는 점이었다. 1990년대에는 미국 기업들과 일본 정부의 갈등이 주요 축이었다면, 2010년대를 거치면서 갈등의 축은 미국 기업들과 중국 정부 사이에 형성되었다. 그러던 것이 그 이후의 전개 양상을 보면 중국 기업들과 미국 정부의 갈등이 관건이 된 것이다. 이러한 경쟁의 주요 주체로 '규모의 게임'을 벌이는 양국의 국민도 관여하게 되었으며, 하물며 '비인간(non-human) 행위자'로서 인공지능(AI) 알고리즘에 대한 논의도 떠올랐다. 경쟁이 벌어지는 분야도 좁은 의미의 기술과 산업, 서비스의 경계를 넘어선 지 오래다. 기술경쟁에 안보 프레임이 씌워지며 지정학적 갈등이 부각되었을 뿐만 아니라 동맹과 외교, 국제규범이 미중이 벌이는 경쟁의 주요 쟁점이 되었다.

오늘날 미중경쟁의 과정에서 불거지는 주제들은 기존의 주류 국제정치이론이 설정한 논제의 경계를 넘어서는 것들이 많다. 필자의 세 번째 책인『아라크네의 국제정치학』은 '새 술을 담는 새 부대'로서 네트워크 세계정치이론을 개발하기 위한 모색이었으며, 표준경쟁, 공공외교, 사이버 안보, 문화산업, 지식질서의 다섯 가지 경험적 사례를 향후 연구 어젠다로 제시했다. 이들 사례 중에서 사이버 안보의 세계정치는 필자의 네 번째 책인『버추얼 창과 그물망 방패』에서 다룬 바 있다. 그리고 표준경쟁 연구를 좀 구체적으로 발전시켜 이번에 다섯 번째 책으로 내게 되었다. 대략 시기상으로 2017~2018년 이후의 지적 고민을 이 책에 실었다. 몇 군데에서 업데이트가 필요한 부분이 눈에 띄는 것은 이러한 이유이다.

이 책의 제목 '디지털 패권경쟁'이라는 용어에 대한 고민은 지난 30여 년 동안 이 주제를 보는 국제정치학 시각의 변천을 보여준다. 오늘날 미국과 중국이 첨단 부문에서 벌이는 경쟁을 단순히 기술경쟁이나 표준경쟁이라고만 부르기에는 뭔가 부족하다. 플랫폼 경쟁, 매력경쟁, 체제경쟁이라고도 해야 하고, 사이버 안보 갈등, 공급망 갈등, 데이터 규범 갈등이라고도 할 수 있으며, 첨단 군사기술 경쟁, 우주개발 경쟁, 미래전 전략경쟁이라고도 할 수 있는 양상이 더해지고 있다. 이러한 문제의식을 담아 이 책은 가장 포괄적인 의미에서 '디지털 패권경쟁'이라는 개념을 제안했다. 그러나 아이러니하게도 최근 코로나19 팬데믹의 발생으로 인한 바이오·제약 분야의 경쟁이나 양자(quantum) 기술경쟁의 부상은 '디지털'이라는 말 자체도 무색하게 만들고 있는 것으로 보인다.

이 책의 부제 '기술·안보·권력의 복합지정학'은 표준경쟁론, 신흥안보론, 복합지정학 등과 같이 이 책이 딛고 선 이론적 시각을 담고 있다. 여기서 핵심은 '창발(創發)' 또는 '신흥(新興)'으로 번역되는 'emergence'이다. 신흥기술 경쟁은 기술경쟁에서 플랫폼 경쟁과 매력경쟁으로 창발하는 미중경쟁의 양상을 개념화했다. 신흥안보 갈등은 전통 안보와 경제안보를 넘어서 사이버 안보, 공급망 안보, 데이터 안보 등을 내용으로 하는 디지털 안보의 창발을 담았다. 신흥권력 경쟁은 '자원권력'을 놓고 주로 국가 행위자들이 벌이는 고전지정학의 게임을 넘어서, '네트워크 권력'을 둘러싸고 다양한 행위자들이 벌이는 복합지정학의 메커니즘을 그려내고자 했다. 이러한 과정은 모두 네트워크 세계정치이론의 시각에서 본 '망제정치(網際政治, inter-network politics)'의 양상을 띠고 있음은 물론이다.

독자의 관점에서 궁극적으로 당연히 품게 되는 궁금증은 미중 디지털 패권

경쟁의 와중에 한국은 어떠한 전략을 추구할 것이냐의 문제일 것이다. '구조적 위치'의 파악과 '구조적 공백'의 공략, '비대칭적 관계 조율'의 전략, '개방적 호환성'의 플랫폼 전략, 다층적 틈새 전략과 복합적 연계 전략, 동지국가(like-minded countries)들과의 연대외교, 중견국의 규범·가치외교, 그리고 국내 거버넌스 체제의 정비 등으로 대변되는 과제들이 제기된다. 이와 관련된 고민은 결론에서 간략히 다루었다. 좀 더 본격적인 논의는 아마도 다음 책의 주제가 될 것이다. 여하튼 이 책에서 제기한 고민이 널리 공유되기를 기대해 본다. 이런 취지에서 원래 학술논문으로 쓴 글들이지만, 가능하면 읽기 어려운 구성을 피하려고 각 장의 초기 버전에는 다수 포함되었던 각주를 없애고 참고문헌도 최소화해서 다시 써보았다.

이 책이 나오기까지 도움을 주신 분들께 감사드린다. 무엇보다도 여러 공부 모임을 통해서 잉태된 아이디어들이 없었다면 이 책은 세상에 나오기 힘들었을 것이다. '정보세계정치학회'(구 정세연)의 정보혁명과 네트워크 세계정치 연구, '기술사회연구회'(기사연)의 정보혁명 또는 4차 산업혁명 연구, '미래전략네트워크'(미전네)의 신흥안보 연구, '글로벌디지털포럼'(글디포)의 디지털·데이터·플랫폼 국가전략 연구, '미래전연구센터'의 미래국방 패러다임 연구 등이 큰 밑거름이 되었다. 이 밖에 연구 진행 과정에서, 많은 분이 도와주셨지만 일일이 감사의 말씀을 전할 수 없어 죄송하다. 그럼에도 이 책의 교정 작업을 도와준 박사과정의 신승휴 학생과 김명하 학생에 대한 감사의 말은 빼놓을 수 없다. 끝으로 출판을 맡아준 한울엠플러스(주) 관계자 선생님들께도 감사의 말씀을 전한다.

2022년 임인년(壬寅年) 설날
우면산을 내다보며
김상배

서론

디지털 패권경쟁의 분석틀

1. 디지털 패권경쟁의 부상

최근 인공지능(AI), 빅데이터, 클라우드, 양자컴퓨팅, 사물인터넷(IoT), 블록체인 등과 같은 4차 산업혁명 분야의 기술에 대한 국제정치학의 관심이 커졌다. 이들은 '신흥기술(emerging technology)'이라고 할 수 있는데, 지금 한창 창발(創發, emergence)하고 있어서 그 외연과 내포가 명확하지 않은 첨단 부문의 기술이라는 특징을 지닌다. 일반적으로 알려진 정보통신기술(ICT)의 범위를 넘어서 사이버와 우주, 바이오, 양자(quantum) 기술 분야로 확장되면서 그 전략적 중요성이 커지고 있는 점도 특징이다. 무엇보다도 신흥기술은 미래 국력을 구성하는 핵심 요소로 인식되고 있다. 다시 말해, 신흥기술의 선도적 개발과 성공적 적용은 국력의 우위를 보장하고 더 나아가 글로벌 패권의 장악을 위해서 필요한 요체로 인식되고 있다.

미래 글로벌 패권을 놓고 벌이는 미국과 중국의 경쟁이 점점 더 복잡한 양상으로 전개되고 있다. 두 강대국의 경쟁은 다양한 분야에서 진행되고 있지만, 그중에서도 핵심은 정보통신산업 분야의 신흥기술 경쟁이다. 그중에서도 최근 미중 양국이 벌이는 신흥기술 경쟁의 가장 큰 현안은 5G 이동통신 장비와 반도체이다. 배터리나 백신 기술경쟁도 한몫 거들었다. 이 분야들은 미국의 대중국 의존도가 높은 분야여서 양국 갈등이 악화될 경우 미국의 공급망을 위협할 우려가 있다. 최근 양국의 경쟁이 기업들이 벌이는 경쟁을 넘어서 정부뿐만 아니라 국민도 가세하는 다차원적인 국력 경쟁으로 이해되는 대목이다.

최근 미중 기술경쟁에서 두드러진 현상은 기술과 안보의 만남이다. 4차 산업혁명 시대를 맞아 신흥기술이 미래 국력의 핵심으로 인식되면서, 이들 기술은 단순한 기업경쟁력의 변수가 아니라 국가안보를 좌지우지할 핵심 변수로 강조되고 있다. 이러한 과정에서 신흥기술은 지정학적 경쟁의 대상으로 부각되고 있다. 디지털 인프라의 사이버 안보와 공급망의 경제안보 문제가 불거지고, 인공지능을 탑재한 무기체계, 양자 기술의 군사적 활용, 극초음속 미사일의 도입 등과 같은 군사안보 문제가 쟁점이 되었다. 신흥기술의 개발과 활용은 군사혁신을 촉진할 뿐만 아니라 미래 전쟁의 승패를 가를 변수로 자리매김해 가고 있다.

오늘날 4차 산업혁명 분야의 신흥기술이 지닌 안보적 함의는 전통 안보의 경계를 넘어선다. 국가 행위자에 의한 군사화·무기화뿐만 아니라 비국가 행위자에 의한 악용 가능성도 문제다. 게다가 이 기술들은 상업적 용도와 함께 군사적 함의를 지닌 민군겸용(dual-use)인 경우가 많다. 신흥안보(emerging security)에 주는 함의에도 주목해야 한다. 겉으로 보기에는 안보와 큰 관련이 없어 보이는 기술도 그 창발의 과정에서 매우 중요한 군사안보적 성격이 드러나기도 한다. 따라서 이들 기술이 초래할 미래의 위협을 주관적으로 구성하는 안보화(securitization)의 메커니즘이 중요하게 작동한다. 이러한 특성상 시스템의 안보, 개인정보의 보호나 데이터 안보, 인터넷 커뮤니케이션의 행태, 전략물자의 수출입 통제 등도 쟁점이다.

이러한 시각에서 보면 미중 기술경쟁은 좁은 의미로 이해하는 '기술경쟁'이 아니라 좀 더 넓은 의미에서 본 '디지털 패권경쟁'이다. '디지털 기술을 매개로 한 글로벌 패권경쟁'의 부상을 극명하게 보여주는 사례들이 늘어나고 있다. 초기 쟁점이었던 사이버 안보가 양적으로 늘어나고 있을 뿐만 아니라 여타 다양한 이슈와도 연계되고 있다. 최근 미중경쟁의 불꽃이 무역, 관세, 환율, 자원, 전쟁, 동맹, 외교, 국제규범 등의 분야로 번져가고 있다. 이러한 과정에서 신흥기술을 둘러싼 미중경쟁은 일부 분야에 국한된 이해 갈등이 아니라, 미래 글로벌 패권경쟁을 거론할 정도로 양국의 사활을 건 중대 사안으로 진화하고 있다.

이 책에서는 이러한 확대와 진화의 양상을 체계적으로 그려내기 위해서 복잡계 이론에 기원을 두는 'emergence'의 개념을 원용했다. 'emergence'는 자연과학계에서 흔히 '창발(創發)'이라고 번역되는데, 이 책은 '신흥(新興)'으로 번역했다. '창발' 또는 '신흥'은, 미시적 단계에서는 카오스(chaos) 상태였던 현상이 자기조직화(self-organization)의 복잡한 상호작용을 거치면서 질서(order)가 창발하여 거시적 단계에 이르면 일정한 패턴(pattern)과 규칙성(regularities)을 드러내는 과정을 의미한다. 오늘날 미중이 벌이는 디지털 패권경쟁은 바로 이러한 미시적-거시적 창발의 메커니즘을 따라서 진화하는 속성을 지닌다.

신흥기술과 관련된 디지털 패권경쟁은 초기에는 부문별 기술경쟁 정도로만 이해되는 미시적 차원의 문제였을지라도, 그 양이 늘어나면서 '국가안보'의 문제로 비화되는 성격을 지닌다. 그야말로 양질전화(量質轉化)이다. 또한 신흥기술 안보의 문제가 오프라인 공간의 무역이나 금융과 같은 경제안보 문제와 만나고 더 나아가 사이버 공간의 데이터 안보 문제 등과 만나면서 안보 문제로서의 폭발력을 키워나간다. 이는 신흥기술 안보의 이슈연계 메커니즘이다. 결국 이러한 신흥기술 안보의 양적·질적 창발 과정이 군사나 외교와 같은 전통 안보의 영역에 이르게 되면 기술안보의 문제는 지정학적 경쟁의 대상으로 자리매김하게 된다.

신흥기술이 지정학적 문제가 되었다지만, 이것이 단순히 '전통 지정학'의 부활을 의미하는 것은 아니다. 오늘날 신흥기술 안보는 사이버 공간을 매개로 이루어지는 탈(脫)지리적 공간의 디지털 안보이다. 게다가 아무리 영토국가들의 이해 갈등이 부각되더라도, 디지털 안보를 이해함에 있어서 첨단 부문에서 초국적 자본이 추동하는 지구화의 추세를 무시할 수는 없다. 게다가 디지털 안보의 창발 과정에서는 객관적으로 실재하는 위협의 존재만큼이나 그 위협을 주관적으로 구성해 내는 담론정치의 과정도 매우 중요하다. 새로운 권력정치의 양상을 모두 담아내기 위해서는 새로운 지정학으로서 '복합지정학(Complex Geopolitics)'의 시각이 필요하다.

2. 신흥기술 경쟁의 분석틀

1) 기술-표준-매력의 3단 문턱

최근 첨단 부문의 경쟁은 단순히 값싸고 좋은 반도체, 성능 좋은 소프트웨어나 컴퓨터, 빠르게 접속되는 인터넷 등을 만들기 위해서 벌였던 예전의 경쟁과는 다른 면모를 보인다. 다시 말해, 제품경쟁이나 기술경쟁과 같이 기업이나 국가가 자원을 확보하거나 역량을 기르는 차원의 경쟁을 넘어선다. 물론 이러한 경쟁에서 이기기 위해서 충분한 자본과 첨단의 기술력을 확보하는 것이 중요하다는 사실은 부인할 수 없다. 그러나 복합적인 네트워크와 미디어 융합 환경에서 벌어지는 ICT 분야의 경쟁에서는 시장의 표준을 장악하는 것뿐만 아니라 소비자들의 취향을 만족시키기 위해서 매력을 발산하는 능력을 갖추는 것도 매우 중요한 관건이다. 요컨대, 첨단 부문의 경쟁은 자본과 기술의 평면적 경쟁을 넘어서 시장의 표준과 내용적 매력을 장악하기 위해 벌이는 플랫폼 경쟁의 양상을 드러내고 있다(김상배, 2017).

이 책은 신흥기술 경쟁을 체계적으로 이해하기 위해서, **그림 1**에서 보는 바와 같이 기술혁신, 표준 설정, 매력 발산 등으로 요약되는 '3단 문턱'의 분석틀을 마련했다. 이러한 세 가지 문턱은 논리적 설정이기도 하지만 지난 40여 년 동안 약 15년을 주기로 부상했던 (넓은 의미에서 본) ICT 분야 경쟁 양식의 진화를 보여준다. 20세기 중후반 이래 (약간의 우여곡절은 있었지만) 대체로 미국은

그림 1 신흥기술 경쟁의 분석틀

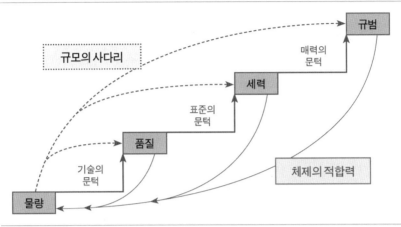

자료: 저자 작성.

이들 문턱을 모두 장악하고 첨단 부문의 혁신을 주도했다. 1980~1990년대 ICT 패러다임의 하드웨어 분야 기술경쟁에서 일본이 미국의 기술패권을 바싹 추격했지만, 1990~2000년대 ICT의 초점이 소프트웨어와 인터넷 분야의 표준 경쟁으로 옮겨가면서 미국은 일본의 추격을 따돌리고 주도권을 되찾았다. 2010년대 이후 서비스와 콘텐츠의 매력경쟁에서도 미국이 주도권을 잡고 있는 가운데 중국이 도전장을 내밀고 있는 상황이다. 그렇다면 향후 20여 년 동안 펼쳐질 것으로 예상되는 새로운 경쟁의 국면에서 중국은 3단 문턱을 넘어서 미국의 주도권에 도전할 수 있을까?

첫째, 중국은 '물량'에서 '품질'로 가는 기술의 문턱을 넘어설 수 있을까? 기술의 문턱은 토지, 노동, 자본의 생산요소를 투입하는 양적 성장을 넘어서 기술혁신을 통해 질적 경쟁력을 확보하는 문제를 의미한다. 일찍이 미국의 경제학자인 폴 크루그먼(Paul Krugman)이 1990년대 이전에 양적 성장을 이룩해 온 동아시아 국가들이 넘지 못할 것이라고 지적했던 기술혁신의 문턱이기도 하다 (Krugman, 1994). 이러한 기술의 문턱을 넘는 문제는 20세기 후반 미국과 일본이 벌였던 산업경쟁의 핵심이기도 했다. 마찬가지로 오늘날 미중경쟁의 기저에도 이러한 기술의 문턱을 넘는 문제가 관건이 된다. 여태까지 중국의 성장이 생산요소의 투입에 의한 양적 성장에 크게 의존했다면 앞으로는 기술혁신을 통한 질적 성장을 이룩해야만 할 것이다. 다시 말해 중국이 추격게임을 넘어서 선도게임을 벌이기 위해서는 반드시 넘어야 할 문턱이다. 이러한 과제는 첨단 부문의 경쟁에서도 관건이 될 것이다.

둘째, 중국은 '품질'에서 '세력'으로 가는 표준의 문턱을 넘어설 수 있을까? 표준의 문턱은 단순한 기술혁신의 문제를 넘어 게임의 규칙과 제도를 설정하는 문제를 의미한다. 표준의 문턱을 넘는 일은 좋은 품질의 제품이 아니더라도 많은 이들에 의해서 채택되는 게 중요하다는 의미에서 '세력'의 문제이다. 표준은 하드웨어 분야보다도 소프트웨어 분야에서 더욱 문제시된다. 1990년대 제조업 분야의 성공을 바탕으로 미국의 패권에 도전했던 일본은 결국 소프트웨어 분야에서는 표준의 문턱을 넘지 못하고 좌절했다. 중국도 ICT 분야에서 표준의 중요성을 일찌감치 깨닫고 컴퓨터 소프트웨어나 모바일 분야를 중심으로 독자표준을 수립하기 위해 노력해 왔다. 그러나 중국의 표준은 여전히 중국 내에서만 통하는 정도였고 글로벌 표준이 되지는 못했다. 이러한 표준의 문턱은 단지 기술표준의 문제를 넘어서 비즈니스 모델이나 정책과 제도 또는 가치 등의 표준에까지 영향을 미친다.

끝으로, 중국은 '세력'에서 '규범'으로 가는 매력의 문턱을 넘어설 수 있을까? 매력의 문턱은 단순히 구조와 제도를 장악하는 차원을 넘어서 설득과 동의를 바탕으로 한 규범을 설정하는 문제를 의미한다. 하드웨어 중심의 제조업과는 달리 최근 더 그 의미가 부각되고 있는 미디어·콘텐츠 산업의 경우에는 상대방의 마음을 얻는 콘텐츠를 생산하고 이것을 가지고 누가 더 많은 감동을 만들어낼 수 있느냐가 관건이다. 단순히 감각적이거나 지적인 감동뿐만 아니라 마음의 감동을 끌어내는 것이 중요하다. 더 나아가 매력적인 콘텐츠만 생산하는 것이 아니라 이를 전파하고 소통하는 문제도 중요하며 이를 다루는 국가의 제도와 문화가 얼마나 본받을 만한가의 문제도 중요하다. 이런 점에서 보면 매력의 문턱은 보편적 가치관과 세계관을 포함하는 규범을 세우는 문제를 의미한다. 기술이나 표준의 경우와 마찬가지로 이러한 매력의 문턱도 지금까지는 미국이 장악하고 있다. ICT 분야에서 중국이 벌이는 도전은 이러한 매력의 문턱을 넘어서야 하는 과제를 안고 있다.

이상에서 언급한 기술경쟁, 표준경쟁, 매력경쟁은 전자가 후자를 순차적으로 대체하면서 출현하는 것이 아니라 역사의 전개와 함께 축차적으로 중첩되면서 동시에 발생한다. 그러나 ICT 패러다임이 진화하면서 경쟁의 종합 성적을 결정하는 가중치를 지닌 무게중심이 후자로 이동하고 있음에 주목해야 한다. 다시 말해 ICT 산업이 확대·발전하면서 그 핵심이 하드웨어에서 소프트웨어로, 그리고 서비스와 콘텐츠로 이동하고 있다. 2020년대 초중반을 기점으로 해서 향후 15년을 주기로 하는 새로운 양식의 게임이 출현할 것으로 예상된다. 따라서 첨단 부문에서의 경쟁이 지니는 국제정치학적 함의를 떠올리면, 미래의 패러다임에서 무엇이 첨단 부문으로 부상할 것인지, 그 첨단 부문에서는 어떠한 경쟁이 지배적인 양식으로 부상할 것인지, 그리고 이에 누가 더 잘 적응할 것인지를 미리 읽어내는 것은 중요한 일이 아닐 수 없다.

2) 규모와 체제의 변수

신흥 첨단 부문의 미중경쟁을 제대로 전망하기 위해서는 일차적으로 앞서 설명한 3단 문턱에서의 경쟁의 향배를 살펴보는 것이 중요하다. 그런데 오늘날 ICT 분야에서 벌어지고 있는 경쟁의 양상을 보면, 3단 문턱을 보완하는 새로운 변수에 대한 검토도 필요하다. 왜냐하면 네트워크 환경에서 벌어질 신흥 첨단 부문의 경쟁이 과거와 같은 단선적 경로(기술경쟁-표준경쟁-매력경쟁으로 이어지는 그림 1 중앙의 계단형 굵은 실선 화살표)만을 따라서 발생하리란 보장은 없기 때문이다. 네트워크와 미디어 융합의 시대를 맞이하여 유례없이 이른바

'규모(scale)의 변수'를 놓고 벌이는 경쟁이 중요해졌다. 기술-표준-매력의 문턱을 넘는 게임이 '첨단 부문 경쟁 1.0'이라고 한다면, **그림 1**에서 묘사한 '규모의 사다리'는 '첨단 부문 경쟁 2.0'(그림 1 상단의 반타원형 점선 화살표)이라고 부를 수 있을 것이다. 이러한 규모의 경쟁에서는 '더 좋은(better)' 게 이기는 것이 아니라, '더 큰(bigger)' 것이 승리한다. 게임의 기본 논리가 '자원권력'의 게임이 아니라 '네트워크 권력'의 게임이기 때문이다.

실제로 네트워크와 미디어 융합을 특징으로 하는 ICT 분야에서는 질적으로는 부족하더라도 양적으로 많이 모여서 큰 규모를 이루고 이를 바탕으로 '기술'과 '표준'과 '매력'의 문턱을 넘는 일이 생길 수 있다. 이는 양적 증대가 질적 변화를 일으키는, 이른바 양질전화(量質轉化)의 발생을 뜻한다. 여기서 관건은 단지 숫자만 많다는 것이 아니라 작은 단위들이 중첩적으로 관계를 맺으면서 중간 단위와 대단위로 사다리를 타고 올라가 임계점을 넘어서게 되면서, 작은 단위에서는 볼 수 없었던 새로운 패턴이 창발하는 문제이다. 단순한 제품경쟁이나 기술경쟁과 같은 자원권력 게임이 아니라 표준경쟁이나 매력경쟁과 같은 네트워크 권력게임이 발생하는 신흥 첨단 부문 산업의 경우, 이러한 '규모의 사다리'는 승패를 결정하는 큰 변수로 작동할 수 있다. 이러한 관점에서 보면 중국이 인터넷 분야에서 규모의 힘을 바탕으로 해서, 정상적인 3단 문턱의 게임을 우회하여 새로운 표준과 매력을 장악할 가능성이 없지 않다. 여기서 더 주목해야 할 사실은 규모의 게임은 국가 행위자보다는 민간 기업이나 일반 국민 등과 같은 비국가 행위자들이 더 중요한 역할을 담당할 수도 있다는 사실이다.

좀 더 구체적으로 이러한 규모의 논리는 기술-표준-매력 경쟁의 양식에 각기 투영되면서 새로운 변화의 단초를 끌어내고 있다. 예를 들어 기술경쟁의 경우, 자체적인 기술혁신을 통해서 품질의 우위를 획득하는 것이 통례이지만, '규모의 경제'의 힘에 기댄 투자, 인수, 합병, 합작, 매입 등을 통해서도 기술의 문턱을 넘을 수 있다는 것은 이미 잘 알려진 사실이다. 표준경쟁의 경우를 보더라도, 초창기 ICT 산업에서는 주로 생산자가 주도하여 위로부터 표준을 세우는 것이 일반적이었다면, 오늘날 네트워크 시대에는 사용자들의 규모에서 비롯되는 아래로부터의 힘을 고려하지 않으면 아무리 지배적인 사업자라도 시장에서 표준을 장악하지 못하는 상황이 발생하곤 한다. 이렇게 표준과 규모가 결합하여 시너지 효과를 내는 오늘날의 사례가 바로 플랫폼 경쟁이다. 마찬가지로 매력경쟁의 경우에도 과거에는 '모두를 감동시키는' 좋은 콘텐츠를 생산해서 파는 것이 주안점이었다면, 오늘날에는 맞춤형 콘텐츠를 공유하는 사용자들이 모이는 플랫폼을 제공하고 그 플랫폼 위에 모이는 사용자들을 활용하여 또 다른 가치를 창출하는 새로운 비즈니스가 관건이 되고 있다.

이러한 규모의 변수와 더불어 신흥 첨단 부문의 경쟁을 입체적으로 이해하기 위해서는 이른바 '체제 변수'를 놓치지 말아야 한다. 이는 **그림 1**에서 묘사한 바와 같이, 규모의 사다리와는 반대 방향에서 작동하는 '체제의 적합력(fitness)'이다(그림 1 하단의 반타원형 가는 실선 화살표). 이러한 체제 변수는 새로운 요인이라기보다는 전통적으로 작동해 왔던 변수이다. 굳이 명명하자면, 앞서 언급한 '첨단 부문 경쟁 1.0'과 '첨단 부문 경쟁 2.0' 사이에서 결과값의 내용에 영향을 미치는 매개변수라는 의미로 '첨단 부문 경쟁 1.5'라고 부를 수 있다. 여기서 주목할 점은 앞서 설명한 경쟁의 양식들이 주로 민간 기업이나 소비자 또는 사용자들에 의해서 추동되었다면, 체제의 적합력을 확보하기 위한 경쟁에서 주요 행위자는 국가라는 점이다. 기술-표준-매력의 문턱을 넘기 위해서 또는 규모의 사다리를 제대로 타고 올라가기 위해서는 새로운 환경 변화에 적응하여 기존의 정책과 제도를 효과적으로 변화시킬 수 있는 국가의 능력, 즉 적합력을 얼마나 보유하고 있느냐가 관건이 된다.

예를 들어, 1980~1990년대 ICT 패러다임하에서 일본이 미국을 성공적으로 추격할 수 있었던 주요 요인 중 하나는 이른바 '발전국가 모델'로 대변되는 일본의 체제 변수였다. 그러나 기존의 하드웨어 산업이 아닌 소프트웨어와 인터넷을 첨단 부문으로 하는 표준경쟁의 국면에 이르러서는 일본 모델로 대변되는 체제 변수가 새로운 경쟁력을 창출하는 데 오히려 걸림돌로 작동했다. 이에 비해, 한때 쇠퇴하는 것처럼 보였던 미국의 패권이 부활하게 된 데에는 실리콘 밸리 모델로 대변되는 미국 체제의 적합력이 큰 역할을 했다. 이러한 시각에서 보면, 오늘날 신흥 첨단 부문의 경쟁에서도 주도국인 미국이나 도전국인 중국의 체제가 보유하고 있는 적합력이 관건이 되지 않을 수 없다. 그렇다면 현재 중국 체제에서 신흥 첨단 부문 경쟁을 뒷받침할 정도의 적합력을 기대할 수 있을까? 미래의 ICT 분야 경쟁을 전개해 나가는 데 있어서 중국이 여태까지 취해 온 국가 주도 모델이 계속 효과를 발휘할 것인가, 아니면 오히려 걸림돌로 작동할 것인가?

요컨대, 신흥 첨단 부문에서 벌어지는 미중 디지털 패권경쟁은 앞서 언급한 3단 문턱의 경쟁, 즉 기술경쟁, 표준경쟁, 매력경쟁의 종합적 결과에 따라서 판가름 날 것이다. ICT 산업의 역사를 보면 이러한 3단 문턱 경쟁은 일종의 '상수'라고 할 수 있다. 그러나 앞서 언급한 규모의 사다리와 체제의 적합력이 '변수'로 작동할 것이다. 특히 앞으로 출현할 미래 기술 패러다임에서는 이러한 '변수'가 더 중요한 역할을 할지도 모른다. 왜냐하면 ICT 산업의 경쟁은 전통적인 국가 행위자들만의 게임이 아니고 국가-비국가 복합 행위자들이 벌이는 게임이기 때문이다. 게다가 이러한 경쟁의 결과는 자원권력 게임에서 보는 것과 같은 단순한 권력이동과 수평적 세력전이보다는 좀 더 복합적인 모습으로 나타날 가능성이 크다. 다시 말해 경쟁의 분야별로 주도권의 패턴이 교차되면서 경쟁과 협력이 동시에 진행되며 형성되는 공생적 경쟁의 세력망(network of powers)이 출현할 가능성이 커 보인다.

3. 신흥안보 갈등의 분석틀

1) 신흥안보로 보는 디지털 안보

4차 산업혁명 분야의 신흥기술 경쟁이 디지털 안보와 만나는 방식은 예전과
는 다르다. 국가안보 또는 군사적 함의를 지닌 기술의 안보만을 논하는 것이
아니다. 오늘날 디지털 안보는 미래 국력경쟁에서 기술 변수가 차지하는 비중
이 커지면서 비국가 행위자들이 직간접적으로 개입하는 과정에서 촉발된다.
그림 2에서 보는 바와 같이, 다양한 분야에서 시작된 기술 관련 안보위협이 창
발의 메커니즘을 따라서 양적·질적으로 진화하면서 국가 간 이해 갈등과 물리
적 충돌을 예견케 하는 지정학적 이슈로 발전하고 있다. 이런 점에서 디지털
안보는 미시적 안전(安全, safety)의 문제가 거시적 안보(安保, security) 문제가
되는 '신흥안보(新興安保, emerging security)'의 대표적 사례라고 할 수 있다(김상
배, 2016).

그림 2 신흥안보 갈등의 분석틀

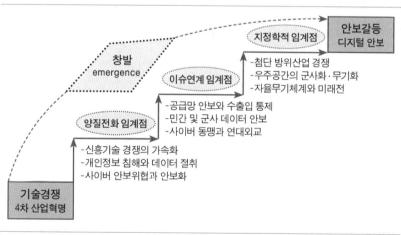

자료: 저자 작성.

첫째, 디지털 안보 문제는 양적 증대가 질적 변화를 야기하는 '양질전화'의 과정을 거쳐서 발생한다. 신흥기술을 둘러싼 국가 간 경쟁의 가속화는 기술안보의 환경을 조성한다. 최근 사이버 공격의 건수는 매년 가파르게 증가하고 있으며, 그 목적도 개인·기업 정보의 절취와 금전 취득을 위한 해킹에서부터 국가 기간시설의 교란과 시스템 파괴에 이르기까지 다변화되고 있다. 또한 그 공격수법도 디도스 공격에서부터 악성코드의 침투, 랜섬웨어의 유포 등으로 진화하고 있다. 사이버 공격의 주체도 단순한 해커의 장난이나 테러리스트의 저항수단에서 국가 지원 해킹으로 다양화되고 있다. 더 나아가 사이버 공격은 타국의 선거 개입 등과 같은 사이버 정보·심리전과도 연계되면서 그 위험성이 증폭되고 있다. 군사적 관점에서도 보아도 사이버 안보는 육·해·공을 넘어서 4차원의 우주공간과 5차원의 사이버 공간에서 벌어지는 미래전의 한 양식으로서 사이버·전자전의 부상을 의미한다.

둘째, 디지털 안보 문제는 미시적인 안전의 문제로 시작하지만 다양한 '이슈연계'의 메커니즘을 따라서 복잡화되는 성격이 있다. 최근 사이버 안보는 국가 기밀을 담은 데이터의 유출 및 경제적 가치가 높은 지적재산의 절취와 연계되어 통상마찰을 야기하는 문제로 인식되고 있다. 최근 미국과 중국, 그리고 러시아 등 강대국들이 사이버 안보와 관련된 IT 보안제품의 수출입 문제를 연계시키면서 이 분야의 다국적 기업들에 대한 규제가 강화되고 있다. 게다가 이러한 사이버 안보 관련 통상 문제는 민간 분야 데이터의 국경 간 이동 문제나 군사 분야의 정찰과 첩보 문제와도 연계되는 양상을 보이고 있다. 이와 병행하여 신흥기술 및 디지털 안보 분야의 동맹 및 연대외교의 움직임도 전개되고 있으며, 디지털 안보 관련 기술의 미래를 규제하려는 국제규범을 마련하는 시도도 진행되고 있다.

끝으로, 기술안보와 경제안보에서 시작되어 양적으로 늘어나고 질적으로 변화의 과정을 밟은 디지털 안보 문제는 지정학적 분쟁으로 발전할 가능성이 커졌다. 민군겸용기술의 함의가 큰 첨단 방위산업의 국가 간 경쟁도 유발되었다.

이러한 과정에서 기술안보는 오프라인과 온라인의 수출입 통제 문제와 연계되며 포괄적인 디지털 안보의 문제로 상승한다. 사이버 공격은 육·해·공의 재래식 전쟁과 연계되어 수행되며, 전자전·우주전과 결합되고, 인공지능과 같은 4차 산업혁명 분야의 기술과도 연동되고 있다. 최근에는 드론을 활용한 군사작전이 노골적으로 수행되면서 논란이 일기도 했다. 이러한 맥락에서 강대국들은 군사전략 추진의 일환으로서 자율무기체계의 도입 경쟁을 벌이고 있으며, 이러한 변화는 근대 전쟁과는 구별되는 새로운 전쟁양식의 출현을 예견케 한다.

이러한 관점에서 보면 신흥안보로서 디지털 안보 경쟁은 전통 안보의 지정학적 경쟁의 문제들로 귀결되는 모습을 보이고 있다. 그러나 디지털 안보를 단순히 전통적인 지정학의 시각에서만 규정하기는 어렵다. 사실 4차 산업혁명 시대의 디지털 안보 문제는 기본적으로 영토국가의 경계를 넘어서는 과정에서 발생하는 성격을 지닌다. 그러나 좁은 의미의 지정학을 넘어서려는 시도를 강조하려는 것이 자칫 기존의 (고전)지정학의 시각을 폐기하는 데로 기울어서는 안 된다. 오히려 디지털 안보의 세계정치를 제대로 이해하는 데 필요한 것은 기존의 지정학을 포괄하면서도 새로운 시각을 품어서 엮어내는 좀 더 복합적인 분석틀의 개발이다.

2) 디지털 안보의 복합지정학

기본적으로 디지털 안보가 창발하는 과정은 우리가 알고 있던 지정학의 시각을 넘어선다. 무엇보다도 안보위협의 기반이 되는 신흥기술 변수, 즉 인터넷과 악성코드, 인공지능이나 로봇 등과 같은 첨단기술은 기본적으로 지리적 공간을 초월하는 사이버 공간을 배경으로 작동한다. 이러한 사이버 공간은 정보통신과 인터넷의 복합 네트워크가 만들어내는 '흐름으로서의 공간(space as flows)' 또는 탈(脫)지정학적 공간이다. 사실 사이버 공간은 새로운 기술공간의 의미를 넘어서 주요 행위자들이 서로 관계를 맺는 세계정치 공간의 부상을 의미한다.

최근의 양상은 지정학 시각에서 본 전통 공간의 동맹과 연대가 사이버 공간으로 확장되면서 새로운 질서를 모색하려는 모습을 나타낸다. 이러한 과정에서 미국 중심의 서방 진영과 중국 주도의 비서방 진영의 지정학적 대립 구도가 사이버 공간의 거버넌스에서 나타나고 있음에 주목해야 한다. 탈지정학적 사이버 공간을 배경으로 발생하는 디지털 안보의 세계정치에는, **그림 2**에서 제시한, 세 가지 차원의 임계점을 넘는 '복합지정학'의 메커니즘이 작동한다.

첫째, 디지털 안보의 위협이 '양질전화 임계점'의 문턱에 접근하는 과정에서 '안보화' 담론 생성의 '비판지정학'이 작동한다. 비판지정학은 특정한 발언이나 재현을 통해 영향력을 갖게 되는 담론적 실천이 지정학적 현실을 구성 및 재구성하는 과정에 주목한다. 지정학적 지식이 어떤 특정 정치집단에 의해 이용되고 생산되고 왜곡되는지와 관련된 권력 과정의 분석이 주요 관심사이다. 이런 점에서 비판지정학은 구성주의 국제정치이론과 맥이 닿는다. 사실 디지털 안보는 객관적으로 '실재하는 위험'만큼이나 위험을 주관적으로 '구성하는 과정', 즉 국제안보 연구의 코펜하겐 학파에서 말하는 '안보화(securitization)'가 중요한 게임이다. 1980년대에 등장한 비판지정학의 시각은 구성주의와 포스트모더니즘의 영향을 받아 기존의 지정학이 원용하는 담론을 해체하는 데서 시작한다. 비판지정학의 시각에서 지정학적 현실은 단순히 존재하는 것이 아니라 재현되고 해석되는 대상으로 이해된다. 이렇게 보면 지정학적 현상은 담론적 실천을 통해서 현실을 재편하려는 권력투사의 과정이다.

둘째, 디지털 안보의 세계정치는 글로벌 차원에서 발생하는 갈등을 영토의 발상을 넘어서는 협력으로 풀어야 하는 비(非)지정학적 문제이기도 하다. 이러한 시각은 국가 영토의 경계를 넘어서는 흐름의 증대에 주목하는 '상호 의존' 및 글로벌 거버넌스의 논의와 일맥상통하며, 국제 협력과 규범 형성을 강조하는 자유주의 국제정치이론의 시각과 맥이 닿는다. 최근 들어 지구화를 지탱하던 물질적 기반과 사회적 합의가 흔들리면서 '지정학의 부활'이 거론되기도 하지만, 자유주의 국제정치이론가들은 여전히 '지정학의 환상(the illusion of geopolitics)'을 경계하는 논지를 옹호한다. 지정학으로의 완전 회귀라기보다는 지구화 시대의 문제들을 좀 더 정의롭게 풀어갈 새로운 글로벌 거버넌스를 설계해야 한다는 것이다. 디지털 안보는 지정학적 공간에 고착된 일국적 시각을 넘어서 글로벌 차원에서 이해당사자들의 긴밀한 협력을 통해서 초국적 해법을 모색해야 하는 문제이다. 최근 디지털 안보 문제가 통상, 데이터, 산업, 외교 등과 같은 글로벌 시장 환경을 배경으로 제기되는 다양한 차원에서 '이슈연계 임계점'을 넘나들고 있는 상황은 이러한 인식을 뒷받침한다.

끝으로, '지정학적 임계점'의 문턱에까지 이른 디지털 안보의 위협은 영토적 발상을 기반으로 하는 고전지정학적 사안으로 이해할 수밖에 없다. 고전지정학은 권력의 원천을 자원의 분포와 접근성이라는 물질적 또는 지리적 요소로 이해하고 이를 확보하기 위한 경쟁이라는 차원에서 국가전략에 접근한다. 이는 물질적 권력의 지표를 활용하여 국가 행위자 간의 패권경쟁과 세력전이를 설명하는 현실주의 국제정치이론의 인식과 통한다. 고전지정학의 시각에서 본 디지털 안보 게임의 핵심은 기술과 인력의 역량 개발을 통해서 영토와 자원 확보의 경쟁, 그리고 기술패권 경쟁에서 우위를 점하는 것이다. 즉, 첨단 부문의 경쟁을 전통 지정학의 시각에서 해석하여 '기술패권 경쟁'의 성격을 부각시키는 데서 출발한다. 최근 세계경제 분야에서도 기술 발달과 상호 의존을 바탕으로 한 지구화의 추세에도 오히려 자국 중심의 이익을 내세워 보호무역을 강화하고 민족주의를 부추기는 현상이 나타나고 있다. 그러나 지정학적 시각이 부활하더라도 과거 국제정치 현실에서 잉태된 시각을 미래 세계정치에 그대로 적용할 수는 없다.

요컨대, 신흥기술과 디지털 안보의 세계정치는 전통 안보 분야의 (고전)지정학적 시각뿐만 아니라 여타 다양한 시각을 원용해서 이해해야 하는 복합지정학의 게임이다. 다시 말해, 오늘날 디지털 패권경쟁은 전통 지정학의 시각만으로는 제대로 파악할 수 없는 복합지정학적인 양상을 드러내며 전개되고 있다. 탈지정학적 공간으로서 사이버 공간의 부상은 비국가 행위자들에 의해 도발될

'비대칭 안보위협'의 효과성을 크게 높여놓았다. 이러한 과정에서 보이지 않는 디지털 안보위협을 경고하는 안보화의 세계정치도 출현하고 있다. 또한 이들 기술이 자율살상무기로 활용되는 과정은 국제질서의 안정성 확보를 위한 국제 협력의 거버넌스와 국제규범의 형성을 거론케 한다. 최근 전개되고 있는 미중 디지털 안보 갈등은 이상에서 설명한 신흥안보의 복합지정학을 극명하게 보여 주는 대표적인 사례라고 할 수 있다.

4. 신흥권력 경쟁의 분석틀

1) 신흥권력으로 보는 권력 변환

이 책은 복합적 변환을 겪고 있는 신흥기술 분야의 국가 간 또는 기업 간 경쟁이 세계정치에 미치는 영향을 분석하기 위해서 신흥권력(emerging power)의 개념을 원용했다(김상배, 2014). '신흥'의 개념으로 본 신흥권력이라는 말은 '예전에는 없었는데 최근 새롭게 등장한 권력'이라는 의미를 넘어서는 좀 더 복합적인 뜻을 담고 있다. 이러한 신흥권력의 개념에 비추어 볼 때, 4차 산업혁명 시대의 디지털 패권경쟁은 권력의 성격과 주체 및 질서라는 측면에서 파악된 세계정치의 복합적 변환을 잘 보여주는 사례이다(그림 3 참조).

첫째, 디지털 패권경쟁은 권력게임의 성격 변환이라는 차원에서 이해한 신흥권력의 부상을 보여준다. 미래 권력게임은 기존의 군사력 또는 경제력과 같은 전통적인 자원권력을 놓고 벌이는 양상을 넘어서 진행될 것으로 전망된다. 권력게임 자체의 성격 변화도 의미하는데, 이는 21세기 세계정치에서 새로운 권력게임의 부상, 즉 권력 성격의 변환으로 개념화되고 있다. 기술·정보·데이터 등과 같은 디지털 자원을 둘러싸고 진행되고 있으며, 더 나아가 행위자들이 참여하는 게임의 규칙과 표준 및 플랫폼을 장악하려는 '네트워크 권력(network

그림 3 신흥권력 경쟁의 분석틀

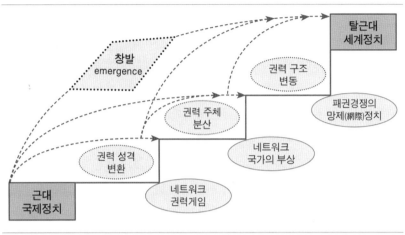

자료: 저자 작성.

power)' 경쟁의 양상을 보인다. 이러한 권력 변환 현상은 빅데이터, 인공지능, 사이버 안보 등과 같은 디지털 영역에서 더욱 두드러지게 나타나고 있다. 이러한 맥락에서 볼 때, 오늘날 신흥기술을 둘러싼 패권경쟁은 디지털 부국강병을 위한 자원경쟁이지만 이와 동시에 다차원적인 표준경쟁이자 플랫폼 경쟁의 성격을 띠고 있다.

둘째, 디지털 패권경쟁은 권력 주체의 변환이라는 차원에서 이해한 신흥권력의 부상을 보여준다. 오늘날 세계정치에서는 국가 행위자 이외에도 다양한 비국가 행위자들이 부상하는, 이른바 권력 주체의 분산이 발생하고 있다. 이들은 앞서 언급한 새로운 이슈 영역을 중심으로 국가 행위자에 못지않은 '새로운 권력'을 발휘하고 있다. 이러한 새로운 행위자들로는 다국적 기업, 금융자본, 글로벌 싱크탱크와 지식 네트워크, 초국적 시민운동 단체, 테러 네트워크 등이 있으며, 국가 차원을 넘어서 활동하는 국제기구나 지역기구 등도 사례로 들 수 있다. 4차 산업혁명 분야에서도 인공지능, 빅데이터, 무인로봇 등의 기술혁신은 민간 부문을 중심으로 지정학적 경계를 넘어서 초국적으로 이루어지고 있으며, 그 이후에 군사 부문으로 확산되는 양상을 보인다. 냉전기와 비교하면 반대의 상황이라고 할 수 있다. 그렇지만 이러한 변화가 국가 행위자의 쇠락을 의미하는 것은 아니다. 오히려 다변화되는 행위 주체들을 네트워킹하는 새로운 국가 모델, 이른바 '네트워크 국가(network state)' 모델로 이해할 필요가 있다.

끝으로, 디지털 패권경쟁은 권력 질서의 변환이라는 차원에서 이해한 신흥권력의 부상을 보여준다. 여기서 신흥권력의 부상은 일차적으로 기성 패권국에 맞서는 도전국의 국력이 상승하면서 발생하는 글로벌 패권구조의 변화를 의미한다. 이는 세계정치의 권력 이동, 즉 권력 구조의 변동 가능성을 대변하는 화두이다. 오늘날 세계정치에서 권력 구조의 변화 가능성을 엿볼 수 있는 가장 대표적인 현상은 중국의 부상과 이에 따른 미국과 중국의 글로벌 패권경쟁이다. 결과적으로 신흥권력으로서 중국의 부상은 미래 패권질서의 변환을 야기할 것이며, 그러한 변환의 결과는 미국의 지속적 우위, 미중의 공동 주도, 중국의 대체 가능성 등의 시나리오로 나누어 거론되고 있다. 이와 더불어 국제레짐이나 국제규범의 변화, 담론과 정체성의 변화도 세계질서의 질적 변환을 엿볼 수 있는 중요한 단면을 이룬다. 이러한 관점에서 볼 때 첨단 방위산업 경쟁은 사실상 권력질서와 법률상 규범질서 및 담론과 정체성의 질서를 변화시키는 새로운 계기를 마련하고 있는 것으로 파악된다.

요컨대, 4차 산업혁명 시대의 디지털 패권경쟁은 우수 제품 판매와 첨단기술 개발 등과 같은 단순한 자원권력 경쟁의 차원을 넘어서 좀 더 복합적인 권력경쟁의 면모를 보여준다. 특히 신흥기술 분야에서 디지털 기술자원의 중요성이 커지는 현상과 더불어, 이 분야의 표준경쟁 또는 플랫폼 경쟁의 비중이 커지고 있다. 게다가 이러한 경쟁의 이면에 신흥기술 분야를 주도하는 주체의 다변화가 자리 잡고 있으며, 이러한 과정에서 디지털 산업 및 경제 분야의 구조 변동이 발생한다. 더 나아가 디지털 패권경쟁을 통한 세계정치의 물질적·제도적·관념적 변화 가능성도 제기되는데, 이는 사실상 권력경쟁인 동시에 법률상 제도경쟁이며, 관념과 담론의 경쟁을 통해서 세계질서가 질적으로 변화하는 양상을 전망케 한다.

2) 네트워크 국가의 망제정치

오늘날 세계정치에서 국경을 넘나들며 초국적으로 활동하는 비국가 행위자들이 늘어나고 있지만, 기존 국제정치에서 주도적인 역할을 담당해 온 국가 행위자들이 순순히 물러나는 것은 아니다. 국가 행위자들은 국내외적으로 다양한 정책 수단을 동원하여 다국적 기업들의 팽창을 견제할 뿐만 아니라 초국적으로 발생하는 안보위협과 시스템 불안에 대응하여 국제적 공조를 펼치기도 한다. 여기서 더 나아가 최근에는 미-중-일-러로 대변되는 강대국들이 나서면서 초국적 네트워크 행위자들이 주도해 왔던 지구화에 역행하는 행보를 보이고 있다. 이들 국가의 국내 정치가 보수화 및 권위주의화되는 경향을 보이는 가운데, 자국의 이익 보호를 추구하며 보호무역주의를 내세우면서 국가 간의 통상마찰이 늘어나고 있다.

이러한 시각에서 보면 미래 세계정치에서도 국가 행위자는 여전히 중요한 역할을 담당할 것으로 보인다. 그렇지만 미래의 국가는 예전의 근대 국제정치에서 군림했던 국민국가의 모습은 아니다. 국민국가를 넘어서는 미래 국가모델로서 '네트워크 국가'에 대한 논의가 출현하는 것은 바로 이 대목이다. 네트워크 국가의 부상은, 한편으로 국가가 자신의 기능과 권한을 적절하게 국내의 하위 단위체에 분산·이전시킴으로써 그 구성원들로부터 정당성을 확보하고, 다른 한편으로 개별 국가 차원에 주어지는 도전에 효과적으로 대처하기 위해서 영토적 경계를 넘어서 국제적이고 지역적이며 경우에 따라서는 초국적 차원의 제도적 연결망을 구축하는 과정에서 발생한다.

이러한 네트워크 국가들이 벌이는 권력게임도 새로운 시각에서 이해할 필요가 있다. 여전히 (고전)지정학적 시각에서 본 물질적 자원권력의 확보가 중요하겠지만, 이를 넘어서는 새로운 권력정치의 메커니즘을 적시해야 한다. 군사력과 경제력이 행사되는 과정에서 기술, 정보, 지식, 문화 등과 같은 비물질적 권력자원의 중요성이 커졌다. 행위자들이 형성하는 관계적 맥락에서 작동하는 구조적 권력이나 제도적 권력, 그리고 상대방을 설득하고 동의를 구하며, 더 나아가 가치관과 정체성에도 영향을 미치는 구성적 권력도 만만치 않은 힘을 발휘한다. 좀 더 포괄적인 의미에서 보면, 새로운 행위자로서 네트워크 국가가 벌이는 권력게임은 행위자 자체의 속성보다는 이들이 몸담은 네트워크의 맥락에 기대어 전개되는 양상이다.

이렇게 전개되는 미래 세계정치는 기존 국제정치이론의 연구 대상이었던 국민국가 간의 정치, 즉 국제정치(國際政治, international politics)의 반경을 넘어설 것으로 보인다. 오히려 미래 세계정치는 네트워크 간의 정치, 즉 망제정치(網際政治, internetwork politics)로 개념화되어야 할 것이다. 망제정치는 국가 행위자뿐만 아니라 다양한 비국가 행위자들이 다층적인 네트워크를 형성하면서 경합하는 모습으로 전개된다. 게다가 이러한 경합의 이면에는 사이버 공간을 배경으로 하여 작동하는 디지털 네트워크가 있다. 부연컨대, 기존의 국제정치가 국가라는 노드 행위자들 간의 '점대점(點對點) 정치'였다면, 미래 세계정치는 다양한 네트워크 행위자들 간의 '망대망(網對網) 정치'로 보아야 할 것이다.

이렇듯 망제정치에는 행위자의 성격이나 네트워크의 구성 원리와 작동 방식 등의 측면에서 각기 다른 네트워크들이 참여한다. 게다가 미래 세계정치의 네트워크 경합은 '단일 종목'의 경기가 아니라 여러 분야에서 동시에 경합을 벌이는, 올림픽 게임과도 같은 '종합 경기'이다. 따라서 경우에 따라서는 경쟁과 협력을 분별하기 어렵고, 승자와 패자를 가리기 힘든 일종의 '비대칭 망제정치'의 양상을 보이기도 한다. 따라서 이러한 과정에서 발생하는 세계정치의 구조 변동은 기존 현실주의 국제정치이론이 상정했던 바와 같이 '세력전이'의 단순한 형태가 아닐 수 있다. 실제로 최근 강대국들이 벌이는 패권경쟁의 양상은 여러 분야에 걸쳐서 다양한 행위자들이 경쟁하면서도 협력하는 복합적인 양상을 보이고 있다.

이러한 개념화는 국가 행위자들이 추구하는 자원권력 전략의 맥락에서 이해해 온 기존의 세력균형에 대한 논의를 넘어선다. 사실 세력균형의 논의는 국제정치에서 작동하는 '구조'에 대한 논의를 본격적으로 담아내지 못하고, '구조' 그 자체의 차원에서 설명되어야 할 대부분의 문제를 '단위' 또는 '행위자' 차원, 즉 행위자의 속성이나 보유 자원으로 환원해서 보는 이론적 한계를 안고 있었다. 따라서 자원권력, 즉 행위자의 속성이나 보유한 자원에서 파악된 권력에 대한 논의를 보완하면서 행위자와 구조의 차원에서 작동하는 권력의 동학을 동시에 파악하는 좀 더 복합적인 개념이 필요하다. 이러한 맥락에서 이 책은 네트워크 이론에서 말하는 '관계구도'로서의 구조, 즉 세력망의 개념을 원용한다. 이러한 시각에서 보면 미래 세계정치의 구조 변동은 네트워크 권력을 기준으로 한 세력망의 재편(reconfiguration)으로 이해된다.

　가장 추상적인 의미에서 네트워크 국가들이 구성하는 세계질서의 이미지는 기존의 현실주의 국제정치이론이 개념화하고 있는 무정부질서(anarchy)보다는 좀 더 복합적인 모습일 것이다. 네트워크 국가들이 구성하는 질서는 현실주의가 그리는 것처럼 무정부질서의 국제체제도 아니고 세계체제론에서 말하는 것처럼 어느 국가가 다른 국가의 상위 권위로서 군림하는 위계질서도 아니다. 또한 개인의 상위에 정부가 존재하는 국내 사회와도 다르다. 네트워크 국가들이 구성하는 체제는 무정부질서와 위계질서의 중간에 설정되는 '네트워크아키(networkarchy)' 또는 '네트워크 질서(network order)' 정도로 볼 수 있다. 이렇게 새로운 세계질서의 개념화가 필요한 이유는, 디지털 시대를 맞은 오늘날의 세계질서가 단순히 무정부질서의 가정만으로는 제대로 파악할 수 없는 복잡한 양상으로 진화하고 있기 때문이다.

5. 이 책의 구성

1) 미중 신흥기술 경쟁

이 책의 제1부는 기술-표준-매력의 분석틀에 의거해서 신흥기술을 둘러싸고 전개되고 있는 미중경쟁을 세 가지 측면에서 분석했다.

제1장에서 다룬 미중 디지털 기술경쟁의 가장 큰 현안은 반도체다. 미국의 원천기술이 전 세계 거의 모든 반도체에 사용되는 가운데, 한국이 메모리 반도체를 주도하고 있는데, 최근 쟁점이 된 것은 비메모리 분야의 파운드리다. 반도체와 함께 배터리, 전기차, 친환경 소재 등과 같은, 이른바 그린테크(GreenTech)도 쟁점으로 부상했다. 미국이 주도하는 반도체와는 달리 배터리는 중국 업체들이 앞서가고 있다. 이들 분야는 기술경쟁 자체도 중요한 변수이지만, 안정적인 공급망의 확보가 '경제안보'를 논할 정도의 중요한 이슈로 부상했다.

이와 더불어 제1장은 인공지능 경쟁의 사례도 분석했다. 미국은 인공지능 기술 전반에 걸쳐 우위를 유지하는 가운데 자국 인공지능 기술 발전을 위한 투자와 인력 양성을 강조하고 있다. 미중은 민간 분야의 기술혁신뿐만 아니라 국가전략 차원에서도 인공지능을 적극적으로 모색하고 있다. 미국은 'AI 이니셔티브'나 'AI 국가안보위원회(NSCAI)' 등을 통해서 적극적인 인공지능 전략을 선보였고, 중국도 '군민융합' 차원에서 인공지능 기술의 우위 확보에 주력하고 있다. 미국이 원천기술, 중국이 응용기술에서 우세라는 평가 속에, 이 분야에서 중국의 추격이 가속화되고 있다.

최근 미중경쟁은 단순한 디지털 기술경쟁의 양상을 넘어서 디지털 플랫폼 경쟁으로 진화하고 있다. 제2장에서 소개하고 있듯이, 소프트웨어 또는 인공지능(AI) 알고리즘은 예전부터 표준경쟁 또는 플랫폼 경쟁의 주요 대상이었다. AI 플랫폼 경쟁의 양상은 미국의 테크기업들이 오픈소스 개발플랫폼 및 범용 플랫폼을 제공하며 경쟁의 판을 주도하는 가운데, 중국은 인터넷 기업들이 국내의 방대한 로컬 데이터를 활용한 독자적 생태계 구축을 모색하는 양상으로 나타난다. 디지털 플랫폼 경쟁에서는 AI 알고리즘을 활용하여 이미 축적된 데이터를 분석하는 것이 경쟁의 핵심이다. 이러한 데이터를 담아내는 인프라가 클라우드 컴퓨팅인데, 이 분야는 미국의 클라우드 기업들이 주도하는 가운데 중국 기업들도 급속히 성장하며 추격하고 있다. 중국 기업 중에서 알리바바가 선두인데, 중국 시장에서의 성공을 기반으로 아시아로 확대 중이다.

이커머스 또는 전자상거래는 온라인과 오프라인 공간을 아우르며 플랫폼 경쟁이 벌어지는 분야이다. 글로벌 이커머스 분야의 선두 기업인 아마존도 중국 시장에서는 고전을 면치 못한 가운데 중국 이커머스 시장은 알리바바가 장악했다. 2016년부터 알리바바는 해외시장에 진출하기 시작했다. 특히 동남아 지역사업에 중국의 사업모델을 적용한 데 이어, 일대일로(一帶一路) 구상의 대상 국가들을 상대로 넓혀가고 있다. 장차 북미와 유럽 및 일본을 점령한 '아마존의 권역'과 동남아 및 기타 일대일로 대상 지역을 겨냥한 '알리바바 권역'의 충돌이 점쳐지는 대목이다. 이러한 이커머스 플랫폼 경쟁과 연동되어 핀테크(FinTech), 특히 모바일 간편결제 분야에서도 미중 양국의 기업들은 경쟁을 벌이고 있다.

미중 디지털 플랫폼 경쟁의 불꽃은 2020년 후반기에 SNS 분야로도 옮겨붙었다. 중국 정부는 2003년부터 페이스북, 유튜브, 트위터 등 해외 주요 SNS의 사용을 금지했다. 그사이 중국 텐센트의 위챗이 글로벌화를 통한 해외시장 확장을 모색하고 있다. 2020년 9월 미국 정부는 바이트댄스의 틱톡이나 텐센트의 위챗에 대한 사용 금지를 시도하기도 했다. 디지털 콘텐츠 플랫폼, 특히 OTT 경쟁에서는 미국의 넷플릭스가 앞서는 가운데, 중국의 아이치이, 유쿠, 텐센트비디오 등이 급성장하고 있다. 제3장에서 살펴볼 수 있듯, 이들 중국 기업은 영화산업에도 진출하고 있다. 이러한 가운데 중국의 디지털 미디어·콘텐츠 시장이 포화할 조짐을 보이면서 동남아와 같은 해외시장에서 미중이 매력 경쟁을 벌일 가능성이 커졌다.

제3장에서 살펴볼 영화산업 분야의 미중 매력경쟁은 콘텐츠·엔터테인먼트 산업 분야에서 양국이 벌이는 기술-표준-매력 경쟁의 복합적 면모를 잘 보여준다. 기술경쟁의 측면에서 보면 미국의 할리우드가 새로운 시장을 향한 변환의 전략을 모색하면서 여전히 글로벌 영화산업의 흐름을 주도하고 있다. 이에 대해 중국이 국내 시장의 꾸준한 성장과 기술력 향상을 바탕으로 도전하고 있는 모습이다. 표준경쟁의 관점에서 볼 때, 미국의 할리우드가 업계의 표준을 장악하고 있는 것은 사실이지만, 국내 시장의 막대한 규모와 자본력을 내세워 새로운 모델을 제시하려는 중국의 도전도 만만치 않다. 그러나 이와 더불어 영화 콘텐츠의 내용적 매력을 발산하려는 영화업계의 노력과 이를 지원하는 양국 정부의 정책과 제도, 그리고 넓은 의미에서 본 공공외교 분야의 매력외교 경쟁도 주의 깊게 봐야 할 것이다.

2) 미중 디지털 안보 갈등

이 책의 제2부는 미중 신흥안보 갈등의 복합지정학적 양상을 보여주는 사례로서 사이버 안보와 공급망 안보 및 사이버 동맹, 그리고 데이터 안보의 이슈를 다루었다.

제4장에서 살펴볼 사이버 안보 이슈는 최근 강대국 세계정치의 중대 어젠다로 발전하고 있다. 특히 2021년 상반기는 미국에 대한 러·중의 사이버 공격을 둘러싼 갈등으로 유난히 떠들썩했다. 결국 7월 미 바이든 대통령은 16개 정보기관을 총괄하는 국가정보국(DNI)을 방문한 자리에서 러시아에 대해 "사이버 공격이 실제 전쟁을 초래할 수 있다"라고 경고했다. 이에 앞선 7월 초 미국은 아프간 철군 이후 중국과 사이버전에 치중하겠다고 발표하며 사이버 갈등이 미국 외교정책의 핵심 사안임을 밝히기도 했다. 이는 2020년 12월 '솔라윈즈 해킹'을 당하고 난 후 부쩍 사이버 대응 역량을 강화하고 있는 미국의 정책적 기조를 반영한 것이다. 2021년 여러 차례에 걸쳐서 바이든 대통령은 사이버

안보 강화를 위한 행정명령을 내렸으며, 랜섬웨어 공격에 대응하기 위한 국제 협력과 국내 역량 강화를 강조하고 있다.

사이버 안보의 세계정치는 해킹 공격을 막는 문제에만 머무는 것이 아니다. 비판지정학의 시각에서 본 안보화의 게임도 주요 변수다. 제5장에서 살펴볼 5G 이동통신 분야에서의 화웨이 사태는 그러한 경향을 보여준 대표적 사례이다. 5G는 통신 인프라와 산업 및 서비스뿐만 아니라, 국가안보에 미치는 잠재적 영향을 놓고 양국이 벌인 갈등을 여실히 보여준 분야이다. 중국 기업인 화웨이가 5G 기술의 선두 주자인데, 2017년 기준으로 화웨이의 세계 통신 장비 시장점유율은 28%로서, 세계 1위를 차지했다. 이러한 화웨이의 기술적 공세에 대해서 미국은 사이버 안보 또는 데이터 안보 문제를 빌미로 제재를 가했다. 오랜 역사를 갖는 미국과 화웨이의 갈등은 2018년에 재점화되어 그해 12월 멍완저우 화웨이 부회장의 체포로 절정에 달했다. 2019~2020년에는 화웨이 공급망을 차단하기 위한 미국 정부의 제재가 이어졌다.

화웨이 사태의 특징은 사이버 안보 분야의 동맹외교와 밀접히 연계되었다는 점이다. 미국의 화웨이 제재 전선에 '파이브 아이즈(Five Eyes)'로 알려진 미국의 전통적인 서방 동맹국들이 동참했다가 분열되고 다시 결집하는 행보를 반복했다. 트럼프 행정부는 인도·태평양 전략의 일환으로 화웨이에 대한 제재를 추진했으며, 바이든 행정부에서도 다차원적인 국제협력을 추구하고 있다. 이에 대한 중국의 대응은 일대일로 구상의 대상인 파트너 국가들과의 연대외교 추진이다. 중국은 일대일로 참여국들을 대상으로 5G 네트워크 장비를 수출하는 방식으로 미국의 공세에 대응했다. 화웨이는 사업 분야를 인공지능, 사물인터넷, 자율주행차 등으로 다변화했으며, 중국 정부는 중장기적으로 5G 경쟁의 충격을 완화하는 구조적 대응책도 모색하고 있다.

제6장은 데이터 안보의 문제를 다루었다. 미중 기업들이 데이터 경제 분야에서 치열한 경쟁을 벌이고 있는 가운데, 사이버 안보화에서 시작되어 수출입 규제 문제로 비화된 미중 갈등의 불똥은 최근 데이터 안보 분야로 옮겨붙고 있

다. 이러한 과정에서 논란이 된 것은 그 자체가 국가안보와 직접적으로 관련된 '내용'을 가진 데이터만은 아니었다. 스몰데이터 시대였다면 '속성론'의 차원에서 이해된 '안보 데이터'가 쟁점이었겠지만, 빅데이터 시대의 관건은 데이터가 안보 문제로 쟁점화되는 과정, 즉 '데이터 안보화'의 문제이다. 미시적 차원에서 보면 개인정보나 집단보안의 문제에 불과한 데이터일지라도, 큰 규모의 수집과 처리 및 분석의 과정을 거치고 여타 비(非)안보 이슈들과 연계되는 와중에 거시적 차원에서는 국가안보에 치명적인, 숨어 있던 '패턴'이 드러날 수도 있다는 것이었다.

이러한 과정에서 경제적 가치뿐만 아니라 안보적 함의를 지닌 데이터가 국경을 넘어서 유통되는 문제가 논란거리로 부상했다. 이는 국내 차원의 정책 수립뿐만 아니라 국제규범 수립의 현안이 되었다. 2019년 6월 오사카 G20 정상회의는 미중경쟁의 무게중심이 기존의 '화웨이 라운드'에서 새로이 '데이터 라운드'로 옮겨갈 조짐을 보여주기도 했다. 중국은 데이터 주권의 개념을 내세워 자국 기업과 국민의 데이터를 보호하고 데이터 현지 보관, 해외 반출 금지 등으로 대변되는 '데이터 국지화(localization)'를 주장했다. 이러한 중국의 행보는, 공익을 해치는 데이터를 검열·통제하고, 자국 내에서 수집한 데이터의 국외 유출을 규제하는 것은 국가 주권에 의거한 당연한 조치라는 관념에 입각해 있다.

중국은 오래전부터 유튜브, 구글 검색, 페이스북, 인스타그램, 넷플릭스 같은 서비스는 물론 해외의 유명 언론매체도 차단하는 이른바 만리방화벽(Great Firewall)을 구축해 왔다. 중국의 플랫폼 기업들에 대한 별도의 제재를 취하지 않았던 미국도, 근래 몇 년간 사이버 안보 등의 이유로 중국 기업들의 사업을 금지하는 조치를 내리고 있다. 이에 대응하여 중국도 맞서면서 인터넷 세상이 두 진영으로 나누어질지도 모른다는 우려를 증폭시켰다. 글로벌하고 초국적인 차원에서 진화해 온 인터넷이 기업별로 또는 국가별로 분할되는 양상마저 드러나면서 이른바 분할인터넷(splinternet)에 대한 우려가 커지고 있는 것이다.

3) 미중 신흥권력 경쟁

이 책의 제3부는 첨단 방위산업과 우주공간 활용 및 첨단 무기체계를 둘러 싸고 벌어지는 미중경쟁의 사례를 통해서 신흥권력의 부상으로 대변되는 세계 정치 변환을 살펴보았다.

제7장에서 살펴볼 첨단 방위산업 또는 군사기술 분야의 미중경쟁은 신흥권 력의 세계정치 단면을 잘 보여주는 사례이다. 특히 쟁점은 인공지능 기술의 군 사적 적용이다. 인공지능은 민간 부문에서 치열한 경쟁이 벌어지고 있는 신흥 기술의 대표 아이템이지만, 군사 분야에서도 인공지능이나 로봇 기술을 적용 한 무기체계 개발 경쟁이 활발히 전개되고 있다. 이러한 과정에서 민군겸용기 술의 혁신을 지원하기 위한 양국의 군사혁신 모델 경쟁도 진행 중이다. 더불어 군사적 전용의 가능성이 있는 신흥기술의 이전을 막기 위한 수출통제의 움직 임도 활발하다. 전통적으로 군사안보 분야의 첨단기술은 다자 또는 양자 차원 의 수출통제 대상이었다. 그런데 최근에는 그 범위가 점점 더 확대되는 추세이 다. 미중 기술안보 갈등의 맥락에서 미국의 제재는 중국의 민간 기업에 대한 제재에까지 확장되고 있다.

제8장에서 다룬 우주 분야의 미중경쟁도 신흥권력 경쟁의 전개를 보여주는 사례이다. 4차 산업혁명 시대의 기술·정보·데이터 환경을 배경으로 우주공간 의 상업적 활용에 대한 논의가 활성화되면서 최근 우주공간이 새로이 조명을 받고 있다. 아울러 인공위성 및 GPS 장치를 이용한 사이버·우주전의 가능성 에 대한 우려도 커지고 있다. 예를 들어, 위성을 활용한 정찰, GPS를 이용한 유도제어, 군 작전 수행 등 민간 및 군사 분야에서 우주자산이 큰 관심을 끌고 있다. 이러한 과정에서 우주공간은 육·해·공·사이버 공간의 연속선상에서 나 열되는 또 하나의 별개 공간이 아니라 전통적인 공간과 복합적으로 연동되면 서 미래 인류공간을 입체화시키는 '확장된 신(新)복합 공간'의 일부로서 이해되 고 있다.

고도의 과학기술과 자본이 필요한 분야라는 특성 때문에 과거 우주개발은 참여국의 숫자가 극히 제한되어 있었다. 우주 진입 초기에는 미국과 구소련 간의 양자 경쟁이 진행되었으며, 최근에는 중국의 진입으로 경쟁 구도가 확장되었다. 이들 우주강국은 우주공간에서 전쟁수행 능력을 확보하기 위한 경쟁을 벌여왔다. 특히 최근 중국의 위성 역량 증대는 미국에 새로운 위협으로 인식되었다. 또한 중국이 2019년 1월 인류 최초로 달의 뒷면에 탐사선 '창어(嫦娥) 4호'를 착륙시키자, 미국은 우주군 창설을 공포하는 등의 반응을 보이기도 했다. 2000년대 이후에는 기존 우주강국뿐만 아니라 독일, 일본, 인도, 한국 등도 우주개발에 본격적으로 참여하면서 우주경쟁이 가속화되고 있다.

오늘날 우주경쟁은 인공위성, 우주과학 및 우주탐사 등 우주시스템 등의 연구개발 경쟁을 근간으로 한다. 우주개발 경쟁이 본격화되면서 상업적 목적의 우주산업이 차지하는 비중이 급격히 증가하고 있다. 그런데 이러한 추세는 역설적으로 우주공간과 관련된 새로운 안보위협의 요인으로 작용하기도 한다. 우주공간에서의 상업적 활동은 사실상 군사적 활동을 전제로 하거나 수반하는 측면이 강하기 때문이다. 이러한 점에서 우주산업 관련 민군겸용기술에 특히 주목할 필요가 있다. 최근 모든 국가에서 군과 정부의 상업적 우주산업에 대한 의존도가 날로 증대되고 있다. 이러한 변화는 과거 정부 주도의 '올드스페이스 모델'로부터 민간 업체들이 신규 시장을 개척하는 '뉴스페이스 모델'로의 패러다임 전환을 바탕에 깔고 있다.

제9장은 신흥기술 경쟁과 신흥안보 갈등의 와중에 진화하고 있는 미래전의 양상을 담았다. 미래전의 부상은 신흥권력 경쟁과 세계정치 변환의 맥락에서 이해되어야 한다. 정보통신기술의 발달은 오래전부터 군사 분야에도 큰 영향을 미쳐서 무기체계뿐만 아니라 군사작전의 개념을 변화시켜 왔는데, 최근에는 그 영향의 정도와 속도가 확대되면서 새로운 전쟁양식의 부상을 가속화시키고 있다. 초기 정보화가 인간의 정보능력을 확장시켜 네트워크 지휘통제를 가능케 하는 작전 개념을 이끌어냈다면, 4차 산업혁명은 새로운 데이터 환경

에서 인공지능과 로봇을 활용한, '사이버-키네틱전(cyber-kinetic warfare)'의 출현을 예견케 한다.

자율무기체계의 권력적 함의가 커지면서 이 분야를 장악하기 위한 경쟁이 치열해질 뿐만 아니라, 그러한 과정에서 국가의 성격이 변화하는 것은 물론이고, 국가 이외 민간 행위자의 역할이 증대되고 있으며, 근대 국제질서의 전제가 되었던 관념과 정체성 및 규범과 윤리마저도 변화할 조짐을 보이고 있다. 이러한 과정에서 인간 중심의 국제정치 지평을 넘어서는 '포스트 휴먼(post-human)' 세계정치의 부상마저도 거론된다. '먼 미래' 전망의 관점에서 볼 때, 비인간 행위자로서 인공지능 기반의 자율로봇은 인류의 물질적 조건을 변화시킬 뿐만 아니라 인간을 중심으로 편제되었던 군사작전의 기본 개념을 바꾸고 근대 국제정치의 기본 전제들에 의문을 제기하고 있다.

이러한 과정에서 자율무기체계로 대변되는 기술 변수는 단순한 환경이나 도구 변수가 아니라 주체 변수로서 미래전의 형식과 내용을 결정하고, 더 나아가 미래 세계정치의 조건을 규정할 가능성이 있다. 이러한 시각에서 볼 때, 미시적 차원의 기술 발달을 바탕으로 한 자율무기체계의 도입은 단순한 무기체계 변환의 차원을 넘어서 군사안보 분야의 작전운용과 전투공간, 그리고 전쟁 양식까지도 변화시키고 있는 것으로 이해된다. 이와 더불어 미래전의 진화는 군사 분야의 조직과 제도 혁신을 유발하고 있으며, 더 나아가 거시적인 국제정치의 차원에서 그 주체와 구조 및 작동 방식과 구성 원리를 변화시킬 가능성도 지닌 것으로 봐야 할 것이다.

이 책의 결론은 기술-안보-권력의 복합지정학으로서 미중 디지털 패권경쟁의 내용을 요약하고, 미중경쟁의 와중에서 모색해야 할 한국의 디지털 국가전략의 방향을 짚어보았다. 2018년부터 2019~2020년을 달구었던 화웨이 사태는 미중 패권경쟁에서 첨단기술과 사이버 안보 문제가 지닌 국제정치학적 중요성을 극명하게 보여준 사건이었다. 게다가 한국에도 불똥이 튀면서 5G 통신 장비 도입 문제가 단순한 기술적·경제적 사안이 아니라 외교적·안보적 선택이 될 수도 있음을 보여주었다. 미래 국력을 좌우할 첨단기술 분야의 미중 갈등은 바이든 행정부 출범 이후에도 지속되고 있다. 이러한 맥락에서 화웨이 사태와 같은 도전이 다시 한번 제기된다면 한국은 어떠한 전략을 모색할지에 대한 좀 더 본격적인 고민이 필요하다.

제1부

신흥기술 경쟁의 전개

제1장
디지털 기술경쟁

1. 미중 디지털 기술경쟁

최근 디지털 기술의 발달이 가져오는 변화에 대한 논의가 활발히 진행되고 있다. 그중에서도 가장 큰 화두를 고르자면, 4차 산업혁명과 인공지능을 들 수 있을 것 같다. 이 밖에도 수년 전부터 각기 다른 이름으로 디지털 기술의 발달이 창출하는 인터넷과 사이버 공간의 약진에 대한 논의가 진행되어 왔다. 첨단 기술들이 발전·융합·확산되면서 현재와 미래의 모든 산업과 비즈니스 모델의 혁신을 초래하고 있으며, 경제·사회 전반을 크게 변화시키고 더 나아가 우리의 삶에 전례 없는 변화를 초래할 가능성이 거론되고 있다. 무엇이라 부르든 간에 기술 발달로 인해서 주위의 물적·지적 조건이 크게 변하면서 신흥 무대가 펼쳐지고 있다.

국제정치학의 시각에서 볼 때, 신흥 무대라 함은 기존의 군사·경제 영역 이외에 새로운 세계정치 경쟁과 협력이 벌어지는 기술, 정보, 커뮤니케이션, 환경, 바이오 등의 영역을 뜻한다. 이는 새로운 권력정치의 무대라는 점에서 신흥 권력의 무대이기도 하다. 이는 우리 삶의 여러 영역 중에서 가장 빠르게 성장하면서 여타 부문의 성장을 추동하는 부문이라는 의미로 신흥 첨단 부문(leading sector)이기도 하다. 이러한 신흥 첨단 부문은 새로운 기술의 발달과 이로 인해 가능해진 인간들의 네트워크, 그리고 거기서 창출되는 새로운 공간인 사이버 공간을 매개로 해서 최근 급부상하고 있다. 이러한 문제의식을 바탕으로 이 장은 신흥 첨단 부문에서 벌어지는 미중 디지털 기술경쟁의 현재와 미래를 분석·전망하고자 한다.

세상이 아무리 변해도 기성 무대 위에서 벌어지는 부국강병 게임의 승리는 여전히 글로벌 패권의 향배를 결정하는 중요한 변수이다. 그러나 지구화, 정보화, 민주화 등의 복합적인 변환을 겪고 있는 오늘날, 기성 무대에서의 승부만으로 전체 무대의 판세를 가늠하려는 시도는 너무 단순하다. 오늘날 세계정치에서는 기성 무대 자체도 복잡해졌을 뿐만 아니라 기존 국제정치의 경계를 넘어서는 신흥 무대들이 출현하고 있기 때문이다. 따라서 신흥 무대의 동향을 아는 것은 그 자체의 의미뿐만 아니라 기성 무대에 미치는 영향을 이해하는 데도 중요하다. 특히 오늘날 신흥 첨단 부문의 기술경쟁은 예전과는 다른 새로운 권력게임의 출현을 예견케 한다는 점에서 더욱 특별한 의미를 지닌다.

2. 디지털 하드웨어 기술경쟁

1) 반도체와 그린테크 기술경쟁

30여 년 전에 벌어진 미일 기술경쟁과 마찬가지로 오늘날 미중 기술경쟁에서도 가장 큰 현안은 여전히 반도체이다. 미국은 글로벌 반도체 생산의 약 50%를 차지하고 있으며 비메모리 반도체 중심의 생산 네트워크를 구축해 왔다. 현재 메모리 반도체 부문은 한국 기업이 주도하고 있지만, 비메모리 부문은 여전히 미국 기업이 이끌고 있다. 미국의 원천기술이 전 세계 거의 모든 반도체에 사용되는 가운데, 트럼프 행정부 시기에 쟁점이 된 것은 비메모리 분야의 파운드리였다. 이 분야에서 미세 가공 기술을 갖춘 업체는 계속 감소하여, 현재 7나노급 이하의 최첨단 미세 가공이 가능한 곳은 대만의 TSMC와 한국의 삼성, 미국의 인텔뿐이다.

이러한 대만과 한국, 미국의 뒤를 중국이 추격 중이다. 중국의 반도체 산업은 미국의 반도체 기업이 아웃소싱한 노동집약적인 조립시험 부문으로부터 점차로 기술 수준이 높은 파운드리(공정)와 팹리스(설계) 부문으로 진출하고 있다. 그러나 파운드리의 경우, 중국 업체인 SMIC는 14나노급을 생산할 기술력만 갖추고 있다. 중국의 낮은 반도체 자급률도 문제다. 중국은 전 세계 반도체 수요의 45%가량을 점하고 있는데, 그 수입액은 원유 수입액을 상회한다. 2017년도 중국 반도체 수입액은 2596억 달러로 중국이 2017년 수입한 제품 중 수입액이 가장 큰 품목이다. 2018년 중반 글로벌 반도체 시장에서 중국의 소비 규모는 약 44.2%이지만, 자급률은 13.5%로 상당히 저조하다.

이에 중국은 '중국제조 2025'를 통해 2025년까지 70%의 반도체 자급률이라는 목표를 내걸고, 2015년부터 반도체 산업 투자 펀드를 조성했으며, 팹리스, 파운드리, 메모리 부문에 집중 투자하여 일정한 성과를 거두기도 했다. 비메모리 팹리스 시장에서 2010년 약 5%대의 점유율을 기록했던 중국은 2017년 약 11%대의 점유율을 기록했다. 중국의 파운드리 부문 점유율은 2015년 11%, 2016년 12%, 2017년 13%로 꾸준히 성장해 왔다. 반면, 중국의 반도체 굴기는 메모리 부문에 초점이 맞추어져 왔음에도, 현재까지 중국의 메모리 산업은 눈에 띄는 성과를 내놓지 못하고 있다. 메모리 부문에서는 삼성전자와 하이닉스가 약 80%, 나머지 20%는 미국의 마이크론이 차지하고 있다.

미중 기술경쟁이 치열해지고 반도체 공급망을 둘러싼 갈등이 증폭되고 있는 상황에서 당분간 중국의 반도체 굴기 노력은 어려움을 겪을 가능성이 크다. 미국의 기술적 우위가 압도적인 반도체 부문에서 중국 반도체 기업들에 대한 미국 정부의 제재가 다차원적으로 제기될 것으로 전망된다. 미국의 제재가 부과되는 상황에서 현재 중국이 미국에 맞설 수 있는 반도체 관련 카드는 매우 제한적이다. 그렇지만 글로벌 반도체 수요의 절반에 육박하는 중국 국내시장 수요를 감안하고 중국 정부와 기업의 국산화 의지 및 투자 여력을 고려하면 가능성이 없는 것은 아니다. 중국의 반도체 부문에서의 지속적인 혁신이 진행된다면, 시간이 걸리더라도 궁극적으로 중국의 반도체 굴기가 성공할 것이라는 전망도 없지 않다.

그러나 최근 중국을 견제하는 미국 정부의 각종 조치는 이러한 낙관적 전망을 어렵게 하는 제약 요인이다. 특히 미 트럼프 행정부는 반도체를 대중 압박의 핵심 수단으로 활용했다. 트럼프 행정부는 5G 통신 장비 문제로 논란이 된 화웨이의 공급망을 차단하기 위해서 TSMC를 압박하고 SMIC를 제재했다. 바이든 행정부도 기존의 대중 제재를 유지하는 가운데, 미국 내 생산 비중이 44% 밖에 안 되는 반도체 공급망의 복원력을 강화하기 위해 리쇼어링(reshoring)을 추구하는 한편, 미국의 반도체 기술혁신과 생산역량 증대를 위한 포괄적인 계획을 수립했다. 이에 대해 중국도 반도체 기술역량을 강화하는 지원책 확대로 맞섰다. 2020년 8월 중국 국무원은 반도체 산업 진흥책을 발표한 데 이어, 2021년 3월에는 실행 계획을 발표했다.

반도체와 함께 쟁점이 된 분야는 배터리, 전기차, 친환경 소재 등과 같은 그린테크(GreenTech)이다. 반도체와는 달리 배터리 분야는 중국 업체들이 앞서가고 있다. 특히 전기차용 배터리는 세계 1위를 차지했는데, 2020년에는 34.9%의 시장점유율을 확보하며 2위인 한국(36.2%)을 제쳤다. 그러나 배터리는 기술력보다는 생산력이 중요한 분야인 데다가, 반도체만큼 업체 간 기술 격차도 크지 않고, 대체 기술이 나올 가능성이 큰 분야라는 점이 향후 중국의 우위에 영향을 미칠 변수다. 중국의 전기차 시장은 빠르게 성장하고 있어, 2020년 108만 대에서 2021년 270만 대로 성장했으며, 2022년에는 600만 대 이상 규모로 성장할 것으로 전망된다. 친환경 소재 분야에서 중국의 희토류 생산은 전 세계의 약 80%를 차지하고, 친환경 소재 및 물질의 점유율도 약 45%이다.

이들 분야는 미국의 대중국 의존도가 높은 분야여서 미중 갈등이 악화될 경우 미국의 공급망에 악영향을 미칠 가능성이 있다. 바이든 행정부가 '친환경차 사업에서 100만 개 일자리 창출'을 공약하는 등 전기차, 배터리, 친환경 소재의 국내 개발 및 생산을 적극적으로 추진하고 있지만, 2050년 탄소 제로를 실현하기 위해서는 친환경 소재와 물질에 대한 수요가 약 6배 늘어날 것으로 예상된다. 이러한 상황에 대응하기 위해서 미국은 한국, 일본, 유럽연합 등과 그린테크 공급망 협력을 강화할 대책을 논의하고 있다. 또한 향후 유럽 자동차 업체들의 전기차 시장 본격 진입이 변수가 될 것이다. 다만 여타 분야와 달리 그린테크는 미중협력도 매우 필요한 분야여서 안보 이슈를 제외한 분야에서의 협력도 기대된다.

반도체나 배터리와 마찬가지로, 코로나19 사태로 인해서 바이오·제약 산업의 공급망 취약성도 불거졌다. 미국은 의료장비와 의약품 생산을 해외에 의존하고 있다. 특히 중국산 의료 장비나 부품이 미국의 수입에서 큰 비중을 차지하는데, 초음파 진단 기기에서는 2018년 기준으로 22%가 중국산이다. 코로나19로 인해 원료의약품 공급 지연이 발생하면서 이를 국가안보 위협으로 인식하기 시작했으며, 결국 바이든 행정부는 '100일 공급망 검토'에 제약산업을 포함시켰다. 미국은 대중국 의존도를 낮추기 위해서 다양한 노력을 펼치고 있지만, 중국의 공격적 R&D 투자, 자체적 신약 파이프라인 구축, 규제 철폐 정책 등으로 인해서 미중 간의 바이오·제약 분야 기술 격차는 점차 줄어들고 있다.

2) 슈퍼컴퓨터 기술경쟁

슈퍼컴퓨터 분야의 미중 기술경쟁도 최근 큰 관심거리다. 슈퍼컴퓨터는 일반 컴퓨터에 비해 수만 배 빠른 고성능 컴퓨터로, 최근 들어 인공지능·신약 개발과 우주항공산업 등과 같이 방대한 데이터를 다루는 4차 산업혁명 분야의 핵심 인프라로 떠오르고 있다. 4차 산업혁명 분야에서는 수많은 데이터를 얼마나 빠르게 분석해 해결책을 마련하느냐가 경쟁력의 핵심이다. 따라서 슈퍼컴퓨터의 성능이 기술개발의 성패를 좌우한다. 이러한 이유로 미국과 중국은 슈퍼컴퓨터 기술패권을 두고 치열하게 경쟁을 벌이고 있다. 슈퍼컴퓨터 분야의 순위는 미국과 중국이 엎치락뒤치락하고 있는 가운데 2019년에는 양적으로는 중국, 질적으로는 미국이 우위를 보였다. 중국은 2013년부터 2017년까지 글로벌 슈퍼컴퓨터 성능 순위에서 1위를 차지했으나 2018년부터 미국에 밀려난 상태이다.

5G와 반도체로 촉발된 미중 갈등은 슈퍼컴퓨터 분야로도 확산되었다. 미 상무부는 2019년 6월 중국의 슈퍼컴퓨터 업체인 수곤과 하이곤, 청두 하이광 집적회로, 청두 하이광 마이크로일렉트로닉스 테크놀로지 등 4개 기업을 거래 제한 명단에 올려서, 이들 기업이 슈퍼컴퓨터의 핵심 부품을 미국으로부터 구입할 수 없도록 금지했다. 미 상무부는 중국의 정부 연구소인 우시 지앙난 컴퓨터기술연구소도 제재 명단에 올렸는데, 이 연구소는 중국 인민해방군 총참모부의 '제56 리서치 연구소'의 소유로 중국군 현대화를 지원하는 기관으로 알려졌다. 또한 2015년 미 정부의 제재 명단에 오른 후, '후난 궈팡 케이 유니버시티'라는 이름으로 미국 기업과 거래를 계속해 왔던 중국 국방기술대학도 거래제한 대상에 올랐다.

미국의 슈퍼컴퓨터 제재는 중국의 기술 추격을 따돌리기 위한 목적으로 평가된다. 특히 미국이 비(非)관세 분야인 슈퍼컴퓨터까지 중국 기업의 손발을 묶은 것은 이 기술이 자칫 무기개발 등 군사적 목적으로 전용되어 미국의 국가 안보를 해칠 가능성이 있다고 보았기 때문이다. 슈퍼컴퓨터는 무기 장비 설계 및 제조 등 군사 분야 등에 활용되는 핵심 기술이다. 과거만 하더라도 탱크, 장갑차, 전투기 등과 같은 군사 장비의 성능을 분석하고 검증하기 위해서는 막대한 비용과 위험 부담을 안고 실제 실험을 진행해야 했지만, 이제는 슈퍼컴퓨터로 시뮬레이션을 진행하여 관련 데이터를 수집할 수 있게 되었다.

당장 미국으로부터의 핵심 부품 공급이 끊기면 중국의 슈퍼컴퓨터 개발은 큰 타격을 입을 것이다. 중국은 현재 슈퍼컴퓨터의 두뇌에 해당하는 중앙처리장치(CPU)와 메모리, 운영체제 등 설비와 기술 상당수를 인텔, 마이크론, IBM 등 미국 기업에 의존하고 있다. 물론 장기적으로 보면 미국의 손해도 만만치 않을 것이다. 슈퍼컴퓨터에 들어가는 부품과 소프트웨어는 대부분 고가이기 때문에 최근 이 시장에서 '큰손'으로 부상한 중국으로 수출을 못 하면 미국 기업의 손실도 커질 수밖에 없기 때문이다. 중국 슈퍼컴퓨터 업체인 수곤은 2018년 11월 자체 기술로 슈퍼컴퓨터 전용 CPU 개발에 성공해 미국 기술 의존도를 조금씩 낮춰가고 있다. 이러한 상황에서 미국의 제재는 반대로 중국의 슈퍼컴퓨터 기술개발 의욕을 더 높이는 역효과를 불러올 수도 있다는 전망이 나온다.

3. 인공지능 기술경쟁

1) 인공지능 알고리즘의 세계정치

'인공지능(AI)'은 추론, 학습 능력 등 인간의 사고 프로세스를 모방하는 컴퓨터 기술을 말한다. 이러한 인공지능의 핵심 메커니즘은 미리 정해둔 규칙, 일련의 절차, 명령에 따라 입력자료를 처리하고 결과를 출력해 내는 프로그램인 '알고리즘'이다. 4차 산업혁명 분야 기술이 컴퓨팅 파워와 인공지능, (빅)데이터의 셋으로 요약된다면, 이들을 엮어내는 것이 AI 알고리즘(algorithm)이다. 4차 산업혁명의 핵심을 이루는 '사이버-물리 시스템(cyber-physical system)'에서 이를 엮어내는 '사이버(cyber)'의 '메타(meta) 기능'과도 통한다. 게다가 AI 알고리즘은 그 외연과 내포가 명확하지 않은 신흥기술의 대표적인 사례여서 '개체'로 보느냐, '시스템'으로 보느냐, '환경'으로 보느냐에 따라서 상이한 개념화가 가능하다.

인공지능은 '기술-산업-안보 삼각형'의 핵심에 있는 기술이기도 하다. 따라서 국제정치학 분야에서도 AI 알고리즘에 대한 개념적 이해는 하위 전공마다 상이할 뿐만 아니라 사용하는 용어도 다르다. 첫째, 현재 국제정치학 분야에서 관련 연구의 주류를 이루고 있는 기술정책·전략 연구는 주로 '인공지능'이라는 용어를 원용한다. 둘째, 군사안보와 국제규범 연구는 인공지능을 '자율무기체계(Autonomous Weapon System: AWS)' 또는 '킬러로봇'으로 보고 이를 규제하는 법·규범을 탐구한다. 셋째, 정치경제학 연구는 민간 AI 기업들의 과도한 '알고리즘' 권력에 대한 경계의 시각을 취한다. 아직 '신흥 주제'여서 어디에 착안하느냐에 따라 하위 전공별로 용어 선택이 다른 것은 사실이지만, 이 책이 다루는 AI 알고리즘은 대략 인공지능과 알고리즘 및 자율무기체계(AWS)의 복합체 정도로 이해할 수 있을 것이다. 이 책은 이러한 용어의 난맥상을 염두에 두고 문맥에 따라서 구별하여 사용했다.

AI 알고리즘을 둘러싼 경쟁은 오늘날 세계정치의 성격을 복합적으로 변환시키고 있다. 이 책은 이러한 현상을 신흥권력론의 시각에서 파악한 세 차원의 권력 변환으로 이해한다. 첫째, AI 알고리즘 경쟁은 '권력 성격의 변환'을 야기하고 있는데, 좁은 의미의 기술경쟁이라기보다는 기술-산업-안보를 포괄하는 넓은 의미의 디지털 패권경쟁이 진행되고 있다. 둘째, AI 알고리즘 경쟁은 '권력 주체의 변환'을 야기하고 있는데, 알고리즘 권력을 행사하는 민간 AI 기업들이 주요 주체로 부상했으며, 이들의 활동을 지원 또는 규제하는 정책·제도 환경을 둘러싸고도 경쟁이 이루어진다. 끝으로, AI 알고리즘 경쟁은 '권력 질서의 변환'을 야기하고 있는데, AI 알고리즘을 활용한 산업과 서비스, 무기체계 등을 규제하는 국제규범의 형성을 놓고 국가 및 비국가 행위자들의 의견 대립이 불거지고 있다. 요컨대, AI 알고리즘의 패권을 놓고 벌이는 경쟁은 4차 산업혁명 시대를 맞은 오늘날 세계정치의 변환을 단적으로 보여주는 사례이다.

2) 미중 인공지능 기술경쟁

현재 미국은 AI 경쟁에서 선두를 유지하고 있으나, 중국을 필두로 한 후발 주자의 거센 추격에 직면했다. 정보통신기술진흥센터에 따르면, 2017년 현재 인공지능 기술 수준은 미국 기준(100)으로 유럽 88.1, 일본 83.0, 중국 81.9, 한국 78.1로 평가된다. 중국은 2016년부터 한국의 기술 수준을 넘어섰다. AI 연구의 경우, 연구논문 수에 있어서는 중국이나 유럽연합 등이 가파른 추격세를 보이고 있으나, 논문의 평균 피인용 수, AI 연구자의 평균적인 영향력(H-지수) 등에서는 여전히 미국이 다른 국가를 앞서고 있다. 국가별 인공지능 관련 기술 특허 출원 수를 보면, 2017년 현재 미국과 중국은 각각 9786건(28%)과 6900건(20%)을 차지했고, 기업별로는 IBM 2399건, 구글 2171건, 마이크로소프트 1544건에 이어 바이두 446건, 알리바바 384건, 텐센트 201건 등이다.

AI 인력, 특히 교육 및 연구 인력에서도 미국이 질적으로 앞서 있다. 미국계 싱크탱크인 데이터혁신센터의 조사에 따르면, 2017년 기준 AI 연구자로 추산되는 인력의 수는 미국의 2만 8536명에 비해 중국은 1만 8232명에 달하는데, H-지수 기준으로 최상위 수준의 연구자만 추산하면, 미국의 5158명에 비해 중국은 977명에 불과하다. 중국 정부의 적극적인 인재 유치 정책에도 불구하고 중국 내 AI 연구 인력의 두뇌 유출은 계속되고 있다. 전반적으로 상업 지향적인 중국의 AI 생태계 역시 기초 분야 연구개발에 대한 투자를 제약하는 요인으로 작용하고 있다. 그러나 인적 자원의 양에서는 중국이 미국을 앞서고 있으며, 특히 AI 개발 및 운용 기업에 근무하는 인력의 수에서 미국보다 앞서 나가고 있다.

데이터혁신센터의 2019년 조사에 따르면, 미국은 중국에 비해서 AI 스타트업에 상대적으로 유리한 기업 환경을 지닌 것으로 평가되었는데, 2017년 기준 미국의 AI 스타트업 수는 1393개로, 중국의 383개를 크게 앞선다. 미국은 민간 영역의 벤처캐피털 투자도 활발하다. 2012년 2억 8200만 달러에 불과했던 AI

분야 투자액은 2017년에는 50억 달러 규모로 증가했으며, 2019년에는 100억 달러를 상회했다. 그러나 2020년 회계연도 미 연방정부의 AI 관련 연구개발 예산 총액이 9억 7000만 달러에 불과한데, 이는 민간 투자에 비해 미국 정부의 투자가 그 규모에 있어 상대적으로 부진함을 보여준다. 중국은 미국에 비해 상대적으로 AI 스타트업 생태계의 형성이 빈약한데, 특정 기업에 집중된 정부의 예산 투자로 인해서 2019년 100만 달러 이상의 투자를 받은 AI 기업의 수가, 미국의 1727개에 비해 224개에 불과하다.

그러나 중국은 스타트업의 수가 적은 대신, 소수의 핵심 기업 위주로 집약적인 투자가 이루어지고 있다. 예를 들어, 중국 내 치안 및 사법 분야에 인공지능 솔루션을 제공하고 있는 안면인식 AI 기업 센스타임은 순수 AI 기업으로서는 세계 2위의 규모(약 75억 달러)이다. 센스타임을 제치고 인터넷 관련 유니콘 기업 중 시가총액 기준 세계 1위 규모(2020년 5월 기준 약 100억 달러 이상 추산)를 자랑하는 바이트댄스 역시 틱톡 합병 후 계속 규모를 키워가고 있다. 또한, 기성 기업들의 AI 도입 의지와 현황에 있어서는 중국이 미국을 앞서고 있다. 2018년 기준 AI를 도입한 중국 기업의 비율은 32%에 달하며(미국 22%), 도입에 앞서 시범적으로 AI를 적용한 기업은 53%에 육박하고 있어(미국 29%), AI를 실생활에서 활용하는 수준은 중국이 미국보다 높음을 보여준다. AI 도입의 의지가 에너지, ICT 등 특정 분야에 편중된 미국과 달리, 중국은 AI를 사용하는 기업들이 산업 전 분야에 걸쳐 고르게 분포한다.

중국의 AI 기업들은 데이터에 대한 접근과 가용한 데이터의 양, 그리고 AI 기반 기술의 잠재적 사용자 수 등에 있어 미국보다 우위에 있다. 중국은 AI의 발전에 필수적인 데이터의 양이 다른 나라들보다 훨씬 많다. 특히 중국은 개인 소비나 생활 패턴과 관련한 데이터로 활용할 수 있는 모바일 결제 데이터 발생량에 있어 미국을 압도한다. 2018년만 해도 중국 인구의 45%에 해당하는 5억 2500만 명이 모바일 결제를 사용했다. 같은 기간 미국에서는 5500만 명만이 모바일 결제를 사용했다. 이는 미국 인구의 20%밖에 되지 않는다. 전체 데이터의 가용량에 있어서는 미국이 중국보다 부족하지만, 유의미하게 사용될 수 있는 데이터, 즉 지도 데이터, 유전정보 데이터, 의료기록 데이터 등에 있어서는 비교적 광범위하고 역사가 긴 전산화로 인해 미국이 여전히 중국보다 그 품질이 앞서 있는 것으로 평가된다.

4. 인공지능의 국가전략

1) 주요국의 인공지능 국가전략

최근 주요국들은 국가전략의 모색 차원에서 AI 분야의 경쟁에 임하고 있다 (Allen et al., 2018). AI가 지닌 기술적 범용성과 상업적 가치, 안보적 함의 등을 인식하고 이러한 인식을 국가전략 전반과 접맥시킨 AI에 대한 국가전략서를 발표하고 있다. 4차 산업혁명의 관점에서 각국의 경제발전을 위한 기술혁신을 강조하는 차원뿐만 아니라 대내외적으로 국가안보의 핵심 구성 요소로서 AI를 이해하고, 이에 대응하기 위한 미래 국가전략을 수립하는 붐이 일고 있다. 미국, 중국, 러시아, 일본, 유럽연합 등은 넓게는 신흥기술 일반, 좁게는 AI 분야의 국가 역량을 구축하기 위해서 체계적이고 종합적인 국가안보 전략을 수립하고 있으며, 이를 지원하는 국내의 법·제도를 정비하려는 노력을 벌이고 있다.

미국은 중국의 추격으로 인해서 AI 패권국으로서 자국의 지위가 위협받고 있다는 인식하에 적극적인 AI 전략을 개진하고 있다(Kania, 2019; Mori, 2019; Johnson, 2019a). 2016년 국가과학기술위원회(NSTC)의 '인공지능 연구개발 전략계획(National Artificial Intelligence Research and Development Strategic Plan)'은 AI 연구개발에 대한 투자와 윤리, 안전기준 개발, 공공데이터 가용량 확대 등 민간 영역 연구개발에 대한 지원을 담고 있다. 2017년 '국가안보전략(NSS)'은 신흥기술 관련 8개 주요 연구 혁신 분야 중 하나로 인공지능을 지목했다. 2019년

2월 대통령 행정명령 'AI 이니셔티브'는 미국의 선도적 지위를 유지하기 위한 AI 전략과 6대 전략 목표를 제시했는데, 이는 그 후 미국의 AI 전략을 이끄는 주축이 되었다. 2019년 6월 개정된 '인공지능 연구개발 전략계획'은 2016년의 '전략계획'이 제시한 목표를 계승할 것을 명시했다.

미국은 2018년 5월 AI 전략을 조율하기 위한 주무 부서로 NSTC 산하 '인공지능선정위원회(Select Committee on Artificial Intelligence)'를 신설했다. 국방부, NSF, 에너지부 등 다양한 관련 부처가 AI 연구개발에 참여하고 있다. 국방부는 타 부처들에 비해 비교적 이른 시기부터 AI에 주력해 왔다. 2018년 6월 국방부 산하에 개소한 '합동인공지능센터(Joint AI Center)'와 2018년 9월 발표한 고등국방과학연구국(DARPA)의 20억 달러 규모의 'AI Next 캠페인'이 대표적인 사례이며, 2019년 2월에는 「AI 전략 보고서」를 발표했다. 미 상무부는 중국으로의 기술 유출 차단을 담당하고 있는데, 2018년 제정된 '수출통제개혁법(Export Control Reform Act: ECRA)', 2018년 8월 개정된 '외국인투자위험조사현대화법(Foreign Investment Risk Review Modernization Act: FIRRMA)' 등은 그 사례들이다. 2019년 설치되어 에릭 슈밋 전 구글 회장과 로버트 워크 전 국방차관이 이끌고 있어 널리 알려진 'AI 국가안보위원회(National Security Commission on Artificial Intelligence: NSCAI)'는 중국의 기술추격이 미국의 우위를 위협할 수 있음을 지적했다.

중국도 범국가적 차원에서 '군민융합' 전략을 추진하여 AI 기술 우위를 확보하기 위한 노력을 벌이고 있다. 중국은 '중국제조 2025'를 통해서 2025년까지 AI 분야에서 서방 국가들을 넘어서고 2030년에는 글로벌 리더로 부상한다는 목표를 설정했다. 2015년 3월 제시한 '인터넷 플러스' 개념을 발전시켜서 2016년 5월에는 '인터넷 플러스' 내에서 AI의 역할을 강조하는 「인터넷 플러스 인공지능 3개년 실시 방안」을 발표했다. 중국 국무원은 2017년 7월 공식적으로 「신세대 인공지능 발전계획」이라는 AI 국가전략을 제시했는데, 해당 문건은 AI가 국가 간 경쟁의 핵심 요소로 대두하고 있음을 지적하면서, 중국이 미래 국력 경쟁에서 우위를 점할 수 있는 원동력이자 신산업 발전의 원천 및 국방력 강화의 동인으로서 AI의 역할을 강조했으며, 이와 더불어 민간 부문의 혁신을 군사 부문의 혁신으로도 이어나가는 '군민융합'을 강조했다(Demchak, 2019).

2017년 11월 중국이 추진하는 AI 전략의 주무 기관으로 국무원 산하에 '신세대인공지능발전계획 추진 판공실'이 설립되었다. 또한 산학의 소통을 위해 27인의 전문가로 구성된 자문 기관인 '신세대인공지능전략자문위원회'가 설립되었는데, 여기에는 중국과학원 및 공정원의 원사(院士)급 학자 다수와 바이두, 알리바바, 텐센트, 아이플라이텍 등 중국 내 주요 AI 기업의 전문가들이 참여했다. 이른바 '국가대표팀' 모델에 따라 흔히 BAT로 불리는 바이두(B), 알리바바(A), 텐센트(T)와 같은 IT 대기업들이 AI 연구개발의 핵심적인 기능을 담당하도록 역할이 배정되었다. 이들 BAT 기업들은 개별 기업의 이윤추구와 기술혁신을 위한 자체적인 AI 연구개발을 수행하는 동시에, 중국 시장 내에서의 우월한 지위를 바탕으로 국가적 정책 목표를 달성하기 위한 세부적인 연구 프로젝트를 할당받아 추진하고 있다.

이밖에 러시아나 일본, 유럽연합의 인공지능 국가전략에 대해서도 주목할 필요가 있다. 구소련 시절부터 과학기술을 전략적으로 중시해 온 러시아는 1990년대 소련의 붕괴와 함께 재정파탄과 인력 유출 등으로 인한 기술혁신의 공백기를 겪었다. 그러나 푸틴 정부는 강한 러시아의 부활을 내세우며 신흥기술 분야의 정책을 강화했다(Dear, 2019). 2009년 5월 러시아의 「국가안보전략」은 과학과 기술, 교육의 강화를 강조하면서, 신흥기술 안보에 의해 러시아의 중장기 전략 기조가 결정될 것이라는 사실을 명확히 했다. 2017년, 푸틴 대통령이 "AI를 선도하는 자가 세계를 지배한다"라고 공언한 이후, 러시아 국가지도부는 러시아를 AI 선도국으로 만들겠다는 계획을 내세우며 AI 연구개발 및 적용에 많은 의욕을 내보이고 있다. 일례로 2019년에 발표된 「2030년까지의 인공지능 발전을 위한 국가전략」은 2024년까지 AI 분야에서 국제적인 경쟁력을 갖추고 2030년까지 세계 최고 수준에 도달한다는 목표를 제시했다.

일본은 고령화와 생산성 저하라는 사회·경제 문제 해결에 AI를 적극 활용하려는 전략을 취하고 있다. 2017년 「신산업구조비전」은 초(超)스마트 사회인 '소사이어티 5.0' 시대의 실현이라는 장기적 목표를 내세우고 4차 산업혁명의 4개 전략 분야를 지목했는데, AI를 이들 분야를 아우르는 핵심 요소로 내세웠다. 2017년 2월에는 「AI 산업화 로드맵」을 발표했는데, 2020년을 전후하여 개별 영역에 국한된 AI 데이터의 이용을 일반 차원으로 격상시키고, 2025년부터 2030년에 걸쳐 전 산업 분야가 복합적으로 연결·융합되는 AI 생태계를 구축하겠다는 전략을 제시했다. 2019년 3월 총리실 산하 '통합혁신전략추진회의'를 통해 「AI 전략 2019」를 새로이 발표했는데, 여기에서도 2017년 제시한 AI 국가전략의 기조와 동일하게 AI 도입을 통한 사회문제 해결과 생산성 향상을 강조했다.

2017년 이후 유럽에서는 기술 선진국들을 중심으로 개별 국가 차원에서 AI 국가전략이 수립되고 있다. 유럽연합 차원에서도 노력을 벌이고 있지만, 아직은 종합적이고 체계적인 신흥기술 전략 및 정책은 부재한 상황이다. 유럽연합은 2018년 4월 체결한 「인공지능 협력선언」을 통해 AI 분야에 대한 투자 확대 계획을 천명하고, 회원국 간의 AI 전략 및 정책을 조율하기 위한 움직임을 보였다. 2018년 12월에는 앞서 체결한 「인공지능 협력선언」을 바탕으로 「인공지능 협동계획」의 수립에 합의했다. 이 계획에서 유럽연합은 '윤리적이고 안전하며 최첨단인 유럽산(Made in Europe) AI'의 개발을 목표로 각국의 AI 전략 조율을 천명했다. 이를 위하여 모든 회원국이 2019년 중반까지 각자 AI 전략을 수립할 것을 권고했다. 한편 유럽연합은 2020년 2월 『AI 백서』를 발표하고 AI의 위험에 대응하기 위한 정책 방향을 제시하기도 했다.

2) 신흥기술로서 인공지능의 안보화

AI 분야에서 중국의 기술 추격은 향후 점점 더 거세질 것으로 전망된다. AI의 경우 현재 산업 발전의 초기 단계여서 미국과 중국 각국의 장점에 기반을 두고 서로 상이한 부문에 주력하고 있는 것으로 판단할 수 있다. 2019년 양국 갈등의 불씨가 되었던 5G 분야와는 달리, AI 갈등은 아직 미중관계의 전면에 부상하지는 않았다. 미국은 아직 중국 정부의 부당한 AI 분야 개입에 대한 포괄적인 문제 제기를 하고 있을 뿐이다. 그러나 시간이 흐르고 핵심 기술이나 주력 부문이 겹치게 되고 AI의 안보적 함의와 군사적 활용이 늘어나면서 AI가 정부의 통제나 감시와 밀접하게 관련된 문제로 불거지게 된다면, 양국의 AI 갈등은 거세어질 가능성도 없지 않다. 그도 그럴 수밖에 없는 것이 AI 분야의 우열은 디지털 패권경쟁 전반의 승패를 가름할 것으로 인식되고 있기 때문이다(Gill, 2019).

실제로 최근 미중 기술경쟁은 신흥기술의 안보적 함의가 강조되면서 단순한 기술경쟁의 차원을 넘어서 전면적인 디지털 패권경쟁으로 발전하는 양상을 보이고 있다. 클라우드, 블록체인, 인공지능, 사물인터넷, 양자컴퓨팅 등의 경우에 이런 경향이 나타나는데, 인공지능 기술은 가장 대표적인 사례 중 하나이다. 민군겸용기술의 성격을 강하게 지닌 AI가 경제력과 군사력을 구현하는 핵심 기술로 인식되면서, AI의 기술적 우위를 점하는 것이 디지털 패권, 더 나아가 글로벌 패권을 장악하는 선결 조건으로 여겨지고 있다. 특히 AI 역량의 우열은 강대국 간의 권력 구조 변동, 특히 글로벌 패권을 다투는 미중 양국의 세력 관계 변동을 읽어내는 잣대로 이해되고 있다. 이런 점에서 기술 강국들은 공통으로 AI의 기술적 이슈를 다양한 관점에서 국가안보의 문제로 '안보화'하는 경향을 보이고 있다.

첫째, 군사안보의 관점에서 AI 기술을 안보화하는 경향이다. 이는 군사화(militarization)의 과정과 밀접히 연관되어 있다. 최근 상업용 AI 기술이 군사용으로 전용되어 기존의 군사 역량을 강화하는 데 기여하는 현상이 늘어나고 있다. AI 기술혁신이 대학과 기업에서 이루어지고 있으나, 군사 분야로 빠르게 전용되고 있다. 민군겸용의 성격을 지닌 첨단기술인 AI 기술 역량 격차에 대한 국가안보 차원의 우려가 발생하는 이유이다. 군사안보 차원에서 기술적 우위 확보를 통한 군사력 증진과 테러, 해킹 등 신흥기술의 악용에 대한 효과적 대응이라는 문제도 제기된다. 예를 들어, AI의 경우 인식·인지증강 분야에서 급속도로 실용화되고 있고, 무기·정보·감시·정찰 시스템과 결합하면 군사적·정보적 잠재력이 막대할 것으로 평가된다. 드론·로보틱스 기술도 AI 기술의 발전과 더불어 정밀도가 크게 향상되었는데, 군용 무인장비가 널리 보급되고 있고 군용 드론과 AI가 결합한 자율살상무기도 점점 더 현실화되어 가고 있다. 이러한 맥락에서 AI는 군사적 관점에서 안보화되고 더 나아가 군사화되면서 실제 무기체계로 개발될 가능성이 높아진다(Johnson, 2019b).

둘째, 경제안보의 관점에서 AI 기술이 안보화되는 경향이다. 최근 미국은 중국의 기술 추격을 견제하고 자국의 기술경쟁력을 보전하기 위해 안보화의 담론을 내세운 정치적·경제적 수단을 원용하고 있다. 미국의 정책서클은 미중 간의 무역과 투자의 문제를 국가안보의 관점에서 인식하고 수출입 통제 조치를 감행하고 있다. 미국은 자국 기업들의 기술이 중국으로 유출되는 것을 막거나 기술보안 문제가 의심되는 중국 제품 및 서비스의 수입이나 이와 관련된 해외투자와 인수합병 등을 규제하는 조치를 취했다. 최근 미중관계의 가장 큰 쟁점으로 부상했던 5G 기술 분야의 화웨이 사태가 대표적인 사례라고 할 수 있다. 또한, 미국은 2019년 AI 안면인식 기술을 이용해 신장 위구르 자치구 주민을 탄압하는 데 동참하고 있다는 혐의로 중국의 거대 AI 기업에 대한 제재를 발표하기도 했다. 여기에는 AI를 상품에 적용하는 기업들도 함께 포함되었다. 해당 제재는 미 상무부에서 발표한 블랙리스트를 근거로, 총 20개 공공기관 및 안보 관련 부처에 대해, 이들 기업에 기술을 수출 혹은 수입하는 것을 전면적으로 금지하는 조치로 나타났다.

끝으로, 데이터 안보의 관점에서 AI 기술이 안보화되는 경향이다. 디지털 패권경쟁이 본격화됨에 따라 AI를 통해 수집·분석된 데이터가 국가안보에 미치는 영향이 커지고 있다. 데이터 우위는 데이터의 수집·분석·창조 역량을 증진하는 것을 의미하는데, 기존의 스몰데이터 환경과는 달리 오늘날의 빅데이터 환경에서는 그 성격이 더 복잡해지고 있다. 오늘날 데이터 안보는 전통 군사안보와는 다른 메커니즘을 통해서 안보 문제가 된다. 그 자체가 군사안보 관련 데이터가 아니더라도 빅데이터 환경에서는 민간 데이터도 일정한 처리와 분석의 과정을 거쳐서 군사적 함의가 추출되기도 한다. AI 기술의 발달은 이러한 가능성을 높여놓았다. 예를 들어, AI 기술이 위성 이미지 분석, 사이버 방어 등 군사 분야의 노동집약적 부문의 자동화를 위해 사용될 수 있다. 이러한 과정에서 생성되는 데이터의 안보적 함의는 매우 크다. 사물인터넷의 보급이 확대되면서 여기서 생성되는 데이터를 처리하는 데 AI의 중요성이 더욱 강조되고 있다. 이러한 시각에서 볼 때, 데이터의 수집과 처리 및 분석을 위한 알고리즘의 확보는 국가안보의 문제가 아닐 수 없다.

5. 인공지능 규제표준 갈등

1) 주요국의 인공지능 규제 원칙

인공지능의 설계력을 바탕으로 한 '알고리즘 권력'의 부상을 경계하고 규제하는 문제가 논란거리이다. 사용자 개개인의 수요에 맞춰 알고리즘을 적용하고 서비스를 제공하기 위해서 개인정보와 데이터를 수집·처리·분석하는 과정에서 '편향적 권력'이 작동할 수 있다는 것이다. AI 알고리즘은 사용자들에게 최적의 서비스를 제공하고 최신의 정보를 제공하며, 심지어 번거로운 일상의 결정마저도 대신해 준다는 명목으로 거대하고 전능한 권력을 행사할지도 모른다. 빅데이터 환경에서 가장 경계해야 할 새로운 권력은 바로 이러한 '알고리즘 권력'이다. AI 알고리즘이 우리 삶의 편의를 높이는 과정에서 프라이버시의 침해와 감시, 그리고 개인정보의 유출 및 인권침해가 우려되기 때문이다. 이러한 힘을 가진 AI 알고리즘이 무기체계에도 적용되어 인간의 생명을 다루는 결정을 내릴 가능성도 없지 않다. 비대화된 AI 알고리즘을 규제할 정책과 제도 및 윤리와 규범에 대안 논의가 제기되는 것은 이러한 맥락이다.

사정이 이렇다 보니, 주요국들은 AI 알고리즘의 규제 원칙을 국가전략의 차원에서 제시하고 있다. 미국은 2020년 1월 공개한 「인공지능 적용 규제 가이드라인(Guideline for Regulation of Artificial Intelligence Applications)」에서 민간 부문이 AI 활용을 위한 규칙을 만들 경우 고려해야 할 10가지 원칙을 제시했다. 미국 내 기관들이 도입하는 모든 AI 규제는 공정성, 차별 금지, 개방성, 투명성, 안전 및 보안 등을 장려하는 목표를 설정해야 한다는 것이다. 2020년 2월에는 책임성, 형평성, 추적 가능성, 신뢰성, 통제 가능성 등을 골자로 하는 국방부의 「AI 5대 원칙」이 채택되었다. 2020년 7월 국가정보국(DNI)은 「국가안보 인텔리전스 커뮤니티 AI 원칙」을 제시했는데, 국가안보 목적으로 활용하는 AI는 유용하고 투명하며 개인정보 보호 및 기타 법률에도 어긋나지 않아야 한다고 강조했다.

중국도 2019년 5월 '신세대 인공지능 산업기술 혁신전략동맹'이 「베이징 AI 원칙」을 발표했는데, 이 원칙에서 인공지능의 개발·사용·거버넌스에 관한 15개조 원칙을 제시했다. 먼저 AI의 개발과 관련해서는 인류 행복 기여, 인간적 가치, 연구자 책임성, AI 위험 통제, 공정성·투명성, 다양성·포용성, 개방성·정보 공유 등이 제시되었다. 둘째, AI의 사용과 관련해서는 적절한 사용, 데이터 및 인권 관리, 교육과 훈련 등을 제시했다. 끝으로, AI의 거버넌스와 관련해서는 AI 노동의 우량화, 거버넌스의 조화와 협력, 적절한 규제, 분야별 세분화된 가이드라인, 장기적 계획 등을 제시했다. 한편 2019년 6월에는 '국가 차세대 AI 관리 특별위원회'에서 8개 「차세대 AI 관리원칙」을 발표했는데, 공평성, 포용성, 프라이버시 존중, 안전과 통제 가능성, 책임 공동 분담 등의 내용을 골자로 담았다.

일본도 2019년 3월 「인간 중심의 AI 사회 원칙」을 발표하여 AI 사회의 실현과 글로벌 AI 리더십 확보를 위한 전략을 제시하고, 인간 중심, 교육·리터러시, 프라이버시 확보, 보안 확보, 공정경쟁 확보, 공평성, 설명책임, 투명성, 혁신 등을 강조했다. 또한, 「AI 이용·활용 가이드라인」도 발표하여 자발적 규제의 형식으로 AI를 운용하는 기업들이 따를 수 있는 데이터 및 개인정보·윤리 관련 행동 수칙을 제시했다.

한편 유럽연합도 2019년 4월 인공지능에 대한 신뢰성을 높이기 위해서 「AI 활용을 위한 윤리지침」을 제시했는데, 이는 AI 활용을 위한 7개 원칙으로 인간의 역할과 감독, 견고성 및 안전성, 개인정보 및 데이터 통제, 투명성, 다양성·무차별성·공정성, 사회적·환경적 복지, 책임성 등을 제시했다. 유럽연합의 윤리지침은 법률적 강제성은 없지만 AI 규범의 국제적 논의를 선도하는 효과를 목표로 했다.

이렇게 AI 규제의 원칙들이 제시되는 와중에 AI 규제에 대한 미중의 입장 차도 드러나고 있다. 대체로 양국의 AI 규제 원칙은 개방성, 투명성, 공정성 등과 같이 명분상으로는 크게 다르지 않은 가치를 천명하고 있다. 그러나 실제로 AI를 개발·적용하는 과정에 이르면 상대방의 행태를 서로 다르게 해석하고 있어, AI 규제 정책이나 윤리규범을 둘러싼 마찰과 충돌의 가능성이 있다. 미국이 인권과 개인정보 보호를 중시하는 자발적 규제를 강조한다면, 중국은 AI를 적절히 관리하기 위한 조화와 협력을 중시하는 입장이다. 이러한 차이는 양국 간의 상호 불신과 신념 차이 등의 요소에 편승하여 자국에 편리한 방향으로 해석을 유도할 가능성이 있다. 예를 들어, 미국 정책 당국자들의 눈에는 중국이 AI의 개방성을 지속적으로 언급하는 것이 실질적으로는 군민융합을 통한 대미 산업스파이 활동을 부추기는 것으로 비춰서, 궁극적으로는 중국의 AI 정책이 투명성과 공정성을 해치고 있다고 해석할 수 있다는 것이다.

2) 미중 안면인식 AI 갈등

실제로 이러한 차이는 최근 중국의 안면인식 AI와 관련된 논란으로 불거졌다. 중국은 안면인식 AI 분야에서 앞서가고 있는데, 이러한 기술로 지하철·공항의 출입, 쓰레기 분리배출 관리, 수업 태도 감시까지도 현실화했다. 중국은 2020년에 빅데이터 기반의 사회신용체계를 전면 도입한다는 구상을 내세우고 스마트시티 등과 함께 전 사회의 데이터화·인공지능화라는 첨단기술 기반의 사회를 만들어가고 있다. 예를 들어, 2019년 12월부터는 중국에서 휴대폰 유심카드를 새로 구입하는 사람은 모두 신원 확인을 위해 안면인식 스캔 등록을 의무화했다. 안면인식을 통한 사회질서 유지라는 정치적 목적과 빅데이터 구축과 산업적 활용이라는 경제적 목적의 양면성을 노린 조치라고 할 수 있다. 중국이 안면인식 AI를 활용해 인권을 탄압한다는 비판이 나오는 대목이다.

중국에서 안면인식을 통한 사회통제의 다양한 기술적 조치는 최근 급속히 확산되는 추세에 있다. 정저우(鄭州)시에는 2019년 지하철 전 노선에 안면인식 결제시스템이 도입되었으며, 안면인식으로 범죄자를 색출하는 등 최고 수준의 안면인식 기술이 다양한 방면에서 보편화·상용화되어 있다. 14억 인구의 안면을 데이터화하고 이를 식별해 내는 인공지능 기술, 그리고 2020년에 3억 대를 넘어선 CCTV 등은 전 사회의 스마트화와 기술의 혁신을 가속화할 것이다. 그러나 이러한 과정에서 중국의 국가권력이 개인정보를 수집하고 활용·통제하게 됨으로써 기술의 발전과 제도의 확대가 초래할 부작용에 대한 우려가 커지고 있다. 중국이 첨단 AI 기술을 활용해 감시사회를 강화한다는 것이다.

실제로 쑤저우(蘇州)시가 도입한, 이른바 천망(天網, Skynet) 시스템은 중국에서 거대한 CCTV 감시망이 구축되고 있음을 보여주는 좋은 사례이다. 쑤저우의 모든 감시 데이터는 모두 쑤저우 공안국 빅데이터센터에 집중되어 있어서 안면 식별 후에는 공안 자신의 데이터베이스와 대비함으로써 1초 만에 특정인을 식별해 낼 수 있다. 이러한 중국의 천하망라(天下網羅) 네트워크의 이름은 노자의 「도덕경」에 나오는 사자성어 '천라지망(天羅地網)'에 기원을 둔다. 천라지망은 악한 사람을 잡기 위해 하늘에 쳐놓은 그물을 뜻한다. 노자의 「도덕경」에는 "천망회회 소이부실(天網恢恢 疏而不失)"이라는 말이 등장하는데, "하늘의 그물은 넓디넓어서, 성기면서도 놓치는 것이 없다"라고 해석된다.

이러한 감시의 비전은 실리콘밸리의 자유주의적 질서관에 기반을 둔 미국의 담론과 충돌할 수밖에 없다. 구체적으로 AI 알고리즘의 규제에 대해서 미중 양국은 입장 차를 드러낸다. 2019년 10월 트럼프 행정부는 인권 탄압과 미국의 국가안보 및 외교정책에 반한다는 이유로, 중국 지방정부 20곳과 기업 8곳을 블랙리스트에 올렸다. 여기에는 중국의 대표적 안면인식 스타트업 센스타임, 딥러닝 소프트웨어 회사 메그비, 이미지 인식 기반 AI 업체인 이투커지, 음성인식 분야의 아이플라이테크 등 중국의 대표적 AI 기업들이 포함되었다. 이러한 조치는 신장에서 위구르족, 카자흐스탄, 기타 이슬람 소수 집단에 대한 중국의 탄압과 인권침해 혐의를 묻는다는 이유로 실행되었다. 그러나 미국이 세계 AI 시장을 주도하려는 중국의 야망을 막고 중국의 AI 기술 우세를 억제하려는 속내를 갖고 있다고 해석되기도 했다.

2020년 1월 트럼프 행정부는 2019년 10월 내려진 중국의 인공지능 기업에 대한 제재의 후속 조치를 내렸다. 민감한 기술이 중국과 같은 경쟁국의 손에 들어가지 않게 하려고 인공지능 소프트웨어 수출을 억제하는 조치를 취했다. 2020년 1월 6일부터 시행되는 새로운 규칙에 따라 미국에서 'AI 기반 지리공간 이미지' 소프트웨어를 수출하는 회사는, 캐나다로 배송되는 경우를 제외하고, 해외로 보낼 라이선스를 신청해야 한다는 조치였다.

미국의 블랙리스트 등재에도 불구하고 중국의 메그비와 센스타임은 투자금을 모으고 해외 계약을 수주하는 등의 행보를 보였다. 미국의 규제는 급성장하는 중국의 AI 산업 중심을 강타했지만, 초기에는 부품 구매에 어려움을 겪었던 이들 기업은 안정을 되찾은 것으로 평가된다. 홍콩 증시 상장 무산 등의 여파를 겪은 메그비는 2020년 수입 규제 이전의 수준을 회복한 것으로 알려졌다.

메그비는 2021년에 기술 중심인 중국 본토 상하이스타마켓에서 기업공개(IPO)를 추진할 것으로 전망되었다. 메그비와 센스타임은 해외 확장 전략도 추진했다. 중국 전역에 적용된 메그비의 온도 측정 시스템은 일본과 중동 지역에 배치되었고, 센스타임은 싱가포르에서 카지노 부정행위 적발 소프트웨어 수출 건으로 협상했고, 2020년 초에는 태국 부동산 개발 업체와 AI 클라우드 컴퓨팅 서비스 계약을 체결했다. 특히 코로나19 사태를 맞아 센스타임이 급성장했다. 중국의 중앙정부가 미국과의 무역·기술전쟁 국면에서 자국의 첨단산업을 육성하기 위해 AI 기업에 대한 대규모 지원책을 펼친 데다가 지방정부들도 코로나19 방역을 이유로 센스타임의 AI 기술을 감시 활동에 적극적으로 활용한 데 힘입은 결과였다.

이러한 중국의 안면인식 기술과 지능형 감시 시스템이 세계 각국으로 빠르게 수출되고 있다는 사실도 주목할 필요가 있다. 특히 중국은 일대일로(一帶一路) 참여국에 대규모 투자를 하면서 중국의 통신망과 감시 시스템을 함께 이식한다. 화웨이, ZTE, 하이크비전 등 중국 기업의 감시 시스템이 63개국에 수출되었는데, 이 중 36개국이 일대일로 프로젝트에 포함된 국가였다. 전체 매출의 약 30%가 해외에서 발생하는 하이크비전의 경우 일대일로 국가뿐만 아니라 미국, 유럽 등 선진국에도 진출했다. 도청과 감청 우려로 미국 정부가 하이크비전을 블랙리스트에 올렸지만, 우수한 기술력과 가격경쟁력을 앞세워 이미 주요 선진국 곳곳에 하이크비전의 감시 시스템을 광범위하게 설치했다.

2020년 5월 미국이 G7 회원국으로 구성된 인공지능 협의체인 GPAI(Global Partnership on AI)에 가입한 일도, 단순히 미국이 AI 사용에 관한 윤리지침의 마련을 위한 국제적 움직임에 동참했다는 차원을 넘어서, AI 규제와 관련하여 중국에 압력을 가하려는 것으로 해석된다. GPAI는 국제사회가 인권, 다양성, 포용성, 혁신, 경제성장 등의 원칙에 기반해 AI를 활용하도록 이끄는 것을 목적으로 프랑스와 캐나다가 2018년에 처음 설립을 제안한 협의체이다. 그런데 G7 회원국 중 유일하게 동참하지 않던 미국이 가입함으로써 최초로 제안한 지

2년 만에 공식 출범하게 된 것이다. 미국의 입장이 변화한 것은 고조되는 중국과의 갈등 속에서 중국의 기술굴기를 견제하기 위한 움직임으로 풀이된다. 그동안 지나친 AI 규제는 자국 내 혁신을 방해할 것이라며 가입을 거부해 온 미국이 중국의 '기술 오용'에 대항하는 것이 중요하다고 판단해 갑자기 태도를 바꾼 것이다.

제2장

디지털 플랫폼 경쟁

1. 미중 디지털 플랫폼 경쟁

미중 간의 플랫폼 경쟁에 대한 논의는 2000년대 컴퓨터 운영체계(OS)에서 2010년대 인터넷 검색으로 옮겨갔다. 2010년대 후반에는 5G의 도입이 창출하는 플랫폼 환경이 쟁점이었다. 비슷한 시기 디지털 경제의 데이터 플랫폼으로서 클라우드가 쟁점으로 부각되더니, 2020년을 넘어서면서 SNS, 전자상거래, 간편결제 분야의 플랫폼 경쟁이 논란거리가 되기에 이르렀다. 초기에는 MS와 구글과 같은 미국 기업들을 제재하는 중국 정부의 조치가 화두였다면, 최근에는 화웨이나 텐센트, 알리바바, 바이트댄스와 같은 중국 기업들을 제재하는 미국 정부의 행보가 관심을 끌고 있다. 이러한 과정에서 미중경쟁의 초점도 좁은 의미의 제품과 기술, 표준 등을 둘러싼 경쟁을 넘어서 좀 더 포괄적인 의미에서 파악된 디지털 플랫폼 경쟁으로 확대되었다(조용호, 2011; Simon, 2011; 김조한, 2017; Parker et al., 2017; O'Mara, 2019).

'플랫폼(platform)'은 평평한 단(壇)이라는 뜻으로 그 위에 사람들이 모일 수 있는 장(場)을 의미한다. '디지털 플랫폼'이란 '온라인에서 공급자와 수요자의 거래를 중개하는 장'이다. 4차 산업혁명 분야 기술의 지속적 발전으로 기존 온라인 서비스가 디지털 플랫폼 형태로 발전하면서, 공급자와 수요자는 플랫폼이 제공하는 규칙을 따르기만 하면 직접 만나지 않고도 다양한 상호작용을 할 수 있게 되었다. 이러한 과정에서 디지털 플랫폼 사업자들은 상호작용의 규칙을 설계하고 이를 바탕으로 예전에 우리가 알고 있던 권력과는 다른 성격의 '플랫폼 권력'을 발휘한다. 이러한 권력의 밑바탕에는 해당 플랫폼에 참여하는 사용자 수가 늘어날수록 그 플랫폼의 가치가 더욱 증가하는 '네트워크 효과'가 깔려 있다(설진아·최은경, 2018). 이 장이 주목하는 것은 바로 이러한 플랫폼 권력을 놓고 벌이는 미중 디지털 패권경쟁이다.

　여태까지는 미국 기업들이 디지털 플랫폼을 장악해 왔다. 마이크로소프트(M), 구글(G), 애플(A), 페이스북(F), 트위터(T), 아마존(A) 등이 대표적인데, 흔히 TGiF, GAFA, FANG, MAGA 등과 같은 약자로 불린다. 바이두(B), 알리바바(A), 텐센트(T), 화웨이(H)와 같은 중국 기업들도 크게 성장하여 BAT 또는 BATH로 지칭된다. 초기만 해도 이들은 구글과 바이두, 애플과 화웨이, 페이스북과 텐센트, 아마존과 알리바바와 같이 부문별로 대결 구도를 형성했으나, 최근에는 이들 기업의 사업 범위가 확장되고 전선이 교차하며 전방위 대결이 벌어지고 있다. 최근에는 미국의 넷플릭스(N)나 중국의 바이트댄스(B)와 같은 새로운 플랫폼 기업들이 진입하면서 대결의 구도는 점점 더 복잡해졌다(Galloway, 2017; 다나카 미치아키, 2019).

　여기서 특히 주목할 것은 중국 플랫폼 기업들의 약진이다. 중국 시장은 모바일을 기반으로 하여 전자상거래, 핀테크, SNS 등 다양한 플랫폼 비즈니스의 온상이 되었다. 특히 알리바바와 텐센트의 플랫폼 비즈니스는 해당 분야를 넘어서 중국이라는 거대한 사회·경제 시스템의 운영에 큰 역할을 하고 있다. 게다가 이러한 중국의 플랫폼 비즈니스들은 예전에는 미국 모델을 베끼는 정도였지만, 최근에는 일부 분야에서 새로운 선도 모델을 개척해 나가는 모습마저도 보인다. 또한 이들이 더 이상 중국 내수시장에 머무르지 않고 글로벌 시장으로 진출하고 있다는 사실도 주목해야 한다. 이러한 '차이나 플랫폼'의 가능성은 거대한 규모의 중국 시장을 바탕으로 한 네트워크 효과를 배경으로 함은 물론이다(윤재웅, 2020; 유한나, 2021).

디지털 플랫폼 경쟁은, 미중 기업들이 벌이는 경쟁인 동시에 양국 정부도 적극적으로 나서는 '국가 간 경쟁'으로 이해해야 한다. 최근 통상, 주권, 정책, 법, 제도, 민족주의, 동맹, 외교, 국제규범, 전쟁 등이 변수가 되고 있다(Mori, 2019). 국경을 넘어서는 디지털 무역이 쟁점이고, 중앙은행이 발행하는 디지털 통화가 문제시되며, 사이버 동맹외교가 논란을 일으키고 있다. 일국 차원을 넘어서 국가군(群)을 단위로 글로벌 가치사슬이 재편되고 인터넷마저도 지정학적 구도로 양분될 조짐을 보이고 있다. 이러한 현상들은 모두 어느 한 부문에서 벌어지는 플랫폼 경쟁이 아니라 이들을 모두 엮어서 봐야 하는 '플랫폼의 플랫폼(Platform of Platforms)' 경쟁, 국제정치학의 용어로 말하면, '글로벌 패권경쟁'이라고 할 수 있다.

2. 컴퓨팅 및 모바일 플랫폼 경쟁

1) 컴퓨팅 플랫폼 경쟁

ICT 산업 분야에서 전개되는 디지털 플랫폼 경쟁에 대한 논의는 컴퓨팅 운영체계 플랫폼 경쟁에까지 거슬러 올라간다. 초창기부터 컴퓨터 OS 경쟁은 MS와 인텔로 대변되는 윈텔(Wintel) 진영과 애플의 매킨토시 진영의 대결이었다. 제한된 시장의 장악을 노렸던 애플에 비해, 윈텔은 개방표준 진영을 형성하며 오랫동안 컴퓨팅 플랫폼을 장악한 패권으로 군림했다. 윈도(Windows)와 인텔(Intel)의 합성어인 윈텔은 MS와 인텔이 글로벌 컴퓨터 산업에서 구축한 구조적 지배를 상징했다(김상배, 2014: 제9장).

최근에는 하드웨어 기업인 인텔보다는 소프트웨어 기업인 MS의 행보에 인텔과 관련된 논의의 초점이 맞춰지고 있다. MS는 컴퓨팅 OS 표준을 주도할 뿐만 아니라 이와 연계된 다양한 응용 프로그램을 선보이며 최근까지 업계의 선두 자리를 지켜왔다. 현재 MS의 윈도 제품군은 전체 OS 시장에서 90% 이상의 압도적인 점유율을 차지한다. 이러한 OS 분야에서의 우위는 MS오피스나 인터넷 익스플로러와 같은 응용 프로그램의 성공으로 확장되었다. 최근 MS는 인터넷과 모바일 분야에도 적극적으로 진출하여 고군분투하고 있다.

ICT 산업 초창기부터 중국의 컴퓨팅 OS 플랫폼은 MS가 장악했다. 이에 대항하여 중국은 1990년대 말부터 독자표준을 모색했는데, 이는 오픈소스 소프트웨어인 리눅스에 대한 정책적 지원으로 나타났다. 1999년 8월 중국과학원이 후원하여 설립된 '홍기리눅스'라는 기업이 대표적인 사례이다. 그러나 중국의 리눅스 실험은 기대했던 것만큼 성과를 거두지는 못했다. 결국 MS는 중국 시장에서 살아남아 자사의 컴퓨터 OS 플랫폼에 대한 지배력을 유지하는 성과를 거뒀다.

이러한 과정에서 MS는 소스코드를 개방했을 뿐만 아니라 불법복제를 허용하고 제품 가격을 대폭 인하하면서 중국 시장을 파고드는 전략을 구사했다. 특히 2000년대 중반 이후 MS가 추구한 문턱 낮추기 전략에 이은 공세적인 가격정책과 사용자 친화적 사업 전략으로 인해서 중국은 리눅스를 개발하기보다는 MS의 제품을 저렴한 비용으로 수용하는 방향으로 선회했다. 결국 중국 표준은 없어지고 MS의 표준만이 남는 상황이 발생했다. 중국 시장에서 MS의 컴퓨팅 플랫폼 장악은 MS오피스와 같은 응용 소프트웨어의 성공에도 큰 영향을 미쳤다.

2) 모바일 플랫폼 경쟁

스마트폰 OS의 플랫폼도 미국 기업들이 장악하고 있다. 2020년 12월 현재 글로벌 모바일 OS에서 구글 안드로이드의 점유율은 72.48%이고 애플의 iOS

는 26.91%이다. 두 기업의 시장점유율 합계가 99%가 넘는다. 이렇듯 구글과 애플은 모바일 플랫폼을 장악하고 다양한 앱 서비스를 기술적으로 구현할 뿐만 아니라 이를 기반으로 각각의 생태계를 구축했다. 이들의 모바일 플랫폼은 게임, 미디어, 콘텐츠뿐만 아닌 금융, 헬스케어 등에 이르기까지 다양한 산업과 서비스를 포괄하는 범용 플랫폼의 역할을 하고 있다.

중국 시장을 살펴보아도, 안드로이드의 점유율은 80%가 넘고, iOS의 점유율도 19%이다. 중국은 독자 OS 개발을 위한 노력을 다방면으로 기울였지만, 샤오미의 자체 OS인 미유아이(MiUI) 정도가 안드로이드 기반임에도 중국색을 유지한 정도였다. 샤오미의 자체 OS는 지메일, 구글 플레이, 크롬과 같은 구글 생태계를 사용할 수는 없지만, 역으로 샤오미 마켓, 투더우 등 중국 내 독자적인 모바일 서비스 생태계를 형성하는 계기를 만들었다. 세계 최대 스마트폰 시장을 보유한 중국으로서는 아쉬울 수밖에 없는 대목인데, 중국 시장에서 모바일 기기의 사용자가 많아질수록 OS의 독자 개발에 대한 열망도 커지고 있는 형세이다.

그러던 중 2019년 8월 화웨이는 자체 모바일 OS로서 안드로이드 앱과 호환되는 '홍멍 2.0'을 공개하고, 2020년부터는 홍멍으로 구동하는 스마트폰을 내놓겠다고 발표했다. 미국의 제재를 예견한 화웨이는 오랫동안 홍멍을 개발해 왔는데, 이는 화웨이 사태가 가열화되면서 갑자기 안드로이드를 정상적으로 쓸 수 없는 상황에 대비코자 한 것이다. 실제로 미국의 제재로 인해 그 후에 출시된 화웨이의 신작 스마트폰에는 정식 안드로이드가 깔리지 못했다. 이에 따라 중국 내수를 제외한 시장에서 극심한 판매 부진을 겪기도 했다.

화웨이가 홍멍을 채택한 것은 단순히 OS를 바꾸는 문제가 아니라 스스로 새로운 모바일 생태계를 구축하는 문제이다. 앞으로 화웨이가 자체 OS를 내놓더라도 지메일, 유튜브, 플레이스토어와 같은 구글의 핵심 서비스를 지원하지 못하게 되면, 전 세계나 중국 사용자들로부터 외면받을 수 있다(王成录, 2021). 화웨이가 구글 플레이나 애플 앱스토어와 견줄 정도로 충분한 앱스토어를 갖추기는 쉽지 않다. 그러나 미중 갈등이 장기화한다면 이는 역설적으로 중국의 자체 플랫폼 구축과 기술 자립화를 가속할 요인으로 작용할 수도 있을 것이다.

모바일 앱스토어 플랫폼 경쟁에서도 미국 기업들이 압도적 우위를 점하고 있다. 애플은 자사의 스마트폰 사용자들을 위해서 전 세계의 개발자가 앱을 판매하는 애플 앱스토어라는 강력한 플랫폼을 구축했다. 이를 바탕으로 애플은 모바일 OS와 앱스토어의 가치사슬을 구성하여 사용자의 구매 충성도를 높이고 콘텐츠 수익을 극대화하는 생태계를 마련했다. 앱스토어에서 앱 개발자들이 아이폰과 아이패드용 앱을 판매하면 판매액의 30%를 애플에 수수료로 지불해야 하는 구조가 애플에 막대한 이익을 안겨주었다.

애플과 마찬가지로 구글도 모바일 앱스토어 플랫폼을 구축하고 있다. 안드로이드폰 사용자는 구글이 운영하는 구글 플레이로 앱을 다운로드한다. 구글 플레이를 통해 판매되는 앱이나 인앱 결제 콘텐츠에 대해 구글도 판매액의 30%를 수수료로 받는다. iOS에서 이용할 수 있는 앱은 애플 앱스토어에서만 다운로드할 수 있는 데 반해, 안드로이드에서 구동되는 앱은 구글 플레이 이외의 다른 곳에서도 다운로드할 수 있다. 이렇듯 구글은 앱 판매에서 애플만큼 강력한 생태계를 구축하고 있지 않다. 2018년 상반기의 구글 플레이 앱 다운로드 수는 애플 앱스토어의 2배 이상이지만 수익은 거의 절반 정도에 불과하다.

애플이 구글보다 앱스토어 생태계에서 더 많은 수익을 창출할 수 있는 또 다른 이유는 중국 시장을 확보했기 때문이다. 애플 앱스토어가 창출하는 매출액의 약 반가량이 중국에서 발생한다(≪뉴시스≫, 2020). 애플의 성공에는 2010년 구글 철수 이후 중국에서 구글 플레이가 제공되지 않았던 현실이 큰 변수로 작용했다. 중국에 보급된 안드로이드폰들은 '안드로이드 오픈소스 프로젝트(AOSP)'를 기반으로 자체 OS를 만들어서 탑재하는데, 이 AOSP에는 안드로이드 OS의 핵심만 제공될 뿐, 구글의 여타 서비스들은 탑재되어 있지 않다. 다시 말해, 중국 내에서 사용되는 안드로이드폰으로는 구글 플레이를 구동할 수 없으며, 검색, 지메일, 지도, 동영상 전송 등 구글의 인기 앱 서비스를 이용할 수 없다는 말이다(다나카 미치아키, 2019: 220).

갑자기 구글이 철수하는 바람에 구글 플레이를 사용할 수 없게 되자 중국의 스마트폰 제조업체들은 독자적으로 앱스토어를 운영해야 했다. 또한 중국의 앱 개발자들도 구글 플레이 대신 다양한 앱스토어에 맞는 앱을 개발해야만 했다. 이러한 상황에서 2020년 초반, 샤오미, 화웨이, 오포, 비보 등 중국 스마트폰 4사가 GDSA(Global Developer Service Alliance)라는 독자적인 앱스토어 플랫폼 개발에 나선 것에 주목할 필요가 있다. GDSA에 여러 중국 업체들이 동참한 것은 미중 갈등이 지속되며 그 여파가 화웨이 이외의 업체에까지 미칠 가능성이 있다는 인식이 확산했기 때문으로 알려졌다.

3. 인공지능 및 클라우드·데이터 플랫폼 경쟁

1) 인공지능 플랫폼 경쟁

미중 디지털 플랫폼 경쟁에 대한 논의는 인터넷 환경의 확산과 함께 본격화되었다. 구글이 장악한 인터넷 검색 분야는 인터넷 플랫폼 경쟁이 벌어진 대표적인 초기 사례이다. 구글은 1998년 출범한 이래 짧은 기간 내에 세계 최대 검색엔진으로 굳건하게 자리매김했다. 인터넷 검색에서 출발한 구글은 지메일과 구글 맵, 유튜브 등의 서비스, 웹브라우저 크롬, 스마트폰용 OS 안드로이드, 클라우드, 자율주행차, 스마트시티, 우주개발, 인공지능 등의 분야로 사업을 확장했으며, 2015년에는 대규모 조직 개편을 단행하여 지주회사 알파벳을 설립했다.

이렇듯 위세 당당한 구글도 중국을 포함한 몇몇 시장의 진출에는 어려움을 겪었다. 인터넷 검색시장에서 구글은 전 세계 점유율 1위를 차지하고 있다. 마케팅 회사인 리턴온나우에 따르면, 전 세계 30개국 중 구글 점유율이 90% 이상인 곳은 22개국이었으며, 70% 이상이 되는 국가는 4곳이다. 그런데 유일하게 구글이 고전을 면치 못하고 있는 곳이 중국(바이두), 러시아(얀덱스), 일본(야후 저팬), 그리고 한국(네이버) 등 네 나라의 검색시장이다. 중국의 바이두는 한때 '구글 짝퉁'이라는 말도 들었지만, 현재는 구글을 위협하는 존재로 성장했다.

2006년 중국 시장에 진출한 후 구글이 받아든 성적표는 초라했는데, 현지 맞춤형 서비스를 개발하는 등 큰 노력에도 2위에 머물렀다. 끝내 2010년 1월 구글은 중국 시장 철수를 발표했다. 그 이유는 크게 두 가지였다. 그 하나는 2009년 12월 중국 해커들에 의해 구글 기반의 이메일 서비스를 사용하는 인권 운동가들의 계정이 해킹당했다는 것이었고, 다른 하나는 구글의 지적재산권에 대한 심각한 침해가 있었다는 것이었다. 구글이 철수한 빈자리에 시장점유율 70~80%를 차지하며 아성을 구축한 중국 검색업체는 바이두였다. 바이두는 검색 서비스를 통해 축적한 강력한 데이터 경쟁력을 바탕으로 인공지능(AI)과 데이터를 결합한 다양한 인터넷 서비스들을 선보이고 있다.

오늘날 AI 기반 인터넷 서비스에서는 AI 알고리즘의 설계 역량을 바탕으로 한 플랫폼의 구축이 관건이다. 과거 스마트폰 운영체제인 안드로이드 OS를 외부에 개방한 구글이 이를 플랫폼화하여 생태계를 만들며 휴대폰 제조사와 모바일 앱 개발사, 소비자를 포괄하는 산업을 주도했다. 마찬가지로 오늘날 주요 ICT 기업들은 인공지능을 플랫폼화하여 1차 소비자가 될 기업과 소프트웨어 개발자들을 끌어모아 자신에게 유리한 AI 생태계를 만들려는 시도를 벌이고 있다. 각 산업 내 행위자들은 ICT 기업들이 제공한 인공지능 플랫폼을 활용하여 그 생태계 속에서 새로운 기회를 만들어갈 수 있다. 반대로 기존에 주도권을 가졌던 기업들은 인공지능 플랫폼을 장악한 새로운 기업들에 기존 영향력을 빼앗기면 도태될 수도 있다. 해당 시장에 먼저 진출해 생태계를 만드는 기업이 절대적으로 유리한 지위를 차지하는 '선발 효과'가 발생한다. 초기에 많은 참여자를 생태계로 끌어모아 인공지능 플랫폼을 장악한 기업과 뒤늦게 시장에 들어와 생태계를 구축하려는 후발 기업 간의 격차는 크게 벌어질 수밖에 없다(이승훈, 2016).

이들 AI 기업들이 내세우는 전략의 핵심이, 플랫폼은 공개하지만 데이터는 소유하는, 이른바 '개방과 소유(open-but-owned)의 전략'이라는 사실에 주목할 필요가 있다. 구글, 페이스북, MS 등 다수 기업은 인공지능 기술 관련 소스코드, API, 트레이닝 및 테스트베드 환경 등을 전 세계에 무료로 공개하고 있다. 이러한 기업들은 많은 투자를 통해 개발한 인공지능 플랫폼을 무료로 공개하면서 자사 주도의 인공지능 혁신 생태계를 조성하려고 한다. 그러나 인공지능 플랫폼의 공개에도, 이들 기업이 보유한 데이터의 공개는 없다. 인공지능 기술은 알고리즘만으로는 작동하지 않으며, 학습 과정뿐만 아니라 테스트 과정에서 대량의 데이터가 필요하다. 알고리즘 역량 외에도 주요 기업이 차별적으로 확보한 데이터가 인공지능 플랫폼의 성능에 결정적인 영향을 미칠 수밖에 없는 이유이다. 이런 점에서 장차 AI 기업의 핵심 경쟁력은 알고리즘보다는 그들이 보유한 데이터에 있다는 전망이 나온다(유승화, 2017).

현재 주요 글로벌 테크기업들 대다수는 인공지능 플랫폼을 구축하기 위한 경쟁을 준비 중이다. 이른바 GAFA로 알려진 미국의 거대 ICT 기업들, 즉 구글(G), 아마존(A), 페이스북(F), 애플(A)이 이러한 새로운 양식의 경쟁을 선도해 가고 있다. 일차적으로 이들 미국의 ICT 기업들은 AI 스타트업의 인수를 통해 AI 알고리즘 플랫폼 경쟁에 참여하는 행보를 선보였다. 구글의 딥마인드 인수, 아마존의 알렉사 인수, 트위터의 파불라(Fabula) 인수 등의 사례에서 나타나듯이, 미국의 ICT 기업들은 50여 개의 AI 전문 기업들을 인수하며 인공지능 플랫폼 경쟁에 뛰어들었다. 이러한 과정에서 이들 기업이 각기 다른 접근법을 취하고 있음에 주목할 필요가 있다. 구글은 기술력과 방대한 데이터를 기반으로 한 범용 인공지능 플랫폼을 꾸려나가고 있다. 아마존의 경우 실생활로 파고드는 인공지능 플랫폼을 추구한다. 페이스북은 정교화된 개인별 맞춤형 인공지능 플랫폼을 지향한다(이승훈, 2016).

중국의 경우도 BAT로 불리는 기업들, 즉 바이두(B), 알리바바(A), 텐센트(T)

를 중심으로 이른바 '국가대표팀'을 구성하여 개별 기업의 자체적인 연구개발 외에도 국가적 목표를 위해 연구 프로젝트를 분담하여 추진하고 있다. 2017년 중국 과학기술부는 '신세대 인공지능 개방형 혁신 플랫폼'으로 바이두, 알리윈 (알리바바의 클라우드 컴퓨팅 관련 자회사), 텐센트, 아이플라이텍의 4개 기업을 선정함으로써 이러한 모델의 추진을 공식화했다. 이에 따라 바이두는 자율주 행차, 알리바바는 스마트시티, 텐센트는 의료기기 이미징, 아이플라이텍은 스 마트 음성인식 등을 맡아 개발하고 있다. 이후 2018년 안면인식 AI 기업 센스 타임이 개방형 혁신 플랫폼에 추가되었으며, 2019년에는 10개 기업이 대거 추 가되었다. 중국 정부의 진두지휘 아래 여러 대형 기업들이 각각 자율주행차, 스마트시티, 의료 및 헬스, 음성인식 등의 분야에서 특화된 기술개발의 책임을 맡은 모양새다.

이러한 경쟁 과정에서 미중 양국이 국가적 차원에서 취하고 있는 전략의 차 이를 이해하는 것도 중요하다. 미국은 민간 기업을 중심으로 개방형 인공지능 생태계를 조성하고 여기에 누구나 참여할 수 있다는 방식으로 접근한다. 미국 은 개념설계에서 상세설계를 거쳐서 실행으로 이르는 전 단계에서 혁신의 창 출을 지향하는데, 주로 AI의 개념설계는 선도적 투자를 하고, 나머지 단계는 공개형 전략을 취하여 추격을 방어하고 글로벌 AI 인재들과 협업하는 방식을 병행한다. 이러한 연장선에서 미국 정부는 2019년 대통령 행정명령 'AI 이니 셔티브'를 통해 AI 관련 연구개발을 공개하는 쪽으로 가닥을 잡았는데, 정부 기관의 성과를 민간 기업이 확인하고 서로 기술을 공유한다는 것이 골자다(김 준연, 2020).

이에 비해 중국은 미국의 인공지능 생태계에 종속되지 않는다는 전제하에 이를 모방하는 한편, 방대한 내수시장을 기반으로 독자적인 생태계의 구축을 꾀하는 전략을 취한다. 중국은 현재 미국이 구축한 AI 알고리즘의 개방 생태계 에 편입하여 복제 학습을 하는 단계에 있는 것으로 평가된다. 동시에 중국 정 부는 '신세대 인공지능 발전계획' 등과 같은 장기 계획을 통해 민간 AI 기업의 잠재력을 키우고 막강한 투자를 단행하려는 시도를 벌인다. 이러한 과정을 통해서 중국은 '중국제조 2025'의 큰 틀 안에서 자국의 특기인 제조업과 인공지능의 만남을 추구할 가능성이 크다. 즉 소프트웨어에 치우친 것이 아니라 현실의 오프라인 제조 현장과 인공지능의 만남을 유도해 다양한 가능성을 모색하는 방식이라고 할 수 있다(김준연, 2020).

사실 미중 ICT 기업들이 벌이고 있는 인공지능 플랫폼 경쟁은 좀 더 넓은 의미에서 본 '인터넷 플랫폼 경쟁'이라는 맥락에서 이해할 필요가 있다. 일반적으로 GAFA와 BATH(H는 화웨이)의 대결로 그려지는 이 분야의 경쟁에서는 아직까지 미국 인터넷 기업들이 우세를 보이고 있다. 블룸버그에 따르면, 2016년 9월 기준 세계 시가총액 상위 10대 기업에는 6120억 달러의 애플을 비롯해 구글(5390억 달러), 마이크로소프트(4430억 달러), 아마존(3700억 달러), 페이스북(3690억 달러) 등과 같은 미국 ICT 기업들이 포함되어 있다. 이러한 미국의 아성에 최근 중국의 인터넷 기업들이 도전장을 내밀고 있다. 대략 바이두는 구글을, 알리바바는 아마존을, 텐센트는 페이스북을, 화웨이는 애플을 앞지르기 위한 다양한 시도를 벌이고 있다.

최근 인공지능이 특정 산업을 넘어 정보통신산업이나 인터넷 비즈니스 전반과 융복합되는 추세를 감안한다면, 향후 미중경쟁도 새로운 전략과 모델을 모색하는 또 다른 국면으로 진화해 갈 것으로 예견된다. 중국과의 경쟁에 가세한 미국 ICT 기업들의 면모만 보아도, 구글, MS, 아마존 등은 산업과 서비스의 영역 구분을 넘어서 이들을 가로지르는 플랫폼을 구축하고 있는 기업들이다. 따라서 이들의 전략은 개별 기술경쟁이나 특정 산업 영역에서 전개되는 경쟁에 국한된 것이 아니라 거의 모든 산업과 서비스를 아우르는 플랫폼 경쟁을 지향한다. 넓은 의미에서 이들의 경쟁은 단순한 기술경쟁을 넘어서 종합적인 미래 국력경쟁으로, 그리고 이를 지원하는 정책과 제도 및 체제의 경쟁으로 확전될 것으로 전망된다.

2) 클라우드·데이터 플랫폼 경쟁

디지털 플랫폼 경쟁에서는 인공지능을 활용하여 이미 축적된 데이터를 분석하는 것이 관건이다. 클라우드는 이런 데이터를 담기 위한 인프라인데, 중앙 컴퓨터에 데이터를 저장해 언제 어디서나 인터넷에 접속하여 활용하는 ICT 기반 서비스이다. 4차 산업혁명의 핵심 성패는 엄청난 양의 데이터를 얼마나 빠르고 정확하게 처리하느냐에 달려 있는데, 이러한 프로세싱은 클라우드 컴퓨팅 환경에서만 가능하다.

아마존 클라우드 서비스인 AWS는 2002년 서비스를 시작했다. 이후 미국 기업들과 정부의 관심은 높아졌다. 2010년 미 연방정부는 IT 개선을 위한 중점 과제로 '클라우드 퍼스트(Cloud First)' 정책을 채택했다. 클라우드 퍼스트 정책은 정부 기관의 IT 비용을 낮추기 위해 기존 인프라를 클라우드 컴퓨팅 환경으로 구현하자는 것으로, 이를 계기로 미국 내 클라우드 산업이 활성화되었다. 이후 2017년 미 정부는 모든 정보화 시스템을 클라우드 기반으로 전환할 것을 주문했으며, 좀 더 강경한 기조의 '클라우드 온리(Cloud Only)' 정책이 채택되었다.

글로벌 클라우드 시장은 아마존의 AWS, MS의 애저, 구글의 클라우드 플랫폼의 3강 체제이다. 2019년 이들 3사의 시장점유율은 각각 32.3%, 16.9%, 5.8%이며, 합산 점유율은 55%에 달한다. 이보다 중요한 것은 이들의 합산 점유율이 꾸준히 늘어나고 있다는 점이다. 즉, 클라우드 시장은 선두 그룹의 업체들 중심으로 빠르게 진화하고 있다. 이는 클라우드 시장이 선두 주자의 선점 효과가 크게 작용하는 분야이고 이들이 서비스 다양화를 통해 생태계를 장악할 가능성이 크고, 데이터센터라는 대규모 투자가 동반되어야 하므로 막강한 자본력이 필수적인 분야라는 특징 등이 작용한 것으로 해석된다(황선명 외, 2020).

클라우드 시장에서도 중국 기업들은 급속히 성장하며 추격하고 있다. 중국 정부가 본격적으로 클라우드 산업 개발에 나선 것은 2015년 '중국제조 2025'의 일환으로 발표한 '클라우드 발전 3년 행동계획(2017~2019)'과 함께 클라우드 사업을 육성한 이후이다(中华人民共和国工业和信息化部, 2017). 알리바바, 텐센트와 같은 중국 클라우드 서비스 업체들은 미국에 비해 늦게 시작했을 뿐만 아니라 아직 글로벌 시장에서 차지하는 비중이 10%에 그치지만, 글로벌 시장 대비 2배의 성장 속도를 보이며, 미국의 3대 클라우드 제공 업체인 AWS, MS, 구글의 뒤를 추격하고 있다는 사실에 주목할 필요가 있다.

중국 내 클라우드 시장점유율은 2018년 현재 알리바바 46.4%, 텐센트 18.0%, 바이두 8.8%로, 상위 3사의 합산 점유율이 무려 73.2%에 달한다. 글로벌 시장에서 아마존, MS, 구글의 합산 점유율이 55% 수준임을 감안하면, 중국 시장에서는 상위 업체들의 지배력이 더욱 강력함을 알 수 있다. 향후 알리바바와 텐센트의 클라우드 사업은 아시아를 중심으로 시장 지배력을 확대해 나갈 것으로 전망된다. 2018년 현재 아시아 클라우드 시장점유율은 알리 클라우드가 20%, 아마존 11%, MS 8% 등이다(황선명 외, 2020).

미중의 클라우드 갈등은 정부 차원으로도 비화하여 데이터의 초국적 유통을 의제로 2019년 6월 오사카 G20 정상회의에서 제기된 바 있다. 미국이 자국의 빅데이터 기업들의 이익을 내세워 데이터의 초국적 유통을 옹호하고 있는 가운데, 중국은 데이터를 일국적 자산으로 이해하고 원칙적으로 데이터의 초국적 이동을 제한할 것을 주장했다(강하연, 2020). 특히 데이터 주권의 개념을 내세워 자국 기업과 국민의 데이터를 보호하고 데이터 유통 활성화 및 그 활용 역량을 증대시키려고 한다. 데이터 현지 보관, 해외 반출 금지 등으로 대변되는 '데이터 국지화(data localization)' 정책을 확대하겠다는 것이다(Liu, 2020).

이러한 논리에 기반을 두고 중국 정부는 자국 시장에 대한 미국 클라우드 기업들의 시장 진입을 제한했다. 그동안 미국은 클라우드 컴퓨팅 시장을 비롯해 중국 ICT 시장의 폭넓은 개방을 요구해 왔다. 중국에서 클라우드 컴퓨팅 사업을 하려면 중국 업체와의 합작법인을 설립해야 하고, 이는 중국 파트너에 대한 기술 이전으로 이어지게 되어, 사실상 시장 진입이 불가능하다는 불만이 많았다. 이에 비해 중국의 최대 전자상거래 업체인 알리바바를 비롯한 중국 기업들은 미국 시장에서 제약 없이 활동하고 있다는 불만도 제기되었다(최필수·이희옥·이현태, 2020).

게다가 중국 정부는 화웨이 사태를 거치면서 데이터 안보를 강화하는 법안 마련에 나섰다. 2020년 7월 중국은 '홍콩국가보안법' 시행에 이어 정부와 기업이 취급하는 데이터를 엄격히 관리한다는 내용을 주요 골자로 하는 '데이터보안법' 제정에 나섰다. 이 법안에는 다른 국가가 데이터 이용과 관련해 중국에 차별적인 조치를 취하면, 이에 대응할 수 있다는 조항도 포함된 것으로 알려졌다. 실제로 미국과의 갈등을 고려한 조항도 추가되었다.

이에 대한 미국의 대응은 2020년 8월 미국의 클린 네트워크 프로그램의 일환으로 '클린 클라우드'를 강조한 데서 나타났다. 폼페이오 미 국무장관은 이미 제재를 받고 있던 화웨이, 텐센트, 틱톡에 이어 '신뢰할 수 없는 중국 기술기업'을 퇴출하라고 촉구하면서 알리바바의 클라우드 서비스를 거론했다. 폼페이오 장관은 "알리바바, 바이두, 차이나 모바일, 차이나 텔레콤, 텐센트 등과 같은 기업이 운영하는 클라우드 기반 시스템에 미국민의 가장 민감한 개인정보와 코로나19 백신 연구를 포함한 우리 기업의 가장 가치 있는 지식재산이 접근되지 않도록 보호"하겠다고 했다(하만주, 2020).

중국 정부의 입장에서 중국의 클라우드 서비스 업체들이 제재를 받을 가능성은 매우 우려스러운 일이 아닐 수 없었다. 이러한 상황에서 중국 정부는 독자적 클라우드 역량을 구축하기 위한 대비책 마련에 나섰다. 중국이 자국 클라우드 부문 보호에 박차를 가한 사례로 중국 최대 국유 ICT 기업인 중국 전자과학기술집단공사(CEC)가 2020년 9월 정부 지원으로 클라우드 서비스 부문 진출을 선언한 일을 들 수 있다. CEC는 '차이나 일렉트로닉스 클라우드' 서비스 프로젝트를 공개하면서, 이것이 중국 정부와 기업의 디지털 전환 안정성을 보장하려는 것이라고 강조했다(선재규, 2020).

4. 전자상거래 및 핀테크 플랫폼 경쟁

1) 전자상거래 플랫폼 경쟁

전자상거래 분야 선두는 미국 기업 아마존이다. 온라인 서점에서 출발한 아마존은 의류와 식품, 가전을 거쳐 디지털 콘텐츠에서 클라우드 컴퓨팅, 금융 서비스, 오프라인 상점에 이르기까지 사업을 다양하게 확장했다. 특히 물류 서비스에서 아마존은 트럭에서 항공기, 드론까지 더 빨리, 더 많이 배송하기 위해 첨단기술의 동원에 힘썼다. 또한 이들 사업에서 얻은 수익을 바탕으로 AI 및 데이터 플랫폼 개발에 열을 올리고 있다. 예를 들어, 아마존은 현재 AI 음성인식 서비스 알렉사를 자동차, 가전, 조명 등 생활환경을 둘러싼 모든 제품에 탑재하고 이를 기존 서비스와 결합하고 있다. 아마존은 상품 구매 데이터와 구매 경로, 신용카드 정보 등 많은 양의 빅데이터를 보유하고 있는데 이를 기반으로 추천 알고리즘을 사용한다.

이런 아마존도 중국 진출에는 실패했다. 아마존은 2017년 7월 중국 시장에 진출한 지 15년 만에 중국 사업에서 손을 뗐다. 이에 비해 알리바바는 중국 전자상거래 시장의 약 62%를 차지하고 있다. 스스로 구매해서 파는 직판이 주류인 아마존에 비해, 마켓플레이스형 사업이 주류인 알리바바는 매일 수많은 사용자의 수요를 파악해 맞춤형 추천 상품을 소개하는 작업에 AI를 사용한다. 알리바바의 AI 시스템은 도로 상황과 기후 등을 고려해 원활한 물류 흐름을 보장하기 위해 활용된다. 또한 알리바바의 AI 기술이 정부의 공공정책이나 스마트시티 사업에도 활용되면서 지능형 교통··의료·환경 분야의 모델을 만들고 있다.

알리바바는 전자상거래와 인공지능뿐만 아니라 핀테크, 클라우드, 온라인 헬스케어, 자율주행 OS 등 다양한 분야로 시장 지배력을 확대하고 있다. 알리바바는 전자상거래와 간편결제 분야의 강자로 적극적으로 데이터를 수집하여 수요자 맞춤형 제품·서비스를 제공하는 비즈니스 모델을 수립해 왔다. 여기서 더 나아가 알리바바의 장기 비전은 첨단기술 역량을 결합하여, 중국인의 생활에 필요한 모든 서비스를 제공함으로써 사용자들이 알리바바 플랫폼에 의존하는 일종의 생태계를 구축하는 데 있다. 이는 알리바바 생태계 내의 모든 거래와 관련된 기능을 온라인에서 조직하는 일종의 '하이퍼 플랫폼'이라고 평가된다(김성옥, 2020).

이러한 알리바바의 모델은 거대한 규모의 중국 시장을 바탕에 깔고 있다. 실제로 중국의 플랫폼 기업들은 각 주력 분야에서 획득한 국내 사용자 기반이 제공하는 네트워크 효과를 등에 업고 사업 영역을 확장하여 각기 플랫폼 기업으로서의 규모를 더욱 키워왔다. 그런데 이러한 중국의 특성은 외부 시장과 단절된 로컬 모델이라는 비판도 받았다. 8억 명의 인터넷 인구와 그중 99%의 모바일 이용자 수를 기반으로 한 중국의 데이터 생산량은 전 세계 최고 수준이나, 국경을 넘는 데이터 흐름은 미국의 20%에 불과했던 것이 사실이다. 그러나 최근 중국의 플랫폼 기업들은 그 사업 영역을 확장하며 해외시장으로 진출하고 있다.

특히 알리바바는 중국 내수시장에서 경쟁력을 견고히 한 후 2016년부터 해외시장에 진출하기 시작했다. 알리바바는 중국의 전자상거래 성공 경험을 6억 명의 잠재 소비자를 보유한 동남아시아로 확장하고 있다. 알리바바는 2016년 인도네시아 등 동남아시아 5개국에서 높은 시장점유율을 보유하고 있는 라자다를 인수했다. 이후 알리바바는 인도네시아 전자상거래 업체인 토코피디아에 거액을 투자했다. 그 결과 "전자상거래 시장 규모가 20억 달러 이상인 동남아시아 6개 국가 중 점유율 상위 4위 기업 순위에 알리바바 관련 기업이 모두 이름을 올렸다. 알리바바가 동남아시아 전자상거래 시장을 사실상 평정한 것이다"(윤재웅, 2020: 240).

전자상거래의 글로벌 영향력 강화는 핀테크, 클라우드 계열사도 함께 현지 시장에 진출하면서 동남아 지역의 알리바바 생태계 구축으로 이어진다. 특히, 전자상거래 사업의 해외 진출이 모바일 결제로 연결되면서 알리바바의 핀테크 기업인 앤트파이낸셜은 동남아 지역에 투자를 확대하고 있다. 싱가포르, 태국, 말레이시아 등의 모바일 결제 플랫폼 기업에도 투자를 확대하면서 동남아 핀테크 시장을 선점하고 있다. 중국의 클라우드 시장에서 압도적인 1위를 차지하고 있는 알리바바는 글로벌 시장에서도 빠르게 존재감을 키우고 있다. 중국 본토 외에 호주, 인도네시아, 인도, 일본 등 해외시장에서도 알리바바의 클라우드 서비스를 사용한다.

2020년 하반기 폼페이오 미 국무장관이 알리바바 클라우드 서비스에 대한 미국의 제재를 거론한 것은 바로 이런 맥락이다. 알리바바의 확장은 미국 시장뿐만 아니라 동남아를 비롯한 글로벌 시장을 타깃으로 하고 있기 때문이다. 이렇게 되면, 향후 아마존 권역과 알리바바 권역의 충돌이라는 도식이 그려진다. 아마존은 북미와 유럽, 일본을 점령하고 있으며 아시아에서의 승리 여부에 미래를 걸고 있다. 이에 대항하는 알리바바는 중국에서의 압도적인 지위를 바탕으로 아시아를 석권한 데 이어 일본과 유럽을 공략하고 있다. 이 승패는 향후 아마존과 알리바바뿐만 아니라 미국과 중국의 명운을 결정짓는 핵심이라고도 할 수 있다(Ninia, 2020).

2) 핀테크 플랫폼 경쟁

전자상거래 플랫폼 경쟁은 모바일 결제 플랫폼과 연동된다. 2010년 설립된 페이팔은 디지털 결제 시장에서 원조로 꼽히며 성장이 기대되었다. 그러나 정작 전 세계적으로 핀테크 혁신을 주도하는 국가는 중국이다. 중국 기업들은 일상생활과 밀접히 연관된 새로운 금융 서비스를 선보이며 금융산업의 지형을 근본적으로 바꾸었다. 그 결과 중국인의 90% 이상이 모바일 결제 수단으로 알리페이나 위챗페이를 사용하고 있다. 2018년 11월 현재, 텐센트의 위챗페이는 사용자가 6억 명을 돌파했다. 일반적인 결제는 물론, 송금, 비행기·기차 예약, 콜택시 호출, 각종 공과금 납부까지 모두 위챗페이로 가능하다. 이를 알리페이가 추격하고 있는데, 전자상거래 서비스를 바탕으로 한 알리페이의 사용자는 약 4억 명이다(이왕휘, 2018; 김채윤, 2020).

플랫폼 비즈니스에서 모바일 결제가 위력적인 것은 단순히 모바일로 상품을 주문하고 결제할 수 있어서만이 아니다. 모바일 결제를 통해 쌓인 빅데이터가 전자상거래, 모빌리티, O2O, 미디어 등 다양한 분야에서 맞춤형 서비스를 제공하는 데 활용되면서 기존 산업구조를 뒤흔드는 '게임체인저'가 되고 있기 때문이다. 더욱이 이제 중국의 결제시스템은 QR 코드를 활용한 모바일 결제를 넘어 AI 기술을 기반으로 한 안면인식 결제로 진화하고 있다. 중국의 결제시스템이 이렇게까지 진화할 수 있는 것도 금융회사가 아닌 첨단 ICT 기업이 금융혁신을 주도하고 있기에 가능한 것으로 해석된다(윤재웅, 2020: 66).

알리페이는 모바일 국제결제 시스템을 신용카드 보급이 더딘 동남아로 확장했다. 2015년 인도 페이티엠의 지분 40% 확보를 시작으로, 2016년 태국 트루머니, 2017년 한국 카카오페이, 필리핀 지캐시, 알리페이홍콩, 말레이시아 터치앤고, 인도네시아 다나, 2018년 파키스탄 이지파이사, 방글라데시 비캐시까지 9개국 12억 명의 협력 체제를 구축했다. 막대한 자금력과 QR 코드 등 중국에서 수년간 축적한 서비스 경험을 결합했다. 모바일 결제는 이들 국가의 알리바바 생태계에서 조용히 지배력을 넓혀가는 플랫폼이다. 이에 사용자들은 자기도 모르는 사이에 알리페이의 일원이 되고 있다(서봉교, 2020).

알리페이를 겨냥한 미국 정부의 견제도 거세다. 2018년 1월 미국 외국인투자위원회(CFIUS)는 앤트파이낸셜이 미국 최대 송금 서비스 업체 머니그램을 인수하는 것을 제지했다. 금융 서비스와 관련된 데이터 안보상의 우려가 크다는 이유였다. 또한 2020년 들어서는 미국 정부가 앤트파이낸셜을 블랙리스트에 추가하며 제재의 칼날을 뽑아 들 가능성도 제기되었다. 미국이 중국 최대 핀테크 업체 제재까지 고려하고 나선 것은 달러 중심 금융 체계를 위협할 수 있다는 우려가 작용한 것으로 해석된다. 알리페이 등 디지털 기반 송금 시스템은 기존 국제은행간통신협회(SWIFT)를 우회하기 때문에 위협이 될 수 있다는 것이다.

이렇게 보면, 미국의 앤트파이낸셜 제재의 기저에는 미국 주도의 국제 신용카드 기반 SWIFT 시스템에 대한 중국발 모바일 결제 플랫폼의 도전이 있다(서봉교, 2019). 최근 페이팔, 알리페이 등 핀테크 기업이 급성장하며 거래비용을 절감할 새로운 디지털 국제결제 서비스가 가능해졌다. 알리바바는 앞서 언급한 바와 같이 국제 송금 거래에 모바일 결제를 실제로 적용하고 있다. 국제결제를 신용카드 기반의 국제결제 시스템에 의존했던 페이팔조차도 2020년 이후 수수료가 높은 신용카드 시스템 대신 새로운 국제결제 방식을 도입하겠다고 선언한 상태이다. 페이스북의 디지털 통화 리브라 도입 발표에도 국제 신용카드 시스템에 대한 불만이 녹아 있다(서봉교, 2020).

2019년 6월 페이스북이 공개한 블록체인 기반의 암호화폐인 리브라는 디지털 화폐 플랫폼 경쟁에 불을 지폈다. 리브라는 법정화폐를 대체하는 통화가 될 수 있을 뿐만 아니라 각국 중앙은행의 통화 통제력을 약화할 수도 있다는 점에서 큰 파장을 일으켰다. 미국을 비롯한 유럽 국가들의 부정적 반응에 봉착하자 페이스북은 출시를 보류하겠다고 발표했다. 그러나 리브라를 계기로 오히려 디지털 화폐에 대한 논의는 활발해졌다. 암호화폐와 달리 디지털 화폐는 각국 중앙은행이 발행 및 보증하는 전자화폐이다. 국가가 책임지기 때문에 안정적이며 수요 변화에 따라 공급을 조절할 수도 있어 지금의 화폐를 대체할 수 있다(이왕휘, 2020).

현재 디지털 화폐 분야에서 미국에 가장 위협적인 대상은 2020년 4월 중국이 시연을 보인 디지털 위안화 또는 DCEP(Digital Currency Electronic Payment)다. 중국은 미중 갈등이 심화하는 속에서 미국이 중국을 국제 결제망에서 배제하는 극단적인 조치를 취할 가능성을 우려한다. 중국은 장기적으로는 달러 중심의 기존 국제통화 질서에 도전하고 있다. 기존의 위안화로는 기축통화인 달러의 패권을 흔드는 것이 어려운 상황에서 중국은 디지털 화폐라는 우회적인 방식을 통해 국제금융시장에서 위안화의 영향력을 높이려는 것이다. 초기엔 디지털 화폐가 중국 내에서만 사용되겠지만, 일대일로(一带一路)에 참여하는 국가들과의 국제 송금이나 무역 결제에 디지털 화폐를 우선하여 사용하면 빠르게 존재감을 키울 수 있을 것이기 때문이다(이성현, 2020).

중국 정부가 DCEP를 새로 도입하려는 것은 민간 모바일 결제시스템의 독과점을 해소하려는 국내적 이유도 있다. 현재 중국에서는 알리페이, 위챗페이 등이 보편화하면서 중앙은행이 발행한 현금을 이용하지 않고 모바일 결제로 거래하는 경우가 많이 늘어나고 있기 때문이다. 아울러 디지털 위안화를 공식 도입할 경우, 기존 경제지표에 잘 드러나지 않았던 탈세 등 회색경제와 지하경제를 추적하는 데 용이하다. 더 나아가 정치적 감시의 수단으로 활용될 수도 있다. 디지털 화폐를 통해 개인의 현금 보유량을 실시간 추적하고, 필요할 경우 반체제 인사의 계좌를 동결하는 등 정치적 목적으로 사용할 수도 있게 된다(이성현, 2020).

미국 정부는 디지털 화폐에 대해 신중한 태도를 보였는데, 2020년 들어 코로나19 재정지원금 지급 등에서 정부 주도로 '디지털 달러'를 발행하는 쪽으로 태도를 바꾸었다. 이러한 변화에는 디지털 위안화 요인이 자극제가 되었다. 2020년 6월 '디지털 달러 프로젝트(DDP)'라는 민간 연구단체가 디지털 달러 발행의 당위성을 강조한 백서를 발표해 전 세계 이목을 사로잡았다. 『DDP 백서』는 미국 중앙은행인 연방준비제도가 디지털 달러를 발행해 이를 각 은행이 유통하는 구조가 될 것이라 예상했으며, 디지털 달러 발행에 막대한 인프라 조성이 필요하다면 어느 정도 발행 기반을 다진 페이스북에 도움을 청할 수 있다고 했다(이광표, 2020).

디지털 화폐 분야에서 중국과 미국의 이러한 행보는 글로벌 금융 시스템의 디커플링을 발생시킬 수도 있다는 점에서 우려를 낳고 있다. 예를 들어, 2018년부터 알리바바는 알리페이를 통해 분산형 기술인 블록체인을 활용한 국제 송금을 본격화하고, 필리핀, 파키스탄 등으로 송금 대상국을 확대하고 있다. 알리페이는 일개 기업의 금융 서비스라고만 볼 수는 없다. 오히려 앞으로 수십

년에 걸쳐 쪼개질 가능성이 있는 세계 금융권의 서막이 될 수도 있다. 중국이 채무상환이나 무역 대금 결제 등과 관련해 별도의 금융 시스템을 구축할 실질적인 위험을 내재하고 있기 때문이다(다나카 미치아키, 2019: 292).

5. 디지털 미디어·콘텐츠 플랫폼 경쟁

1) SNS 및 동영상 플랫폼 경쟁

SNS 플랫폼의 대명사인 페이스북은 사람들을 플랫폼에 모이도록 해서 데이터를 수집하고, 최적화한 광고를 올려 수익을 올리는 모델로 성공을 거두었다. 이를 바탕으로 인스타그램, 메신저와 왓츠앱, 오큘러스 등의 사업도 벌였다. 그러나 2019년 3월 마크 저커버그 페이스북 최고경영자는 향후 페이스북이 기존의 '개방형 SNS 플랫폼'에서 벗어나 동료들 사이의 교류를 중시하는 '메신저형 플랫폼'으로 전환할 것이라고 선언하면서 시선을 끌었다. 메신저형 플랫폼은 중국의 텐센트가 페이스북에 비해 자신들이 강점을 지닌 모델이라고 자랑해 온 것이었기 때문이었다.

중국은 2003년부터 자국 내에서 페이스북, 유튜브, 트위터 등 해외 주요 SNS의 사용을 금지했다. 이러한 중국 시장의 틈새를 파고든 것이 텐센트였다. 텐센트의 최대 무기는 10억 명의 사용자를 확보한 SNS 메신저 위챗이다. 텐센트의 위챗은 단순한 모바일 메신저 앱이 아니다. 스마트폰으로 할 수 있는 거의 모든 서비스를 제공하는 '슈퍼 앱'이다. 이 밖에도 텐센트는 폭넓은 비즈니스를 전개하고 있다. 게임 등 디지털 콘텐츠 제공, 결제 등 금융 서비스, AI를 이용한 자율주행이나 의료 서비스의 참여, 클라우드 서비스, 전자상거래 등이 대표적인 예다.

최근 텐센트는 주요 사업인 게임, 음악, 모바일 메신저 분야에서 해외 진출을 강화하고 있다. 특히, 게임 분야 전 세계 투자의 40%가 텐센트와 관련이 있을 정도로 글로벌 게임시장에 강한 영향력을 행사하고 있다. 텐센트의 지역별 투자에서 미국이 압도적인 비중을 차지하고 있는 것도 주목할 만하다. 텐센트의 미국 내 분야별 투자를 보면, 게임 서비스가 가장 큰 비중을 차지하며, 비즈니스 서비스와 위챗 등 SNS 서비스가 그다음으로 높은 비중을 차지하고 있다. 이 밖에도 텐센트는 인도 1위 차량 공유 업체인 올라캡스, 온라인 교육 업체인 바이주, 음악 스트리밍 업체인 가나, 그리고 나이지리아의 간편결제 서비스 업체인 페이스텍 등과 같이 다양한 지역과 업종의 현지 기업들에 투자했다(김성옥, 2020).

2020년 9월 미국 정부는 텐센트와 미국 기업들의 거래를 금지했다. 텐센트의 주력 서비스인 위챗도 미국에서 쓸 수 없게 했다. 이 제재로 최근 2~3년간 내수 기업의 한계를 넘기 위해 글로벌 게임·클라우드 시장을 공략하던 텐센트는 발목이 잡혔다. 미국의 제재가 게임까지 번진다면, 매출도 큰 타격을 입는다. 그러나 텐센트에 대한 제재는 미국 연방법원에서도 논란을 초래했을 뿐만 아니라, 애플, 월마트, 포드 등 미국 기업들에게도 부메랑으로 돌아올 가능성이 있다. 미국 상공회의소 상하이 지국의 컬 깁스 회장은 최근 미국 언론 인터뷰에서 "위챗 안에서 사용하는 간편결제 서비스인 위챗페이 없이는 중국 시장에서 미국 기업이 살아남을 길이 없다"라고까지 말했다(오로라, 2020).

미국 정부는 디지털 동영상 서비스인 틱톡도 제재하여 논란거리가 되었다. 동영상 플랫폼이 인터넷으로 진입하는 첫 관문으로 거듭나고 있는 상황에서 이는 큰 의미를 갖는 사건이었다. 최근 10~20대 사용자를 중심으로 정보를 검색할 때 인터넷 포털 대신 동영상 플랫폼을 이용하는 일이 늘어나고 있다. 매출 답보 상태에 빠진 전통 미디어와는 달리 모바일 동영상의 광고 규모는 급증하고 있는 배경이다. 최근 가입자가 급증하고 있는 디지털 동영상 플랫폼은 유튜브이다. 페이스북이 사람들의 관계와 그 관계 속에서 형성되는 소식, 엄밀하게 말하면 소식이 만들어지는 관계를 콘텐츠화하는 서비스라면, 유튜브는 콘텐츠 자체인 동영상을 서비스한다.

바이트댄스의 틱톡은 유튜브에 위협적 존재로 인식되었다. 15초짜리 짧은 동영상을 공유하는 틱톡의 성공은 단순히 다운로드 수가 많다는 데 있지 않다. 사용자의 취향을 제대로 저격할 정도로 중국 기업의 IT 마인드가 '글로벌급'으로 성장했다는 점을 보여준다. 유튜브처럼 전문적인 영상편집 기술이 없어도 동영상 제작이 가능하고, 스마트폰을 가로로 돌리지 않고 세로로 찍어 올리는 간편한 사용자 인터페이스를 구현했다. 영상이 짧다 보니 언어에 대한 의존도가 낮고, 자동번역 기능까지 더해져 국경을 넘어 빠르게 확산했다. Z세대(1990년대 중반에서 2000년대 초반에 걸쳐 태어난 젊은 세대)의 취향을 제대로 파고들면서 효과적인 마케팅 수단이자 유통 채널로 자리를 잡은 것이다.

이에 바이트댄스(B)는 기존의 BAT에서 바이두를 밀어내고 새로운 BAT를 구성하는 것으로까지 평가된다. 중국의 대다수 인터넷 플랫폼 기업들이 내수를 근간으로 한 로컬 플랫폼으로 성장했지만, 틱톡은 기술 기반의 글로벌 플랫폼으로 초기부터 자리매김했다. 기존 중국의 ICT 기업들이 자국의 방대한 내수시장 공략에만 집중한 탓도 있지만, 중국 이외 지역으로 뻗어가기에는 기술력과 확장성에서 한계를 지니고 있었다. 심지어 알리바바나 텐센트와 같은 초대형 ICT 기업들도 중국이라는 울타리 안에 갇힌 내수기업이라는 이미지가 강했다. 하지만 최근 들어 중국의 플랫폼 기업들이 대륙을 벗어나 전 세계 무대에서 뛰어난 역량을 발휘하며 글로벌 플레이어로 부상하는 과정에서 바이트댄스 같은 기업의 역할이 컸다(윤재웅, 2020: 259).

이러한 상황에서 미국 정부는 2020년 8월 국가안보를 이유로 틱톡을 금지하고 틱톡과 관련한 미국 내 자산을 모두 매각하라는 행정명령을 내렸다. 이에 바이트댄스는 오라클, 월마트 등과 매각 협상을 벌이면서 미국 내 틱톡 사업을 관장할 '틱톡 글로벌'을 만들기로 합의하기도 했지만 여러 가지 문제로 이견을 좁히지 못했다. 중국 정부가 AI 알고리즘과 같은 틱톡의 핵심 기술을 수출제한 목록에 올리는 맞불 정책을 펴면서 틱톡 매각 협상은 난항을 겪었다. 중국의 플랫폼 기업에 대한 미국 정부의 제재는 향후 그 대상 기업을 바꾸어가면서 더욱 확대될 가능성을 안고 있다.

2) OTT 및 게임 플랫폼 경쟁

SNS 또는 디지털 동영상 분야의 플랫폼 경쟁과 함께 주목해야 하는 것이 OTT(Over The Top) 플랫폼 경쟁이다. 최근 콘텐츠 소비는 지상파나 케이블 방송이 아니라 넷플릭스와 같은 OTT로 그 양식이 바뀌고 있다. OTT는 인터넷으로 방송 프로그램과 영화, 교육 같은 각종 미디어 콘텐츠를 제공하는 서비스다. OTT의 부상은 플랫폼 기업들의 권력적 위상을 크게 높였는데, 이들은 인터넷을 콘텐츠의 배분과 전파를 위한 플랫폼으로 만들면서 콘텐츠 생산자를 지배하기 시작했다. 플랫폼 그 자체가 미디어 콘텐츠 산업의 핵심 상품이 되었다(김익현, 2019; 고명석, 2020).

OTT 플랫폼 기업으로는 넷플릭스가 선두 주자이다. 넷플릭스는 할리우드 영화사나 HBO 같은 드라마 제작사에서 콘텐츠 판권을 구매해서 소비자들이 원하는 콘텐츠를 매칭해 준다. 저렴한 월정액만 내면 넷플릭스에서 TV, PC, 태블릿 PC, 스마트폰 등 인터넷으로 연결된 모든 기기에서 영화와 TV 프로그램을 마음껏 볼 수 있다. 넷플릭스의 성공 요인은 '시네매치'라는 핵심 알고리즘에 있는데, 사용자의 콘텐츠 소비 형태를 분석하여 기기별 상황에 따라 콘텐츠를 추천한다. 넷플릭스는 콘텐츠 경쟁력 강화를 위해서 '오리지널 콘텐츠' 전략도 펼치고 있다.

이러한 넷플릭스의 뒤를 디즈니와 애플이 바짝 추격하고 있다. 2020년에는 워너미디어의 HBO맥스, 컴캐스트의 피콕 등도 경쟁에 합류했다. 특히 디즈니의 OTT 서비스인 디즈니 플러스의 추격이 거세다. 디즈니 플러스는 출시 첫날에만 무려 가입자 1000만 명을 돌파하며 화제를 불러일으킨 바 있다. 기존의 디즈니 영화와 애니메이션을 통해 축적한 방대한 콘텐츠와 저렴한 기본료로 인기가 높다. 디즈니 플러스가 글로벌 미디어 플랫폼 시장에서 채택한 핵심 전략은 '원 소스 멀티 유즈(one source multi-use)' 전략이다.

중국 미디어 시장도 디지털 플랫폼 중심으로 빠르게 변하고 있다. 과거에는 미디어 시장이 정부 주도로 운영되다 보니 글로벌 트렌드에 뒤처졌지만, 이제는 기업들의 활발한 투자에 힘입어 급격한 속도로 성장 중이다. TV 등 유선방송에서 동영상 스트리밍으로 본격적인 전환이 이루어지며 아이치이, 텐센트 비디오, 유쿠투도우 등 OTT 플랫폼의 영향력이 급격히 커지고 있다. 2015년 1100만 명에 불과하던 아이치이의 유료 회원 수는 2019년 2분기에 1억 명을 돌파했다. 중국 미디어 산업의 주도권이 점차 OTT로 넘어오면서 2015년을 기점으로 동영상 플랫폼 업체의 콘텐츠 구매 가격이 TV 방송사의 구매 가격을 넘어섰으며, 2017년에는 동영상 플랫폼 업체의 콘텐츠 투자 규모가 TV 방송사보다 커졌다(윤재웅, 2020: 244).

디지털 콘텐츠 소비에서 사용자들의 '시간'이 제일 중요한 요소라고 한다면, OTT의 가장 큰 경쟁자는 게임이다. 영상 스트리밍 서비스 사용자가 게임보다는 폭넓고 대중적이지만, 충성도는 게임 사용자가 높다. OTT는 월정액 서비스와 광고 외에는 딱히 수익 모델이 없는 데 비해, 게임은 아이템 구매 등 확장형 서비스로 돈을 벌 수 있다. 최근 웹·앱 기반 플랫폼이나 O2O 사업자, 심지어 핀테크 사업자들이 '게이미피케이션' 등과 같은 재미를 유발하는 요소를 부과해 사용자를 대거 끌어들이고 있는 이유도 이 때문이다. 기존의 '미디어 시장별 경쟁'이 OTT나 게임처럼 상이한 '미디어 시장 간 경쟁'으로 변화하고 있다.

게임산업은 스마트폰용 모바일 게임이 45%, 콘솔게임이 32%, 온라인과 패키지를 포함한 PC 게임이 23%를 차지한다(김창우, 2019). 콘솔게임 분야는 MS, 소니, 닌텐도 등 미국과 일본 업체들이 장악하고 있고, 모바일 게임 분야의 신흥 강자는 중국이다. 게임산업의 성장 가능성이 크다 보니 최근에는 미국의 플랫폼 기업들이 경쟁적으로 게임산업에 뛰어들고 있다. MS가 엑스박스를 중심으로 꾸준한 성장세를 보이는 가운데, 2019년 구글이 스타디아, 애플이 아케이드를 출시하며 게임산업 진입에 속도를 올렸다. 아마존도 자체적으로 게임 개발사인 아마존게임스튜디오를 창설한 후 게임에 꾸준한 관심을 보여왔다. 페이스북도 코로나19 이슈를 계기로 출시 계획을 앞당겨 2020년 5월 게임 전용 앱을 최초로 공개했다.

최근까지 중국의 게임 개발은 독자적으로 게임 콘텐츠를 개발하지 못하고 모방 또는 불법복제하는 단계에 있었다. 그러나 최근 이러한 중국 게임 개발사들은 놀랍게 성장하고 있다. 중국 정부의 게임산업 보호정책도 한몫했다. 중국 업체들은 게임 운영에 필요한 경험을 축적하고 사용자들의 성향을 파악할 시간을 벌었다. 더불어 자본을 축적한 중국 게임 업체들은 해외 유수 기업을 인수·합병하면서, 이들이 가진 게임 콘텐츠와 기술력, 그리고 개발 인력까지 흡수해서 몸집을 불려나갔다. 또한 스마트폰이 보급되면서 형성된 모바일 환경은 중국 게임산업에 새로운 전기를 마련했다(양종민, 2020: 330).

게임산업 분야에서의 미중경쟁과 관련하여 미국이 중국을 누르고 세계 최대 게임시장 자리를 되찾을 것이라는 분석도 나왔다. 시장조사 업체 뉴주(Newzoo)는 2019년 6월 18일 공개한 「2019 글로벌 게임시장 리포트」를 통해 2019년 미국 게임시장이 전년 대비 21% 증가한 369억 달러를 기록할 것으로 분석했다. 뉴주 분석이 현실화될 경우 미국은 2015년 이래 4년 만에 '세계 최대 게임시장'이라는 타이틀을 되찾게 되는 셈이다. 반면, 중국의 2019년 게임산업 매출은 전년 대비 14억 달러 감소한 365억 달러로 전망되었다. 뉴주는 중국 게임시장 매출 감소 전망 요인으로 중국 정부가 신규 게임 콘텐츠에 대한 '판호(허가)' 승인에 제동을 걸었다는 점을 지목했다. 중국 정부는 게임이 사회문제를 일으킨다고 주장하면서 2018년 3월부터 판호 발급을 중단한 바 있다. 중국 당국의 판호 발급은 2018년 12월부터 재개되었다. 판호 발급은 풀렸지만, 중국 정부의 강화된 게임 규제는 중국 게임시장에서 악재로 작용할 것으로 전망되었다. 2019년 4월 중국 정부는 새로운 판호 규정을 통해 게임 내 유혈 장면 묘사, 미성년 이용자 게임 내 결혼 금지, 종교, 미신, 점치기 등의 내용을 금지했다.

중국과 전 세계의 게임시장을 선도하는 게임 플랫폼 기업은 텐센트이다. 최근 텐센트는 전 세계에 걸친 투자를 통해 게임산업 체인을 만들어가고 있다. 텐센트는 이미 라이엇게임즈(100%), 에픽게임즈(40%) 등 세계적으로 유명한 게임 회사의 지분을 보유하고 있다. 핀란드 모바일 게임 업체 슈퍼셀도 인수했다. 이에 따라 텐센트는 '리그 오브 레전드(LoL)', '포트나이트', '배틀그라운드'와 같은 글로벌 게임을 배급하게 되었다. 이러한 텐센트의 공격적 행보는 미국 정부의 제재를 유발하기도 했다. 2020년 미국 외국인투자위원회(CFIUS)는 라이엇게임즈와 에픽게임즈에 서한을 보내 미국 사용자의 개인정보 처리 내규에 대한 자료를 제출할 것을 요구하기도 했다. 위챗 금지의 행정명령을 내린 것과 맞물리며 미국 정부가 텐센트 제재에 착수한 것이 아니냐는 해석이 나오기도 했다(김연하, 2020).

제3장

디지털 매력경쟁[*]

1. 미중 디지털 매력경쟁

오늘날 콘텐츠·엔터테인먼트 산업, 그중에서도 영화산업 분야의 글로벌 강자라고 하면 가장 먼저 떠오르는 것은 할리우드이다. 첨단기술을 활용한 블록버스터라는 차별화 전략을 활용해서 제작한 영화를 영화관 스크린과 유튜브뿐만 아니라 스마트폰으로 볼 수 있다. 그 영화에서는 할리우드가 상상력을 동원해서 탄생시킨 영웅들이 나서서 위기에 빠진 지구를 구하고, 글로벌 관객들은 이러한 영화를 보고 감동을 받는다. 최근 중국은 이러한 할리우드의 주도권에 도전하는 조짐을 보이고 있다. 정체 국면에 들어선 북미 시장에 비해서 중국 영화 시장은 한동안 성장을 지속해 가리라는 것이 업계의 중론이다. 만약에 중국 영화의 도전이 성공한다면 중국산 영웅이 출현하여 지구를 지키는 영화가 영화관 스크린에도 걸리고, 인터넷 동영상 사이트에서도 다운로드받아 보는

---

[*] 이 장에서 다룬 미중 영화산업 경쟁에 관한 내용은 주로 김상배(2017)를 바탕으로 구성했다.

날이 올 것이다. 이러한 중국 콘텐츠가 보편적 매력을 발산해서 사람들의 심금을 울리게 되는 것은 물론이다. 과연 이런 날이 올까?

이 장에서는 기술-표준-매력의 세 가지 차원에서 미디어·콘텐츠 분야에서 미국과 중국이 벌이는 디지털 매력경쟁의 현재와 미래를 짚어본다. 기술경쟁의 시각에서 볼 때, 중국의 영화산업은 최근의 급속한 양적 성장을 바탕으로 할리우드에 버금가는 기술력 향상을 위해서 노력하는 중이다. 자체적인 기술 개발도 모색하지만, 합작과 투자 및 인수 등을 통해 할리우드로부터 기술을 구입하거나 이전받기 위해서 고군분투하고 있다. 표준경쟁의 시각에서 볼 때 할리우드 영화의 표준은 중국 시장 진출과 함께 중국 영화 기업들뿐만 아니라 중국 관객들에게도 전파되고 있다. 그러나 중국 시장으로의 원활한 진출을 위해서 중국 정부와 관객들이 제시하는 표준에 할리우드가 맞추어야만 하는 필요도 동시에 발생하고 있다.

이러한 과정에서 주목할 것은 모바일 인터넷의 보급에 따른 문화 소비 양식의 변화이다. 최근 찰리우드(Chollywood)로 대변되는 중국 영화산업의 도전 중에서 BAT로 대변되는 알리바바, 텐센트, 바이두와 같은 인터넷 기업들의 행보가 주목을 끄는 것은 바로 이러한 이유 때문이다. 콘텐츠·엔터테인먼트 산업의 미래를 영화 제작자가 아닌 인터넷 서비스 업체, 또는 콘텐츠 생산자가 아닌 콘텐츠의 소비자들이 주도하는 새로운 모델의 출현 가능성이 거론되고 있다. 할리우드의 콘텐츠 생산자 모델과 찰리우드의 인터넷 플랫폼 모델 간에 벌어지는 '비대칭 표준경쟁'이라고나 할까?

콘텐츠 자체의 내용적 매력을 놓고 벌이는 경쟁이라는 시각에서 볼 때, 할리우드가 글로벌 관객들의 감동을 끌어내기 위해서 국경을 넘어서는 보편성의 문화 코드를 공략했다면, 중국의 문화 코드는 아직은 민족주의의 경계 안에 머물러 있다. 실리우드 블록버스터가 가능한 한 이념을 탈색시킨 콘텐츠를 가지고 글로벌 관객들에게 다가간다면, 중국의 영화 콘텐츠는 여전히 중국 영토 밖 관객들과의 소통에는 관심이 적다. 이러한 매력경쟁의 성패를 좌우하는 요인

중 하나는 창의력을 장려하는 정책과 제도의 역할이다. 할리우드가 세계적으로 뻗어나갈 수 있었던 것이 미국 정부의 보이지 않는 지원과 무관하지 않다면, 현재 중국의 정부주도형 영화 발전 모델은 매력경쟁을 벌이는 데 있어 하나의 걸림돌로 작용할 가능성이 크다.

2. 할리우드와 중국 영화의 기술경쟁

1) 실리우드의 기술력과 주도권

글로벌 콘텐츠·엔터테인먼트 시장의 맹주는 단연 미국 기업들이다. 월트디즈니, 타임워너, 폭스, 뉴스 코퍼레이션 등이 주도한다고 해도 과언이 아니다. 이들은 인수합병(M&A)과 전략적 제휴, OSMU(one source multi-use) 등을 통해 전 세계를 상대로 다각적 수익모델을 추구하고 콘텐츠·엔터테인먼트 시장을 좌지우지하고 있다. 영화산업 분야에서 매출 규모, 수익성, 생산성, 성장성의 네 가지 변수를 고려해서 순위를 매긴 「KAIST 글로벌 엔터테인먼트산업 경쟁력 보고서 2015」에 따르면, 글로벌 상위 10위 중 8개 기업이 미국 기업들로, 전체 80%를 차지하고, 상위 20위까지 보아도 미국 기업들이 13개를 차지했다 (KAIST 정보미디어연구센터, 2015).

이러한 양적 지표와 순위 외에도 할리우드가 현재 글로벌 콘텐츠·엔터테인먼트 산업에서 기술과 표준의 문턱을 모두 장악하고 있음을 보여주는 사례는 실리우드(Siliwood) 현상이다. 실리콘밸리(Silicon Valley)와 할리우드(Hollywood)의 합성어인 실리우드는 디지털 시대의 영화산업 분야 미국의 패권을 상징하는 말이다. 실리우드는 지난 반세기 동안 글로벌 영화산업의 종주로 군림한 할리우드의 스튜디오들이 실리콘밸리 ICT 기업들의 지원을 받아 그 주도권을 재생산하는 현상을 빗댄 개념이다. 실리우드 현상은 미디어 융합 시대의 기술력이 커뮤니케이션과 문화의 지배로 전환되는 디지털 세계의 단면을 극명하게 보여준다. 엄청난 자본과 기술을 바탕으로 IT특수효과로 포장된 실리우드의 생산물들은 더욱 교묘한 형태로 재생산되는 기술·문화 권력의 장치로서 일익을 담당하고 있다(Hozic, 2001; 김상배, 2006).

　구체적으로 실리우드의 현상은 영화제작에 컴퓨터그래픽과 같은 특수효과가 도입되는 것으로 나타났다(김상배, 2006). 다시 말해, 영화제작 과정에 컴퓨터에 의한 영상과 음향의 처리 기법이 도입되었다. 이러한 실리우드 현상은 계속 확대되어 1980년대까지만 해도 IT특수효과는 일부 영화에서 사용되었지만, 이제는 국내외를 막론하고 이러한 특수효과를 사용하지 않는 영화가 없을 지경이다. 이러한 실리우드의 영화들은 막대한 규모의 자본을 투입하여 제작되고 대량으로 배급되는 블록버스터의 영화 양식과 결합되었다. 실리우드와 블록버스터는 할리우드가 변화하는 미디어 환경에서 생존하기 위해서 선택한 차별화 전략의 대표적인 아이템이라고 할 수 있다.

　실리우드 블록버스터 현상은 영화의 제작 양식을 바꾸어놓았다. 실리우드의 등장은 스토리 구상과 영화제작의 관계를 역전시켜 놓았다. 종전에는 특수효과를 만들 수 있을지를 따져보고 영화의 스토리를 구상했다. 그러나 지금은 어떤 효과든 기술적으로 가능하므로, 영화 제작자들의 구상은 날개를 얻었다. 또한 실리우드 블록버스터 현상은 장르 구축과 마케팅 전략의 표준을 장악하고 있다. 과거 할리우드의 대작이 작품에 출연한 스타를 중심으로 한 스타 마케팅을 내세웠다면, 오늘날 실리우드 블록버스터는 IT특수효과를 활용하여 새로운 볼거리를 제공하는 스펙터클 마케팅 전략을 구사하고 있다.

　실리우드 현상은 원작을 다양하게 변형시켜서 시장을 공략하는 OSMU 전략도 보편화시켰다. 디지털 기술의 도입은 극장에서만 즐기던 영상 콘텐츠의 통로를 다양화시켜서, 영화의 개봉과 함께 TV와 비디오는 물론이고 CD롬 타이틀, 테마파크, 가상현실 게임, 뮤지컬, 캐릭터 등이 홍수처럼 쏟아져 나온다. '트랜스미디어 스토리텔링(transmedia storytelling)' 현상도 디지털 기술 도입의 결과물이다. 어느 작품이 영화로 제작되어 처음 출시되었더라도 영화만으로는 그 작품의 전체 스토리를 이해할 수 없고, 오히려 게임, 도서, 음악, 블로그 등의 다양한 미디어를 경험해야만 스토리의 전체 구도를 이해할 수 있게 된다. 이는 사용자들의 비동기적 참여를 전제로 한다는 점에서 웹 2.0 시대의 실리우드 현상을 극명하게 보여주는 사례이다.

넓게 보면 실리우드는 미디어 융합 시대를 맞아 이루어진 디지털 정보 서비스와 문화 콘텐츠·엔터테인먼트 산업의 만남을 보여주는 대표적인 사례이다. 미디어 융합 시대의 실리우드 현상은 홈쇼핑과 주문형 비디오의 형태로 안방의 TV로 침투하고 인터넷 전자상거래와 동영상의 형태로 밀려온다. 이 중에서 가장 대표적인 사례가 바로 미디어 융합의 한가운데에 있는 IPTV이다. 아울러 컴퓨터와 인터넷을 기반으로 하는 실리우드 현상도 뒤늦게나마 시동을 걸고 있다. 예를 들어, 기존의 TV 스크린이 아닌 PC 모니터를 통해서 IPTV와 같은 서비스, 더 나아가 실시간 지상파 방송까지도 제공하는 시도들이 이루어지고 있으며, 최근에는 이 분야에 인터넷 검색 업체들도 뛰어들고 있다(김상배, 2010).

2) 중국 영화산업의 성장과 기술력

최근 중국 경제의 성장률은 둔화의 조짐을 보이고 있지만, 영화 시장만큼은 여전히 성장세를 유지하고 있다. 중국 영화 시장의 2015년 매출액은 7조 9000억 원으로 2014년보다 48%나 증가했다. 전 세계 박스오피스 기준으로 중국 매출이 17.8%를 차지하면서 미국에 이어 세계 2대 영화 시장으로 발전했다. 매출 기준 현재 영화산업 규모 세계 1위를 자랑하는 미국의 약 60%인 셈인데, 중국 시장은 박스오피스 매출 기준으로 6년 연속 연평균 30% 이상의 성장세를 유지하고 있다. 한편 중국 영화 시장에서 스크린 수도 급격히 늘어나서, 2010년 6256개에서 2014년 2만 4317개로 3배 가까이 증가했다.

이처럼 중국 영화산업이 고속 성장을 질주하는 이유는 중국의 급속한 경제

성장과 그에 따라 국민소득이 증가하면서 여가 생활을 위해 극장을 찾는 사람들이 늘고 있기 때문이다. 2014년 연간 총관객 수가 8억 3000만 명을 기록함으로써, 중국 인구를 약 14억으로 간주할 경우 1인당 영화 관람 횟수는 약 0.6편에 달한다. 이는 중국의 영화산업이 향후에도 지속적으로 성장할 수 있는 여지가 있음을 보여준다. 영화 마니아층인 젊은 계층이 1가구 1자녀의 외동 자녀인 점도 영화 수요가 급증하는 이유다. 워낙 귀엽게 자라나 부모나 조부모 용돈만으로 영화를 즐길 수 있는 층이 두껍다. 실제로 중국 영화 시장의 주력 소비층은 1990년대 이후 출생한 20대 청년층으로 조사되었다. 2014년 중국 영화 관람객의 52%가 1990년대 출생자였다. 뒤를 이어 1980년대 출생자가 영화 시장의 40%를 차지했다.

최근까지만 해도 중국 영화의 기술력은 좋은 평가를 받지 못했다. 중국 영화는 여전히 고대 무협 장르에 상업성을 결합한 오락물에 머물러 있다는 것이 대부분의 평가였다. 중국 영화는 단순한 스토리, 어색한 연출 등으로 인해 중국인들도 '중국 영화는 볼 게 없다'고 평가했다. 중국 영화 시장은 지속적으로 성장했지만, 그 성장은 수입된 할리우드 영화에 의존하는 경향이 강했다. 실제로 할리우드에 대한 의존도는 중국이 일본이나 한국보다 훨씬 높은 것으로 알려져 있다. 2000년대 초엽까지만 해도 상업화된 중국 대작 영화들은 실리우드 블록버스터 영화의 충격에 정면으로 맞설 수 없었다. 게다가 2012년 '2·18 미중영화협의'로 중국 내에서 할리우드 영화 배급 편 수가 기존의 20편에서 34편으로 늘어나면서 중국 관객들의 눈높이는 더욱 높아졌지만, '시장화 전환'을 막 마친 중국 영화산업이 이를 충족시키지는 못했다(인홍, 2013).

그러나 최근 중국의 영화제작 기술이 매우 향상되었다는 평가를 받고 있다. 정부의 영화산업 육성 정책과 더불어 신흥 감독, 편집자, 제작자들이 유입되면서 영화 장르도 다양해지고, 기술적으로도 성장하는 모습이다. 2016년 3월 23일자 ≪아시아경제≫에 따르면, "중국 내 할리우드 영화 마케팅과 배급을 지원하는 미국 업체 지아플릭스 엔터프라이지스의 마크 개니스 공동 창업자는 최근

블룸버그 통신과 가진 전화 통화에서 "과거 할리우드 블록버스터 영화 수준이 중국 영화보다 훨씬 뛰어나 중국인들은 불편한 자막에도 할리우드 영화를 찾았지만, 지금은 다르다"라며 "중국의 영화제작 기술 수준이 매우 높아져 현지인들로부터 뜨거운 호응을 얻고 있다"라고 말했다. 미 영화 시장조사 업체 박스오피스닷컴의 조너선 패피시 애널리스트는 "중국 영화업계가 많은 제작비를 쏟아붓는 데다 액션까지 가미해 특수효과와 흥미진진한 이야기 전개에서 할리우드에 전혀 밀리지 않는다"라고 평했다(이진수, 2016).

이러한 추세에 힘입어 2014년 중국 내 영화 전체 흥행 순위 중 1~10위 중에서 1위는 할리우드 영화가 차지했으나 2~3위는 중국 영화가 차지했으며 4~7위까지는 역시 할리우드 영화가 차지했으나 8~10위는 중국 영화였다. 주목할 점은 할리우드 영화와 중국 영화 중 1~3위를 차지한 3편 정도를 제외하고 나머지 7편의 격차가 그다지 크지 않다는 사실이다. 이는 비록 할리우드 영화가 다소 좋은 성적을 냈으나, 중국 영화에 의해 역전당할 가능성은 남아 있음을 보여준다.

한편 2015년 중국 영화 매출액은 4조 9000억 원으로 전체 영화산업 매출액의 61.6%를 차지했으며, 박스오피스 순위 10위 중에서 중국 영화가 7개를 차지했다. 특히 중국 영화 〈착요기(몬스터 헌트)〉는 2015년 11월 초 관객 6500만 명을 돌파해 역대 박스오피스 1위를 기록했다. 그동안 중국 영화 시장은 할리우드 영화들이 휩쓸어왔는데, 기원전 4세기경 나온 중국 지리서 『산해경』속의 요괴 이야기를 중국의 자체 컴퓨터그래픽 기술로 형상화한 〈착요기〉가 박스오피스 역사상 처음으로 1위에 오른 것이다. 〈착요기〉의 성공은 중국 영화가 할리우드와도 경쟁이 가능한 기술력을 확보하게 되었다는 평가를 낳았다.

3. 할리우드와 찰리우드의 표준경쟁

1) 할리우드 제작표준의 중국 진출

2014년 북미 영화 시장의 규모는 2013년 대비 5% 줄어든 104억 달러를 기록하면서 더 이상 성장할 수 없는 포화 상태에 이르렀다는 평가를 낳았다. 이러한 상황에서 할리우드가 최근 지속적으로 성장세를 이어가고 있는 중국 시장에 주목하는 것은 당연하다. 할리우드는 실리우드 블록버스터를 내세워 중국 시장 공략에 나서고 있다. 할리우드는 중국 시장 공략을 위해서 미묘한 대사나 복잡한 구성보다는, 단순하지만 인상적인 시각 효과에 초점을 맞춘 액션영화나 애니메이션을 내세우고 있다. 최근 들어 부쩍 할리우드는 중국 영화 제작자들이 넘볼 수 없는 수준의 컴퓨터그래픽 특수효과를 이용하고 있다. 이러한 과정에서 2010년까지만 해도 30%에 달하던 할리우드의 코미디 영화 비중이 2014년에는 13%까지 떨어졌다. 이러한 변화에는 중국 시장에 진출하려는 의도가 작동했다는 평이다. 코미디물은 감칠맛 나는 대사가 중요한데, 이를 외국어 자막으로 번역해서는 그 느낌을 제대로 전달하기 어렵기 때문이다.

할리우드는 영화 장르의 선택뿐만 아니라 영화 콘텐츠의 내용도 중국 시장 공략을 위해 맞춤형으로 제작하고 있다. 할리우드 영화가 중국에서 더 많이 상영되기 위해서는 중국 관객의 취향과 입맛에 맞출 수밖에 없기 때문이다. 예를 들어 2012년 중국에서 상영된 〈맨인블랙 3〉는 중국 관객을 고려해서 중국 악당이 나오는 장면을 모두 삭제했고, 2013년 중국 흥행 2위였던 〈아이언맨 3〉에는 원작에 없던 중국 여배우 판빙빙이 등장하는 에피소드도 있었다. 또한 2014년에 개봉한 〈트랜스포머 4: 사라진 시대〉에서 중국 베이징과 충칭, 톈진 등 현지 촬영분이 중국 관객을 겨냥해 영화에 첨가되었고, 2015년 개봉한 영화 〈픽셀〉에서는 중국의 상징인 만리장성이 파괴되는 장면이 삭제되기도 했다.

최근 할리우드의 메이저 회사들과 영화 제작사들은 중국 내에 거점을 마련하기 위해서 단순한 합작 촬영 방식을 넘어서 합자회사, 파트너십, 공동투자 등의 형태를 모색하고 있다. 2014년 미국 월트디즈니 영화사는 중국 상하이동 방미디어그룹(SMG) 산하 영화사와 향후 막대한 제작비를 투입해 블록버스터 대작을 공동 제작하기로 했고, 미 영화 제작사 워너브러더스는 2015년 9월 중국 투자 기업인 차이나미디어캐피털(CMC)과 홍콩에 합작 영화 제작사를 설립하기로 했다. 이 밖에도 미 영화사인 라이온스게이트엔터테인먼트는 중국 후난TV 그룹과 투자 계약을, 중국 최대 온라인 기업인 알리바바는 영화 〈미션 임파서블: 로그네이션〉의 중국 내 배급과 관련해 파라마운트사와 파트너십을 체결했다.

이러한 협력의 과정에서 할리우드와 중국 영화사들의 갈등이 발생하기도 한다. 할리우드 엔터테인먼트 업계는 중국의 자본과 시장 잠재력에 매력을 느끼는 반면, 중국 엔터테인먼트 업계는 할리우드의 영화제작 기법과 마케팅 등 노하우 전수에만 눈독을 들이고 있기 때문이다. 이처럼 양측의 이해관계가 상반된 데다 이질적인 비즈니스 관행과 문화적 차이로 협력 사업이 순탄하지만은 않다. 중장기적으로는 중국이 기술을 얻어갈 것으로 예상되지만, 그 이면에 존재하는 표준경쟁의 양상은 좀 더 복합적이다. 합작 촬영에서 합자회사로 전환하는 과정에서 중국 영화산업은 할리우드의 형식, 장르, 스타일, 세팅 등을 모방할 수밖에 없을 것이기 때문이다. 아울러 중국 관객들도 할리우드 모델에 점점 더 익숙해지면서 그들의 취향마저도 할리우드화되는 경향을 보일 가능성이 있다.

역으로 할리우드가 중국의 '표준'을 수용하는 현상에도 주목해야 한다. 형식 차원에서는 중국이 할리우드를 받아들인다면, 내용 차원에서는 할리우드가 중국의 표준을 수용하는 면도 없지 않다. 영화 수입 물량이 연간 34편으로 제한되고 있는 상황에서 할리우드는 중국 영화사와 합작을 하여 할리우드 영화를 '중국 영화'로 분류하게끔 하는 전략을 펼치고 있다. 이러한 과정에서 중국 현지에서 영화를 촬영하고 중국의 문화를 담은 영화를 제작하는 일이 늘어나

고 있다. 할리우드 제작사들이 중국 시장 진출을 확대하기 위해 자기검열한다
는 지적도 나오고 있다. 2015년 11월 31일 미 연방의회 산하 미중경제안보검
토위원회가 발표한 보고서에 따르면, "할리우드 영화사들이 중국 검열당국의
비위를 맞추기 위해 영화 콘텐츠를 수정하는 사례가 적잖게 나타나고 있다"라
는 것이다. 특히 "편집 단계에서 영화 콘텐츠 일부를 삭제하는 차원을 넘어서
일부 영화사에서는 기획 단계부터 중국 검열당국의 비위를 거스르지 않도록
'맞춤형 수정본'을 계획하고 있다"라는 것이다.

2) 찰리우드의 표준, 그 가능성과 한계

최근 영화산업에 대한 중국 기업들의 투자가 늘어나면서 중국 자본이 할리
우드를 사들일지도 모른다는 말까지 나왔다. 2015년 8월 중국의 부동산 재벌
인 완다그룹은 북미 지역에서 개봉한 할리우드 영화 〈사우스포〉의 제작사
와인스타인에 3000만 달러를 투자했다. 데이비드 글래서 와인스타인 사장은
≪월스트리트저널≫과의 인터뷰에서 "완다그룹은 촬영과 편집, 마케팅 등 영
화제작 과정의 모든 분야에서 우리가 무엇을 하고 어떻게 하는지를 배우기를
원했다"라고 밝혔다(김종우, 2015). 한편 2016년 2월 중국 영화사 퍼펙트월드픽
처스는 향후 5년 동안 유니버설 영화 50편에 2억 5000만 달러 이상 투자할 것
이라고 발표했다. 이렇게 중국 기업들이 할리우드 엔터테인먼트 산업에 거액
의 투자금을 내놓는 행보가 관심을 끌었던 이유는 이들의 목적이 단순히 수익
을 얻는 것이 아니라 기술과 노하우를 얻기 위한 것으로 파악되기 때문이었다.

이러한 추세 속에 '찰리우드(Chollywood)'의 가능성에 대한 논의가 피어올랐
다. 찰리우드는 차이나(China)와 할리우드(Hollywood)를 합친 신조어로서 영화
산업에서 중국의 약진을 빗대어 붙여진 말이다. 특히 찰리우드는 완다그룹이
영화산업에서 펼쳤던 공세와 맞물리면서 세간의 관심을 끌었다. 완다그룹은
중국 80여 개 도시에 6000여 개의 스크린을 확보한 중국 내 시장점유율 1위인

극장 사업자이다. 이러한 완다그룹은 2012년 5000여 개 스크린을 가진 미국 제2의 영화관 체인 AMC를 26억 달러에 인수하면서 세계 최대 영화관 체인 기업으로 급부상했다. 완다그룹은 2020년까지 세계 영화 시장의 20%를 차지한다는 목표를 세우고 미국과 영국 등 주요 영화사들을 공격적으로 매수했다. 2014년에는 할리우드의 라이언스게이트엔터테인먼트에 지분 인수를 제안하기도 했으며, 2016년에는 할리우드의 레전더리픽처스를 35억 달러에 인수하면서 차이나머니의 위력을 보여주었다.

완다그룹은 할리우드를 넘어서는 영화 플랫폼을 중국에 만들겠다는 포부를 공공연히 밝혔다. 실제로 완다그룹은 2013년부터 칭다오에 약 500억 위안을 투자해 2017년에 할리우드에 버금가는 거대 규모의 스튜디오 기지인 동방영화도시(東方影都)를 조성하기도 했다(오로라, 2019). 왕젠린 완다그룹 회장은 ≪텔레그래프≫와의 인터뷰에서 "대규모의 영화제작단지와 영화 촬영, 극장 배급까지 모든 채널을 단일 기업이 갖춘 적은 역사상 단 한 번도 없었다"라면서 "완다그룹은 그 최초가 될 것"이라고 말하기도 했다(김현우, 2015). 칭다오 영화산업단지를 통해 완다그룹이 영화의 탄생부터 무덤까지 모든 분야를 아우르는 기업이 되겠다는 포부였다. 그러나 이렇게 영화산업단지를 건설하여 모든 과정을 집중 관리하는 방식은 할리우드가 이미 오래전에 포기한 구태의연한 모델이라는 점에서 완다그룹의 실험을 회의적인 눈으로 보는 시각도 없지 않다. 오히려 할리우드는 대형 스튜디오를 건설해 영화를 제작하던 방식을 포기하고 개방형 네트워크 모델로 진화해 왔기 때문이다(Hozic, 2001).

이러한 도전보다도 중국 영화산업의 미래에 영향을 미칠 좀 더 중요한 변수로서 모바일 인터넷 환경의 출현에 주목할 필요가 있다. 중국에서 모바일 인터넷 사용자 수는 이미 PC를 통한 인터넷 이용자 수를 넘어섰다. 2014년 현재 중국의 인터넷 사용자 약 6억 4800만 명 중에서 모바일 인터넷을 사용하는 비율은 85.8%로서 약 5억 5600만 명에 이른다. 이를 바탕으로 스마트폰은 영화, 게임, 방송, 음악 등의 디지털 콘텐츠를 유통하는 핵심 플랫폼으로 자리매김했다. 이제 모바일 인터넷은 영화 소비 양식 다양화 추세와 맞물리면서 영화관 스크린이 아닌 영화 상영의 주요 경로로서 부상했다. 특히 유쿠투도우와 같은 동영상 공유 사이트의 발전은 영화에 새로운 시장을 제공했다(안정아, 2014). 10여 개에 이르는 중국 내 영화 관련 사이트들은 이미 유무선 인터넷상에서 관객들이 영화를 접하는 매우 중요한 창구가 되었다. 2013년 동영상 사이트 총수입 150억 위안 가운데 3분의 1에 해당하는 50억 위안이 영화로 얻는 수입으로 추정된다(인홍, 2013: 47).

이렇게 모바일 인터넷을 통해 영화를 소비하는 사람이 늘면서 이른바 BAT로 대변되는 바이두(B), 알리바바(A), 텐센트(T) 등과 같은, 중국 인터넷 서비스 기업들이 영화 시장에 뛰어들고 있다. 사실 이들 인터넷 기업들이 기존 플랫폼을 활용하는 데 영화산업은 아주 매력적인 통로이다. 2015년 중국의 박스오피스 매출 65%가 온라인 결제를 통해서 이뤄졌다. 이러한 상황에서 영상 콘텐츠를 확보한 후 스트리밍 서비스와 광고로 매출을 올리는 새로운 비즈니스 모델이 주목을 받고 있다. 실제로 알리바바와 텐센트는 영화의 제작·유통·연예 기획 외에도 홍보·결제에 이르기까지 영화산업 전반으로 진출하고 있다. 바이두는 영화 배급과 제작보다는 인터넷 전용 콘텐츠를 통한 온라인 시장을 공략하고 있다. 이러한 추세가 지속되면서 장차 인터넷 플랫폼을 장악한 기업이 중국뿐만 아니라 미국의 콘텐츠 기업을 돈으로 사들이는 상황이 벌어질 수도 있다는 전망이 나오고 있다(신동현, 2014; 노수연, 2015).

이러한 변화는 콘텐츠·엔터테인먼트 산업 분야에서 벌어지는 표준경쟁의 새로운 양상을 보여준다. 할리우드의 콘텐츠 생산자 모델과 찰리우드의 인터넷 플랫폼 모델 간에 벌어지는 '비대칭 표준경쟁'이라고나 할까? 미래 미중경쟁에서 여전히 양질의 스토리와 콘텐츠를 생산하는 것은 성공의 열쇠가 될 것이다. 그런데 아직 중국의 문화 콘텐츠 생산자로서의 입지는 미약할 뿐만 아니라 중국의 콘텐츠는 점점 더 할리우드화되는 경향마저도 있다. 그렇지만 콘텐츠 소비국으로서 중국의 막대한 잠재력을 활용할 경우에는 얘기가 달라진다.

특히 중국인의 60% 이상이 영화를 스마트폰이나 태블릿 PC와 같은 모바일 기기를 통해서 보는 현실에서 할리우드의 콘텐츠 생산표준 모델의 실효성을 다시 돌아볼 필요가 있다.

중국 인터넷 기업들이 기존 플랫폼을 활용하여 영상 콘텐츠를 확보한 후 스트리밍 서비스와 광고로 매출을 올리는 비즈니스 모델을 콘텐츠·엔터테인먼트 산업의 표준으로 제기할 가능성은 없을까? 이는 콘텐츠 생산자 표준을 지향하는 모델이 아니라 오히려 인터넷 플랫폼을 장악하여 콘텐츠 생산자를 통제하는 모델이다. 다시 말해 할리우드가 장악하고 있는 무대 위에서 벌이는 경쟁이라기보다는 새로운 무대를 만들어 승부를 보려는 '플랫폼 경쟁'이라고 이해할 수 있다. 그런데 중국이 이렇게 신흥 무대에서의 플랫폼 경쟁에 승부를 거는 시도를 벌일 수 있는 이유는 다름 아니라 그 배후에 중국 콘텐츠 소비자들이라는 거대한 규모의 힘이 있기 때문이다.

4. 할리우드와 중국 모델의 매력경쟁

1) 미중 영화의 문화 코드와 매력경쟁

20세기 세계정치에서 할리우드는 단순히 미국 영화산업의 성공만을 의미하는 것이 아니라 미국의 글로벌 패권을 뒷받침하는 문화 권력을 상징하는 존재였다. 다시 말해 할리우드에서 제작된 영화를 통해서 미국인의 삶과 사고방식, 좀 더 포괄적으로는 '아메리칸 드림' 등이 생성·전파되었다. 이런 의미에서 할리우드는 단지 영화 콘텐츠만을 팔았던 것이 아니라, 이미지와 브랜드, 그리고 그 이면에 미국적 가치관과 세계관을 담아서 파는 매력 세계정치의 선봉대였다. 물론 미국이 할리우드 영화에 담아서 발산했던 매력은 지난 반세기 동안 내용적 변천을 겪어왔다. 그럼에도 냉전과 탈냉전, 그리고 글로벌화와 정보화

시대를 거치면서 할리우드 영화가 전파했던 지배적 담론은 개인주의, 자유주의, 자본주의, 민주주의 등으로 대변되는, 서구적 기원을 갖는 이념과 가치들이었다.

21세기에 접어들어 전 세계로 팔려나가는 할리우드 영화에는 이러한 이념과 가치들이 다소 탈색되고 있다. 실리우드와 블록버스터 양식을 빌려 생산된 할리우드 콘텐츠에는 탈(脫)장소화된 맥락에서 악에 맞서 싸우는 선이라는 구도가 설정된다. 지구의 평화를 지키기 위해 나서는 영웅들의 이야기나 보편적 인류애, 남녀 간의 사랑 등의 주제가 좀 더 두드러진다. 미국적 애국심, 자유민주주의, 서구적 인권의 보편성 등과 같은 이데올로기적 코드가 완전히 없어진 것은 아니지만 글로벌 관객들을 대상으로 하는 만큼 좀 더 개방적인 문화 코드와 보편적 스토리텔링을 담기 위해서 노력한다. 특히 이러한 메시지의 수용을 더욱 거부감 없게 만드는 기법으로서 일종의 환상주의 이데올로기가 동원되기도 한다. 앞서 언급한 실리우드의 특수효과는 이러한 환상주의 이데올로기를 한층 실감 나게 전달하는 효과적인 도구이다.

글로벌 차원에서 역대 최고의 흥행을 거둔 상위 영화를 보면 모두 할리우드 영화인데, 이들은 대체로 내용적 보편성을 추구하는 가운데 상업성을 극대화한 영화들이다. 특히 할리우드가 문화적으로 다양한 글로벌 관객의 취향을 모두 아우를 수 있는 영화를 제작하는 과정에서 실리우드의 특수효과로 가공된 액션, 모험, 판타지는 더할 나위 없이 좋은 도구였다. 할리우드는 특정 관객을 겨냥한 정교하고 예술적인 스토리텔링보다는 단순하면서도 보편성에 호소하는 스토리텔링을 스펙터클한 화면효과를 통해서 전달하는 기법을 채택했다. 넓은 공감을 획득하면서도 섬세한 문화적 차이를 고려할 필요가 없는 소재와 기법의 채택은 오늘날 할리우드 영화가 큰 문화적 거부감 없이 다가오는 이유이기도 하다.

개방적 문화 코드와 보편적 스토리텔링으로 대변되는 할리우드 영화에 비해서, 중국 영화는 어떠한 문화 코드를 담고 있으며 어떠한 매력을 발산하는

가? 2002~2016년 역대 관객 수입 1위인 중국 영화를 보면, 흥행에 성공한 영화에는 시대의 요구 또는 사회적 수요에 부합하는 일정한 문화 코드를 엿볼 수 있다. 물론 그러한 코드를 획일적으로 규정할 수는 없겠지만, 이종철·박성배(2016)가 분류하고 있는 역대 흥행작들의 유형은 매우 흥미롭다.

첫째, 애국심에 호소하고 민족의식을 고취하는 영화로서 〈건국대업〉(2009), 〈대지진〉(2010), 〈건당위업〉(2011), 〈신해혁명〉(2011), 〈1942〉(2012) 등과 같이 실화를 바탕으로 한 영화들이다. 둘째, 고전을 재해석한 영화들로서 『서유기』를 영화화한 〈서유항마〉(2013)와 〈몽키킹〉(2014), 『삼국지』나 『초한지』를 영화화한 〈적벽대전〉(2008) 등과 같이 역사를 소재로 한 영화들이다. 셋째, 〈인재경도지태경〉(2012)과 〈심화로방〉(2014) 등과 같이 로드무비 형식의 영화로서 중국인들이 모두가 공감할 만한 소재를 다룬 좌충우돌과 요절복통의 코미디 영화들이다. 끝으로, 최근에 흥행에 크게 성공한 〈착요기(몬스터 헌트)〉(2015)와 〈미인어〉(2016) 등과 같이 컴퓨터그래픽을 활용한 중국형 실리우드 SF 블록버스터 영화들이다.

이들 중국 영화의 문화 코드를 살펴보면, 2000년대에는 주로 고전을 소재로한 역사물이나 실화를 바탕으로 한 영화들이 흥행에 성공했다. 사회주의 중국의 체제적 특성을 반영하여 애국심에 호소하고 민족의식을 고취하거나 고전을 원용하여 권선징악과 개과천선 등을 설파하는 내용의 영화들이었다. 이러한 영화들은 중국 내에서는 모두 뜨거운 반응을 일으켰지만, 외국에서의 반응은 거의 없었다. 실제로 지금까지 해외 관객 수입 1위를 기록하고 있는 〈영웅〉(2002)의 북미 시장 관객 수입 1000만 달러를 제외하면 중국 영화의 해외 진출 성적은 초라하기 그지없다. 〈영웅〉은 고도의 경제성장이라는 배경하에서 중국을 넘어 세계로 나아가려는 중국 영화의 이상을 담았지만, 그 이후 후속작이 나오지 않았다. 한편 무협영화 사상 최고의 상업적인 성공을 거둔 〈와호장룡〉(2000)을 예외로 볼 수 있지만, 이는 엄밀한 의미에서 중국산 영화라고 볼 수 없다. 여하튼 2000년대까지의 중국 영화는 문화의 표현 방법, 영화의 질,

제작 수준, 대중들에게 각인된 인지도 등 다양한 측면에서 글로벌 시장에서 통할 만한 경쟁력을 갖추지 못했다(인흥, 2013).

2010년대에 들어서 흥행에 성공한 중국 영화들을 보면 전반적으로 약간의 풍자와 고발, 반성, 인간애 등을 적당히 섞어서 중국인의 문화 코드를 강조한 코미디물이 대세를 이룬다. 이는 정치적 발언이 자유롭지 못한 중국의 특성과도 연관이 있는 것 같다. 중국산 코미디 영화가 날로 맹위를 떨치는 것은 할리우드 영화 제작사가 중국인이 선호하는 로맨스·코미디 등의 문화코드를 잘 이해하지 못하는 것과도 관련이 있다. 희로애락에 대한 동서양의 코드가 미묘하게 다르기 때문이다. 중국에서 인기를 끈 할리우드 영화는 화려한 컴퓨터그래픽을 앞세운 액션물이 대부분이었다. 2012년 '2·18 미중영화협의' 이후 중국에서 흥행한 영화를 보면 젊은이들이 좋아하는 고속 액션물, 컴퓨터그래픽을 활용한 SF 영화 등이 급부상했다. 이는 중국 영화가 일정한 정도 실리우드의 기술과 표준에 접근하고 있는 것으로 평가할 수 있다. 요컨대, 중국 영화는 영화제작과 장르라는 형식적인 측면에서는 보편성을 추구하고 있지만, 콘텐츠에 담긴 문화 코드와 매력이라는 내용적 측면에서는 여전히 중국형 모델의 경계 안에 머물고 있다고 볼 수 있다.

그런데 앞서 제2장에서 언급한 바와 같이, 중국의 인터넷 기업들이 벌이는 플랫폼 경쟁에 대한 논의를 영화 콘텐츠의 매력경쟁 영역으로 끌어오면 좀 다른 얘기를 해볼 수 있다. 예를 들어 유쿠투도우와 같은 동영상 공유 사이트나 인터넷 팬덤 커뮤니티 등에서 중국 네티즌들이 보여주는 문화 콘텐츠의 소비와 공유, 그리고 재생산의 행태는 할리우드 콘텐츠 모델을 우회한 새로운 매력 모델의 가능성을 보여준다. 사실 중국에서도 인터넷을 매개로 생산과 소비(또는 사용)가 복합된 이른바 '프로듀시지(produsage = production+usage)' 모델의 부상을 엿볼 수 있다. 이러한 상황에서 대형 스크린에 걸리는 할리우드 블록버스터보다 인터넷을 통해서 나누어 보는 '우리들의 동영상'이 더 재미있다면, 그래서 사람들이 영화관에 가기보다는 인터넷 사이트에서 더 많은 문화 프로듀시지의 시간을 보내게 된다면 무슨 일이 벌어질까? 만약에 이런 일이 벌어진다면 플랫폼 위에 모인 사람들의 문화 코드가 중요해지고 그들의 규모가 콘텐츠 생산자들에게 영향력을 행사하는 일이 발생할 수 있지 않을까? 중국이 물량과 규모를 결합한 게임에서 시작해서 기술의 문턱과 표준의 문턱을 우회해서 나름대로의 네트워크를 형성하여 매력을 발산할 가능성에 주목하는 것은 바로 이 대목이다.

2) 미중 정부정책과 체제 적합력

역사를 되돌아보면, 미국의 정부정책과 국내 체제는 글로벌 영화산업의 경쟁 환경에 적응하는 적합력을 보여주었다고 평가할 수 있다. 정부가 나서서 명시적으로 영화산업을 지원하는 정책을 편 것은 아니지만, 할리우드 부활의 이면에 미국 정부의 보이지 않는 역할이 있었음은 부인할 수 없다(김상배, 2006). 특히 실리우드의 탄생 과정을 보면, 특수효과 기술개발과 관련하여 할리우드와 미국 정부의 제휴가 중요한 역할을 했다. 영화 〈스타워즈〉의 판타지 기술이 보여준 속도와 전투기술 및 사이보그 등은 머릿속으로만 상상하던 정보전쟁의 진면목을 보여주기에 충분했다. 실제로 할리우드 특수효과를 위해 사용된 컴퓨터 디자인과 엔터테인먼트 분야의 기술은 군사 목적으로 개발되는 시뮬레이션 기술과 매우 유사하다. 1990년대 들어 미국 정부는 이러한 기술개발을 적극적으로 지원했다. 할리우드와 실리콘밸리, 그리고 미국 정부가 형성하는 기술혁신 네트워크는 'MIME(military-industrial-media-entertainment) 네트워크'라고 불리기도 한다(Der Derian, 2001: 161~162).

할리우드의 경쟁력을 뒷받침한 미국 정부의 정책에는, 다소 역설적으로 보이는 상이한 모습도 존재했다. 미국 정부의 정책은, 국제경쟁력 강화를 위한 지원책을 펼치는 모습이 아니라, 시장경쟁 자체의 유지를 위해서 독점기업을 규제하는 면모도 지니고 있었다. 예를 들어, 제2차 세계대전 직후 미국 정부는 할리우드의 포디즘적 구조를 해체하는 반독점 정책을 펼친 바 있다. 1948년의 파라마운트사에 대한 반독점 판결에서 미 연방 대법원은 영화산업의 독과점화를 막기 위해 스튜디오들이 제작과 흥행업을 동시에 할 수 없다고 판결했다. 그 후 메이저 스튜디오들은 극장 체인들을 매각해야 했고, 그 결과 미국 영화산업에서 상영 부문은 독립하게 되었으며, 편집, 조명, 음향, 특수효과 등을 담당하는 독립 제작자들도 부상했다(Wayne, 2003: 92~93; Scott, 2004: 35). 결과적으로 미국 정부의 반독점 정책은 독립 제작자들이 성장하는 토양을 제공함으로써, 원래 의도했던 바와는 상관없이, 미국 영화산업의 발전을 촉진한 일종의 '산업정책' 효과를 창출했다.

대외적으로 미국 정부는 할리우드 영화의 자유무역을 보장하는 국제레짐을 수립하고 이를 바탕으로 외국 정부에 대해 문호 개방을 요구하는 적극적인 행보도 펼쳤다. 특히 서비스 분야 자유무역 레짐의 형성 과정에서 할리우드 영화산업의 이익이 미국 정부를 경유하여 반영되었다. 이 과정에서 할리우드의 대변인이자 로비스트의 역할을 한 미국영화협회(Motion Picture Association of America: MPAA)가 중요한 역할을 했다. MPAA는 1993년 GATT 협상의 음향 및 영상 서비스 무역 협상 과정에서 자유무역의 독트린을 공세적으로 설파했는데, 미국과 유럽 국가들(특히 프랑스)이 대립했을 때 활발한 장외 활동을 펼치기도 했다(Scott, 2004: 56). 한편 GATT 협상에서 스크린쿼터를 포함한 문화산업 보호 장벽이 완전히 철폐되지 않게 되자, 미국 정부는 개별 국가와의 양자투자협정(BIT)을 통해 철폐를 요구하는 방도를 모색했다. 요컨대 할리우드 영화산업에 대해서 미국 정부가 수행한 역할은 국가가 나서서 민간 영역을 주도하는 모습이라기보다는 기술혁신을 위한 인센티브의 제공과 할리우드의 원활한 작동을 위해서 국내 경쟁시장을 조성하고, 국제적으로는 자유무역의 경쟁 환경을 조성하는 형태로 나타났다.

복합적인 양상으로 나타난 미국의 경우와는 달리 중국의 정책은 국가가 적극적으로 나서서 콘텐츠·엔터테인먼트 산업의 육성을 위한 정책들을 추진하는 모델로 개념화된다(강내영, 2015). 2001년 WTO 가입을 계기로 하여 과거 사회주의 이데올로기 선전의 도구로 인식되었던 영화가 '문화사업'이라는 고유의 울타리를 벗어나 국가 기간산업이자 미래 성장 동력이며, 대외적으로 소프트 파워를 선양하는 '문화산업'으로서 인정받기 시작했다(서창배·오혜정, 2014). 이러한 영화에 대한 인식의 대전환을 바탕으로 중국은 정부가 선제적으로 영화 발전의 전략과 로드맵을 제시하고 실행하는 위로부터의 정부 통제하의 발전을 시행했다(김평수, 2012). 강내영(2015)은 이러한 지원정책은 상명하달식 관료주의, 엄격한 사전사후 검열제도라는 통제력의 바탕 위에 영화산업의 시장 시스템을 정착시키는 이른바 '정부주도형 영화발전모델'로 정의한다.

2015년 9월 초 중국 국무원 상무회의는 '중화인민공화국 영화산업촉진법안'을 발표했는데, 이 법안은 영화산업 종사자들에게 세금 우대 혜택을 제공하고, 정부 차원의 특별기금을 마련하는 등 중국 영화인들에 대한 지원을 확대한다는 내용을 담고 있었다. 이 법안에는 신설하거나 리모델링하는 영화관에 대한 지원을 늘리고, 민간 자본과 금융기관이 적극적으로 영화산업에 자본을 유입할 수 있도록 하는 방안을 확충하겠다는 계획도 들어 있었다. 아울러 2012년 '2·18 미중영화협의' 체결에서 보듯이, 영화 시장의 개방 확대와 시장 시스템에 의한 영화 발전을 더욱 가속적으로 추진하는 정책도 펼치고 있다. "중국 정부는 매년 분장제 방식으로 수입 가능한 영화에 3D 또는 IMAX 영화를 포함한다는 조건으로 할리우드 영화 배급 편 수를 종전의 20편에서 14편 더 늘어난 34편으로 늘리는 데 동의했다. 할리우드 영화가 중국 시장에서 거둔 관객 수입에 대한 분장 배분율 역시 13%에서 25%로 높였다"(인홍, 2013: 37).

중국 정부는 이렇게 영화산업을 육성하는 정책을 실시하는 동시에 영화 콘텐츠 자체에 대해 내용 검열을 하는 정책을 유지하고 있다(강내영, 2015: 101~102). 특히 중국 당국은 앞서 언급한 바와 같이 중국에서 개봉되는 할리우드 영화의 내용을 검열해 왔다. 게다가 2015년 4월 1일부터는 영화나 TV 프로그램과는 달리 사업자의 자율 규제에 맡겨져 있던 중국의 인터넷 동영상 사이트에 대해서도 규제정책을 시행하여, 내용 심의를 받지 않은 모든 해외 드라마 및 영화의 상영을 금지하는 조치를 내렸다(최진웅, 2015). 중국 정부의 과다한 영화 검열은 중국 영화의 해외 진출을 막는 걸림돌이 될 가능성이 크다. 이는 영화의 창작 환경을 제약해 중국 영화의 상상력을 가두어둘 것이기 때문이다. 강내영이 지적하고 있는 바와 같이, "상업영화 제작에서도 정부의 후원과 검열 제도를 의식하는 자체 검열 속에 영화감독의 창작과 표현의 자유는 위축되었으며 다작 상업영화 속에서도 국가 이데올로기가 공공연한 주제의식"으로 나타났다(강내영, 2015: 329).

요컨대, 중국 정부 주도의 정책과 제도의 제약은 향후 중국 영화산업이 넘어야 할 큰 걸림돌이 될 것이라는 지적이 있다. 영화산업 분야에서 중국 모델은 일정한 성과를 가져온 것은 분명하지만, 기본적으로 정부가 문화산업을 첨단 부문의 성장산업이자 국가 통치 이데올로기의 일부로 보는 이중적 인식과 태도는 문제를 초래할 가능성이 있다는 것이다. 특히 위로부터의 영화산업 발전 모델은 시장 시스템 내에서 관객들의 다양한 요구에 유연하게 대처하는 데 적합하지 않은 모델일 수 있다. 특히 정부 주도 영화산업의 국가 이데올로기 통제정책은 필연적으로 문화 콘텐츠의 창작과 표현의 자유에 걸림돌로 작용할 것이다. 이러한 상황에서 21세기 첨단 부문의 요구에 부합하는 정책과 제도, 좀 더 포괄적으로 체제의 적합력을 확보하는 것은 중국 영화산업의 성패를 좌우하는 궁극적인 잣대가 될 것으로 예상된다.

5. 디지털 매력외교 경쟁

1) 매력외교로서 공공외교 경쟁

공공외교는 미국과 중국이 벌이는 매력경쟁의 또 다른 사례이다. 지난 수십

년 동안 미중 양국은 자국에 대해서 좀 더 우호적인 이미지를 갖도록 상대방의 국민, 그리고 동시에 자국민들을 설득하고 동의를 얻어내는 공공외교 경쟁을 벌이는 중이다. 특히 최근 디지털 미디어를 활용하여 벌어지는 디지털 공공외교가 주목을 받고 있다. 공공외교 경쟁에서는 매스 미디어, 인터넷 미디어 또는 소셜 미디어 등을 활용하여 자국의 외교적 논리를 다듬고 널리 전파하려는 노력이 중요해졌다. 이러한 미디어에 어떠한 내용을 담을 것이냐의 문제가 공공외교 수행 과정에서 매력과 비(非)호감을 결정하는 중요한 변수임은 물론이다.

미국의 공공외교는 9·11 이후 미국 세계 전략의 딜레마를 해소하는 과정에서 적극적으로 제시되었는데, 오바마 행정부는 인터넷과 소셜 미디어를 적극적으로 활용하여 미국의 가치를 세계로 전파하려는 노력을 펼쳤다. 이에 비해 중국의 공공외교는 CCTV 등과 같은 매스 미디어나 공자학원 등을 활용하여 중국 경제의 성장을 바탕으로 한 매력을 발산하는 차원에서 중국의 제도 모델과 가치를 전파하려는 노력을 기울여 왔다. '워싱턴 컨센서스'로 알려진 미국 모델에 대항하는 중국 모델로서 '베이징 컨센서스'에 대한 논의가 제기되는 대목이다. 궁극적으로 공공외교의 성패는 충분한 소통을 통해서 내 편을 얼마나 많이 모으느냐, 즉 누가 더 영향력 있는 네트워크를 구축하느냐에 달려 있다.

미국의 공공외교가 불특정 다수를 대상으로 하여 보편적 이념 네트워크의 구축을 지향한다면, 중국의 경우는 베이징 컨센서스의 사례에서 보는 바와 같은 일종의 동병상련 네트워크나 화교 네트워크와 같은 디아스포라 네트워크 등을 활용하는 양상으로 그려진다. 또한 미국이 시민 권력에 대한 강조와 함께 정부 간 상호작용을 넘어서는 비국가 행위자들과의 네트워킹의 필요성을 강조하고 있다면, 중국은 미국의 패권에 대한 대항 전선을 구축하는 차원에서 개도국의 국가 행위자들을 상대로 한 내 편 모으기에 주력한다. 예를 들어, 최근 중국은 개발원조를 통해서 동남아시아, 라틴아메리카, 아프리카 등 제3세계 국가들에 대한 '매력공세'를 강화하고 있다. 중국어와 더불어 중국의 전통문화는 내 편 모으기의 가장 중요한 자산 중 하나이다.

코로나19 국면에서 진행된 미중경쟁에서 빼놓을 수 없는 것은 양국이 상호 비방전의 형태로 진행한 담론경쟁 또는 '이야기 전쟁(a war of narratives)'이다. 일종의 샤프 파워(sharp power)에 의존하는 '네거티브 공공외교'였다고 할 수 있다. 소셜 미디어에서 제기된 코로나19 발원지에 대한 음모론 수준의 이야기들이 미중 양국의 지도자들 입을 통해서 책임 전가성 발언과 조치들로 이어졌다. 사실 발원지에 대한 정보가 중요한 것은 확산 관련 정보의 파악을 위한 것이지 특정 국가의 책임을 묻기 위한 것은 아니다. 그럼에도 미중 간에 벌어진 발원지 논쟁은, 감염병이라는 신흥안보 위협을 공동으로 해결하겠다는 자세가 아니라, 오히려 특정 국가의 책임으로 몰아가려는 속내를 드러냈다(Huang, 2020; Schell, 2020).

코로나19 발생 초기, 미국 정부와 의회, 언론은 중국에 대한 비난을 쏟아냈다. 대통령과 국무장관의 입을 통해 '중국 바이러스'나 '우한 바이러스'라고 명명하며 중국이 발원지임을 명확히 했다. 미국 의회에서도 일부 공화당 의원들이 중국의 코로나 책임론을 내세우며 법안을 발의하기도 했다. 미국 언론은 코로나19가 우한의 바이러스연구소의 생화학무기 개발 프로그램과 관련이 있다는 보도를 했다. 중국은 여러 가지 의혹을 완강히 거부하며 역공세에 나섰고, 우한 봉쇄가 생명을 우선시하는 중국 방역 전략의 성공이라고 자평했다. 중국에서는 2019년 10월 우한에서 열린 세계군인체육대회에 참가한 미군이 바이러스를 퍼뜨렸다는 소문이 퍼졌고, 중국 호흡기질병 권위자인 중난산이 우한이 발원지가 아닐 수 있다고 주장하기도 했다.

미중은 '코로나 책임담론'을 넘어서 '코로나 회복담론'을 제시하는 과정을 통해서 각기 동맹 진영의 결속을 모색했다. 그러나 미국과 중국 모두 코로나19에 대응하는 동맹외교의 추진에 있어서 의도했던 결과를 얻지는 못했다. 특히 코로나19의 미국 내 확산 방지를 이유로 유럽인들의 입국을 금지하기로 한 트럼프 대통령의 결정은 유럽 지도자들을 실망시켰다. 유럽의 동맹국들과 사전 상의나 통보도 없었던 전격적인 조치였다. 코로나19 사태에서 이러한 동맹 파트너십의 손상은 미국의 가장 큰 손실로 기록될 것이다. 중국도 '의료 실크로드' 구축을 내세워 이른바 '마스크 외교(mask diplomacy)'를 펼쳤지만, 이런 중국의 행동에 대한 국제사회의 시선도 곱지는 않았다. 우한에서 발생한 코로나19 정보를 중국이 제대로 공개하지 않아 사태를 키운 상황에서, 뒤늦게 코로나19 대응책을 전파하면서 오히려 중국의 영향력을 확대하려는 기회로 삼고 있다는 비판적 인식이 부상했다.

2) 규범외교와 체제경쟁

미중 매력경쟁은 국제규범의 형성 과정을 주도하는 규범외교에서도 나타난다. 미국이 패권의 보편주의를 기반으로 한 규범의 수립을 내세운다면, 중국은 급속히 성장하는 자국의 국력에 대한 우려를 불식시키려는 방어적 담론을 생산하고 있다. 다시 말해 미국이 자유와 민주주의를 확산시키는 방향으로 국제규범의 프레임을 짜고 있다면, 중국은 자신들이 처한 특수성을 국제사회에 호소하는 논리를 세우는 데 관심을 둔다. 이는 디지털 국제규범 형성에 대한 양국의 입장 차에서도 나타난다. 예를 들어, 글로벌 패권으로서 미국이 '다중이해당사자주의(multistakeholderism)'나 글로벌 거버넌스 모델에 입각한 규범과 질서의 형성을 모색한다면, 중국은 국가 행위자들이 좀 더 많은 역할을 할 여지가 있는 전통적 국제기구나 국제레짐의 모델을 옹호한다. 이러한 구도는 서방 및 비서방 진영의 대립 구도와도 겹친다(김상배, 2018).

미중 매력경쟁의 과정에서 양국의 국내 체제와 정책 및 제도 모델의 차이는 중요한 변수이다. 미국 모델은 정치적 자유주의와 경제적 시장 논리의 결합을 의미하는 워싱턴 컨센서스로 알려져 있다. 이러한 워싱턴 컨센서스에 대항하는 차원에서 제시되는 것으로 평가되는 중국 모델은 시장경제와 정치적 권위주의의 조합 가능성을 탐색한다. 아직까지는 중국의 베이징 컨센서스 모델이 보편성을 획득했다고 보기는 어려울 뿐만 아니라 중국도 미국을 대체하는 대안 규범에 대한 논의에 조심스러운 입장을 보이고 있다. 그러나 미 트럼프 행정부 시기의 여러 가지 사례에서 드러난 바와 같이, 보편적 국제규범에 대한 미국의 입장 변화가 표명된 가운데 중국이 그 빈자리를 채우기 위한, 보편성 획득의 시도를 벌이려는 조짐을 보였다.

코로나19 사태는 미중 양국의 국내 체제와 정책 및 제도의 차이를 둘러싼 경쟁을 부각시켰다. 미중 체제경쟁은 이전에도 제기된 바 있지만, 코로나19 사태는 그 성격을 변화시켰다. 자국 정치·경제 체제의 특수성과 우월성을 과시하는 경쟁에서 갑작스러운 위기에 대응하는 적합력(fitness)과 복원력(resilience)의 경쟁으로 나타났다. 감염병에 대한 방역과 봉쇄 모델뿐만 아니라 예방과 치료 및 회복의 전 과정에 걸친 국가적 거버넌스의 역량이 위기 해결 모델의 관건이 되었다. 이러한 과정에서 리더십의 판단과 결단력, 정보의 공개와 투명성 등도 쟁점이 되었음은 물론이다. 게다가 미국과 중국 모두가 이러한 차이점을 상대국에 대한 체제 우월성의 이데올로기적 근거로 활용했다.

실제로 코로나19 사태에 대해 미중은 매우 다른 방식으로 접근했다. 중국이 정부 주도로 위로부터의 통제를 강조하는 방식을 취했다면, 미국은 사태가 심각해지기 이전까지는 국가보다는 민간 주도 대응 방식에 의존했다. 이러한 접근 방식의 차이가 낳은 결과는 일견 중국의 통제 모델이 더 효과가 있는 것으로 드러났다. 중국은 뒤늦게나마 지역 봉쇄라는 초강수 카드를 꺼내들었고, 이는 중국이 코로나19의 발원지라는 오명에도 불구하고 가장 빠르게 코로나19의 악몽에서 벗어나는 계기를 마련했다. 그러나 중국 모델은 자국 중심의 대처 방식이나 권위주의적 사태 축소, 정보의 투명성과 신뢰성 결여, WHO에 대한 미온적 국제협력 태도, 재난 민족주의적 정서의 동원 등으로 인해 비판을 받았다.

체제경쟁이라는 관점에서 미국은 더 큰 타격을 입어서 코로나19 사태는 미국 체제 모델에 대한 실망과 비판을 불러일으켰다. 기존에는 글로벌 패권국으로 미국의 자유민주주의 체제에 대한 다양한 동경이 존재했던 것이 사실이다. 그러나 당장 미국은 세계에서 가장 많은 코로나19 확진자와 사망자를 내며 체면을 구겼다. 미국은 의학 수준과 신약 개발 등의 의료 분야에서 세계 최고 국가이지만 마스크와 호흡기, 인구 비례 병상 수, 진단 시약 등 기초 의료 설비 및 서비스 등에서 큰 허점을 드러냈다. 미국 정부의 코로나19 상황 대처 및 미국 국민들의 보건 의식, 경기침체와 실업률 폭등, 인종차별과 사회 불평등 및 사회 혼란 문제 등을 목도하면서 미국 체제 전반에 대한 평가가 부정적으로 변화했다.

이러한 규범외교와 체제경쟁의 양상은 화웨이 사태로 알려진 5G 분야의 갈등을 거치면서 강화되었다. 미 트럼프 행정부는 '배제의 논리'로 중국을 고립시키는 프레임을 짜려 했고, 중국은 새로운 국제규범을 통해 동조 세력을 규합해 미국 일방주의의 덫에서 벗어나려 했다. 바이든 행정부에서도 그러한 경쟁의 양상은 지속되는 가운데, 기술보다 가치를 강조하고 안보보다 규범을 강조하고 있다. 실제로 바이든 행정부는 인권과 민주주의를 명분으로 동맹 전선을 고도화하여 국제적 역할과 리더의 지위를 회복하고 다자주의를 강조하고 있다. 개인정보를 보호하고 국가 기반시설 수호를 위해 다른 국가와 협력을 표명하며, '하이테크 권위주의'에 대한 대응 차원에서 '사이버 민주주의 동맹'을 추진했다. 이러한 미국의 공세에 대응하여 중국도 보편성과 신뢰성, 인권 규범의 문턱을 넘어야 할 과제를 안고 있다.

제2부

신흥안보 갈등의
복합지정학

제4장

사이버 안보의 복합지정학

1. 사이버 안보의 세계정치

최근 들어 사이버 안보는 명실상부한 국제정치의 어젠다로 자리매김했다. 특히 2013년을 기점으로 사이버 안보는 국제정치학자들뿐만 아니라 정치지도자들의 주요 관심사가 되었다. 여기에는 사이버 공격의 최대 피해국임을 자처하는 미국의 행보가 큰 영향을 미쳤다. 오바마 행정부는 국가 기간시설에 대한 해킹을 국가안보 문제로 '안보화'하고 때로는 미사일을 발사해서라도 대응하겠다는 '군사화'의 논리를 내세우며 사이버 안보를 국가 안보전략의 핵심 항목으로 격상시켰다. 무엇보다도 미국이 우려한 사이버 안보위협은 중국의 국가적 지원을 받는 해커 집단들이 미국의 공공기관과 민간 시설에 사이버 공격을 가함으로써 입는 피해였다. 사이버 안보 문제는 미중 두 강대국의 주요 현안이 되었으며, 결국 2013년 6월에는 미중 정상회담의 공식 의제로 채택되는 데까지 이르렀다.

2017년 트럼프 행정부 출범 이후에도 사이버 공격은 양적으로 늘어났을 뿐만 아니라 그 목적과 수법도 다양화되었다. 사이버 공간의 네트워크 환경을 배경으로 발생하는 사이버 공격은 다양한 비국가 행위자들에 의해 감행되었지만, 그 배후에 국가 행위자가 깊숙이 관여하는 경우가 늘어났다. 이른바 '국가 지원 해킹'이 꾸준히 증가하는 추세를 보였다. 급기야 미국의 정보기관을 총괄하는 국가정보국(DNI)이 의회에 제출한 보고서 「2017년 세계위협평가」에서 러시아, 중국, 이란, 북한 등을 미국에 위협적인 사이버 공격을 가하는 네 나라로 명시하기에까지 이르렀다(Coats, 2017). 이는 국가 지원 해킹 문제가 글로벌 차원뿐만 아니라 유럽과 동아시아 및 중동의 지역갈등을 유발할 가능성이 있음을 보여준다.

이러한 국가 지원 해킹의 증가는 트럼프 행정부로 하여금 국가 안보전략 전반의 차원에서 사이버 안보 문제를 고민케 했다(White House, 2017). 트럼프 행정부는 부당한 해킹 공격에 대해서는 맞공격도 불사하겠다는 강경한 모습을 보였다. 그러나 트럼프 행정부가 전개했던 사이버 안보전략을 단순히 물리적 공세의 강화라는 맥락에서만 이해하는 것은 사이버 안보 문제의 고유한 성격과 이에 대응하는 전략의 복합성을 간과할 우려가 있다. 사이버 안보 문제는 단순한 해킹 공격의 문제를 넘어서 통상마찰, 데이터 안보, 심리전 등과 같은 다양한 국제정치의 이슈들과 연계되고 있으며, 일국 전략 또는 양자 관계의 차원을 넘어 다자 국제규범을 모색하는 문제로 진화했기 때문이다.

바이든 행정부 들어서 러시아와 중국의 사이버 공격은 더욱 거세졌다. 러시아의 해킹이 바이든 행정부의 레드라인을 시험하는 양상이라면, 중국의 공격은 기술과 정보를 빼내는 산업스파이를 방불케 했다. 러시아 해커들은 2021년 5월 미국 최대 송유관 업체인 콜로니얼 파이프라인에 대한 랜섬웨어 공격에 이어, 세계 최대 육류 공급업체 JBS에 대해서 사이버 공격을 가하기도 했으며, 7월 초에는 소프트웨어 업체 카세야에 랜섬웨어 공격을 가했다. 중국의 해커들도 2021년 1월과 3월에 걸쳐 마이크로소프트의 이메일·메시지 플랫폼인 익스체인지 서버를 해킹했으며, 2021년 4월에는 보안 솔루션 업체 펄스시큐어의 가상사설망(VPN)의 취약점을 이용해 해킹하기도 했다.

2. 사이버 공격과 방어의 복합지정학

1) 국가 지원 해킹의 지정학적 창발

초창기에는 해커들의 장난거리나 테러리스트들의 도발로 여겨졌던 사이버 공격이 최근 들어 국가 행위자들이 직간접적으로 개입하면서 새로운 양상을 드러내고 있다. 물론 사이버 공격의 문제를 너무 전통적인 국가안보의 시각으로만 봐서는 곤란하다. 기본적으로 사이버 공격은 국가 행위자들이 주도하기보다는 비국가 행위자들이 중요한 역할을 하는 게임이기 때문이다. 그럼에도 최근의 양상을 보면 러시아, 중국, 이란, 북한 등과 같은 국가 행위자들이 점차로 사이버 공격의 전면에 나서고 있다. 사이버 안보는 미시적 안전(安全, safety)의 문제가 거시적 안보(安保, security) 문제가 되는 '신흥안보(新興安保, emerging security)'의 대표적 사례이다. 비국가 행위자들의 해킹에서 시작된 사이버 위협이 창발(創發, emergence)의 메커니즘을 따라 진화하면서 국가 행위자들 간의 사이버전을 우려케 하는 지정학적 이슈가 되고 있다.

첫째, 사이버 안보 문제는 양적 증대가 질적 변화를 야기하는 '양질전화(量質轉化)'의 성격을 갖는다. 최근 사이버 공격의 건수는 매년 가파르게 증가하고 있으며, 그 목적도 국가 기간시설의 교란에서부터 금전 취득을 위한 해킹, 개인·기업 정보의 탈취, 심리적 선동과 교란 등에 이르기까지 다변화되고 있다. 공격 수법이라는 측면에서도 봇넷 공격, 악성코드 침투, 랜섬웨어 유포, 인공지능 활용 등으로 다양화되고 있다. 무엇보다도 큰 변화는 겉으로 보기에 이러한 사이버 공격은 비국가 행위자인 해커 집단의 소행으로 보이지만, 그 이면에는 러시아, 중국, 이란, 북한 등과 같은 국가 행위자의 그림자가 점점 더 짙게 드리워지고 있다는 사실이다. 악성코드 탐지 전문 업체 옵스왓은 2017년 '글로벌 사이버 보안 위험 트렌드 6선'을 발표했는데, 그중에서 1순위 위험으로 '국가 지원을 받는 해킹의 증가'를 꼽은 바 있다.

둘째, 사이버 안보 문제는 미시적인 안전의 문제로 시작하지만 다양한 '이슈 연계'의 과정을 거쳐서 거시적 안보의 문제로 비화될 가능성이 매우 크다. 최근 사이버 공격은 원자력 시설을 포함한 주요 국가 시설을 겨냥하여 민감한 국가안보의 사안으로 비화되거나, 또는 경제적 가치가 높은 산업 기밀과 지적재산의 도용과 연관되어 국가적 차원의 경제안보를 위협하는 문제가 되었다. 최근 미국과 중국, 그리고 러시아 등 강대국들이 사이버 안보와 관련된 ICT 보안 제품의 수출입과 이 분야의 다국적 기업에 대한 규제를 강화하려는 시도를 벌이면서 사이버 안보와 통상 이슈가 연계되는 현상도 발생하고 있다. 게다가 이러한 사이버 안보 관련 통상 문제는 데이터 안보와 연계되기도 하며, 나아가 사이버 안보 문제가 타국의 선거 개입 등과 관련된 정보전 또는 심리전 문제와도 연계되면서 이슈연계의 위험성이 증폭되고 있다.

끝으로, 양질전화나 이슈연계의 임계점을 넘어선 사이버 안보 문제는 전통 안보와 관련된 국가 간 갈등을 야기하는 지정학적 이슈가 된다. 실제로 최근 사이버 공격이 지정학적 이슈와 연계된 사례가 부쩍 많이 발생하고 있는데, 2007년 에스토니아, 2008년 조지아, 2014년 우크라이나에 대한 러시아의 사이버 공격, 그리고 2010~2012년 미국/이스라엘과 이란의 사이버 공방을 대표적인 사례로 들 수 있다. 최근에는 각국이 사이버 공간을 새로운 전쟁 공간으로서 육·해·공·우주를 넘어서는 '제5의 전장'으로 인식하면서 사이버 안보의 지정학적 연계 가능성이 더욱 커지고 있다. 게다가 사이버 안보는 재래식 전쟁 또는 핵전쟁뿐만 아니라 미래 전쟁 문제와 연계되고 있는데, 최근에는 4차 산업혁명의 진전과 더불어 인공지능, 로봇, 드론, 우주무기 등과 연계될 가능성이 커지고 있다. 이렇게 지정학적으로 연계되는 사이버 공격에 대응하기 위해서 주요국들은 사이버 군대를 신설하거나 확대 및 격상하는 조치를 취하고 있다.

이러한 관점에서 보면 신흥안보로서 사이버 안보 문제는 전통 안보와 구별되는 새로운 안보 이슈라기보다는, 오히려 그 개념적 경계 안에 전통 안보의 문제도 포함하는 이슈라고 할 수 있다. 그러나 사이버 공격을 단순히 전통 안보론에서 상정하는 바와 같은 '지정학적 전쟁'이라고 규정하기는 어렵다. 사이버 전쟁 자체를 별도의 전쟁 유형으로 다룰 것인가의 문제에서부터 논란의 여지가 많다. 사실 전통적인 의미인 국가 간 전쟁의 연속선상에서 규정하기에는 최근 발생하고 있는 사이버 공격의 형태가 매우 다양한 데다가 관여하는 주체의 성격도 복잡하다. 사이버 전쟁이라고 부르기에는 다소 애매하고, 경우에 따라서는 사이버 테러나 사이버 간첩, 사이버 교란, 사이버 범죄 등으로 부르는 것이 더 적합한 경우도 있다. 요컨대, 최근 사이버 공격의 게임이 지정학적 성격을 띠면서 창발하는 것은 맞지만, 이를 제대로 이해하기 위해서는 좀 더 복합적인 인식의 틀이 필요한 것이 사실이다.

2) 사이버 안보의 복합지정학적 대응

기본적으로 사이버 안보는 전통적인 국가안보의 지정학 시각을 넘어서 이해해야 하는 문제이다. 최근 양질전화의 양상을 보이고 있는 사이버 안보 게임은 정보통신의 물리적 인프라와 기술, 정보, 지식, 문화 등의 변수가 복합되어 만들어내는 탈지정학적 공간인 사이버 공간을 배경으로 벌어진다. 이러한 사이버 안보 게임을 이해하기 위해서는, 현실주의 시각에서 본 고전지정학, 자유주의 시각에서 본 비(非)지정학, 구성주의 시각에서 본 비판지정학을 원용한 복합지정학의 시각이 필요하다는 것이 이 책의 인식이다.

첫째, '지정학적 임계점'의 문턱에까지 다다른 사이버 공격의 양상은 고전지정학의 시각으로 이해해야 하는 특징을 보인다. 이 시각에서 본 사이버 안보전략의 핵심은 기술과 인력의 역량 개발을 통해서 영토와 자원 확보의 경쟁에서 우위를 점하는 것이다. 이를 위해 국가 행위자가 나서서 사이버 공격을 감행할 수 있는 기술적·군사적 능력을 개발하고, 역으로 국가 지원 사이버 공격을 방어 또는 억지하기 위한 능력을 배양하고, 이를 수행할 부대와 사령부 등을 설치한다. 최근 주요국들이 공세적인 사이버전 태세를 갖추는 추세는 이러한 시각을 바탕으로 한다.

둘째, 사이버 공격이 지정학적 임계점을 넘기 전에는 국가안보로 이해되기 어렵지만, 그 이전에라도 '양질전화 임계점'의 문턱에 접근하는 과정에서 안보화(securitization) 담론 생성의 비판지정학이 작동한다. 사이버 안보는 위험을 주관적으로 '구성하는 과정', 즉 '안보화'가 중요한 게임이다. 최근 사이버 안보 분야에서는 미국과 중국의 안보 담론경쟁이 벌어지고 있다. 사이버 위협의 성격이 무엇이고, 안보의 대상과 주체가 무엇인지, 그리고 사이버 안보와 관련한 양국의 국내 체제와 세계질서의 미래에 대한 담론경쟁이 진행되고 있다.

셋째, 사이버 안보는 영토국가의 공간에 기반을 둔 갈등이라는 발상을 넘어서 글로벌 공간에서의 협력의 발상으로 풀어야 하는 '비(非)지정학'의 문제이다. 사이버 안보는 지정학적 공간에 고착된 일국적 시각을 넘어서 글로벌 차원에서 이해당사자들의 긴밀한 협력을 통해서 초국적 해법을 모색해야 하는 문제이다. 최근 사이버 안보 문제가 다양한 차원에서 '이슈연계 임계점'을 넘나들고 있는 상황은 이러한 비지정학적 인식을 강화한다. 사이버 안보 문제에 대한 대응 방안을 모색하는 데 있어서 글로벌 차원의 다자 구도 형성이 필요하다.

요컨대, 사이버 안보 문제는 전통적인 의미의 국민국가들이 벌이는 (고전)지정학적 게임이라는 관점만으로는 이해할 수 없다. 탈지정학적 공간으로서 사이버 공간의 부상은 테러 네트워크나 범죄자 집단에 의해 도발될 '비대칭 전쟁'의 효과성을 크게 높여놓았다. 그러나 탈지정학의 공간으로서 사이버 공간을 강조하려는 것이 기존에 '영토의 발상'으로 보는 (고전)지정학의 시각을 폐기하는 데 있지는 않다. 사이버 안보의 세계정치는 국가 및 비국가 행위자 그리고 경우에 따라서는 네트워크 환경과 기술 시스템이라는 변수들까지도 적극적으로 관여하는 복합지정학의 게임으로서 이해해야 할 것이다. 오늘날 국가 행위자는 사이버 공격이라는 위협 요인을 제공하는 주체인 동시에 초국적으로, 또는 국가 간에 발생하는 사이버 위협을 방지하는 방어의 메커니즘을 만드는 주체로서 그 입지를 세워가고 있다. 최근 미국이 추진하고 있는 사이버 안보전략은 이러한 복합지정학의 양상을 보여준다.

3. 국가 지원 해킹의 양상과 대응

1) 러시아발 사이버 공격의 양상과 대응

최근 국가 지원 해킹의 주범으로 큰 주목을 받는 나라는 러시아이다. 러시아는 2014년 3월 크림반도를 점령하는 과정에서 우크라이나에 대한 사이버 공격을 감행했다. 당시 러시아는 사이버 전력을 재래식 전력과 효과적으로 배합하는 하이브리드전을 수행했는데, 2007년 에스토니아 사태나 2008년 조지아 사태와는 달리 국제사회의 비난을 피하려는 속내가 작용했다고 알려졌다. 2015년 12월과 2016년 초 우크라이나는 대규모 정전 사태를 겪었는데, 이는 샌드웜(Sandworm)이라는 러시아 지원 해커 그룹이 감행한 것으로 알려졌다. 2017년 6월에도 우크라이나는 러시아로 의심되는 세력의 낫페트야(NotPetya) 사이버 공격을 받았는데, 이로 인해 정부 기관을 비롯해 금융, 전력, 통신, 교통 등 수많은 기반시설이 운용에 차질을 빚거나 가동이 중단되었다.

이 외에도 러시아는 국경 인접 지역에 대해 사이버 공격을 가해 인접국의 의지를 시험하는 한편, 가짜 뉴스 공작을 통해 이들 국가의 내부 분란을 유도해 왔다. 미국과 프랑스, 독일 등은 러시아가 선거에 개입했다고 비난했다. 특히 러시아는 2016년 미국 대선에서 나토와 유럽연합 해체를 옹호한 트럼프 후보를 지원하기 위해 해킹을 감행한 의혹을 샀다. 실제로 당시 미 민주당 진영을 상대로 가해진 사이버 공격이 러시아 해커 집단인 팬시베어(Fancy Bear)에 의해 감행된 것으로 알려졌다. 민주당 경선이 한창이던 2016년 6월 경선을 관리하는 민주당 전국위원회와 민주당 지도부, 힐러리 대선 캠프 측 인사 100여 명의 이메일이 팬시베어에 의해 유출되어 공개되었다.

시리아 내전을 둘러싼 미국과 러시아의 갈등이 고조되면서 사이버전의 가능성이 우려되기도 했다. 이러한 와중에 2017년 4월 미국을 포함한 핀란드, 스웨덴, 프랑스, 독일, 영국, 폴란드, 라트비아, 리투아니아 등 9개국은 러시아의 사이버 공작에 대응하는 차원에서 '유럽 하이브리드 위협 대응센터'를 발족하기로 합의했으며, 실제로 이 센터는 2017년 10월 핀란드 헬싱키에 설립되었다. 한편 2018년 들어 시리아 내전 사태가 미국을 중심으로 한 서방 진영과 러시아·중국·이란 간의 대리전 양상을 보이는 가운데, 사이버 공간에서도 대결의 기운이 고조되었다. 2018년 4월 미국은 영국·프랑스와 함께 시리아의 화학무기 관련 시설에 대한 공습을 단행했는데, 이에 러시아가 미국과 영국을 겨냥해 사이버전을 개시했다는 분석과 경고가 이례적으로 미국과 영국 당국에 의해 동시에 발표되기도 했다.

러시아의 사이버 공격은 최근에는 동북아 지역에서도 논란거리가 되었다. 예를 들어, 2018년 2월 평창 동계올림픽 개막 즈음에 러시아의 지원을 받는 것으로 추정되는 정체불명의 해커 집단이 올림픽조직위원회 및 국제올림픽위원회(IOC) 소속 서버를 대상으로 해킹 공격을 감행했다. 이들 러시아 해커들의 공격은 국제올림픽위원회가 러시아 선수들이 금지 약물을 복용한 사건에 대해 이를 징계하여 평창올림픽에서 국가 참가 자격을 박탈한 데 대한 보복으로 추정되었다. 미 정보기관들에 따르면, 평창올림픽 개막식을 공격한 해커들은 러시아군 총정보국(GRU) 내 중앙특수기술센터(GTsST) 소속으로 추정되었는데, 이들은 2017년 6월 우크라이나에서 발생한 낫페트야 사이버 공격의 배후로도 지목된 사이버 부대였다.

이 러시아 해커 집단은 팬시베어라는 이름 이외에도 소파시(Sofacy), APT28, 스트론티움(Strontium), 세드닛(Sednit), 차르팀(Tsar Team), 폰스톰(Pawn Storm) 등으로도 불리며, 러시아 정부의 후원을 받는 국가 지원 해커라고 할 수 있다. 러시아 보안업체인 카스퍼스키에 따르면, 이들 러시아 해커 집단은 그동안 나토 회원국들과 우크라이나를 집중적으로 공격했었는데 최근 활동 영역을 중동 및 중앙아시아로부터 동아시아 국가들로 넓히고 있다고 한다. 카스퍼스키의 수석 보안 전문가인 커트 바움가트너(Kurt Baumgartner)에 따르면, "2017년 한 해 동안 이 고차원의 해커 집단(소파시)은 표적을 점진적으로 확장"했는데, "나 토 국가 및 우크라이나에서 처음에는 중동 쪽도 건드리기 시작"했으며, "그리 고는 중앙아시아를 지나 계속해서 동쪽으로 공격 범위를 확대"하고 있다고 분 석했다(문가용, 2018).

2) 중국발 사이버 공격의 양상과 대응

미국의 입장에서 더욱 논란거리가 된 것은 중국발 사이버 공격이다. 2015년 9월 미국과 중국은 민간 시설과 지적재산에 대한 사이버 공격을 금지하는 데 합의한 바 있다. 카스퍼스키에 따르면, 이 시점부터 미국과 영국을 겨냥한 중 국발 사이버 공격이 급격하게 줄어들었다고 한다. 그러나 중국발 해킹 공격 자 체가 완전히 사라진 것은 아니었는데, 미국 보안업체인 파이어아이(FireEye)는, 중국을 기반으로 하는 해커 집단이 2015년 말부터 2016년까지 중국 주변 국가 들의 정부 기관과 군사 조직들을 지속적으로 공격했으며 그 공격은 점점 더 조 직화되었다고 분석했다. 특히 중국의 해커 집단은 한국과 러시아, 베트남 등을 공격하거나, 영유권 분쟁을 벌이는 남중국해 국가들을 공격 대상으로 삼았다 고 분석했다(김남권, 2016).

2018년 들어서는 남중국해를 둘러싼 미국과 중국의 갈등이 고조되면서 중국 해커들이 남중국해와 관련된 엔지니어링·방위산업 업체들을 공격하기 시작했 다. 공격을 감행한 것으로 의심되는 해커 집단은 템프 페리스코프(TEMP.Periscope) 로 알려졌다. 파이어아이의 선임 애널리스트인 프레드 플랜(Fred Plan)은 "해커 들은 남중국해와 연관이 있는 미국 해상 기업들이나 그들과 거래 관계를 맺고 있는 업체들을 타깃으로 삼고 있다"라면서, "미국과 중국은 지난 2015년 상대방 민간 업체를 공격하지 않기로 합의했지만 최근 들어 중국의 공격이 다시 늘고 있다"라고 말했다(≪뉴시스≫, 2018). 2018년 초 인도의 티베트인 공동체와 미국 알래스카주 정부를 목표로 한 사이버 공격의 진원지로 중국 칭화대 소속 해커들이 지목되기도 했다.

2018년 1~2월에는 중국의 국가 지원 해커들이 미 해군 수중전센터와 계약한 업체의 컴퓨터를 해킹하여, 2020년까지 운용하는 초음속 대함 미사일과 수중전에 대한 세부 정보 계획을 포함한 614기가바이트가량의 매우 민감한 데이터를 훔쳤다. 도난당한 데이터에는 시 드래건(Sea Dragon)으로 알려진 신호 및 센서 데이터와 관련된 프로젝트, 암호화 시스템과 관련된 잠수함 통신실 정보, 해군 잠수함 개발 팀의 전자전 라이브러리와 관련된 자료가 포함되어 있었다. 미 정보기관과 해군 당국은 중국 국가안전부가 이 해킹 작전을 벌였다고 주장했다. 이와 관련하여 미국 보안업체 시만텍도, 2018년 들어 '스립'(Thrip, 삽주벌레)으로 불리는 중국 해커 집단이 인공위성과 통신, 방위산업체에 대한 공격을 감행하고 있다고 발표했다.

중국의 사이버 공격은 미국 이외에도 일본, 한국, 대만, 캄보디아 등을 대상으로 다변화되었다. 2018년 4월 파이어아이는 중국의 해커 집단인 APT10이 북핵 문제와 관련한 일본 정부의 정책 정보를 입수할 목적으로 일본 방위산업체들을 해킹했다고 발표했다. 이러한 중국의 해킹 공격은 한국에도 가해졌는데, 2018년 5월 초에는 아시아·태평양 지역 공기업과 민간 기업을 담당하는 중국의 사이버 첩보 조직인 템프 틱(TEMP.Tick)이 한국 조직을 공격 대상으로 삼은 바 있다. 한편, 대만도 독립파인 차이잉원(蔡英文) 총통 집권 이후 중국의 사이버 공격에 시달리는 것으로 알려졌다. 마찬가지로 중국 해커들은 2018년 7월 총선을 앞둔 캄보디아를 대상으로 해킹 공격을 가한 것으로도 알려졌다. 이 외 국가들에 대한 해킹과 관련하여, 파이어아이는 중국의 해커 그룹이 '일대일로(一帶一路)' 정책의 관련 국가들을 대상으로 전방위적인 사이버 공격을 감행하고 있다고 밝혔다.

2018년 10월 ≪블룸버그 비즈니스위크≫는 중국이 애플, 아마존 등 30개 미국 주요 기업과 정부 기관 IT 기기에 스파이 칩을 심어 감시했다고 보도하여 논란이 일었다. 중국 서버 제조업체인 '슈퍼마이크로(Supermicro)'가 쌀알 크기의 칩을 마더보드에 심어 애플 등 주요 기업에 납품했다는 것이었다. 슈퍼마이크로의 고객사 중 하나인 엘리멘탈의 서버는 미 국방부 데이터센터와 중앙정보국(CIA) 드론 작전, 해군 함선 간 네트워크에 사용된다. ≪블룸버그≫는 이같이 하드웨어를 통한 해킹은 소프트웨어를 통한 해킹보다 발견하기가 어렵고 더 큰 피해를 입힌다고 지적했다. 이와 관련하여 미 정부는 2015년부터 비밀리에 조사를 시작했다. 하지만 애플은 이와 같은 보도를 부인했다.

3) 이란발 사이버 공격의 양상과 대응

2010년 미국과 이스라엘은 스턱스넷을 사용해 이란 나탄즈 우라늄 농축 시설에서 사용되는 독일 지멘스 산업제어시스템을 집중 공격하여 원심분리기의 가동을 방해함으로써 이란의 핵무기 개발을 지연시킨 것으로 알려져 있다. 그 무렵 미국은 이란과의 핵 합의에 실패할 경우 이란의 핵시설과 전력공급 체계, 통신망 등을 일제히 마비시키는 사이버 공격을 계획했던 것으로 드러났다. 오바마 대통령은 존 앨런 당시 미 중부사령관에게 외교적 노력이 실패할 경우를 상정한 군사 계획을 마련하라고 지시했다. 이란의 핵시설과 주요 사회기반시설을 마비시키는 내용의 사이버 작전 계획, '니트로 제우스'는 북한의 한국 공격 등에 대비한 위기대응 계획보다 더 긴박하게 다뤄졌다고 보도되었다.

이란도 미국과 걸프만 국가들에 대해 여러 차례에 걸쳐서 사이버 공격을 감행한 것으로 알려져 있다. 이란 정부와 연계된 해커들은 2012년 1월 미국 은행들을 상대로 대대적인 서비스 거부 공격을 가했다. 이들은 또 2012년 7월 사우디아라비아 석유 회사의 전산망에 '샤문' 바이러스를 퍼뜨려 컴퓨터 3만 대의 데이터를 파괴했고, 8월에는 카타르 천연가스 업체인 라스가스를 공격해 웹사이트와 이메일 시스템을 무력화했다. 2012년 9월에는 뱅크오브아메리카, JP모 건체이스, PNC 파이낸셜 서비시스, 웰스파고 등 미국 주요 은행의 고객들이 온라인상으로 계좌 접근을 거부당하는 공격을 받았다. 이란이 사이버 공격을 감행한 것은 미국의 경제제재와 스턱스넷 공격에 대한 보복 차원으로 알려져 있다.

미 당국자들은 이란 정부의 지원을 받은 해커들이 사이버 간첩 및 선전 행위를 계속하고 있다고 주장했다. 특히 이란 해커들이 자국 안보를 지키고 특정 사건이나 미국의 대외 인식에 영향을 줄 뿐만 아니라 미국의 동맹외교에도 대응하기 위해서 사이버 공격을 가한다고 주장했다. 예를 들어, 2013년에는 이란 해커가 미국 댐 산업제어시스템에 침입했고, 2014년 2월에는 미국에 기반을 둔 카지노 기업인 '라스베이거스 샌즈'의 컴퓨터 시스템을 마비시키는 사이버 공격을 가한 바 있다. 뉴스캐스터(Newscaster), 뉴스비프(NewsBeef)라고도 알려져 있는 이란의 사이버전 단체인 차밍 키튼(Charming Kitten) 소속 해커들이 드라마〈왕좌의 게임〉으로 유명한 미국의 방송사인 HBO를 해킹한 후 미(未)방영 에피소드를 유출하겠다고 협박한 사건이 발생하기도 했다.

한편 파이어아이에 따르면, 2016년 중순부터 2017년 초까지 이란의 APT33은 미국의 항공업계를 공격했으며, 이 중에서 사우디아라비아의 항공 기업과 연관된 업체를 집중적으로 공격했다. 이와 동시에 한국의 정유 및 석유화학 기업도 목표로 삼아 공격했는데, 2017년 5월부터는 사우디아라비아의 석유화학 기업과 연관된 한국의 기업들을 공격했다. 이란 해커들이 미국 등 전 세계 300개 이상의 대학 전산망을 해킹해 대학교수는 물론 학생과 교직원들의 도서관 계정 등을 수집했다가 적발되기도 했다. 2018년 3월 미국 법무부는 사상 최대의 해킹 단속 캠페인 가운데 하나에 연루된 이란의 해킹 네트워크를 적발해 이슬람혁명수비대(IRGC) 관련 해커 9명을 기소하고 제재를 가했다. 이들은 이란에 본사를 둔 민간 회사 마브나 인스티튜트(Mabna Institute)와 연계되었다고 알려졌다.

이란과 미국의 갈등이 2015년 핵 협상 이후 잠잠해졌을 때 이란의 사이버 공격도 그 빈도가 낮아졌다. 그런데 2018년 5월 미국 트럼프 대통령이 이란 핵 협정을 탈퇴하겠다고 발표한 이후 이란 해커들의 사이버 테러 위험에 눈에 띄는 변화가 있었다고 미국의 보안업체 크라우드스트라이크(CrowdStrike)가 밝혔다. 이란 해커들은 미국 동맹국, 외교관들에게 악성코드가 포함된 이메일을 전송했다. 이란 해커들은 지난 몇 년 동안보다 정교한 디지털 무기를 보유하고 해킹에 나서고 있다고 알려졌다. 핵협정 체결 이래로 이란의 주변 국가인 중동 국가들이 해커들의 목표가 되었지만, 이제는 미국의 민간 기업들과 사회적 생산기반에 대해 전방위적으로 사이버 공격을 실행할 가능성이 있다는 것이었다.

4) 북한발 사이버 공격의 양상과 대응

2010년대 초중반 북한은 한국의 국가 기간시설과 언론사 등을 상대로 여러 차례에 걸쳐 사이버 공격을 가한 것으로 알려져 있다. 한반도 밖에서도 북한은 2014년 11월, 소니에 대한 해킹을 감행하여 북미 간에 긴장이 감돌았다. 미국은 북한의 소니 해킹을 자국의 국가안보에 대한 중요한 도전으로 간주하고 강경한 반응을 보였다. 2016년 2월에는 북한의 소행일 것으로 추정되는 방글라데시 중앙은행의 SWIFT 시스템 해킹이 발생했다. 이후에도 국제사회의 대북 제재가 한층 강화되면서 돈줄이 막힌 북한이 7000여 명으로 구성된 해커 부대를 앞세워 대대적인 외화벌이 작전에 나섰고, 북한 해커들은 2017년 12월 한국의 비트코인 거래소 유빗을 해킹해 파산시키기도 했다. 또한 북한은 한국의 국방망과 방위산업체 등을 해킹해 해군 이지스함과 잠수함, 공군 F-15 전투기의 취약점을 파악할 수 있는 설계 도면과 관련 핵심 자료들을 훔쳐 갔다고 알려졌다.

2017년 5월 들어 논란을 일으킨 해킹 사건은 라자루스로 알려진 해커 집단의 워너크라이(WannaCry) 랜섬웨어 공격인데, 이는 단숨에 전 세계 150여 개국 30만 대 이상의 컴퓨터를 감염시켜 큰 피해를 입혔다. 라자루스는 2014년 소니 해킹 사건과 2016년 방글라데시 중앙은행 SWIFT 시스템 해킹 사건의 배후로도 지목된 해커 집단이다. 이러한 해킹 사건의 심화와 관련하여 2017년 12월에는 이례적으로 미국 정부의 당국자가 직접 나서서 워너크라이 사이버 공격의 배후로 북한을 공식 지목하기도 했다. 이와 유사한 맥락에서 미국의 커스텐 닐슨 국토안보부 장관도 2018년 7월 뉴욕에서 열린 전국사이버안보회의에서 워너크라이 랜섬웨어 공격이 북한의 소행이라고 밝혔다.

파이어아이는 2018년 2월 발표한 보고서에서 북한이 한반도 밖으로 사이버 공격을 확대하고 있는데 "핵·미사일 프로그램 개발로 제재에 묶인 북한 정권이 돈줄을 찾기 위해 해킹 작전을 강화했다"라고 밝혔다. 파이어아이는 이들 해킹 집단이 "북한에 기반을 두고 있고 북한의 이익에 부합하는 타깃을 목표로 선택한다"라고 설명했다. 파이어아이는, 리퍼(Reaper)라고 명명한 이 집단에 대해서 APT37이라는 식별표를 달기도 했다. 리퍼는 2012년부터 활동을 시작했는데, 초기에는 한국의 정부, 군, 국방 시설, 미디어 부문 공격에 집중했으며, 이어 일본과 베트남, 중동을 포함해 활동 범위를 넓혔고, 화학물질에서 통신에 이르기까지 분야도 확대했다는 것이 파이어아이의 설명이었다(김윤정, 2018).

2018년 4~5월에는 북한이 북미 및 북중 정상회담 등 파격적인 외교 행보를 보인 가운데, 지나 해스펠(Gina Haspel) 미국 중앙정보국(CIA) 국장 내정자는 북한이 사이버 프로그램을 통해 국가 기밀을 훔치고 불법적으로 금전을 벌어들이고 있다고 밝혔다. 2018년 6월 초에는 북미 정상회담을 앞두고 중국 및 러시아와 연계된 해커 집단의 사이버 공격 시도가 증가하고 있다고 파이어아이가 밝히기도 했다. 2018년 6월 북미 정상회담 직후에도 미 국토안보부는 북한의 악의적인 사이버 활동을 경고했는데, 북한이 컴퓨터를 사용하지 못하게 만들거나 컴퓨터 시스템을 손상시키는 트로이 목마 변종 악성코드를 사용했다고 주장했다.

한편 2010년 초중반 북한에 대한 미국의 사이버 공격도 진행되었음에 주목할 필요가 있다. 오바마 대통령이 재임 중이던 2014년 북한의 핵·미사일 발사에 사이버전으로 대응하는 방안을 세웠다고 알려져 있다. 오바마 행정부가 2013년 2월 북한의 3차 핵실험 후, 북한의 미사일 발사를 무력화할 목적으로 '발사의 왼편(Left of Launch)'이라는 이름의 사이버전 작전을 세웠다는 것이다. 실제로 '발사의 왼편' 도입 이후 북한 미사일이 발사 직후 폭발하거나, 궤도를 이탈하는 등 실패 확률이 이례적으로 높아졌다. 이에 대해 영국의 일간지 ≪더 타임스≫는 "실패한 북한의 미사일 발사 가운데 일부는 성능 결함 때문이지만 다른 일부는 미 국방부가 첨단 컴퓨터 바이러스를 이용해 발사를 교란한 탓으로 보인다"라고 보도했다(유용원, 2017).

요컨대, 최근 사이버 공격은 그 수가 양적으로 증가하고 있을 뿐만 아니라 이를 바탕으로 질적인 성격도 변화하고 있다. 특히 사이버 공격의 목적과 수법이라는 측면에서 시스템 교란, 금전 및 지적재산 탈취, 정책 정보 수집, 군사적 목적 등에 이르기까지 다양해지고 있다. 이렇게 변화하는 사이버 공격의 배후에는, 해당 국가들이 부인하고 있음에도, 러시아, 중국, 이란, 북한 등과 같은 국가 행위자의 그림자가 드리워져 있다. 또한 비국가 행위자들의 비체계적인 해킹이 국가의 지원을 받아 조직화되는 경향을 보인다. 게다가 이러한 국가 지원 해킹의 양적 증가는 여타 이슈와 연계되면서 사이버 안보 문제를 세계정치의 현안으로 인식케 하고 있다. 이러한 상황은 자칫 지정학적 임계점을 넘어서 미러 및 미중 등 강대국들의 군사적 충돌을 유발할 가능성을 예견하면서 군사적 긴장을 고조시킬 가능성도 안고 있다. 사이버 안보가 미국 트럼프 행정부의 공세적인 대응의 관심사로 부상한 것은 바로 이러한 맥락이었다.

4. 트럼프 행정부의 사이버 안보 전략

1) 사이버 안보 컨트롤타워의 변화

미국의 사이버 안보 추진 체계는 기본적으로 연방정부의 각 기관이 각기 역할과 책임을 다하는 분산 시스템을 운영하는 가운데, 정책의 통합성을 제고하고 각 기관의 유기적 협력을 도모하기 위한 총괄·조정 기능을 갖추는 형태로 진화했다(그림 4-1 참조). 부시 행정부에서는 국토안보부(DHS)와 국가정보국(DNI)이 총괄 기능을 수행했다. 오바마 행정부 1기에 접어들어 국가안보위원회(NSC) 산하 사이버안보국 내의 사이버안보조정관이 국토안보부, 국가안보국, 연방수사국, 국무부, 상무부 등 실무 부처들이 개별적으로 수행하는 사이버 안보 업무를 총괄하도록 했다. 이후 오바마 행정부 2기에는 실무 부처 업무의 통합 성과 민관협력의 실현을 위해서 세 개의 기관이 추가로 설치되었다. DNI 산하에는 사이버위협정보통합센터(CTIIC)가 설치되어 사이버 위협과 사고를 종합적으로 분석하여 유관 기관에 정보를 제공케 했다. 예산관리국 내에는 전자정부사이버과를 설치하여 연방기관의 업무를 감독·조율하게 했다. 민관협력 촉진을 위해 정보공유분석기구(ISAOs)를 설치하여, 국토안보부 산하에서 민관 정보 공유를 담당하는 국가사이버안보정보통합센터(NCCIC)와 협력하도록 했다(김상배, 2018: 155~156).

이러한 추진 체계는 트럼프 행정부의 출범과 함께 변화를 겪었는데, 가장 큰 변화는 2018년 5월 NSC 산하 사이버안보국 내의 사이버안보조정관 직을 폐지한 조치였다. 이에 앞서 2018년 4월 토머스 보서트(Tomas Bossert) 국토안보보좌관이 사임했는데, 그는 백악관에서 미국 국내 안보, 테러리즘, 사이버 문제를 관장하는 중추적인 역할을 맡아왔다. 그의 사임이 백악관 국가안보보좌관에 강경파인 존 볼턴(John Bolton) 전 유엔 대사가 취임한 지 하루 뒤에 이루어졌다는 점에서 구설수에 오르기도 했다. 보서트 보좌관 사임 며칠 후 롭 조이

그림 4-1 미 트럼프 행정부(집권 전반기)의 사이버 안보 추진 체계

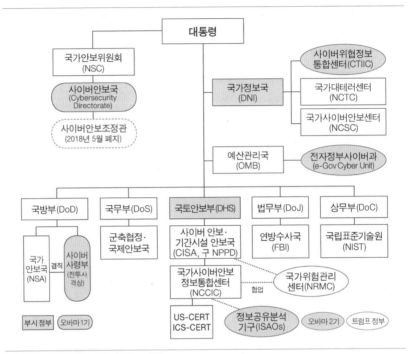

자료: 김상배(2018: 155)를 수정·보완함.

스(Rob Joyce) 사이버안보조정관은 사직하고 국가안보국(NSA)으로 복귀했다.
2018년 5월에는 사이버 안보 업무의 컨트롤타워를 담당했던 사이버안보조정
관의 직책 자체가 폐지되었다.

　이러한 추진 체계의 변화는 미국의 사이버 안보 전략의 약화로 비춰질 수도
있지만, 그 내용은 오히려 공세적으로 나타나고 있는 것으로 해석 가능하다.
이러한 변화는 볼턴 보좌관이 주도한 것으로 보이는데, 이후 볼턴 보좌관의 행
보를 보면 국가 안보전략 전반의 맥락에서 사이버 안보전략을 통괄하려는 의
도로 해석할 수 있기 때문이다. 이러한 양상은 2018년 11월 중간선거를 앞두
고 백악관이 자국 안보를 위협하는 사이버 공격에 대응하는 과정에서 드러났

다. 2018년 8월 19일 볼턴 보좌관은 러시아를 비롯해 중국·이란·북한 네 나라
가 중간선거에 개입할 가능성이 있으며, 이들 국가의 선거 개입을 막기 위해
사이버 안보를 강화할 필요성을 강조했다. 그는 폴 나카소네 국가안보국 국장
이 외부로부터의 선거 개입에 대응하여 공격적인 사이버 작전을 진행한다고
밝힌 사실을 인용하면서, "선거뿐만 아니라 모든 범위의 취약한 시스템을 보호
하기 위해 총역량을 동원하는 것이 최우선 과제"라고 강조했다. 아울러 그는
사이버 안보를 보장하기 위해 억지력 있는 조직을 만들어서 미국에 대해서 사
이버 작전을 수행했거나 고려하고 있는 국가들이 큰 대가를 치르도록 하겠다
는 엄포를 놓기도 했다(이선목, 2018).

2) 행정명령과 국가사이버전략 발표

2017년 출범 이후 트럼프 행정부의 사이버 안보전략이 즉시 공세적으로 추
진되어 러시아, 중국 등과의 관계가 악화될 가능성이 전망되었으나, 실제로
2017년에는 미러, 미중 등 강대국 관계는 다소 소강 국면을 맞는 양상을 보였
다. 2016년 미 대선에 대한 러시아의 개입으로 긴장되었던 미러 관계는, 오히
려 2017년 7월 10일 G20에서 미러 정상의 사이버 안보 동맹 체결의 가능성이
와전되며 혼란이 발생하기도 했다. 미중 간에도 다양한 채널을 통해서 사이버
안보 협의가 지속되었으나, 2017년 11월 10일 미중 정상회담에서도 사이버 안
보에 대한 합의를 도출하지는 못했다. 그러한 와중에도 미국 국내 차원에서는
사이버 안보전략을 정비했는데, 2017년 5월 11일 트럼프 대통령은 연방 네트
워크 및 주요 기반시설의 보안 강화를 목적으로 사이버 안보의 책임이 각 정부
기관의 수장들에게 있다는 내용을 골자로 하는 사이버 안보 관련 '행정명령
13800'을 공표했다. 이 행정명령은 장기적인 사이버 안보의 역량 강화 등을 포
함하여 3대 분야에 대한 15개의 실태 평가 및 계획 보고서의 제출을 지시했다.
트럼프 행정부의 공세적 태도 변화는 2018년 9월 15일 트럼프 대통령이 지

난 수년 동안 미국 사이버 안보정책의 가이드라인을 제시했던 오바마 대통령의 '정책지침 PPD-20'을 폐지하는 행정명령에 서명하면서 나타났다. 오바마 행정부는 2012년 국방부 등에서 타국을 겨냥한 사이버 공격을 수행할 경우, 정부 유관 부처들의 사전 승인을 받도록 했었다. 그러나 트럼프 대통령이 이를 뒤집는 내용의 행정명령에 서명함으로써 사이버 보안 관련 업무를 수행하는 정부 기관들은 타국의 적들을 공격하는 데 더 많은 권한을 갖게 되었다. 이 행정명령은 2018년 11월 6일 중간선거를 두 달여 앞둔 시점에서 나왔는데, 소셜미디어를 이용한 각종 유언비어 살포나 해킹 등 악의적인 사이버 공격 시도에 대해 단호하게 맞대응하려는 트럼프 행정부의 의지가 엿보이는 대목이다.

또한 2018년 9월 20일 트럼프 행정부는 2003년 이후 15년 만에 처음으로 연방 차원의 '국가사이버전략'을 발표했다. 이 '전략'은 사이버 공간에서도 '힘을 통한 평화 유지'를 기치로 내걸고, 국가 지원 해커들의 악의적인 사이버 활동을 억지하고, 더 나아가 사이버 공간에서 책임 있는 국가 행동을 보장하기 위한 규범 마련에 앞장서겠다고 천명했다. 이 '전략'은 연방 네트워크 및 기반시설 보안 강화를 규정했던 2017년 5월 11일의 '행정명령 13800'과 그 골자가 동일한데, 미국 내 네트워크와 시스템 및 데이터의 안보를 강화하고, 이렇게 강화된 사이버 안보 환경에서 디지털 경제와 기술혁신을 증진하며, 국제 평화와 미국의 국가안보를 보장할 뿐만 아니라, 국제 인터넷 환경과 기술 분야에서 미국의 리더십을 확대하는 등의 핵심 목표를 제시했다. 이 '전략'은 이전보다 사이버 공격에 대한 좀 더 공세적인 미국의 태도 변화를 보여주는데, 악의적인 사이버 공격에 대응하는 국방부의 운신 폭을 넓혀주었다는 점에서 앞서 2018년 9월의 행정명령과도 맥이 닿는다(White House, 2018).

3) 실무 부처 차원의 복합지정학적 대응

트럼프 행정부는 이상에서 살펴본 행정명령들과 '국가사이버전략'에 의거하

그림 4-2 미국의 복합지정학적 대응

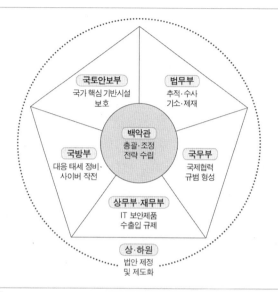

자료: 저자 작성.

여 실무 부처 차원에서 국가 지원 사이버 공격에 대응하는 다양한 전략을 모색
했다. 이러한 실무 부처 차원의 대응 전략은 앞서 제시한 복합지정학의 시각에서
볼 수 있는 조치들이다(그림 4-2 참조). 물리적 인프라 보호나 군사적 옵션까지도
포함한 공세적 대응을 취하는 국토안보부나 국방부 차원의 대응은 (고전)지정학
적 시각에서 이해할 수 있는 조치이다. 사이버 공격에 대한 추적과 수사 및 기
소와 제재 등의 조치를 취하는 법무부의 대응은 '안보화'로 대변되는 비판지정
학적 조치로 이해할 수 있다. 이에 비해 사이버 안보와 통상 이슈의 연계를 통
해서 IT 보안제품의 수출입 규제를 추구하는 상무부·재무부의 조치나, 사이버
안보를 위한 국제협력과 국제규범 형성을 모색하는 국무부의 정책은 비지정학
적 차원에서 이해할 수 있는 조치이다. 트럼프 행정부 시기 실무 부처들의 복합
지정학적 대응을 좀 더 구체적으로 살펴보면 다음과 같다.

첫째, 국토안보부 차원의 대응 전략과 관련하여 제일 눈에 띄는 것은 2018년

7월 31일 국토안보부가 뉴욕에서 최초로 개최한 전국사이버안보서밋(National Cybersecurity Summit)이다. 이 서밋에는 마이크 펜스 부통령, 키어스텐 닐슨 국토안보부장관을 비롯하여 행정부와 정보기관의 고위 관리 및 업계의 CEO 등이 참석했다. 이 서밋에서 닐슨 장관은 국가 핵심 기반시설의 보호 업무를 조정하기 위한 국가위험관리센터(National Risk Management Center: NRMC)의 창설을 발표했다. 이 센터는 연방정부와 민간 부문이 공동으로 국가 위험 전반을 관리하기 위해 세 가지 업무를 수행하기로 되었다. 첫째, 국가 핵심 기능에 대한 전략적 위험을 식별하고 우선순위를 선정하며, 둘째, 위험관리 전략 개발에 대한 정부 및 업계의 활동을 통합하고, 끝으로, 업계부터 정부까지 동시에 작동 가능하도록 위험관리 활동의 보조를 맞추는 업무를 담당한다는 것이다. 이 센터는 국토안보부 사이버 작전의 중앙 허브인 국가사이버안보정보통합센터(NCCIC)와 긴밀히 협업해 나갈 예정이라고도 했다. 또한 닐슨 장관은 ICT 공급망의 위험관리를 위한 태스크포스(TF)를 국가위험관리센터 내에 설치한다고 발표했는데, 이 TF는 글로벌 ICT 공급망과 관련된 위험을 식별하고 관리하는 데 필요한 행동을 취하라는 권고 사항을 개발할 예정이라고 했다.

한편 2018년 11월 16일 트럼프 대통령이 사이버 안보 및 인프라 안보 관련 법령에 서명함으로써 미국 국토안보부 산하 국가보안프로그램국(NPPD)이 '사이버 안보·기간시설 안보국(Cybersecurity and Infrastructure Security Agency: CISA)'으로 승격되었다. 이로써 미국의 사이버 안보 문제를 국토안보부의 CISA가 담당하게 된 것이다. CISA는 외부의 물리적 위협과 사이버 공격으로부터 기반시설을 방호하는 국가적 노력을 주도하며 정부 여러 부처와 공조할 뿐만 아니라 민간 부문과 협력하여 위협에 대처하는 임무를 맡았다. 이렇게 발족한 CISA는 사이버 보안, 기반시설 보안, 응급 커뮤니케이션을 담당하는 세 부서로 구성되었다.

둘째, 국방부 차원에서는 사이버 작전을 위한 공세적인 대응 태세를 강화하고 있다. 세계 주요국들이 사이버 공격에 능동적으로 대응하기 위해 군대를 신설거나 확대 및 격상하는 추세 속에 미국도 2017년 8월 18일 사이버사령부를 독자적인 지휘 체계를 갖춘 열 번째 통합 전투사령부로 격상시키는 조치를 단행했다. 국방부는 2018년 9월 새로운 '국방부 사이버전략'을 발표했는데, 이는 2011년 7월과 2015년 9월의 '전략' 발표에 이은 세 번째였다.

새로운 전략서는 공공·민간 부문에 대한 중국의 기밀정보 절취와 미국 등 서방 국가에 대한 러시아의 선거 개입을 비판했다. 또한 악의적 사이버 활동을 근본적으로 예방하기 위해 선제적 사이버 공격을 감행할 의지도 천명했으며, 해커에 대한 응징·공격을 위한 사이버 작전 수행을 강화했다. 이러한 입장의 천명은 최근 미국이 북한을 상대로 벌인 사이버 작전과 맥을 같이하는 것으로 평가되는데, 실제로 미국은 2014년 12월 북한의 소니 해킹에 대한 보복으로 북한 인터넷망을 10시간 동안 마비시켰으며, 북한 미사일 발사를 교란시키기 위한 전자기파 공격도 감행한 것으로 알려졌다.

한편 2018년 8월 13일 트럼프 대통령은 '2019년 국방수권법(National Defense Authorization Act: NDAA)'에 서명했다. 트럼프 대통령이 "현대 역사상 (미국) 군과 전사를 위해 이뤄진 가장 중요한 투자"라고 평가하기도 했던 이 법안은, 사이버 안보와 관련하여, 특히 중국의 통신 장비를 정조준했다. '2019년 국방수권법' 889조는 중국이 소유·통제하거나 그렇다고 추정되는 기업의 통신 장비 및 서비스를 미국 행정기관이 조달 또는 계약하는 것을 금지했다. 중국의 통신 장비 업체 ZTE와 화웨이 같은 곳들이 해당된다. 이 같은 금지 조치는 트럼프 대통령이 '국방수권법'에 서명한 날로부터 1년 뒤 시행되며, 2년 뒤에는 각 행정기관의 보조금을 수령하는 기관들로까지 확대 시행된다는 내용을 담고 있었다.

셋째, 법무부 차원의 대응은 중국, 러시아, 이란, 북한 해커들을 추적·수사·기소·제재하는 것이었다. 2014년 5월 미 법무부가 미국 내 기관들에 대해서 해킹을 감행한 것으로 지목한 중국군 61398부대 장교 5인을 기소했는데, 철강 무역 비밀을 캐내려고 미국 기업을 해킹했다는 혐의를 씌웠다. 2017년 11월에는 보유섹(Boyusec)으로 알려진 중국 ICT 기업이 고용한 것으로 보이는 중국인 3명을 해킹 및 지적재산 도용 혐의로 기소했다. 2018년 10월 30일 미국 법무부는 2010년부터 2015년까지 5년간 미국과 프랑스의 우주항공 업체 컴퓨터를 해킹해 기술을 빼낸 혐의로 중국인 10명을 기소했다. 한편 2018년 1월에는 러시아군 총정보국(GRU) 해커 포함 정보요원 7명을 화학무기금지기구(OPCW), 미국 기업 웨스팅하우스, FIFA 등에 대한 해킹과 2016년 미 대선 개입 혐의로 기소했다. 2018년 2월에는 GRU 소속 해커 13명과 단체 3곳을 기소 및 제재했다.

또한 2016년 3월에는 이란 혁명수비대 소속 해커 7명을 2011~2013년간 뉴욕 금융시장 등 주요 금융기관, 뉴욕댐 산업제어시스템에 대한 해킹 혐의로 기소했으며, 2018년 3월에는 이란 혁명수비대 소속 해커 9명과 연구소 1곳을 기소 및 제재했는데, 이는 미 정부 기관, 유엔 등 국제기구, 민간 회사를 비롯하여 미국을 비롯한 각국 대학 320곳에 대한 해킹 혐의였다. 더 나아가 2018년 9월 6일 미국 법무부는 '워너크라이' 랜섬웨어 공격과 소니 픽처스, 방글라데시 중앙은행, 미 방위산업 업체 록히드 마틴 등을 해킹한 혐의로 북한 해커 조직인 '라자루스'의 일원인 박진혁을 기소했다. 이와 동시에 미 재무부는 같은 혐의로 박진혁과 그가 소속된 '조선엑스포합영회사'를 독자 제재 명단에 올렸다. 미국의 독자 제재 대상에 오르면 미국 내 자산이 동결되고 미국 개인·기업과 이들 간의 거래가 금지된다.

넷째, 상무부 또는 재무부, 특히 재무부 산하 '외국인투자위원회(CFIUS)' 차원에서 진행된 사이버 안보 관련 IT 제품의 수출입 및 기업 인수합병 규제 조치에도 주목할 필요가 있다. 가장 큰 화두는 화웨이였다. 2012년 당시 미국 하원 정보위원회는 중국의 스파이 활동에 화웨이가 협조한다는 의혹을 제기한 뒤 미국 행정부에 화웨이 통신 장비의 구매를 금지할 것을 요구했다. 미국은 2014년 ZTE와 화웨이의 설비 구매를 금지한다고 발표했으며, 2018년 1월 미국 AT&T가 중국 화웨이 스마트폰을 판매하려던 계획이 전격적으로 취소되기도 했다. 2018년 2월 미국 정보기관(CIA, FBI, NSA)들이 나서서 중국의 전자업체인 화웨이 스마트폰과 통신 장비 업체 ZTE의 제품을 사용하지 말라고 경고했다.

이 밖에도 미 당국은 2014년 6월 레노버가 IBM의 x86서버 사업을 인수하는 것을 지연했다. 2017년 9월 CFIUS는 중국 펀드인 캐넌브리지가 미국의 래티스 반도체를 인수하는 것을 차단했다. DJI(드론), 하이크비전(CCTV) 등의 미국 시장 진출에 대한 우려도 제기되었으며, 2017년 7월 미국은 러시아 보안업체 카스퍼스키랩을 제재하기도 했다. 또한 미 당국은 2018년 1월 알리바바 계열 앤트파이낸셜이 미국 송금 서비스 기업 머니그램을 인수하는 것을 제지했으며, 2018년 7월에는 차이나모바일의 미국 진입을 불허했다. 한편 2018년 10월 미 상무부는 미국 기업들이 중국의 D램 메모리 업체 푸젠진화와 거래하는 것을 금지했다. 푸젠진화가 기술을 훔쳤다는 것이 제재 이유였다.

끝으로, 국무부 차원의 대응 전략에도 주목할 필요가 있다. 각 분야의 실태 평가와 계획 보고서 제출을 지시했던 2017년 5월의 대통령 행정명령에 의거하여 2018년 5월 국무부는 「사이버위협 전략적 대응옵션 보고서」를 제출했다. 이 보고서는 사이버 공격이나 기타 악의적 활동에 대해서 적극적으로 대응하겠으며, 이 과정에서 우방국과 정보 공유, 공격 주체의 공동 지목, 대응 행위의 지지 선언 등과 같은 공동 대응을 취하겠다고 했다. 국가 행위자들이 지원하는 사이버 공격의 성격을 고려한 맞춤형 억지전략을 개발하고 비(非)국가 행위자에 대해서는 제재와 기소 등의 대가를 부과하는 조치를 복합적으로 활용한다고 했다.

한편 2018년 5월 국무부는 「국제협력 참여전략 보고서」도 제출했는데, 이 보고서에는 외교, 대외 원조, 합동 군사훈련 등과 같은 정부 간 활동, 비(非)국가 포럼을 통한 정책 및 기술표준 설정에의 참여, 동반자 국가들의 위협 대응을 위한 역량 구축을 지원하는 등의 내용이 담겼다. 이 밖에도 국무부는 다양한 사이버 안보의 국제규범 형성 과정에 참여하고 있다. 최근 미국의 사이버 안보외교와 관련하여 주목을 받은 것은, 중국의 사이버 공격과 화웨이의 IT 보안제품에 대한 의혹이 확산되는 분위기 속에서 이른바 '파이브 아이즈(Five Eyes)' 국가들(특히 영국과 호주, 캐나다)과의 국제공조를 추진하고 있는 현상이다.

4) 사이버 억지와 대응 법안의 통과

이상에서 언급한 트럼프 행정부의 전략은 2018년 9월 6일 미 하원을 통과한 '사이버 억지와 대응 법안(H.R.5576)'의 내용과도 일맥상통한다. 2018년 9월 6일 미 하원은 사이버 공격에 관여한 제3국의 개인과 기관 및 정부에 추가 제재를 가하는 법안을 통과시켰다. 이 법안은 러시아, 중국, 이란, 북한 등과 같은 국가의 지원을 받는 사이버 공격을 미국에 대한 심각한 위협으로 규정하고 이에 통합적으로 대응하기 위한 체계 마련을 골자로 했다. 미국을 겨냥한 악의적 사이버 활동에 대해서 사이버 위협국 지정이나 경제적 추가 제재 및 안보 지원 중단 등과 같은 조치를 동원해서라도 대응하겠다는 것이다. 특히 이들 법안은 북한을 적시하고 있는데 2017년 5월 발생한 사이버 공격 '워너크라이' 사태의 배후로 북한을 지목하고, 북한이 전 세계 150여 개국에 걸쳐 컴퓨터 시스템 30만 대 이상을 감염시켰다고 지적했다. 이들 법안의 내용은 세 가지 측면에서 파악된 사이버 공격 대응 체계 구축이 핵심이다.

먼저 대통령이 해외 정부가 지원하는 악의적인 사이버 활동에 관여한 제3국의 개인 또는 기업을 '심각한 사이버 위협'으로 지정하도록 했다. 이는 테러지원국을 지정해 이들에게 제재를 부과하는 체계와 유사한데, 북한이 테러지원국에 이어 사이버 위협국으로도 지정될지 주목된다. 둘째, 좀 더 구체적으로 이들이 미국에 사이버 공격을 가할 경우 경제적 추가 제재를 부과해 대응하도록 했다. 이에 따라 대통령은 제재의 일환으로 이들 개인이나 기업이 국제 금융기관으로부터 차관을 받지 못하도록 각 국제 금융기구의 미국 대표에게 미국의 영향력과 투표권을 행사하도록 지시할 수 있다. 또한 사이버 위협으로 지정된 개인 또는 기업에 미국의 수출입 은행이나 해외민간투자공사와 같은 미정부 기관이 보증이나 보험, 신용장 등의 증서를 발급할 수 없도록 지시할 수 있다. 끝으로, 이 외에도 사이버 공격에 관여한 것으로 판단되는 제3국에 추가 제재를 부과해야 하며 이런 제재에는 미국의 인도주의와 관련 없는 지원과 안보 지원을 제한 또는 중단하는 조치가 포함되었다.

이러한 미국의 행보는 최근 러시아, 중국, 이란, 북한 등 국가 지원 해킹에 대한 적극적인 대응의 일환으로 이해되며 미국이 독자적으로 행하는 위협 대응 조치에 법적 근거를 제공하려는 노력으로 파악할 수 있다. 사이버 공격에 대해 사이버 맞공격을 한다고 규정하기보다는 사이버 위협국 지정, 경제 제재, 안보 지원 중단 등의 조치를 취하는 선에서 대응하려는 점이 특기할 점이다. 이는 미국과 상호 의존 관계에 있는 제3국에 대해서 일정한 정도의 효과 있는 압력이 될 것이며 일종의 '비군사적 억지(non-military deterrence)'의 의미가 있을 것이다. 한편, 2018년 8월 23일 미 상원에서도 '사이버 억지와 대응 법안 (S.3378)'을 발의했는데 이는 하원 법안과 거의 동일한 내용을 담고 있다. 다만 하원 법안과 달리 해외 정부가 지원하는 사이버 활동에 관한 행정부의 브리핑을 요구하는 내용은 포함되지 않았다.

5. 바이든 행정부의 사이버 안보 전략

1) 최근 주요 사이버 공격 사건

트럼프 행정부 후반기와 바이든 행정부 초기에는 최근 코로나19로 인해서 조성된 비대면 환경을 위협하는 사이버 공격이 늘어났다. 디지털 전환으로 삶의 많은 영역이 사이버 공간으로 들어오면서 이를 겨냥한 범죄와 테러, 스파이 활동도 사이버 공간으로 빠르게 이동하고 있다. 실제로 세계 곳곳에서 코로나19로 인한 사회 혼란을 악용하는 사이버 공격들이 등장하고 있다. 안전이 검증되지 않은 줌(ZOOM)과 같은 원격회의 소프트웨어는 시민들의 개인정보와 기업 및 국가 기밀을 노출시켰고, 사람들의 공포심을 이용한 스미싱과 가짜 뉴스도 지속적으로 증가했다. 타국 백신 연구 기관을 대상으로 백신 개발 정보를 빼내려는 사이버 첩보 활동도 본격화되었다. 그야말로 코로나바이러스를 피해 간 자리에 컴퓨터바이러스가 급습하는 양상이 펼쳐지고 있다.

국가 행위자들이 관여하는 사이버 공격 논란도 늘어났음은 물론이다. 2021년 상반기를 거치면서 미국과 러·중 간의 사이버 갈등이 유난히 떠들썩해졌다. 결국 7월 미 바이든 대통령은 16개 정보기관을 총괄하는 국가정보국을 방문한 자리에서 러시아에 대해 "사이버 공격이 실제 전쟁을 초래할 수 있다"라고 경고했다. 이에 앞선 7월 초 미국은 이라크 철군 이후 중국과 사이버전에 치중하겠다고 발표하며 사이버 갈등이 미국 외교정책의 핵심 사안임을 밝히기도 했다. 최근 사이버 안보 이슈는 공급망 디커플링 논란, 첨단기술 관련 수출입 통제, 데이터의 초국적 유통 등과 같은 국제 정치·경제의 굵직한 이슈들과 연계되면서 미중 패권경쟁의 주요 어젠다로 발전하고 있다.

미국이 이렇게 강경한 태도로 나오는 이면에는, 트럼프 행정부 말기인 2020년 하반기부터 부쩍 증가한 러시아와 중국으로부터의 사이버 공격이 자리 잡고 있다. 특히 2020년 하반기, 사이버 공격과 가짜 뉴스 등을 활용하여 미 대선을 방해하려는 러시아 배후의 사이버 공격 시도가 미 정가의 화두가 되었다. 미 바이든 대통령은 2020년 가짜 뉴스로 선거에 개입한 푸틴 러시아 대통령을 '살인자'로 지칭하면서 '대가를 치를 것'이라고 언급하기까지 했다. 2020년 12월 보안 솔루션 업체 솔라윈즈에 대한 해킹도 러시아 해커 조직인 '노벨리움(Nobelium)'의 소행으로 밝혀졌다. 솔라윈즈 해킹은 미국 역사상 최악의 해킹 사건으로 불린다. 러시아 해킹 조직인 '다크사이드(Darkside)'는 2021년 5월 미국 최대 송유관 업체인 콜로니얼 파이프라인에 대한 랜섬웨어 공격에 이어, 세계 최대 육류 공급업체 JBS에 대해 사이버 공격을 가했다. 7월 초 소프트웨어 업체 카세야가 받은 랜섬웨어 공격은 7000만 달러라는 거금을 랜섬으로 요구받은 것으로 유명세를 탔는데, 러시아 해킹 조직 '레빌(REvil)'의 소행으로 알려졌다.

러시아의 해킹이 바이든 행정부의 레드라인을 시험하는 양상이라면, 중국의 공격은 기술과 정보를 빼내는 산업스파이를 방불케 한다. 중국은 트럼프 행정부 말기인 2020년부터 코로나19와 관련된 기술과 정보를 해킹하는 데 집중하고 있는데, 모더나, 아스트라제네카, 길어드사이언스(렘데시비르 개발사) 등을 해킹했다. 미 법무부는 중국 정보기관인 국가안전부 소속 해커 2명을 미국의 바이오테크 기업 모더나의 네트워크 침입 혐의로 기소했다. 그들은 지난 10년간 여러 국가의 지식재산권 탈취를 시도했던 사이버 전사였다. 2020년 11월에는 영국의 제약 회사인 아스트라제네카가 집중적인 사이버 공격을 받았다. 중국, 러시아, 이란, 그리고 북한과 연계된 해커들이 제각각 아스트라제네카의 네트워크에 접속을 시도했다. 2021년 2월 미국의 제약 회사 화이자가 북한의 해킹을 받은 사실이 알려졌다. 중국 해커들은 미국의 의료시설에 랜섬웨어 공격을 가하고, 백신 생산시설과 공급망을 겨냥하고 허위 정보를 퍼뜨리기 위해 공포를 이용했는데, 2020년 휴스턴 주재 중국 총영사관의 폐쇄는 이와 관련된 것으로 알려져 있다.

2021년 1월과 3월 중국의 해커 조직인 '하프늄(Hafnium)'은 마이크로소프트의 이메일·메시지 플랫폼인 익스체인지 서버를 해킹했다. 2021년 4월 중국 정부와 군이 지원하는 'APT5'라 부르는 중국의 해커 조직이 미국과 일본 국방 기업과 연구 기관을 해킹했다는 의혹이 제기되었다. 최소 2개의 해커 집단이 보안 솔루션 업체 펄스시큐어의 원격·보안 접속 프로그램인 '펄스커넥트시큐어'의 가상사설망(VPN)의 취약점을 이용한 악성프로그램으로 해킹을 벌여왔다고 밝혀졌다.

이들은 또한 뉴욕 지하철 시스템에 대해서도 해킹을 시도했는데, 열차 통제 시스템에까지는 접근하지 않아 피해가 적었지만, 교통국 컴퓨터 시스템이 뚫렸다는 취약성이 노출되어서, 자칫 영화의 한 장면과 같은 아찔한 사건이 터질 뻔했다. 2021년 초에는 중국 정부와 연계된 것으로 의심되는 일명 '키메라(Chimera)' 조직이 대만 반도체 기업에 대한 해킹을 시도하기도 했다.

2020~2021년에 걸쳐 북한 배후 세력의 소행으로 추정되는 사이버 공격도 증가했다. 트럼프 행정부 시기였던 2020년 8월 북한은 뉴욕 금융기관을 해킹했는데, 이후 2020년 12월 미 법무부는 북한 정찰총국 소속 해커 3인을 미국 등 전 세계 은행과 기업, 가상화폐거래소 등에 대한 사이버 공격을 통해 13억 달러 규모의 현금과 가상화폐를 절취 또는 이를 시도한 혐의로 기소했다. 이들은 '크립토뉴로 트레이더' 앱을 사용해 2020년 8월 뉴욕 금융기관에 침투해 디지털 지갑에서 1180만 달러 규모의 가상화폐를 절취했으며, 슬로베니아 기업에서 7500만 달러, 인도네시아 기업에서 2490만 달러 등 총 1억 1200만 달러의 가상화폐를 탈취한 혐의를 받았다.

또한 2020년 코로나19의 전 세계적 유행에 따라 북한은 미국과 서방 국가들의 백신과 치료제는 물론 그 연구개발 성과물을 절취하기 위한 사이버 공격을 감행했다. 북한 해커 그룹은 2020년 12월 코로나19 백신과 치료제 및 연구개발 결과물을 획득하기 위해 '존슨 앤 존슨', '노바백스', '신풍제약' 등 미국과 영국, 한국 등의 6개 제약사에 대해 사이버 공격을 시도했다. 2021년 5~6월, 북한은 한국항공우주산업(KAI)과 한국원자력연구원에 대한 해킹 공격을 감행했다. 이는 북한이 한국의 극비 기술을 빼내 원자력 잠수함 개발에 활용하려는 것이 아니냐는 우려를 낳았다. 대우조선해양도 제3국으로 추정되는 해커로부터 침해를 받은 것이 뒤늦게 알려졌다.

2) 미중의 사이버 안보 대응

미국은 '솔라윈즈 해킹'을 당하고 나서 사이버 역량 강화를 더욱 강조하고 있다. 바이든 행정부는 정부 출범 시부터 오바마 정부 때 사이버 안보 전문가로 활동했던 많은 전문가를 기용하거나 별도의 사이버 보안 조직을 신설하는 등 중국이나 러시아의 사이버 공격에 대응할 사이버 안보 정책 강화에 강력한 의지를 보였다.

또한 사이버 안보를 정책 우선순위에 두고 이를 실현하기 위하여 제이크 설리번(Jake Sullivan)을 백악관 국가안보보좌관(National Security Advisor)으로 임명했다. 국가안보회의(NSC)를 확대·개편하면서 사이버 안보·신흥기술 담당 국가안보 부(副)보좌관으로 앤 뉴버거(Anne Neuberger) 국가안보국 사이버안보부장을 임명했다. 뉴버거는 2009년부터 국가안보국에서 일했으며 작전부국장보(Assistant Deputy Director of Operations), 최고위험담당관(Chief Risk Officer), 민관협력센터장(Director of Commercial Solutions Center) 등을 역임했다. 또한 백악관 내에서 범정부 차원의 사이버 안보전략을 총괄하는 자리로 신설된 백악관 사이버안보책임자, 즉 국가사이버국장(National Cyber Director)에 크리스 잉글리스(Chris Inglis)를 임명했다.

2021년 4월 12일 젠 이스털리(Jen Easterly)를 미국의 주요 기반과 연방 컴퓨터 네트워크의 보안을 책임지는 국토안보부 소속 사이버 안보·기간시설 안보국(CISA) 국장에 지명했다. 이스털리는 2011년부터 2013년까지 국가안보국 부국장을 역임하고 오바마 정부 시절 국가안보회의(NSC)에서 대테러 담당 선임비서관으로 근무하면서, 뉴버거와 함께 사이버사령부 설립에 기여했다. 또한 오바마 행정부의 사이버 정책 담당 차관보를 역임한 롭 실버스(Rob Silvers)를 국토안보부 전략정책계획 차관으로 지명했다. 실버스는 2014년 북한 해킹 그룹의 소니 영화사 공격 당시 이를 다룬 인물 중 한 명이다. 이 밖에 정부 부처 차원의 변화로 미 국무부가 사이버 안보·신흥기술국(CSET)을 설치하기로 한 것도 눈에 띈다.

한편, 바이든 대통령은 후보 시절부터 2020년 3월 ≪포린어페어스≫ 기고문 등을 통해서 러시아의 대선 개입 의혹 등을 우려하면서 사이버 공격에 대한 대응을 강화할 필요성을 제기했다. 취임 후인 2021년 3월 3일 '잠정국가안보전략지침(Interim National Security Strategic Guidance)'을 발표하여, 사이버 안보를 최우선 과제로 삼고 회복력 강화, 억지 및 책임 귀속, 국제규범 창설과 실질적 비용 부담 등을 정책 방향으로 제시했다.

또한 바이든 대통령은 2021년 4월 러시아의 유해한 대외 활동의 전 범위에 대응하고 억지한다는 정부의 결의를 보여주는 차원에서 러시아 제재 행정명령에 서명했다. 5월에는 콜로니얼 파이프라인 해킹에 대응하여 '사이버 안보 강화 행정명령(Executive Order on Improving the Nation's Cybersecurity)'에 서명했다. 2021년 5월 14일 미케 오양 미 국방부 사이버정책 부차관보는 하원 군사위원회에서 사이버 위협국으로 중국과 러시아, 이란, 북한을 거론하면서 사이버 보안 강화가 최우선 과제라는 입장을 밝혔다.

앞서 언급한 바와 같이, 바이든 대통령은 2021년 7월 27일에는 16개 정보기관을 총괄하는 국가정보국을 방문한 자리에서 러시아에 대해서 "사이버 공격이 실제 전쟁을 초래할 수 있다"라고 경고했다. 이어서 7월 28일에는 대형 해킹 사건의 속출에 대응하여 핵심 인프라 시설에 대한 사이버 안보 강화를 지시했는데, 관련 부처가 전력과 교통, 급수와 같은 핵심 인프라 시설과 관련해 사이버 안보상 수행 목표를 설정하고 민간과 협력하도록 했다. 이후에도 러시아 추정 랜섬웨어 공격에 소극적으로 대응한다는 여론을 무마하기 위해, 랜섬웨어 공격에 대응하기 위한 국제적 협력과 국내 역량 강화를 더욱 강조하고 있다.

러시아와 중국의 사이버 공격에 단호하게 대처하는 대열에는 미 의회도 적극적으로 참여하고 있다. 미 의회는 '2019년 국방수권법'을 통해 '사이버 공간 솔라리움위원회(Cyberspace Solarium Commission)'를 설치하고, 사이버 침해사고로부터 미국을 보호하기 위하여 사이버 공간에서의 전략적 접근법을 제안한 최종 보고서를 2020년 3월에 발표했다.

최종 보고서는 협력을 통한 사이버 공간에서의 행동 형성과 비군사적 수단의 활용, 선거의 안전 보장, 주요 기반 보호, 경제의 지속성 확보 등을 내용으로 하는 '사이버 억지 국가전략'을 제안했다. 더 나아가 이 보고서는 사이버 억지를 위한 80개의 구체적인 실행 전략을 ① 사이버 공간을 위한 미국 정부의 구조와 조직 재편, ② 규범과 비군사적 수단(tool) 강화, ③ 국가 회복력의 증진, ④ 사이버 생태계 재구성, ⑤ 민간 부문과의 사이버 안보 협력, ⑥ 국력을 위한 군사적 수단의 보존과 도입 등 6개의 범주로 나누어 제안했다.

'2021년 국방수권법'은 솔라리움위원회가 제안한 여러 권고안 중에서 약 26개 사항을 법으로 제정했는데, 여기에는 앞서 언급한 백악관 국가사이버국장 신설 등의 내용이 포함되었다. 2021년 2월 미 하원에서는 '사이버외교법'이 재발의 되었고, 5월 하원 본회의를 통과했다. 이 법안은 국제 사이버 공간에 대한 미국의 정책을 확립하는 내용이 골자로, 국무부 산하에 '국제 사이버 공간 정책실'을 신설하도록 하는 조항을 담고 있다. 국제 사이버 공간 정책실은 글로벌 사이버 공간에서 미국의 민주주의 가치를 옹호하기 위한 것이다. 6월 8일 미 상원은 여러 개의 세부 법안으로 구성된 '혁신경쟁법안(The US Innovation and Competition Act: USICA)'을 민주당과 공화당이 초당적으로 통과시켰으며, 2022년 2월에는 하원에서도 통과되었다.

사이버 안보 차원의 대응책 마련은 미국만의 정책 사안은 아니다. 최근 중국도 명시적으로 사이버 안보에 대한 대응을 강조하고 있다. 특히 중국 정부는 중국의 해킹 공격에 대한 미국의 비난에 대해 일련의 대응을 강화하고 있다. 2021년 7월 21일 중국은 자국이 마이크로소프트(MS) 해킹 등 각종 사이버 공격을 벌이고 있다는 미국과 나토, 유럽연합 등의 비난을 일축하며, 다소 이례적인 강경 반응을 보였다. 도리어 미국이 세계 최대 사이버 공격의 근원이라고 역공격했으며, 중국 국가인터넷응급센터가 2021년 7월 21일 발표한 「2020년 중국 인터넷 네트워크 안전 보고서」를 인용하여 중국 국내외에서 유입된 악성 프로그램 기원 국가 중 1위가 미국(53.1%)이라고 주장했으며, 미국과 그 동맹은 중국에 대한 사이버 공격을 멈추고 중국에 대한 비방을 중단하라고 어조를 높였다.

그럼에도 중국의 해킹에 대한 미국의 비난 공세에 대응하는 중국의 정책은 주로 중국 내 법·제도의 정비에서 발견된다. 그 이전부터도 중국은 '사이버 안보'보다는 '데이터 안보'의 관점에서 미국, 특히 중국 시장에 진출한 미국 테크 기업들에 대응해 왔다. 중국의 행보는, 공익을 해치는 데이터를 검열·통제하고, 자국 내에서 수집한 데이터의 국외 유출을 규제하는 것은 국가 주권이라는 관념에 입각해 있다. 대표적인 사례가 2017년 6월 시행된 '네트워크안전법'인데, 데이터 국지화와 인터넷 안전 검사 관련 조항이 쟁점이며, 이를 통해 자국 산업의 보호와 인터넷 콘텐츠의 통제와 검열 강화를 노리는 것으로 평가된다.

화웨이 사태를 거치면서 중국 정부는 국가안보를 해치는 데이터 사용 행위를 처벌할 수 있는 법안을 마련했다. 2020년 7월 알려진 바에 따르면, '홍콩국가보안법' 시행에 이어 정부와 기업이 취급하는 데이터를 엄격히 관리하는 내용을 주요 골자로 한 '데이터보안법' 제정에 나서면서 중국은 국가안보 강화에 주력하는 모양새다. 이에 따라 화웨이 제재에 이어 영사관 폐쇄로 갈등의 골이 깊어진 미중 관계가 더욱 악화할 수 있다는 우려의 목소리도 있다. 실제로 '데이터보안법'에는 미국과의 갈등을 고려한 조항도 추가되었다. 외국 정부 등이 투자와 무역 분야의 데이터 이용과 관련해 중국에 차별적인 제한·금지 조치를 취하면, 이에 상응하는 대응 조치를 취할 수 있게 했다.

최근 중국 정부는 사이버 안보 강조 차원에서 자국 기업의 해외 진출도 규제하고 있다. 이와 관련하여, 2020년 11월에는 알리바바 계열의 앤트그룹이 홍콩·상하이 증시에 상장하려던 시도가 중단되어 세간의 관심을 끌었다. 2021년 7월에는 중국 최대 차량 공유·호출 서비스 업체 디디추싱에 대해 중국 당국의 제재가 가해졌다. 틱톡 운영사 바이트댄스도 정부의 압박으로 결국 해외 증시 상장 계획을 무기한 연기한 것으로 알려졌다. 중국의 자전거 공유 업체인 헬로와 전기차 업체인 샤오훙, 리오토 등의 상장도 유보되었다.

이러한 사건들 이면에는 자국 데이터의 국외 유출을 우려한 중국 당국의 제재가 작용한 것으로 알려졌다. 이러한 맥락에서 2021년 7월 8일, 중국의 인터넷 감독기관인 국가인터넷정보판공실로 하여금 미국 등 외국에서 기업을 공개하려는 자국 기업들에 대한 감독권을 행사하게 했다. 이어서 7월 16일에는 디디추싱 조사에 국가인터넷정보판공실을 포함한 공안부, 국가안전부, 자연자원부, 교통운수부, 세무총국, 시장감독총국 등의 7개 정부 기관이 나서 공동 사이버 안전 심사를 진행했다.

3) 사이버 안보외교 및 국제규범 동향

사이버 안보외교의 추진 동향과 관련하여, 최근 미국은 사이버 안보 분야의 국제협력을 강화하기 위해서 기존의 동맹을 활용하는 행보를 보이고 있다. 특히 5G 이동통신 장비로 논란이 되었던 화웨이에 대한 제재의 전선에 파이브 아이즈(Five Eyes)로 대변되는 기존의 정보 동맹국들을 동참시켰다. 인도·태평양 지역에서도 쿼드(Quad) 안보 협력체를 강화·확대하려는 시도의 일환으로, 백신·기후 변화·사이버 안보 등 공공재의 성격을 띤 이슈를 놓고 협력하는 시도를 보였다. 2021년 중반을 거치면서 미국은 G7, 나토, 유럽연합 등과 함께 중국을 '구조적 도전'으로 규정하고 중국 포위망을 구축하려는 행보를 강화하고 있다. 2021년 7월 19일, 미국은 유럽연합, 나토 등과 함께 중국의 마이크로소프트 익스체인지 서버 공격을 비난했는데, 나토가 중국의 사이버 활동을 비난한 것은 이번이 최초였다는 점에서 주목을 끌었다. 한편, 미국은 '전통적인 우방'으로 꼽히는 이스라엘을 향해서도 중국 자본의 유입을 막고, 대중국 견제를 위한 국제 연대에 참여할 것을 압박했다.

미중의 사이버 안보 협의도 큰 성과 없이 물밑 작업만 벌이는 중인 것으로 알려졌다. 2021년 3월 19일, 미중은 알래스카 회담에서 홍콩, 신장, 티베트, 대만 등의 미중 간 외교 현안을 비롯하여 사이버 공격 이슈를 논의했으나, 입장 차이를 확인하는 데 그쳤다. 2021년 7월 25~26일, 미중 톈진 회담도 유사한 기조였다. 그럼에도 2021년 7월 14일, 미중 정상 간 핫라인 개설 가능성 제기 등 미중 정상회담에 대한 기대는 존재한 것으로 밝혀졌다. 미중 정상이 2021년 10월 이탈리아에서 열리는 G20 회담에서 만나게 되면, 과거 오바마 대통령과 시진핑 주석이 맺었던 '2015년 미중 사이버 합의'와 비슷한 수준의 외교적 해법이 도출될지도 모른다는 기대가 있었지만, 이는 중국의 G20 불참으로 불발된 바 있다.

미러 및 중러의 사이버 안보 협의에도 주목할 필요가 있다. 2021년 6월 16일, 스위스 제네바에서 열린 미러 정상회담에서 바이든 대통령은 푸틴 대통령에게 에너지·수자원 등 핵심 인프라 16개 분야에 대한 사이버 공격 금지를 제시하고 대미 사이버 공격에 대한 보복 가능성도 시사했다. 당시 바이든 대통령은 회담 직후 기자회견에서 "난 그에게 '만약 랜섬웨어가 당신 유전의 파이프라인을 마비시키면 어떤 기분이 들 것 같냐?'고 물었다"라면서, 푸틴 대통령은 이에 "신경이 쓰일 것"이라고 답했다고 말하기도 했다(≪BBC News 코리아≫, 2021). 7월 9일 미러 정상은 러시아 해커 조직인 '레빌'의 소행으로 알려진 카세야 랜섬웨어 사건에 대해 전화 통화를 나누었는데, 그 이후 '레빌'의 활동은 잠잠해졌고 다크웹에서 이들의 웹사이트도 사라졌다. 한편, 2021년 6월 28일 중러 정상은 화상회담을 개최했는데, 이는 그 직전의 미러 회담 이후 중국과 러시아 양국의 결속 다지기 용도로 해석된다.

유엔 정부자문가그룹(Group of Governmental Experts: GGE)과 개방형워킹그룹(Open-ended Working Group: OEWG)의 투 트랙 프레임에 출현한, 사이버 안보 분야의 국제규범을 둘러싼 논의 동향에도 주목해야 한다. 사이버 안보 국제규범은 국제기구나 국제법 차원의 논의뿐만 아니라 정부 간 협의체나 지역 협력체, 민간 행위자들이 참여하는 글로벌 거버넌스의 장을 빌려 모색되고 있다. 최근 주목을 받는 것은, 2013년 이후 국제기구의 프레임을 빌려 사이버 안보의 국제규범을 마련하려는 시도였다. 이 중에서도 특히 제3차 유엔 GGE의 합의가 주목을 받았으나, 그 이후 2018년에 마무리된 제5차 GGE 회의에서는 합의문조차 도출하지 못했으며, 이러한 상황은 2019년 12월에 개최된 제6차 GGE에서도 지속되었다. 유엔 GGE의 틀을 빌려서 초국적이고 탈영토적인 사이버 위협에 대응하려는 규범적 해법을 찾으려는 시도는 향후 당분간 그 활로를 찾기가 쉽지 않아 보인다.

유엔 GGE 활동 이외에도, 2010년대에 들어서 서방 진영 국가들이 주도한 사이버공간총회나 유럽사이버범죄협약과 같은 정부 간 협의체 모델, 그리고 비서방 진영 국가들이 공을 들이고 있는 상하이협력기구와 같은 지역협력기구 모델이 사이버 안보 국제규범 논의의 전면으로 나선 바 있다. 이 밖에도 서방 진영 국가들을 중심으로 이른바 사이버 안보 분야의 유사입장국(like-minded group) 회의가 지속적으로 열리고 있다. 좀 더 넓은 시각에서 본 글로벌 인터넷 거버넌스 분야의 규범 형성 노력도 간과해서는 안 된다. 국제인터넷주소관리기구(ICANN)가 주도해 온 글로벌 인터넷 거버넌스 체제의 변환과 국제전기통신연합(ITU)의 새로운 관할권 주장의 과정에서도 사이버 안보의 국제규범을 모색하기 위한 움직임들이 진행되고 있기 때문이다(김상배, 2018).

2018년 미국과 러시아 주도로 채택된 유엔총회 결의안을 통해 제6차 GGE와 OEWG가 신설되어 두 개의 협의체가 병행하여 유엔 차원의 사이버 안보 논의를 진행하게 되었다. 현재 OEWG는 2020년 새로운 총회 결의안에 따라 5년(2021~2025) 회기의 신규 OEWG를 출범시킬 예정이다. 최근 제5차 GGE 보고서 채택 실패 및 진영 간 대립으로 인해 유엔 차원의 사이버 안보 논의에 회의감이 증대되었는데, 코로나19 상황에도 2021년 3월 OEWG 최종 보고서가 채택되어 기대를 높였다. OEWG 논의 전반에서 미국 등 서방 진영과 중국·러시아·개도국 등 비서방 진영의 대립이 드러났는데, 기존 국제법 적용, 구속력 있는 규범의 필요성, 정례 협의체 등 주요 쟁점별로 GGE에서 드러난 진영 간의 근본적 시각차는 여전히 지속되었다. OEWG는 국제기구인 유엔이 큰 틀을 제공하고, 그 안에 기존의 '다중이해당사자주의(multistakeholderism)'에 기반을 둔 사이버 안보 규범 형성을 위한 시도들이 포섭되어 들어오는 모습을 보여주고 있다(유준구, 2021b).

특히 OEWG의 출범 및 정례협의체에 대한 진영 간 입장 차가 수면에 떠올랐다. 서방 진영은 기존 GGE의 성과에 기초해야 하며, 국제법 등 새로운 규범 논의보다는 GGE에서 이미 합의된 내용에 대한 공동의 이해 증진과 효율적 이행방안에 대한 논의에 초점을 두어야 한다는 입장이다. 반면, 중러 및 일부 개도국은 OEWG에서 새로운 의제 및 규범 논의가 가능하고 사이버 공간에 적용되는 국제법적 프레임워크 개발을 통해 궁극적으로는 국제법 창설이 필요하다는 입장이다. 향후 OEWG가 사이버 안보 논의에 있어 핵심적인 정례협의체로 발전할 가능성이 높은 가운데 양 진영의 입장이 엇갈리고 있는 것이다. 중·러는 OEWG를 명실상부한 유엔 차원의 사이버 안보 논의의 최고 협의체로 발전시키려는 입장이다. 미국과 서방 진영은 이를 견제·대응하는 새로운 형태의 협의체를 신설하려는 입장을 보이고 있는데, 그 일환으로 '사이버 공간에서 책임 있는 국가행동계획(Programme of Action for Advancing Responsible State Behaviour in Cyberspace: PoA)' 구상을 내세우고 있다(유준구, 2021b).

이러한 논의 과정에서 쟁점이 되는 이슈는 국제법 적용, 자발적 규범 설정, 데이터 안보 등이다. 국제법 적용 문제는 GGE에서와 마찬가지로 OEWG에서도 진영 간 의견이 첨예하게 대립하고 있다. 유엔 헌장, 국제인도법 등을 포함한 국제법이 사이버 공간에 적용된다는 미·서방 진영의 입장과, 현존하는 국제법 적용에 회의적이며 구속력 있는 새로운 국제법이 필요하다는 중·러 등 비서방 진영의 입장이 대립하고 있다. 자발적 규범의 경우, 사이버 공간의 특수성을 감안하여 기존 국제법을 보완하기 위해 비구속적·자발적 규범을 설정한 것이라는 미·서방 측 견해와 데이터 안보, 공급망 안보 등 신규 규범 정립에 좀 더 적극적인 중·러 및 일부 개도국 입장이 대립하고 있다. 구체적인 내용적 쟁점으로서, 현재 잠재하는 위협과 관련하여 새로운 위협으로 데이터 안보, ICT 공급망 훼손, 가짜 뉴스 등을 통한 국내 정치 개입 등의 문제를 놓고 중국과 이를 제한하려는 서방 진영 국가들 간의 대립이 현저하게 드러나고 있다.

제5장

공급망 안보와 사이버 동맹외교

1. 화웨이 사태의 복합지정학

최근 복잡다단해지는 미중경쟁의 단면을 가장 극명하게 보여준 사례 중 하나가 '화웨이 사태'이다. 미국 내에서 중국의 통신 장비 업체인 화웨이와 관련된 논란은 오래전부터 제기되었지만, 미중 양국의 외교적 현안으로까지 불거진 것은 2018년 들어서의 일이다. 2018년 2월 CIA, FBI, NSA 등 미국의 정보기관들이 일제히 화웨이 제품을 사용하지 말라고 경고하고, 8월에는 미 '국방수권법'이 화웨이를 정부조달에서 배제하기로 하더니, 12월에 이르러서는 화웨이 창업자의 맏딸인 멍완저우 부회장 겸 최고재무책임자(CFO)를 체포하는 사건이 발생했다. 2019년 초에는 미국이 우방국들에게 화웨이 제품을 도입하지 말라고 압박을 가하는 외교전이 벌어지더니, 5월에는 트럼프 대통령의 행정명령으로 국가비상사태를 선포하고 민간 기업들에게도 화웨이와의 거래 중지를 요구하는 데까지 나아갔다.

이러한 일련의 과정에서 미국 정부는 화웨이 문제를 산업의 문제가 아닌 안보의 관점에서 봐야 한다고 강조했다. 화웨이 제품에 심어진 백도어를 통해서 미국의 사이버 안보에 큰 영향을 미칠 수 있는 데이터가 빠져나간다는 것이었다. 이런 점에서 화웨이 문제는 '실재하는 위협'으로 부각되었으며, 이러한 담론에 근거해서 대내외적으로 화웨이 제재의 수위를 높여갔다. 이에 대해 화웨이와 중국 정부는 화웨이 제품에 대한 미국 정부의 의심과 경계는 객관적인 근거가 없으며, 오히려 주관적으로 위협을 과장함으로써 이를 통해 뭔가 다른 것을 얻고자 하는 속내가 있다는 논리로 맞섰다. 화웨이 제품의 사이버 안보 문제를 놓고 벌이는 미중 간의 '말싸움'은 앞으로 창발할 가능성이 있는 미래의 안보위협을 놓고 벌이는 담론정치의 전형적인 양상을 보여주었다.

이러한 안보 담론경쟁의 이면에 현실 국제정치의 이권 다툼이 자리 잡고 있음을 놓쳐서는 안 된다. 사실 화웨이를 둘러싼 미중 갈등의 기저에는 미래 첨단 부문 중 하나인 5G 이동통신 부문을 중심으로 벌이는 양국의 기술패권 경쟁이 있다. 실제로 최근 화웨이 견제에서 미국의 행보는 중국의 '기술굴기'에 대한 견제 의식을 노골적으로 드러낸다. 또한 이러한 기술굴기를 부당하게 지원하는 중국의 정책과 법·제도에 대한 강한 반감도 숨기지 않고 있다. 이러한 인식은 국가안보를 명분으로 내세운 전략적 수출입 규제와 이에 수반된 양국 간의 통상마찰로 나타났으며, 이례적으로 우방국들을 동원해서라도 화웨이 제품의 확산을 견제하려는 '세(勢) 싸움'의 양상으로 드러났다.

이런 점에서 화웨이 사태는 탈지정학적 성격을 지닌 5G 이동통신 부문에서 미래 글로벌 패권을 놓고 벌이는 미중 양국의 지정학 경쟁이다. 이러한 양상은 지구화의 상호 의존 과정에서 구축된 글로벌 생산 네트워크의 변화라는 비지정학적 차원의 구조 변동과도 연계되는데, 구체적으로 보호주의적 수출입 규제가 전략적으로 활용되고 기술·산업 정책 및 제도가 국제적으로 통상마찰의 원인이 된다. 이러한 양상을 보이는 화웨이 사태는 기술 문제를 국가안보 차원으로 안보화하는 비판지정학적 담론정치에 의해 추동된다. 더 나아가 이러한 안보담론은 미국이 주도하는 '해양세력'과 중국이 앞장서는 '대륙세력'의 지정학적 대립 구도를 탈지리적 공간인 사이버 공간으로 확대·강화시키고 있다.

2. 사이버 안보화의 담론경쟁

1) 화웨이 사태와 미국의 수입 규제 담론

신흥안보, 그중에서도 특히 사이버 안보는 그 특성상 안보화의 과정이 매우 중요한 변수가 된다. 앞서 살펴본 바와 같이, 2010년대로 넘어오면서 양적으로 증가한 사이버 공격은 오바마 행정부로 하여금 적극적인 안보화의 과정을 통해서 대응하는 카드를 꺼내들게 했다. 특히 중국발 사이버 공격이 논란거리였으며, 이른바 '중국해커위협론'은 2010년대 초중반 미중 관계를 달구었던 뜨거운 현안 중 하나였다. 이때 즈음하여 오바마 행정부는 국가 기간시설에 대한 해킹을 국가안보 문제로 안보화하고 때로는 미사일을 발사해서라도 대응하겠다는 '군사화'의 논리를 내세우며 사이버 안보를 국가 안보전략의 핵심 항목으로 격상시켰다. 급기야 사이버 안보 문제는 2013년 6월 미중 정상회담의 공식 의제로 채택되는 상황에까지 이르렀다.

2017년 트럼프 행정부 출범 이후 미중 사이버 갈등은 좀 더 복합적인 양상으로 전개되었다. 예상과는 달리 미중 사이버 공방은 군사적 충돌로 비화되기보다는 오히려 산업 및 통상 문제와 긴밀히 연계되는 양상을 보였다. 트럼프행정부는 이른바 '중국산 IT 보안제품 위협'이라는 안보화 담론을 내세워 중국 기업들의 IT 보안제품에 대한 규제를 강화했다. 특히 5G 이동통신 분야에서 기술력을 쌓은 중국 기업들에 대해 미국의 견제가 가해졌다. 실제로 화웨이, ZTE, 차이나모바일, DJI, 하이크비전, 푸젠진화 등과 같은 중국 ICT 기업들이 미국 시장에 진출하는 과정에서 다양한 논란이 제기되었다. 기술경쟁과 통상 마찰의 외양을 한 이들 문제는 사이버 안보나 데이터 주권 등과 연계되면서 더 복잡한 양상으로 전개되었다.

이 중에서도 제일 문제가 된 기업은 5G 분야의 선두 주자인 중국의 통신 장비 업체 화웨이였다. 미국과 화웨이(또는 ZTE) 간의 갈등의 역사는 꽤 길다.

2003년 미국 기업 시스코는 자사의 네트워크 장비 관련 기술을 부당하게 유출했다는 의혹을 제기하면서 화웨이를 고소했다. 2012년 미 하원 정보위원회는 화웨이 통신 장비들이 백도어를 통해서 정보를 유출하고 랜섬웨어 공격을 가한다며 안보위협의 주범으로 지적했다. 2013년 미국 정부도 나서서 중국산 네트워크 장비 도입이 보안에 위협이 될 수 있음을 인정했는데, 2014년에는 화웨이와 ZTE 설비의 구매를 금지한다는 발표가 있었다. 2016년에는 미국 내 화웨이 스마트폰에서 백도어가 발견되는 사건이 발생하기도 했다.

이러한 분위기는 2018년 들어 급속히 악화되었다. 2018년 1월 미국 업체인 AT&T가 화웨이의 스마트폰을 판매하려던 계획을 전격 취소했다. 2월에는 CIA, FBI, NSA 등 미국의 정보기관들이 일제히 화웨이와 ZTE의 제품을 사용하지 말라고 경고했다. 3월에 미 연방통신위원회(FCC)는 화웨이 등 중국 업체들에 대해 '적극적 조치'를 취하겠다고 발표했다. 4월에는 ZTE가 대(對)이란 제재 조치를 위반했다는 혐의로 미국 기업들과 향후 7년간 거래 금지라는 초강력 제재를 받았다가 6월에 구사일생했다. 7월에는 차이나모바일의 미국 시장 진입이 불허되었다. 8월에 미국 정부는 '2019년 국방수권법'을 통과시키며 화웨이와 ZTE 등 5개 중국 기업의 제품을 정부조달 품목에서 원천 배제하기로 했다. 12월에는 화웨이 부회장 겸 최고재무책임자(CFO)인 멍완저우가 대(對)이란 제재 위반 혐의로 체포되었다. 2019년 2월 마이크 펜스 미국 부통령은 뮌헨안보회의에서 미국의 동맹국들에게 화웨이 제품을 사용하지 말 것을 촉구했다.

이상에서 살펴본 화웨이 사태의 이면에는 일종의 '화웨이 포비아(phobia)'가 미국형 안보화 담론정치의 일환으로 작동했다. 화웨이의 장비를 쓰는 것이 위험하다는 공포감의 근거는, 백도어라는 것이 지금은 아니더라도 언제든지 심어 넣을 수 있는 미래의 위협이라는 인식이다. 특히 5G 시스템은 공급업체가 제공하는 소프트웨어 갱신에 크게 의존하기 때문에 언제든지 악성코드를 심는 것이 가능하다는 것이었다. 게다가 화웨이라는 기업의 성장배경이나 성격을 보면, 이러한 미국 정부의 주장은 나름대로의 '합리적 의심'이었다. 특히 미국은 화웨이라는 기업의 뒤에 중국 정부가 있다는 사실을 의심했다. 이러한 상황에서 화웨이가 5G 이동통신망을 장악할 경우 이는 미국의 핵심적인 국가정보를 모두 중국 정부에게 내주는 꼴이 될 것이라는 우려가 제기되었다.

2) 중국 표준과 사이버 주권 담론

역사적으로 중국은 미국 기업들의 기술패권에 대항하여 자국 표준을 확보하려는 대항적 행보를 보여왔다(王正平·徐铁光, 2011). 앞서 제1장에서 살펴본 바와 같이, 중국은 1990년대 말부터 MS 컴퓨터 운영체계의 지배표준에 대항하여 독자표준을 모색했는데, 이는 오픈소스 소프트웨어인 리눅스에 대한 정책적 지원으로 나타났다. 중국 정부가 리눅스를 지원한 배경에는 경제적 동기 이외에도 MS의 플랫폼 패권에 대한 민족주의적 경계가 큰 몫을 차지했다. 그러나 중국의 리눅스 실험은 MS와의 관계에서 기대했던 것만큼의 성과를 거두지는 못했다. 결국 MS는 중국 시장에서 살아남아 자사의 컴퓨터 운영체계 표준의 지배력을 유지하는 성과를 거뒀다. 그러나 MS는 이에 대한 반대급부로 중국 정부가 요구하는 인터넷 검열 정책이나 여타 '비(非)기술표준'을 수용해야만 했다.

중국 표준의 필요성에 대한 인식은 5G 이동통신 부문에도 반영되었다. 사실 중국이 5G에 각별한 관심을 가진 이유는, 과거 3G 시장에 뒤늦게 진출해 표준 설정 과정에서 배제되고 통신 장비 및 단말기 산업에서 뒤진 경험 때문이었다. 또한 4G LTE 시장에서도 중국이 부진한 사이 미국 등 주요 선진국들이 선두 사업자로서 큰 수혜를 누리는 것을 감수해야만 했다. 이러한 맥락에서 중국 업체들의 선제적 투자와 중국 정부의 정책적 지원이 5G 분야에서 이루어졌으며, 이를 바탕으로 화웨이와 같은 중국 업체가 글로벌 기술경쟁력을 갖추게 되었다. 스마트시티, 원격의료, 자율주행차 등과 같이 중국이 주력하고 있는 4차 산업혁명 시대의 인프라 구축 과정에서 5G 이동통신 기술이 지니는 전략적 가치에 대한 인식도 중국이 이 분야에서 먼저 치고 나가는 동기부여가 되었다.

이러한 맥락에서 볼 때, 안보화의 담론정치에서 나타난 중국의 관심은 미국 기업들의 기술패권으로부터 독자적인 표준을 지키고 자국 시장을 수호하는 데 있었다. 중국형 안보화의 내용상 특징은, 하드웨어 인프라의 사이버 안보를 강조한 미국의 경우와는 달리, 소프트웨어와 정보 콘텐츠 및 데이터에 대한 주권적 통제를 확보하는 것으로 나타났다. 이러한 중국의 인식은 중국 시장에 진출하여 사업을 하는 미국의 다국적 기업들에 대한 규제정책에 반영되었다. 표면적으로는 인터넷상의 유해한 정보에 대한 검열의 필요성을 내세웠지만, 대내적으로는 중국 정부에 정치적으로 반대하는 콘텐츠를 걸러내고, 대외적으로는 핵심 정보와 데이터가 국외로 유출되는 것을 막으려는 주권적 통제의 의도가 깔려 있었다.

이러한 중국의 인터넷 정책이 미국 기업들과의 갈등을 유발한 초기의 대표적 사례로는 2010년 1월의 '구글 사태'를 들 수 있다. 당시 구글은 중국 해커들이 지메일 계정을 해킹하고 구글의 지적재산권을 침해한다는 이유로 중국 시장에서 철수한다고 발표했다. 이러한 발표의 이면에 중국 정부의 정보 검열에 대한 반대 입장과 인터넷 자유에 대한 이념의 차이가 존재했다. 이러한 과정에서 중국 정부는 인터넷에서 유통되는 정보를 차단하고 검열하는 것은 각국 정부가 취할 수 있는 당연한 법적 권리라고 주장했다. 따라서 국내외 기업을 막론하고 중국 국내법을 따르는 것은 불가피하며, 미국이 인터넷 자유의 논리를 내세워 이러한 중국의 행보를 비판하는 것은 주권을 가진 국가의 내정에 간섭하는 행위라는 것이었다(王世伟, 2012).

실제로 중국 정부는 이러한 논리를 내세워 중국 내에서 비즈니스를 하는 미국의 인터넷 서비스 제공자들에게 자체적으로 정보 검열을 수행하도록 요구했다. 예를 들어, MS, 시스코, 야후 등과 같은 미국의 다국적 ICT 기업들이 중국 시장에 진출하기 위해서는 중국 정부가 시장접근을 위한 조건으로서 제시한 자체 검열 정책을 수용해야만 했다. 구글도 중국 시장에 처음으로 진입하던

2006년에는 다른 기업들처럼 정치적·사회적으로 민감한 용어들을 자체 검열해야만 한다는 중국 정부의 요구를 수용하지 않을 수 없었다. 그만큼 미국 ICT 기업들에게 거대한 규모의 중국 시장은 더할 나위 없이 매력적인 카드였는데, 중국 시장에 진출하려는 어느 기업도 예외가 아니었다.

최근 중국의 인터넷 정책은 데이터의 국외 이전에 대한 규제에 집중되고 있는데, 이러한 과정에서 적극 원용되는 것이 2017년 7월 1일 시행된 '네트워크안전법'이다. '네트워크안전법'은 외국 기업들의 반발로 2019년 1월 1일로 그 시행이 유예되기도 했다. 이 법은 핵심 기반시설의 보안 심사 및 안전 평가, 온라인 실명제 도입, 핵심 기반시설 관련 개인정보의 중국 현지 서버 저장 의무화, 인터넷 검열 및 정부당국 개입 명문화, 사업자의 불법 정보 차단 전달 의무화, 인터넷 관련 제품 또는 서비스에 대한 규제 등을 내용으로 한다. '네트워크안전법'은 미국 기업들에 맞서 정보 주권 또는 데이터 주권을 지키려는 중국의 안보화 담론을 그 바탕에 강하게 깔고 있었다. 표면적으로는 개인정보 보호 강화 및 국가와 국민의 안전을 목표로 내세웠지만, 사실상 사이버 보안 시장의 국산화, 자국 산업 보호, 인터넷 뉴스 정보 활동의 통제, 기업체 검열 강화 등이 진짜 의도라는 의혹이 제기되었다.

그럼에도 미국의 ICT 기업들은 중국의 '네트워크안전법' 시행을 수용하지 않을 수 없는 처지였다. 특히 애플의 행보가 주목을 끌었는데, '네트워크안전법' 시행 이후 애플은 중국 내에 데이터센터를 건설했으며, 2018년 3월부터는 아이클라우드 계정의 암호 해제에 필요한 암호화 키도 중국 당국에 넘겼다. 이는 중국 내 1억 3000만 명이 넘는 애플 이용자의 개인정보가 담긴 아이클라우드 계정이 데이터 주권의 행사라는 명목하에 중국 국영 서버로 넘어가는 것을 의미하는데, 이에 따라 중국 정부는 직권으로 아이폰 사용자들을 모니터링하고 통화 내역·메시지·이메일 등을 검열할 수 있게 되었다. 이는 중국 내에서 수집된 자국민의 데이터는 반드시 국내에서만 사용해야 한다는 규정에 따른 조치였지만, 이 때문에 중국 이용자들이 인터넷 검열에 노출되는 것은 불을 보듯 뻔한 일이었기에 많은 우려가 제기된 것은 당연했다. 미국 당국의 테러 수사에도 협력을 거부했던 애플이었지만, 매출의 20%를 차지하는 중국 시장에서 퇴출당하지 않기 위해서 '불가피한 결정'을 내렸다.

3. 상호 의존의 무기화와 공급망 갈등

1) 화웨이에 대한 미국의 거래제한 조치

2019년에 접어들면서 전 세계적 이목을 끈 화웨이 사태는 2019년 5월 14일 트럼프 대통령의 행정명령으로 새로운 국면을 맞았다. 미국 당국은 국가안보를 위협한다는 이유로, 화웨이를 거래제한 기업 목록에 올렸고, 주요 ICT 기업들에게 화웨이와의 거래 중지를 요구했다. 트럼프 행정부는 화웨이 및 68개 계열사를 거래제한 기업 목록에 포함시키는 조치를 단행했는데, 화웨이에 주요 부품과 운영 시스템을 공급하고 있는 구글, 인텔, 퀄컴, 자이링스, 브로드컴 등 미국 기업과의 거래를 제한함으로써 화웨이의 5G 경쟁 계획은 물론 통신 장비 시장에서 화웨이의 영향력 확대에 제동을 걸겠다는 의도였다. 미국이 중국에 이러한 압박을 가할 수 있었던 것은 미국 기업들이 화웨이가 구축한 공급망에서 중요한 위치를 점하고 있기 때문이다. 글로벌 경제의 네트워크화는 공급망 내에서 핵심적인 위치를 장악한 측이 상대의 숨통을 조일 수 있는 상황을 낳았던 것이다.

결국 미국 정부의 거래제한 조치에 부응하여 구글, MS, 인텔, 퀄컴, 브로드컴, 마이크론, ARM 등은 화웨이와 제품 공급계약을 중지하고 기술계약을 해지했다. 이러한 조치는 화웨이 제품의 수입 중단 조치와는 질적으로 다른 파장을 낳았다. 화웨이가 글로벌 공급망에 크게 의존하고 있는 상황에서 부품 공급에 차질이 생겨 장비와 소프트웨어의 업데이트가 막힌다면, 화웨이는 미국의 의도대로 5G 이동통신 시장에서 완전히 축출될 가능성도 배제할 수 없었다. 게다가 2019년 6월에는 중국에서 설계·제작되는 5G 장비를 미국 내에서 사용 금지하는 방안이 검토되고 있다는 보도가 있었는데, 이러한 방안이 현실화된 다면 미국의 통신 장비 공급망이 완전히 새롭게 짜이는 것을 의미한다는 점에 서 파장이 컸다.

그러나 전문가들은 이러한 수출입 규제 조치의 여파가 예상했던 범위를 넘어설 것이라는 우려도 제기했다. 일각에선 트럼프 행정부의 압박이 오히려 중국의 보호주의적 대응을 초래하고 자체 기술개발을 촉진할 것이란 전망도 나왔다. 중국이 반도체, 항공 기술, 로보틱스의 자급화를 모색함으로써 글로벌 공급망의 분절화(fragmentation)가 초래될지도 모른다는 우려도 있었다(Luce, 2018). 이러한 경향이 지속되면 기업들은 각기 상이한 시장을 놓고 상이한 제품을 생산하는, 이른바 '기술의 발칸화(balkanization)'가 발생할지도 모른다는 경계의 시선도 있었다(Knight, 2019). 이러한 지적들은 미국의 제조업과 긴밀히 연결된 수천 개의 중국 기업 중 하나인 화웨이만을 염두에 둔 근시안적 조치가 낳을 부작용을 우려하기도 했다(Rollet, 2019). 특히 이러한 행보가 미국과 중국이 지난 수십 년 동안 긴밀히 구축해 온 글로벌 공급망을 와해시키고 경제와 기술의 '신냉전'을 초래할지도 모른다는 경고가 제기되었다(Lim, 2019).

반도체 분야와 관련된 미국 정부의 화웨이 제재는 크게 세 차례에 걸쳐서 확대되는 형태로 전개되었다. 1차 제재는 2019년 5월 21일에 이루어졌는데, 화웨이 및 계열사(68개)를 거래제한 명단(entity list)에 등재했다. 그 내용은 미국의 수출관리규정(EAR) 적용 대상 품목을 수출 또는 재수출하는 경우 중국으로 수출하는 것을 제한한다는 것이었는데, 화웨이가 미국으로부터 반도체를 수입하는 것을 차단하는 조치를 핵심으로 했다. 구체적으로는 미국에 생산 시설을 둔 반도체 기업이 화웨이와 거래하려면 미 상무부의 사전 승인을 받아야 한다는 것이었다. 그해 8월에는 46개 기업을 추가로 등재하여 제재 기업의 수가 총 114개가 되었다.

2차 제재는 2020년 5월 15일에 이루어졌는데, 해외 기업들도 미국 기술과 부품을 이용한 제품을 화웨이에 수출할 경우, 미 상무부의 승인을 받도록 해외 직접제품규칙(Foreign Direct Product Rule: FDPR)을 개정했다. FDPR은 미국산 기술 또는 소프트웨어를 사용하여 해외에서 만들어진 제품(즉 외국산 직접제품)에 대해 미국의 수출통제를 적용(수출 시 미국의 허가 필요)하는 규정이다. 새로운 규정에 따라 미국의 특정 기술 또는 소프트웨어를 사용하여 화웨이가 해외에서 개발 및 생산한 직접제품을 화웨이 및 관련 기업을 목적지로 하여 수출할 경우, 미 당국의 허가가 필요하다는 것이었다. 이 조치의 구체적 목적은 화웨이가 반도체 설계 후 외국 파운드리 업체에 위탁 생산하는 방식마저도 차단하려는 데 있었다.

화웨이 해외 계열사 38곳을 거래제한 명단에 추가 등재(총 152개)한, 3차 제재는 2020년 8월 17일에 단행되었는데, FDPR을 추가 개정하여 허가 대상, 거래 범위 및 통제 품목을 확대했다. 화웨이가 생산·구매·주문한 품목을 사용하거나 화웨이와 관련된 모든 외국산 직접제품의 거래를 차단하는 조치였다. 이 제재를 통해서 화웨이가 미국 외 국가로부터 완성 반도체를 구입하는 것도 차단되었는데, 이는 화웨이가 자체 기술을 이용해서 자체 생산한 제품만 사용할 수 있게 됨을 의미했다. 미국의 기술과 부품을 직간접적으로 활용한 제품 일반을 화웨이에 수출할 경우 미국의 승인을 받도록 더욱 확대됨으로써, 삼성전자나 SK하이닉스 등 한국 메모리 반도체 업체들도 화웨이에 납품이 중단되었다. 화웨이에 대한 1차 제재와 2차 제재가 화웨이 스마트폰용 시스템 반도체에 타격을 주었다면, 3차 제재는 메모리 반도체 등으로 확대됨에 따라 한국 기업에도 영향을 미쳤다.

2) 미중 반도체 공급망 갈등

이러한 제재 확대 과정에서 첫 번째 타깃은 대만의 파운드리 업체 TSMC였다. 미국은 2020년 5월 화웨이와 TSMC의 거래도 막았는데, 화웨이의 우군이었던 대만 TSMC는 화웨이의 위탁 생산을 중단했다. 화웨이가 독자 설계한 반도체 부품을, TSMC를 비롯한 세계 어느 파운드리 업체에서도 생산할 수 없게한 것이다. 7월 17일 세계 파운드리 생산 1위 업체인 대만의 TSMC는 9월 14일 이후부터 화웨이의 반도체를 공급하지 않겠다며 화웨이와의 거래 중단을 처음으로 공식화했다. 이에 따라 화웨이는 통신 장비, 스마트폰, PC, 서버 등에 반드시 들어가야 하는 반도체 부품을 조달하는 데 비상이 걸렸고 향후 신제품 출시에도 많은 어려움을 겪게 되었다. 이러한 미국의 조치는 반도체 생산 시설이 없는 화웨이가 TSMC에 스마트폰용 반도체 등의 생산을 맡기는 것을 막기 위한 것으로 해석된다.

미국 정부는 2020년 9월 중국 반도체 업계의 대표 주자인 SMIC를 "그 반도체 기술이 중국군에 이용될 수 있다"라며 거래제한 명단에 올렸다. SMIC는 파운드리 전문 중국 최대의 반도체 기업으로, 시장조사 업체 트렌드포스에 따르면 2020년 2분기 시장점유율 4.8%로 파운드리 분야에서 TSMC(51.5%), 삼성전자(18.8%), 미국 글로벌 파운드리, 대만 UMC에 이은 세계 5위 기업이다. 미국의 중국 기술굴기 견제가 중국 통신 장비 업체 화웨이에 대한 반도체 공급 제한 조치에서 시작해서 반도체 업체인 SMIC에까지 확대된 것으로 해석된다. 2025년까지 반도체 자급률 70%를 목표로 하는 중국의 '반도체 굴기'에도 차질이 생겼는데, SMIC가 중국 반도체 굴기의 핵심 기업이었기 때문이다.

이로써 SMIC는 미국 기업에서 반도체 기술·장비를 수입할 수 없게 되었고, 불가피하게 반도체 생산에도 차질을 빚게 되었다. SMIC는 중국 정부의 반도체 국산화 정책의 핵심 기업으로, 중국 내수 스마트폰, 디스플레이, 지문 인식 등을 위한 칩을 적극적으로 공급하며 점유율을 확대해 나가고 있었으나, 미국의 제재 조치로 인해서 사실상 파운드리 자체 공급이 불가능하게 되는 상황이 창출된 것이다. 미국의 제재가 장기화할 경우 중국 반도체·통신 기업은 어려움에 봉착하고 이로 인해 관련 기업들도 불가피하게 단기적인 피해를 입게 된 것이다. 특히 SMIC에 대한 제재로 중국 반도체 시장은 타격이 불가피해졌는데, 중국 반도체 시장 성장세에 제동이 걸리면서 글로벌 반도체 시장의 지각변동마저도 예상되기도 했다.

그 후 반도체 갈등의 전선이 확대되어 미국의 그래픽처리장치(GPU) 업체인 엔비디아가 세계 최대 반도체 설계 기업인 ARM을 인수하기로 한 것도 하이실리콘(화웨이에 공급할 칩을 설계하는 계열사)의 존립을 위협하는 사건이었다. 하이실리콘은 ARM의 설계도를 받아다가 반도체를 만드는데, 최종 인수합병이 완료될 경우, 이러한 거래 자체를 미국 측에서 막을 것이기 때문이다. 엔비디아의 ARM 인수의 성사 여부에 이목이 쏠리고 있지만, 국가별 규제 당국과 업계의 반발로 난항을 겪고 있다.

여하튼 반도체 분야에서 미국 정부의 판단은 화웨이와 하이실리콘의 부상을 누르는 것만이 미국이 전 세계 첨단기술의 우위를 이어나갈 수 있는 유일한 선택지라는 것이었다. 이러한 미국의 제재 조치로 화웨이는 스마트폰과 차세대 5G 기지국에서 사용하는 최첨단 마이크로칩을 생산할 수 없게 되었다. 미국 원천기술이 전 세계 거의 모든 반도체에 사용되기 때문에 화웨이는 대만의 TSMC나 중국 반도체 업체인 SMIC의 칩도 조달할 수 없었다. 설령 가능하다고 해도, 미국의 원천기술이 없으면 TSMC나 다른 기업의 최신 반도체보다 5년 이상 뒤처진 낮은 품질의 제품만 가져다 쓸 수밖에 없는 상황이었다.

미국 정부의 금지 조치는 역설적으로 화웨이의 자국 내 반도체 공급망을 강화해 중국 반도체 산업의 발전에 이바지할 가능성도 있다. 실제로 TSMC와 화웨이의 거래 중단이나 SMIC 제재 등이 계기가 되어 중국은 반도체의 국산화에 더 매진할 것으로 전망되기도 했다. 화웨이는 통신 장비에 들어갈 칩을 자급자족하기 위해 미국 기술을 사용하지 않은 전용 반도체 공장을 중국 상하이에 세우는 계획을 세운 바 있다. 이 공장은 이미 업계가 15년 전부터 상용화한 기술인 45나노 칩을 시험 생산하는 것을 시작으로 2021년 말까지는 28나노 칩을, 2022년 말까지는 5G 통신 장비용 20나노 칩을 생산하겠다는 목표를 세웠다.

스마트폰에 들어가는 칩은 이보다 훨씬 고도의 첨단기술이 요구되지만, 통신 장비에서는 현재 화웨이의 역량만으로도 자립의 여지가 있다는 것이었다. 결국 화웨이가 남은 재고로 얼마나 버티고, 향후 미국 정부가 어느 정도 강도의 제재를 이어갈지가 관건이다.

바이든 행정부도 기존의 대중 제재를 유지하는 가운데, 미국 내 생산 비중이 44%밖에 안 되는 반도체 공급망의 복원력을 강화하기 위해 리쇼어링을 추구하는 한편, 미국의 반도체 기술혁신과 생산 역량 증대를 위한 포괄적인 계획을 수립했다. 해외 이전 기업에는 중과세, 자국으로 복귀하는 기업에는 세제 지원을 약속하면서, 기업을 자국으로 불러들여 중국을 견제하는 한편 코로나19 등으로 공급망이 흔들리는 가운데 정부와 민간이 함께 신뢰할 수 있는 공급망을 확보한다는 전략을 펼치고 있다.

이러한 맥락에서 2021년 2월 25일 바이든 대통령은 반도체, 2차 전지, 희토류, 의료용품 등의 공급망을 점검하는 행정명령에 서명했다. 이는 글로벌 공급망에서 중국을 제외하는 조치로 해석된다. 2021년 3월 쿼드(Quad) 회담 직전, 바이든 행정부는 화웨이에 5G 통신 장비용 반도체와 안테나, 배터리 등을 수출 금지하는 방침을 발표했으며, 미국 연방통신위원회(FCC)는 중국의 화웨이, ZTE, 하이테라, 하이크비전, 다후아 등 5개 기업을 국가안보에 위협이 되는 기업으로 지정했다. 2021년 4월에는 미국 상원이 중국 문제에 대응하기 위해 '전략경쟁법(Strategic Competition Act)'을 발의했다.

4. 5G 기술경쟁과 정책·제도 마찰

1) 중국의 5G '기술굴기'에 대한 미국의 견제

중국 기업인 화웨이의 통신 장비가 미국의 국가 사이버 안보에 실제 위협인지에 대해서는 논란의 여지가 있을지 몰라도, 화웨이로 대변되는 중국 기업들의 기술 추격이 5G 시대 미국의 기술패권에 대한 위협임은 분명하다. 5G는 기존의 4G LTE에 비해 속도가 최대 100배가 빠르고, 10배나 많은 기기를 한 번에 사용할 수 있으며, 응답 속도가 현저히 빠르다. 5G 환경의 구축을 바탕으로 하여 다양한 4차 산업혁명 시대의 기술들이 구현될 수 있고, 사물인터넷으로 연결되고, 클라우드 환경을 배경으로 하여 빅데이터와 인공지능을 활용하는 수많은 기기가 제대로 작동할 수 있다.

5G는 단순히 스마트폰의 데이터 전송 속도를 높이는 것이 아니라, 자율주행이나 빅데이터·인공지능 기술을 보급하는 기반이 된다. 자율주행 기술의 경우, 차량 자체의 판단만으로는 완전 자율주행을 구현하는 데는 한계가 있다. 따라서 교통망과 차량 사이에 대용량·초고속의 데이터 통신이 필요한데, 이때 5G가 필수이다. 그야말로 5G는 생활환경을 바꾸고 새로운 서비스를 가능하게 만드는 패러다임 전환의 기술이 아닐 수 없다. 이러한 5G 기술의 표준을 장악하기 위한 기업 간, 그리고 국가 간 경쟁은 이미 시작되었다. 그런데 문제는 미국이 제대로 준비가 되기 전에 화웨이가 치고 나왔다는 점이다(Johnson and Groll, 2019).

화웨이는 4G LTE 시절부터 저가 경쟁을 통해 몸집을 키운 뒤 늘어난 물량을 바탕으로 기술력을 키우는 전략을 통해, 이제는 가격도 경쟁사보다 20~30% 저렴한 것은 물론 기술력도 세계 최고 수준을 자랑하게 되었다. 2018년 현재 화웨이의 글로벌 이동통신 장비 시장점유율은 28%로 세계 1위이다(그림 5-1 참조). 화웨이는 이동통신 장비 시장에서 2012년 에릭슨을 누르고 최대 매출을 올리는 회사로 성장했고 2016년에는 에릭슨 매출의 2배 규모에 이르렀다. 에릭슨과 시스코의 연합이 원천기술을 보유하고 있음에도 시장이 형성되지 않아 머뭇거리고 있던 사이, 화웨이는 중국 정부의 지원에 힘입어 초기 투자를 집중하여 '선발자의 이익'을 누리게 되었다. 2018년 4월 미국 이동통신산업협회(CTIA)의 「글로벌 5G 경쟁 보고서」에 따르면, 주요국의 5G 이동통신 주파수 분배와 정

그림 5-1 글로벌 이동통신 장비 시장점유율(%)

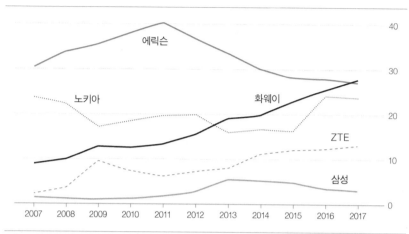

자료: *Economist*(2018)에서 재인용.

부 정책, 상용화 수준 등에서 미국이 중국에 뒤져 있다고 한다.

　이러한 점에서 화웨이 사태의 이면에 중국의 5G 기술굴기에 대한 미국의 견제 의식이 강하게 깔려 있음을 쉽게 추측할 수 있다(Harrell, 2019). 미국의 불만은, 중국이 기술 기밀을 훔치거나 기술 이전을 강요하는 행태를 보이면서 성장했다는 데 있다. 특히 중국이 5G 상용화 경쟁에서 가장 앞선 이유로 '중국제조 2025'와 같이 강력한 정부 주도 정책에 주목한다. 2018년 12월 마이크 폼페이오 국무장관, 월버 로스 상무장관, 존 디머스 법무부 차관보, 빌 프리스텝 FBI 방첩본부장, 크리스토퍼 크렙스 국토안보부 사이버·기반시설 보안국장 등이 '중국제조 2025'에 대해 일제히 퍼부은 비난은 이러한 인식을 잘 반영한다. 이들이 내세운 일관된 메시지는 "중국제조 2025는 제조업 업그레이드를 추구하는 기술굴기가 아니라 국가 차원의 기술 도둑질인 범죄"라는 것이다. 이는 미국 외교·산업·사법·방첩 당국이 망라하여 '중국제조 2025'의 성격을 규정한 것이라고 할 수 있다.

　또한 미국은 자국 기업에 악영향을 미치는 중국의 '네트워크안전법'을 미중 무역 협상의 주요 의제로 정할 정도로 민감하게 반응했다. 이와 관련하여 2019년 2월 로버트 라이트하이저 미 무역대표부(USTR) 대표와 스티븐 므누신 재무장관이 중국 베이징에서 류허 중국 부총리와 만나 담판했다. 중국에서 개인정보를 취급하는 기업에 대해 데이터 서버를 반드시 중국 내에 두도록 하는 '네트워크안전법'의 조항이 문제시되었다. 그 이전 2019년 1월 워싱턴 D.C.에서 열린 미중 고위급 협상에서 중국은 그동안 '국가안보 문제여서 논의 불가'라고 했던 일부 사안을 논의할 수 있다고 입장을 바꾸었는데, '네트워크안전법'은 새로이 논의 대상에 포함된 의제 중 하나였다. 미중 무역 협상이 계속되면서 논의 불가 항목이 상당 부분 줄어들었지만 '네트워크안전법'은 여전히 미중 간 이견이 큰 항목으로 꼽힌다.

이러한 과정에서 흥미로운 점은, 미국에서는 5G 네트워크 구축에 정부 개입과 통신망 국유화의 가능성이 거론될 정도로 5G에 대한 민감한 반응이 나왔다는 사실이다. 2018년 1월 백악관 국가안보회의(NSC) 관계자는 미 정부 고위 관료와 관련 정보기관에 중국의 사이버 공격과 경제 위협에 대응하기 위한 장치로서 트럼프 대통령 첫 임기 말기까지 5G 통신망을 국영화하는 방안을 보고했다고 한다. 시장경제의 본국을 자처하는 미국의 컨트롤타워에서 '산업 국유화'가 거론되었다는 것은 그 자체로 매우 이례적인 일이었다. 이러한 뉴스가 유출된 2018년 초만 해도 미 상·하원 의원들은 정부가 민간 부문에 개입해서는 안 된다는 원론적인 입장만을 내놓았지만, 2018년 중후반을 거치면서 5G 네트워크 구축 문제는 미국 '산업정책'의 중요 이슈로 자리 잡아갔다.

2) '네트워크안전법'과 다국적 기업에 대한 규제

미국 정부의 규제와 견제에 맞서 중국 정부도 미국의 다국적 ICT 기업들을 향한 압박을 가하기는 마찬가지였다. 특히 앞서 언급한 '네트워크안전법'에 의거하여, 중국 내에서 확보한 데이터를 중국 내에만 보관하도록 하고, 국외로 반출하려면 당국의 허가를 받도록 의무화함으로써 미국 기업의 중국 내 서비스를 검열하고 통제하려 했다. 그런데 이른바 인터넷 안전 검사와 데이터 국지화의 기준과 적용 범위가 매우 모호해 오남용의 우려가 제기되었다. 이에 미국 정부와 기업들은 법 개정을 요구했지만, 중국 정부는 꿈쩍도 하지 않았다. 예를 들어 '인터넷 안전 등급 제도'에 따라 등급별로 보호 의무를 부과하는데, 문제는 그 기준이 매우 모호하다는 점이었다. 특히 중국 내 데이터 국지화와 인터넷 안전 검사의 의무를 지는 최상위 등급의 '핵심 정보 인프라 운영자'의 선별 기준 등이 논란거리였다.

그럼에도 미국 ICT 기업들은 이 법을 수용할 수밖에 없었다. 2017년 7월 31일 애플은 중국 앱스토어에서 인터넷 검열 시스템을 우회하는 가상사설망(VPN) 관련 애플리케이션 60여 개를 삭제했으며, 아마존웹서비스(AWS)는 2017년 11월 중국사업부 자산을 매각했다. 2018년 초 MS와 아마존도 자사 데이터를 각기 베이징과 닝샤의 데이터센터로 옮겼다. 또한 '네트워크안전법' 시행 직후 애플은 중국 내 사용자들의 개인정보와 관리권을 모두 중국 구이저우 지방정부에 넘겼으며, 2018년 2월에는 제2데이터센터를 중국 네이멍 자치구에 건설한다는 계획을 발표했다. 2018년 12월에는 멍완저우 부회장 체포에 대한 보복으로 중국 내 애플의 아이폰 7개 기종에 대해 판매 금지 처분이 내려지기도 했다.

한편 2019년 5월 24일 미국의 화웨이 1차 제재가 정점으로 치닫던 시기, 중국의 인터넷 감독 기구인 국가인터넷정보관공실은 미국의 수출입 규제에 맞불을 놓는 성격의 규제 방안을 발표했다. 그 내용은, 중국 정부가 자국 내 정보통신 인프라 사업자가 인터넷 관련 부품과 소프트웨어를 조달할 때 국가안보에 위해를 초래할 위험 여부를 점검하여 문제가 있다고 판단되면 거래를 금지할 수 있다는 것이었다. 이는 미국 첨단기술 제품의 중국 수출을 막을 수 있다는 신호를 보낸 것이었다. 이어서 유사한 조치를 내놓았는데, 2019년 5월 29일 중국 국가인터넷정보관공실은 국가안보를 이유로 국내 인터넷 이용자에 대한 데이터를 국외로 보내는 것을 금지하는 내용의 규정 초안을 공개했다. 새 규정은 위반 시 사업 허가를 취소하거나 심지어 형사책임을 물리는 등 무거운 처벌 조항을 담았다. 이는 미국의 화웨이 제재에 대한 대응 조치로서 향후 구글, MS, 아마존 등과 같은 많은 미국 기업에 영향을 미칠 것으로 해석된다.

2019년 12월 초 중국 정부는 모든 정부 부처와 공공기관에 3년 안에 외국산 컴퓨터와 소프트웨어를 자국산으로 교체하도록 지시했다. 델과 HP의 PC와 MS의 윈도 운영체제 등 미국 제품을 겨냥했다. 미국이 화웨이와 ZTE 등을 제재하자 비슷한 방법으로 대응한 것이었다. 또한 중국은 2020년 전개된 미국의 블랙리스트 조치에 대해서도 블랙리스트로 맞대응했다. 중국 상무부가 준비한 중국판 블랙리스트에는 화웨이의 경쟁사인 시스코시스템즈가 포함되었다. 블랙리스트에 오른 외국 기업은 중국으로부터 물건을 사거나 팔 수 없고 직원의 중국 입국이 제한되거나 비자가 취소될 수 있으며, 중국 정부는 벌금을 부과하거나 '다른 필요한 조치'도 취할 수 있다. 시스코시스템즈는 오랫동안 거래해온 중국 국유 통신사와의 계약이 끊겼고, 화학업체 듀폰은 화웨이의 조달 업체 명단에서 제외되었다. 이 외에도 퀄컴, 애플, 보잉 등이 블랙리스트에 포함될 주요 후보로 꼽혔다.

이렇듯 주권담론에 입각한 중국의 정책적 행보는 향후 미중 관계의 미래 쟁점과 관련하여 본격적인 데이터 통상마찰의 가능성을 예견케 한다. 제6장에서 살펴볼 내용을 먼저 언급하면, 데이터의 초국적 유통을 위한 국제규범 형성과 관련해서는 미국과 중국은 각기 다른 입장을 취하고 있다. 미국의 인터넷 기업들이 초국적 데이터의 자유로운 유통을 보장하는 디지털 경제규범의 수립을 옹호한다면, 중국은 경제적 재화로서 가치가 증대된 데이터의 국외 유출에 대해서 데이터 주권에 입각해서 경계론을 펴고 있다. 이러한 입장 차를 염두에 두고 보면, 오프라인 무역에서와 마찬가지로 온라인 무역에서도 자유무역과 보호무역 간의 논쟁이 재현될 가능성이 있다. 최근의 양상을 보면, 양자 협력뿐만 아니라 지역규범과 다자규범의 모색 차원에서 초국적 데이터 유통을 규제하는 디지털 경제규범의 내용에 대한 논란이 진행되고 있다.

5. '내 편 모으기'와 사이버 연대외교

1) 미국의 사이버 동맹외교와 그 균열

화웨이 사태는 사이버 안보를 둘러싼 동맹 및 연대외교를 부각시켰다. 2018년 초부터 미국은 정보동맹을 맺고 있는 영국, 캐나다, 호주, 뉴질랜드 등 '파이브 아이즈' 국가들에 화웨이 통신 장비를 도입하지 말라고 요청했다. 이에 따라 영국 정부는 2018년 초 중국산 통신 장비의 보안 취약성 문제를 제기했으며, 캐나다의 경우도 2018년 초 의회가 나서서 캐나다 업체들이 화웨이와 교류하는 것을 자제하도록 요청했으며, 캐나다 정부도 사이버 보안에 필요한 조치를 약속했다. 호주는 미국에 대해 화웨이에 대한 행동을 촉구했다고 알려질 정도로 적극적인 입장을 취했는데, 2018년에는 5G 장비 입찰에 화웨이 도입을 반대했을 뿐만 아니라 남태평양 국가들에게 장거리 해저 케이블망 부설 사업의 계약자로 화웨이를 선택하지 말라고 압력을 행사했다. 이 밖에 독일과 프랑스도 미국의 화웨이 견제 전선에 동참했다.

2018년 들어 트럼프 행정부는 동맹국들에게 화웨이 제재를 강화할 것을 촉구했다. 영국은 대형 통신업체인 BT그룹이 화웨이와 ZTE 제품을 5G 사업에서 배제하려는 움직임을 보였다. 캐나다는 중국과의 무역마찰을 무릅쓰고 미국의 요청에 따라 화웨이의 부회장인 멍완저우를 체포했다. 호주와 뉴질랜드는 5G 이동통신 사업에 중국 업체가 참가하지 못하도록 하는 방침을 내렸다. 여기에 일본까지 가세해서, 정부 차원의 통신 장비 입찰에서 중국 화웨이와 ZTE를 배제하기로 결정했으며, 일본의 3대 이동통신사도 기지국 등의 통신 설비에서 화웨이와 ZTE 제품을 배제하기로 했다. 이러한 행보를 보고 기존의 '파이브 아이즈'에 일본, 독일, 프랑스 등 3개국이 합류한 '파이브 아이즈+3'의 출현이 거론되기도 했다.

그런데 2019년 2월 말을 넘어서면서 미국의 압박에 동참했던 영국과 뉴질랜드가 '사이버 동맹전선'에서 이탈하려는 조짐을 보였다. 영국 국가사이버보안센터(NCSC)는 화웨이 장비의 위험을 관리할 수 있어 그 사용을 전면 금지할 필요는 없다는 잠정 결론을 내렸다. 미국의 요청에 따라 화웨이를 배제했던 뉴질랜드도 저신다 아던 총리가 직접 나서 화웨이를 완전히 배제하지 않았다는 점을 분명히 했다. 이 밖에 독일 역시 특정 업체를 직접 배제하는 것은 법적으로 가능하지 않다는 점을 밝혔고, 프랑스도 특정 기업에 대한 보이콧은 하지 않겠다는 입장을 내놓았으며, 이탈리아도 화웨이를 5G 네트워크 구축 사업에서 배제하지 않겠다는 보도를 부인했다. 또한 일찍이 화웨이 장비를 배제하겠다는 입장을 내놓았던 일본 역시 그러한 제한은 정부 기관과 공공 부문 조달에만 해당되며, 5G 네트워크 구축에는 포함되지 않는다고 한 발 빼기도 했다.

이들 국가가 입장을 바꾼 이유는, 화웨이를 배제한 채 자체 기술로 5G 네트워크를 구축하는 것이 현실적으로 어려운 상황이 작용했기 때문으로 해석된다. 만약에 이들 국가가 화웨이 장비를 도입하지 않는다면 5G 출범이 2년가량 지체되는 차질을 빚을 것이라는 전망도 나왔다. 역설적으로 미국이 제기한 '미국 우선주의'의 영향을 받아 이들 국가가 자국 우선주의로 돌아섰다는 분석이다. 여기에 더해서 2019년 초 파리평화회담과 뮌헨안보회의 등을 거치면서 미국이 이들 동맹국을 무리하게 밀어붙인 것도 반발을 초래했다. 2019년 2월 마이크 폼페이오 미 국무부 장관은 "만약 어떤 나라가 화웨이 장비를 채택하고 중대한 정보를 넣는다면 우리는 그들과 정보를 공유할 수 없다. 우리는 그들과 함께 일할 수 없을 것"이라고 경고했다. 또한 리처드 그리넬 독일 주재 미국 대사도 올라프 슐츠 독일 재무장관에게 "독일이 5G 네트워크를 구축하면서 화웨이 또는 다른 중국 기업의 설비를 사용할 경우 미국의 정보를 얻지 못할 것"이라는 서한을 보냈다(*Economist*, 2019).

화웨이의 5G 장비 도입을 금지하는 '사이버 동맹전선'이 흔들리면서 트럼프 행정부는 몇 가지 추가 조치를 취했다. 표면적으로는 초강경 자세를 다소 완화하는 제스처를 보였는데, 2019년 2월 21일 트럼프 대통령은 자신의 트위터에

"미국이 가능한 한 빨리 5G, 심지어 6G 기술을 원한다"라며 "미국 기업들이 노력하지 않으면 뒤처질 수밖에" 없으니, "더 선진화된 기술을 막기보다는 경쟁을 통해 미국이 승리하길 바란다"라고 적었다(조슬기나, 2019). 이는 트럼프 대통령이 화웨이에 대한 입장을 바꿀 조짐으로 해석되기도 했으나, 2019년 5월에 이르러서는 오히려 더 강경한 대응 전략을 채택하는 양면전술을 드러냈다. 게다가 화웨이 제재의 '사이버 동맹전선'이 흔들리는 조짐을 보이자, 트럼프 대통령은 화웨이 통신 장비의 국내 도입 금지뿐만 아니라 5G 네트워크 구축에 필요한 핵심 부품을 제공해 온 미 기업들의 화웨이에 대한 수출을 금지하는 행정명령을 내리기에까지 이르렀다.

이러한 전개는 한미 관계에도 영향을 미쳤다. 실제로 화웨이 사태는 단순한 기술 선택의 문제가 아닌 동맹외교의 문제로 한국에 다가왔다. 2019년 6월 주한 미국 대사가 직접 나서 한국이 화웨이에 대한 제재에 동참할 것을 공개적으로 요구하기도 했다. 이와 마찬가지로 데이터의 초국적 이동 문제도 향후 한미 관계를 긴장시킬 가능성이 제기되었다. 2016년 한국 정부는 국가안보를 이유로, 구글이 요청한 1:5000 축척의 국내 지도 데이터의 해외 반출을 거부하기도 했다. 2018년 10월에는 국회에서 구글, 아마존 등 미국 ICT 기업들에 국내에 데이터센터용 서버를 설치할 의무를 지우는 법안이 발의되자, 주한 미국 대사가 클라우드의 장점을 가로막는 데이터 현지화 조치를 피하라고 요구하기도 했다.

사이버 안보를 내세운 미국의 동맹 결속 전략은 미국의 인도·태평양 전략에서도 나타났다. 2019년 4월에는 미국을 위협하는 북한과 중국의 사이버 공격에 대응하기 위한 국제협력체 신설을 골자로 하는 '인도·태평양 국가 사이버 리그(CLIPS)' 법안이 상원에서 발의되었다. 이 법안에 따르면, 클립스(CLIPS)에는 인도·태평양 지역의 미국 동맹국과 파트너 국가들이 참여한다. 한편 미 국방부는 2019년 6월 1일 공개한 「인도·태평양 전략 보고서」에서 중국의 일대일로(一帶一路) 전략에 맞서 인도·태평양 전략을 강화했으며, 화웨이 사태를

'하이브리드 전쟁'의 개념을 빌려 이해하는 모습을 보였다. 하이브리드 전쟁은 핵무기를 사용하기 어려운 상황에서 재래전뿐만 아니라 정치, 경제 등 비군사적 요소와 사이버전, 심리전 등을 포함하여 전방위로 전개하는 새로운 개념의 전쟁을 의미한다.

그러나 2020년에 접어들어서 이들 파이브 아이즈 국가들은 미국의 사이버 동맹에 참여하는 쪽으로 굳어졌다. 대표적인 사례로 2020년 7월 영국 정부가 5세대 이동통신망 구축 사업에서 중국 화웨이 장비 구매를 중단키로 했다. 이에 따라 미국의 다른 동맹국인 캐나다도 선택의 기로에 놓이게 되었는데, 캐나다도 미국과 기밀을 공유하는 '파이브 아이즈'의 일원이기 때문이다. 이 파이브 아이즈에는 미국, 호주, 뉴질랜드, 캐나다, 영국 등 5개국이 가입해 있는데, 이 중 캐나다를 제외한 다른 국가들은 모두 화웨이를 배제하기로 방침을 정했다. 향후 캐나다에도 화웨이 견제에 동참을 요구하는 목소리가 더 커질 것으로 보인다.

2) 화웨이의 항변과 중국의 일대일로 연대

화웨이 사태가 불거지기 전부터 '파이브 아이즈'로 대변되는 미국의 우방국들은 화웨이 통신 장비를 사용하고 있었다. 영국은 2005년 유럽에서 처음으로 화웨이 통신 장비를 도입했으며, 현재 영국의 양대 통신사인 BT그룹과 보다폰은 화웨이 장비를 사용한다. 영국 이외에도 캐나다, 호주, 뉴질랜드 등도 화웨이 장비를 사용한다. 이들 국가가 화웨이 장비를 도입한 이유는 경쟁사 대비 저렴한 가격과 앞선 기술력 때문이다. 런정페이 화웨이 창업자 겸 회장은 2019년 1월 CCTV와의 인터뷰에서 "5G와 마이크로파 통신 장비를 동시에 가장 잘 만드는 회사는 세계에서 화웨이가 유일합니다. 기술은 경쟁입니다. 다른 국가들이 화웨이 제품을 사지 않고 배길 수 있을까요?"라고 말한 바 있다(≪인민망 한국어판≫, 2019).

이러한 상황에서 화웨이는 "사이버 보안 강화를 위해 최선을 다하고 있으며, 보안과 관련해 의혹을 제기받은 사안은 단 한 번도 없다"라는 입장을 취했다. 또한 화웨이는 "현재 전 세계 주요 이동통신사, 포춘(Fortune) 글로벌 500대 기업, 170여 개국이 넘는 나라의 소비자들이 화웨이의 제품과 솔루션을 사용하고 있다. 화웨이는 '글로벌 가치사슬' 전반에 걸쳐 전 세계 기업들의 신뢰를 얻은 파트너로 자리매김한 지 오래"라며 자신감을 보였다. 아울러 화웨이는 "전 세계 선도적인 글로벌 ICT 솔루션 제공 업체로서 비즈니스를 운영하는 해당 지역의 관련 법과 규정을 준수"하고 있으며, "미국뿐만 아니라 유엔과 유럽연합을 비롯한 국제사회에서 공포된 수출 규제 조치를 따르는 데 최선을 다하고 있다"라는 입장을 보였다(원병철, 2018).

미국이 우방국들을 동원하여 화웨이 제품을 도입하지 말라는 압력의 목소리를 높여가는 와중에, 화웨이는 보안 강화를 위한 20억 달러 투자 계획을 발표했고, 보안을 최우선 강령으로 내세우겠다며 맞대응하기도 했다. 이와 더불어 화웨이는 자사가 스페인의 정보 보안 평가 기관인 E&E(Epoche and Espri)에서 'CC(Common Criteria)인증'을 받는다는 사실을 강조하는 등 자사 통신 장비가 보안에 문제가 없다는 점을 적극적으로 소명하고 있다. E&E는 통신 장비 설계·개발을 포함해 실제 고객사에 납품되는 최종 장비에 이르기까지 모든 범위에 대해 보안 평가를 수행하는데, 그중 대표적인 것이 CC인증이다. CC인증은 IT 장비의 보안을 검증하고 인증을 발급하는 과정을 말한다.

또한 화웨이는 사이버 보안의 국제표준화 흐름에 부합하는 조치를 취하고 있다는 인상을 주기 위해서, 2019년 3월 5일 벨기에 브뤼셀에 사이버안보연구소를 개설했다. 화웨이가 다른 곳이 아닌 유럽연합 본부가 있는 브뤼셀에 관련 연구소를 연 것은 자사 통신 장비가 중국 정부로 기밀을 빼돌리는 스파이 행위에 이용될 수 있다는 미국의 주장에 적극적으로 대응한 조치로 풀이된다. 화웨이는 유럽연합의 정책 담당자들을 상대로 미국이 제기하는 보안 논란을 불식시키는 데 초점을 맞춰왔다. 화웨이는 이미 2018년 11월 독일 본에 브뤼셀에 개설한 연구소와 비슷한 연구소를 개설했으며, 영국 정부가 구성한 화웨이 사이버보안평가센터(Huawei Cyber Security Evaluation Centre: HCSEC)를 지원하기도 했다.

화웨이는 미국의 '국방수권법'에 대해서도 적극적으로 문제를 제기했다. 화웨이는 2019년 3월 4일 자사 제품 사용을 금지한 미국 정부에 소송을 제기하겠다고 밝혔다. 소송 내용은 2018년 미국 연방정부가 '심각한 안보 위협'을 이유로 자사 제품 사용을 금지한 방침이 부당하다는 것이다. 미 '국방수권법' 제889조는 미국 정부가 화웨이, ZTE 등 중국 통신 장비 업체들의 기술을 이용하거나, 이들 기업의 기술을 이용하는 다른 사업체와 거래하는 것을 금지하는 규정을 담고 있다. 화웨이는 이 법안이 헌법 위반이라고 주장했으며, 재판 없이 개인이나 단체를 처벌하는 법안을 의회가 통과시켜서는 안 된다는 주장을 펼쳤다. 그러나 2020년 2월 미 연방법원은 화웨이가 제기한 소송이 근거가 없다고 기각 판결을 내렸다.

미국의 화웨이 견제에도 불구하고 중국 정부는 일대일로 추진 차원에서 해외 통신 인프라의 확충을 가속화하고 있다. 2018년 4월 시진핑 중국 국가주석은 일대일로 건설을 계기로 관련 국가들, 특히 개도국에 인터넷 기반시설을 건설하고 디지털 경제와 사이버 보안 등 다방면에서 협력을 강화하여 '21세기 디지털 실크로드'를 건설해야 한다고 강조한 바 있다. 이러한 맥락에서 보면 동남아 국가들이 화웨이를 선호하는 조치를 취한 최근의 행보를 이해할 수 있다. 태국은 2019년 2월 8일 5G 실증 테스트를 시작하면서 화웨이의 참여를 허용했으며 말레이시아, 싱가포르, 인도 등도 화웨이 장비로 5G 테스트를 진행한다는 계획을 밝혔다.

이 밖에도 화웨이와 중국 정부는 서방 국가들에 대한 우호적 공세도 진행했다. 2018년 2월 초 테리사 메이 영국 총리는 쑨 야팡 화웨이 회장과 면담을 가졌고, 3월 화웨이는 영국에 향후 5년간 30억 유로(42억 달러)를 투자하겠다고 선언했다. 화웨이는 2019년 2월, 캐나다에서 연구개발 투자를 확대하고 일부 지적재산권을 넘기겠다고 밝히는 등 주요국들을 설득하기 위한 여론전에도 나섰다. 2019년 3월 25일에는 시진핑 주석이 이탈리아와 일대일로 양해각서를 체결했다. 한편, 유럽연합 집행위원회 EC는 화웨이가 사이버 보안을 위협한다는 미국의 주장이 근거가 없다고 발표했다. 특히 EC는 이러한 발표를 시진핑 주석이 파리에서 에마뉘엘 마크롱 프랑스 대통령, 앙겔라 메르켈 독일 총리, 장 클로드 융커 유럽연합 집행위원장과 회동하는 행사에 맞춰서 진행했다.

이러한 행보에 힘입은 덕분인지 유럽의 이동통신사들은 화웨이 장비를 선택하는 양상을 보이기도 했다. 화웨이는 2019년 6월 말 기준으로 전 세계에서 50건의 5G 장비 공급 계약을 맺은 것으로 알려졌다. 이 가운데 28건은 유럽에서 맺은 계약으로 전체의 56%에 달한다. 같은 기간 화웨이의 경쟁사인 노키아와 에릭슨은 각각 43건, 22건의 계약을 맺었다. 화웨이의 중국 경쟁자인 ZTE는 25건의 계약을 체결했다. 화웨이는 2018년 최대 시장인 유럽·중동·아프리카에서 모두 2045억 위안의 매출을 올렸으며 이는 전체 매출 가운데 28.4%를 차지하는 금액이다. 해당 금액은 미국과 아시아·태평양(중국 제외) 시장의 매출을 모두 합한 것보다 많다. 미국의 제재에도 불구하고 2019년 4분기 화웨이의 글로벌 시장점유율은 증가하여 31.2%를 보였다. 에릭슨이 25.2%, 노키아 18.9%, 삼성 15.0%, ZTE 9.7%의 순이었다.

미국의 압박은 점점 강해지고 세밀해지고 있으나, 미국의 전방위적 제재에도 화웨이는 중국 인민들이 화웨이 제품을 더 많이 사용토록 하는 이른바 '애국 소비'를 앞세워 제재의 칼날을 우회하고 있다. 2020년 상반기 화웨이 매출은 2019년 23%의 증가율보다 둔화한 13% 증가에 그쳤지만, 코로나19 팬데믹 상황을 감안하면 상당히 선방한 것이라 할 수 있다. 한편으로는 중국 정부가 5G 통신 장비에 대대적인 투자에 나서면서 성장세를 유지할 전망을 낳았다. 중국의 3대 국영 이동통신업체인 차이나모바일, 차이나유니콤, 차이나텔레콤은 2020년 약 31조 원에 달하는 자금을 5G 통신망 구축에 투자하고, 50만 개가 넘는 5G 기지국을 건설한다는 계획을 선보였다. 화웨이의 통신 장비 시장점유율 1위도 무난히 수성할 수 있을 것으로 보이지만, 2020년 4/4분기 이후에는 화웨이의 입지가 매우 좁아질 것이라는 비관적인 전망도 제기되었다.

화웨이 사태를 통해서 미국은 화웨이를 글로벌 공급망에서 끊어내겠다는 의도를 분명히 했다는 점에서 미국이 유리해 보이지만 승부 예측은 아직 조심스럽다. 중국이 자국 중심으로 기술 기반을 대체하고 어떻게든 지원 세력을 규합해 5G 보급을 이어나갈 수 있다면, 중장기적으로는 살아남아 성장을 이어나갈 가능성도 있기 때문이다. 화웨이는 미국으로부터의 기술 자립 모색 차원에서 2020년 8월 미국 기술이 들어간 부품을 사용하지 않는 '난니완 프로젝트'에 착수했다. 난니완이란 산시성 시안 지역의 명칭으로, 이 지역에서 항일 전쟁이 벌어졌을 때 중국군이 황무지를 개발해 자급자족하며 일본군과 싸웠던 역사적 배경이 있는 곳이다. 이에 따라 화웨이는 노트북과 PC, 스마트 TV, 사물인터넷 등의 제품에 미국 기술을 배제하고 향후 디스플레이 등으로 프로젝트 범위를 넓혀나갈 계획을 세우기도 했다. 화웨이는 미국의 제재로 스마트폰에 구글의 모바일 운영체제(OS) 안드로이드를 사용할 수 없게 되자, 자체 OS인 '훙멍'을 개발한 바 있다.

3) 디지털 규범과 가치의 플랫폼 경쟁

이러한 사태의 전개는 2020년 후반기에 접어들면서 미중 간의 디지털 안보 동맹 및 연대외교의 경쟁으로 비화되었다. 확연하게 미중 간의 '동맹과 외교의 플랫폼 경쟁'이 진행되고 있음을 알 수 있다. 2020년 8월 폼페이오 미 국무장관은 중국으로부터 중요한 데이터와 네트워크를 수호하기 위한 '클린 네트워크(Clean Network)' 구상을 발표했다. 클린 네트워크 프로그램은 이동통신사와 모바일 앱, 클라우드 서버를 넘어서 해저 케이블에 이르기까지 중국의 모든 ICT 제품을 사실상 전면 금지하는 내용을 담고 있다. 미국 국민의 개인정보 보호 등을 위해 사실상 전 세계 인터넷 비즈니스와 글로벌 통신업계에서 중국 기업들을 몰아내겠다는 뜻이다.

이에 대해 중국은 '글로벌 데이터 안보 이니셔티브'로 맞대응했다. 2020년 9월 왕이 중국 외교부장은 다자주의, 안전과 발전, 공정과 정의를 3대 원칙으로 강조했다. 아울러 일부 국가가 일방주의와 안전을 핑계로 선두 기업을 공격하는 것은 노골적인 횡포로 반대해야 한다며 미국을 겨냥했다.

이처럼 미국은 '클린(clean)'이라는 말에 담긴 것처럼 '배제의 논리'로 중국을 고립시키는 프레임을 짜려 하고, 중국은 새로운 국제규범을 통해 동조 세력을 규합해 미국 일방주의의 덫에서 벗어나려 하고 있다. 이러한 과정을 좀 더 넓게 보면, 미국의 인도·태평양 전략과 중국의 일대일로 구상의 연장선에서 이해할 수 있다. 미중 양국이 벌이는 동맹과 외교의 플랫폼 경쟁에서 어느 측이 이길 것이냐의 여부는, 미중 양국이 제시한 어젠다에 얼마나 많은 국가들이 동조하느냐에 달려 있다.

미 국무부는 자유를 사랑하는 모든 국가와 기업이 클린 네트워크에 가입할 것을 촉구한다고 강조했다. 중국은 9억 명 규모의 자국 인터넷 시장에 참여할 기회를 강조하며 중견국 및 개발도상국을 포섭하려고 했다. 미 국무부는 2020년 8월 초 기준으로 클린 네트워크에 30여 개국이 동참했다고 밝혔다. 대만은 8월 31일 공식적으로 클린 네트워크 참여를 선언했다. 이에 비해 왕이 외교부장은 유엔과 G20, 브릭스, 아세안 등 다자 플랫폼에서 데이터 안보를 논의할 것이라고 언급하는 데 그쳤다. 중국 외교관들이 이니셔티브 발표에 앞서 다수의 외국 정부와 접촉했지만 얼마나 많은 지지를 얻었는지는 분명치 않다.

언뜻 보기에는, 미국이 유리하다고 생각할 수 있지만, 중국이 5G·사이버 인프라를 아시아·중남미·아프리카에 보급하며 막대한 자금을 쏟아부었기에 꼭 불리하다고 보기는 힘들다. 중국은 방대한 내수시장을 바탕으로 전자상거래, 핀테크, SNS, OTT 등 자국산 플랫폼을 만들고 여기서 실력을 쌓은 기업들을 동남아와 아프리카, 중동 등 미국의 영향력이 상대적으로 덜 미치는 지역으로 진출시켜 '디지털 죽(竹)의 장막'을 치려 하고 있다. 이렇게 되면 중국은 미국의 압박을 견딜 수 있는 내성을 갖출 뿐 아니라 미국의 포위 전략에서 벗어나 독자적인 세력권을 구축할 수 있게 된다.

이러한 가능성을 보여주는 것이 현대판 실크로드라고 할 수 있는 일대일로 구상의 디지털 버전인 '디지털 실크로드'이다(차정미, 2020). 중국은 크게 세 가지 방면에서 디지털 실크로드를 추진하고 있다. 첫째, 중국은 차세대 이동통신망인 5G와 광케이블, 데이터센터를 포함한 인터넷 인프라 제공에서 세계 선두 주자로 올라서려 한다. 둘째, 중국은 위성항법장치와 인공지능(AI), 양자컴퓨터 등 중요한 경제 전략의 자산이 될 첨단기술 개발에 돈을 쏟아붓고 있다. 끝으로, 디지털 실크로드로 구축한 인프라를 바탕으로 전자상거래 플랫폼 구축, 디지털 화폐 유통 등을 통해 중국 중심의 디지털 생태계를 형성하는 것이다.

이러한 디지털 실크로드를 따라서 중국은 외교적 행보를 벌여 미래 디지털 세계에 중국의 구미에 맞는 국제규범을 전파하려 한다. 다시 말해, 중국은 디지털 실크로드를 통해서 전 세계에 '디지털 권위주의 모델'을 수출하여 정치적으로 비(非)자유주의에 입각한 세계질서를 구축하려 한다. 이렇게 보면, 미중이 벌이는 플랫폼 경쟁은 외교 분야의 '내 편 모으기' 경쟁일 뿐만 아니라 좀 더 근본적인 의미에서 규범과 가치의 플랫폼을 놓고 벌이는 경쟁이다. 20세기 후반 구축된 미국 주도의 규범과 가치의 신자유주의적 세계질서와 이를 반영한 디지털 플랫폼이 작동했다(O'Mara, 2019). 이제는 여기에 중국의 규범과 가치가 도전한다. 실제로 중국은 자신만의 규범과 가치가 적용된 디지털 플랫폼 구축에 박차를 가하고 있다.

중국 화웨이의 5G가 세계에 깔리기 시작하면 중국의 표준이 깔리고, 그 위에 그 표준에 맞는 플랫폼들이 접속될 것이다. 그 플랫폼은 권위주의적 가치를 기반으로 작동한다. 국가 플랫폼에 접속된 시민의 거의 모든 정보가 국가로 넘어갈 수 있으며, 국가는 인공지능이라는 첨단기술로 시민을 매우 정교하게 감시·통제할 수 있게 된다. 중국의 플랫폼 독과점은 거대한 최첨단 권위주의 국가로 가는 길이다. 권위주의 체제를 유지하면서 경제를 발전시키려는 수많은 개도국과 체제 전환국이 중국 모델을 채택할 가능성이 있다. 권위주의 가치 블록을 형성해 자유주의 국제질서 내부를 두 블록으로 분할하는 것이 중국이 가려는 길이다(이근, 2019).

반대편에 미국을 중심으로 한 또 다른 거대 플랫폼 블록이 있다. 트럼프 행정부의 클린 네트워크 구상도 그러한 경향을 담았지만, 바이든 행정부에서는 그러한 가치 지향이 더 커졌다. 기술보다 가치를 강조하고 안보보다 규범을 강조하는 경향을 보이고 있다. 인권과 민주주의를 명분으로 동맹 전선을 고도화하여 국제적 역할과 리더의 지위를 회복하고 다자주의를 강조하고 있는 것이다. 개인정보를 보호하고 국가 기반시설 수호를 위해 다른 국가와의 협력을 표명하며, '하이테크 권위주의'에 대한 대응 차원에서 '사이버 민주주의 동맹'을 추진할 가능성이 크다. 미국은 대(對)화웨이 전선에 '파이브 아이즈'를 확대한 '파이브 아이즈+3'나 'D10'의 구성을 꾀했을 뿐만 아니라, 좀 더 넓은 의미에서 G11이나 경제번영네트워크(EPN)를 모색했다. 인도·태평양 지역에서도 쿼드 안보협력체의 강화와 확대를 모색하고 있다.

제6장
데이터 안보와 분할인터넷

1. 데이터 안보의 복합지정학

디지털 패권경쟁의 과정에서 최근 부쩍 '데이터'의 중요성이 강조되고 있다. 단순히 '정보를 다루는 기술(IT)'의 시대가 가고 이제는 '데이터를 다루는 기술(DT)'의 시대가 도래했다고 한다. 반도체가 산업의 '쌀'이었다면 데이터는 산업의 '원유'라고 비유되기도 한다. 데이터는 단순한 기술과 경제의 논제를 넘어서 국제정치학의 관심사로도 자리 잡아가고 있다. 데이터 자원의 확보와 데이터 경제의 활성화는 국가전략을 논하는 데 빼놓을 수 없는 요소가 되었다. 권력, 독점, 패권, 민주주의 등의 개념을 데이터에 적용해 보려는 시도가 늘어나는 현상은 데이터가 정치적 지배와 저항의 쟁점이 되었음을 보여준다. 국제정치의 영역에서도 데이터 주권이나 외교, 또는 데이터 안보와 국방 등과 같은 개념들이 출현했다. 그야말로 '데이터를 지배하는 자가 세계를 지배하는 세상'이 오고 있다(리즈후이, 2019).

최근 데이터가 국제정치학의 어젠다로 부상한 데는 단순한 산업경쟁력의 이슈를 넘어서 포괄적인 국가안보의 문제로서 데이터를 각인시킨 일련의 사건들이 영향을 미쳤다. 여기서 논란이 된 것은 그 자체가 국가안보와 직접적으로 관련된 '내용'을 가진 데이터만은 아니었다. 스몰데이터 시대였다면 '속성론'의 차원에서 이해된 '안보 데이터'가 쟁점이었겠지만, 빅데이터 시대의 관건은 데이터가 안보 문제로 쟁점화되는 과정, 즉 '데이터 안보화'의 문제이다. 미시적 차원에서 보면 개인정보나 집단 보안의 문제에 불과한 데이터일지라도, 큰 규모의 수집과 처리 및 분석의 과정을 거치고 여타 비(非)안보 이슈들과 연계되는 와중에, 거시적 차원에서는 국가안보에 치명적인, 숨어 있던 '패턴'이 드러날 수도 있다는 것이었다.

데이터 안보는 전통 안보와는 다른 과정을 통해서 안보 문제가 된다. 특히 빅데이터 시대의 도래가 그러한 차이를 낳았다. 빅데이터 경제의 확산은 사생활 침해와 개인정보 보호에 대한 논란을 일으켰다. 테러 행위 색출과 사이버 안보를 위한 빅데이터 감시는 빅브라더의 출현과 인권침해 논란을 불러일으켰다. 다국적 빅데이터 기업들의 세계시장으로의 진출은 국가 주권 수호의 차원에서 데이터의 초국적 유통을 보게 만들었다. 전통 군사안보 분야의 빅데이터 역량은 미래전의 승패를 가르는 핵심 요인으로 인식되고 있다. 이러한 과정에서 국가안보에 치명적인 데이터는 미리 정해져 있는 것이 아니라, 양적으로 늘어나고 질적으로 연계되는 메커니즘을 거치면서 국가안보의 이슈로 창발한다.

최근 데이터 안보의 문제는 강대국들이 벌이는 지정학적 현안으로 인식되고 있다. 여기서 주의할 점은 전통 안보 문제를 주된 연구 대상으로 삼는 고전지정학의 관점에서만 데이터 안보를 봐서는 안 된다는 것이다. 최근 벌어지는 데이터 안보 경쟁은 민간 행위자들의 참여와 이들의 협력을 통해서 구축하려는 제도와 규범에 대한 논의도 중요한 축을 이룬다. 안보담론이나 정체성을 통해서 현실을 재구성하려는 문제 제기도 빼놓을 수 없다. 최근 첨단 부문으로서 4차 산업혁명 분야에서 데이터 안보를 놓고 벌이는 미국과 중국, 유럽의 디지털 패권경쟁은 이러한 복합적인 면모를 보여주고 있다.

2. 데이터 안보화, 양질전화의 과정

1) 빅데이터 권력과 사생활 침해

4차 산업혁명 시대에는 과거와 비교할 수 없을 정도로 거대한 규모의 데이터가 생성된다. 이렇게 생성된 데이터는 빅데이터 기술을 통해 수집·처리·분석되어 자신도 모르는 사이에 기업 마케팅이나 공공정책에 활용되기도 한다. 그런데 문제는 이렇게 수많은 사용자의 경제활동 동향과 정치적 성향을 포함한 개인정보가 사적 권력으로서 민간 기업들에 집중되면서 사생활 침해 논란이 커지고 있다는 사실이다. 특히 구글(G), 아마존(A), 페이스북(F), 애플(A), 즉 'GAFA'로 대변되는 미국의 다국적 기업들의 빅데이터 권력이 커지는 현상에 대한 우려가 늘어나고 있다(Jørgensen and Desai, 2017).

그동안 구글은 과도한 개인정보 수집이 사생활을 침해한다는 논란에 휩싸여 왔다. 2016년 3월 구글은 '스트리트 뷰' 서비스를 준비하면서 보안 조치 없이 이메일과 비밀번호를 수집했다는 혐의로 벌금을 물었다. 2017년에도 안드로이드폰 사용자들의 위치 정보를 무단으로 수집했다는 사실이 밝혀지면서 곤욕을 치렀다. 아마존은 고객들의 물품 구매와 관련된 정보를 수집하여 자회사나 제휴 회사들과 공유한다는 이유로 조사를 받았다. 아마존의 택배용 소형 드론이 남의 집을 엿본다든가 타인의 동의 없이 무단 촬영을 하여 사생활을 침해했다며 그 운용에 대한 가이드라인을 만들라는 행정명령을 받기도 했다.

페이스북은 2016년 미 대선 당시, 영국 데이터 분석 업체 케임브리지 애널리티카(CA)가 페이스북 이용자 수천만 명의 정보를 트럼프 대선 캠프로 넘겨주어 선거운동에 활용토록 지원한 사실이 폭로되면서 곤욕을 치렀다. 게다가 2018년 세 차례의 개인정보 유출 사건이 드러나며 주가는 고점 대비 38% 하락했고 가입자의 이탈도 가속되었다. 애플의 개인정보 침해 가능성도 논란거리였다. 2010~2011년에는 이용자들의 동의 없이 위치 정보를 수집했다고 여러 차례 손해배상이 청구되었으며, 2014년 6월에는 위치 서비스 기능을 꺼도 위치 정보가 수집되는 버그가 발생했다. 애플이 iOS에 사용자를 모니터링할 수 있는 백도어를 숨겨놓았다는 주장이 제기되어 파문이 일기도 했다.

GAFA의 사생활 침해 사건은 빅데이터 비즈니스 모델 전반을 재검토하고 이들을 규제해야 한다는 논란을 불러일으켰다. 사실 검색엔진, 전자상거래 시스템, 소셜 네트워크 서비스(SNS) 등 각종 플랫폼을 소유하고 있는 빅데이터 기업들은 이용자의 검색 내역, 위치 정보, 상품 구매 내역, 콘텐츠 선호도 등을 축적해 맞춤형 광고와 상품 추천에 사용하거나 제3의 기업에 판매해 왔다. 이러한 빅데이터 비즈니스 모델은 사생활 침해의 가능성이 있을 뿐만 아니라 편견이 담긴 예측 분석으로 인해 개인에게 차별을 가할 수 있는데, 이러한 차별이 인공지능을 기반으로 '자동화'될 경우 그 차별 여부조차도 알아내기 어려워질 수 있다.

최근 급부상한 중국의 BAT 기업들, 즉 바이두(B), 알리바바(A), 텐센트(T)도 상황은 마찬가지이다. 예를 들어, 알리바바는 전자상거래와 알리페이 결제 서비스를 제공하는 과정에서 이용자들의 소비 패턴을 실시간으로 해석하고 다음 행보를 예측해 새로운 서비스를 창출해 낸다. 여태까지는 주로 개인의 소비 생활에 영향을 미쳐온 빅데이터 분석이 유통, 의료, 제조 등 전통 산업 영역으로도 침투하고 있다. 중국 최대 차량 공유 업체 디디추싱도 승객 개개인의 동선에 대한 정보를 보유한 데이터 기업이다. 디디추싱은 그들의 고객인 운전자와 승객에게 편리함을 선사한다는 명목으로 수집한 데이터를 다방면으로 활용하고 있다(리즈후이, 2019).

그런데 중국은 서구 국가들보다 개인정보 보호 체계가 느슨하다. 사생활 보호보다 빅데이터를 활용한 경제 활성화에 더 적극적이다. 이러한 상황에서 중국 기업들이 제공하는 신용평가 서비스가 개인정보를 침해할 가능성은 더 크다. 안면인식 기술을 도입한 생체 데이터의 수집은 더 심각한 개인정보 침해를 일으킬 수 있다. 게다가 이러한 중국의 상황은 정치적 감시와 검열·통제와도 연결된다. 예를 들어, 2019년 12월 1일 발효된 중국의 '정보보안등급보호규정 (MLPS) 2.0'은 5단계의 보안등급 중에서 낮은 등급인 3~5등급을 받으면 연 1회 이상 중국 공안의 감사를 받아야 한다고 규정했다.

2) 사이버 공격과 데이터 유출

사이버 공격을 통한 데이터 안보위협도 큰 논란거리이다. 사이버 공격은 물리층의 파괴나 시스템의 교란 등을 노리기도 하지만, 정보·데이터 자원이나 지적재산의 절취를 노리고 감행되기도 한다. 이는 보통 '사이버 간첩(cyber espionage)'으로 개념화된다. 이러한 사이버 간첩의 활동 사례로는 1999년 미 공군 네트워크에 대해서 러시아가 감행한 문라이트 메이즈 작전, 2003년 미군과 미 정부 컴퓨터 시스템에 대해 중국이 감행한 타이탄 레인 작전, 2008년 미 국방부의 비밀 네트워크에 대한 악성코드 침입 사건, 2009년 중국 해커로 추정되는 세력이 토론토 대학의 고스트넷에 침투한 사건 등이 있다.

2012년 미국이 이란에 침투시킨 악성코드인 플레임(Flame)은 데이터 자원을 노린 사이버 공격의 대표적인 사례이다. 이란도 2012년에 샤문(Shamoon)이라는 악성코드를 사용하여 사우디의 석유 회사 아람코의 전체 컴퓨터 4분의 3에 해당하는 약 3만 대의 컴퓨터에 있는 데이터를 지워버리는 사이버 공격을 감행하기도 했다. 한편 2014년 3월 러시아가 크림반도를 점령하는 과정에서 우크라이나에 대해 감행한 사이버 공격은 물리적 파괴가 아니라 정보·데이터의 절도와 조작을 위주로 한 사이버 스파이 활동의 형태로 진행되었다.

미국 내 시스템에 대한 침투나 정보·데이터 자산의 탈취를 노린 중국 해커들의 공격도 논란거리였다. 2013년 2월 미국의 사이버 보안업체인 맨디언트가 내놓은 보고서에 따르면 중국군 61398부대는 2006년부터 미국과 서구 국가들의 공공기관 및 민간기관을 대상으로 수백 테라바이트의 정보를 유출했으며, 그중 81%가 미국 기업이나 공공기관을 대상으로 한 것으로 밝혀졌다. 이들 공격은 정보통신과 항공우주 분야뿐만 아니라 과학 연구와 컨설팅 분야에 집중되었으며, 주로 지적재산과 중요 데이터의 절취를 목표로 했다.

데이터 안보의 관점에서 더 큰 문제가 된 것은, 2015년 6월 중국 해커들이 미 연방인사관리처(OPM)를 해킹하여 미 상·하원 의원과 FBI 요원들의 장기 누적 인사 정보가 유출된 사건이었다. 2016년 12월에는 중국군이 지원하는 해커 조직이 미 연방예금보험공사(FDIC)를 해킹한 사건도 발생했다. 2018년 1~2월에는 중국 해커들이 미 해군 수중전센터와 계약한 업체의 컴퓨터를 해킹하여, 2020년까지 운용하는 초음속 대함 미사일과 수중전에 대한 세부 정보 계획을 포함한 614기가바이트가량의 매우 민감한 데이터를 절취한 것으로 알려져서 논란을 빚었다.

2010년대 후반으로 넘어오면서 데이터 절취를 노린 사이버 공격은 금전적 이득을 노린 사이버 범죄와 결합되는 양상을 보였다. 2014년 11월 소니 해킹을 감행했던 북한은 2016년 2월에는 방글라데시 중앙은행의 SWIFT 시스템을 해킹했다. 이후에도 국제사회의 대북 제재가 한층 강화되면서 돈줄이 막힌 북한이 7000여 명으로 구성된 해커 부대를 앞세워 대대적인 외화벌이 작전에 나섰고, 2017년 12월에는 한국의 비트코인 거래소 유빗을 해킹해 파산시켰다. 또한 북한은 한국의 국방망과 방위산업체들을 해킹해 해군 이지스함과 잠수함, 공군 F-15 전투기의 취약점을 파악할 수 있는 설계 도면과 이와 관련된 데이터를 훔쳐갔다고 알려졌다.

2017년 5월 들어 데이터 안보를 위협했던 해킹 사건은 라자루스로 알려진 해커 집단의 워너크라이 랜섬웨어 공격이었다. 이는 전 세계 150여 개국 30만 대 이상의 컴퓨터를 감염시켜 큰 피해를 입혔다. 미국 사이버 보안업체인 파이어아이는 2018년 2월 발표한 보고서를 통해 이를 북한의 소행으로 지목했다. 특히 북핵 경제제재에 발목이 잡힌 북한 정권이 돈줄을 찾기 위해 사이버 공격을 확대한 것으로 해석했다. 북한이 국가 기밀 데이터를 훔치는 기존의 방식을 넘어서 악성코드의 유포를 통해서 불법적인 금전 취득을 노리고 있다는 것이었다.

3) 기술패권 경쟁과 데이터 안보화

데이터 안보위협은 안보화 과정을 통해서 주관적으로 구성되기도 했다. 특히 중국과 기술패권 경쟁을 벌이는 미국의 견제가 데이터 안보화의 외양을 하고 나타났다. 2010년대 후반에 걸쳐서 미국은 화웨이 통신 장비 제품의 사이버 보안 문제를 내세워 수입통제를 포함하여 다방면에서 압박을 가했다. 미국이 우려한 바는 화웨이 제품의 백도어를 통해 유출될 데이터가 야기할 국가안보의 문제였다. 특히 미국은 화웨이라는 기업의 뒤에 중국 정부가 있다는 사실을 의심했다. 이러한 상황에서 화웨이가 5G 이동통신망을 장악할 경우 이는 미국의 핵심적인 국가정보를 모두 중국 정부에게 내주는 꼴이 될 것이라는 우려가 제기되었다.

화웨이 다음으로 표적이 된 것은 민간 드론 시장을 석권한 중국 업체 DJI였다. 미국 국토안보부(DHS) 사이버 안보·기간시설 안보국(CISA)은 2019년 5월 중국의 드론이 민감한 항공 정보를 중국으로 보내고, 중국 정부가 이를 들여다본다고 폭로했다. 이를 두고 CISA는 국가기관의 정보에 대한 '잠재적 위협'이라고 경고했다. CISA가 특정 드론을 거론한 것은 아니었지만, 사실상 중국의 DJI를 염두에 둔 발표였다. CISA는 자국 소비자들에게 중국산 드론을 구입할 경우 신중해야 하며, 사용 시 인터넷 장비를 분리해야 한다는 방침까지 내놓았다. 화웨이에 대해서 제기되었던 데이터 안보화를 연상케 하는 조치였다.

2019년 10월 미국 내무부는 긴급 상황 대응 업무를 수행하는 소수의 경우를 제외하고 모든 중국산 드론의 비행을 중지한다고 발표했다. 최근 수년간 미국 내무부는 드론 도입을 확대해 왔으며 약 800여 대의 드론을 보유하고 있다. 이들 드론은 미국 42개 주와 해외에서 1만여 차례가 넘는 비행을 실시했다. 이때 중국산 드론이 수집한 데이터가 중국 정보기관에 전달될 수 있으며, 정보 수집과 전달 과정은 백도어나 드론 제조사를 통해서 이뤄진다는 우려가 제기되었다. 미국 내무부는 중국산 부품을 사용하는 기타 국가의 드론도 비행 중지 범위에 포함시켰다. 다만 미국 내무부는 삼림 화재 진압과 구조, 생명과 재산을 위협하는 자연재해 대응 등 긴급 업무를 수행하는 드론은 비행 중지 조치가 적용되지 않는다고 밝혔다.

미 의회는 2020년 회계연도 '국방수권법안'에 정부 자금으로 중국산 버스와 궤도차, 드론 구매를 금지하는 내용을 포함시켰다. 중국이 화웨이 제품을 통해 정보 수집이 가능하듯이 드론, 버스와 궤도차에도 위치 정보 수집 장치 등을 부착해 스파이 활동을 할 수 있다고 우려를 표명했다. 이 법안이 도입됨에 따라 DJI 외에도 현재 미국 내에서 영업 중인 중국 국영철도차량회사 중국중차 (CRRC)와 전기차 업체 비야디(BYD)도 큰 충격을 받을 전망이다. 한편 2020년 7월 DJI의 드론 조종 애플리케이션에 보안 취약점이 발견되었다는 보도도 나왔다. DJI의 구글 안드로이드 운영체계용 앱에 보안 취약점이 있다는 것이었다. 이 앱이 사용자의 휴대전화에서 단말기 고유 식별 번호(IMEI), 국제 모바일 가입자 식별 번호(IMSI), 심(SIM) 카드 시리얼 번호 등 드론 운영에 불필요한 개인정보를 수집하고 있다고 했다.

또한 미국 정부는 2017년부터 하이크비전, 다후아 등과 같은 중국 CCTV 업체들이 수집하는 데이터가 중국 정부로 유출될 수 있다는 의혹을 제기했다. 중국 정부가 42%의 지분을 보유하고 있어 사실상 국영기업과 마찬가지인 하이크비전을 비롯해 중국 CCTV 업체들이 전 세계 시장을 40% 이상 장악하면서 문제가 불거지기 시작했다. 이들은 미국에도 진출해 감시 카메라 시장 등에서 시장점유율 2위를 차지하고 있다. 뉴욕시 경찰이 테러를 방지하기 위해 시내 곳곳에 설치한 CCTV도 대부분 하이크비전 제품이다. 문제는 곳곳에 퍼진 중국산 CCTV에 찍힌 영상이 백도어를 통해 중국으로 유입된다는 의혹이 제기된 것이다. 이 때문에 2019년 8월부터 정부 기관에서 중국산 통신·영상 보안 장비를 사용하지 못하도록 하는 '국방수권법'이 2018년 8월 미 의회에서 통과되었다.

하이크비전은 CCTV 제작 기술에서 세계적으로 앞서갈 뿐만 아니라 안면인식을 비롯, 사람들의 버릇과 신체 특성 등을 고려해 특정 인물을 식별하는 기술로 유명하다. 중국 정부는 이러한 기술을 감시 도구로 활용해서 소수민족이나 반체제 세력을 통제하는 데 적극적으로 활용하고 있다. CCTV 업체인 하이크비전에 대한 압박은 천안문 사태 30주년을 맞이한 중국의 인권 문제를 겨냥했다는 해석을 낳았으며, 이는 2019년 하반기 뜨거운 쟁점이 되었던 홍콩 시위 사태와도 무관하지 않다. 2019년 10월, 하이크비전 등에 대한 미국 기업의 부품 수출제한 조치를 시행한다는 발표가 나왔다. 하이크비전 등을 포함한 28개 중국 기업에 대해 미국 정부의 승인 없이 미국 기업의 부품을 판매할 수 없도록 했다.

2018년 1월 미국 재무부 산하 미국 외국인투자위원회(CFIUS)는 알리바바 계열 앤트파이낸셜이 미국 최대 송금 서비스 업체 머니그램을 인수하는 것을 제지했다. CFIUS는 금융 서비스와 관련된 데이터 안보상의 우려가 크다는 이유로 인수를 승인하지 않았다. 결국 2018년 5월 앤트파이낸셜은 알리페이 결제 서비스와의 상승 효과를 노리고 추진하던 머니그램 인수를 포기했다. 마찬가지로 2019년 5월 중국 게임 회사 쿤룬은, 2018년에 인수했던 미국의 소셜 미디어 그라인더를 2020년 6월까지 매각하겠다고 발표했다. 800여만 명의 미국인이 사용하는, 세계 최대의 성(性)소수자 커뮤니티인 그라인더의 데이터가 중국으로 넘어가면 안보위협이 될 수 있다며 CFIUS가 매각 명령을 내렸기 때문이었다.

2019년 말에 새로이 데이터 안보의 쟁점으로 부상한 중국의 앱 서비스는 15초짜리 짧은 동영상을 공유하는 틱톡이었다. 중국의 스타트업인 바이트댄스의 틱톡은 전 세계 5억 명 이상의 사용자를 자랑하며, 미국에서만도 가입자가 2500만 명에 달한다. 미국 정부는 2019년 2월 틱톡에 대해 아동 개인정보 불법 수집 혐의로 과징금을 부과한 바 있다. 또한 미 상원의원들도 틱톡의 국가안보 위험 여부를 조사해 달라고 공식 요청했다. CFIUS는 바이트댄스가 미국의 뮤직 앱인 뮤지컬 리(musical.ly)를 인수한 데 대한 조사를 실시했다. 미 육군과 해군도 사이버 안보에 위협이 될 수 있다며 소속 장병들의 틱톡 사용을 금지했다.

이상에서 언급한 데이터 안보화와 동전의 양면과도 같은 관계에 있는 것이 사이버 루머와 가짜 뉴스(fake news)의 유포이다. 최근 미국이나 서방 진영 국가들의 선거 과정에서 수행된 러시아발 가짜 뉴스 공격은 인터넷과 소셜 미디어상에서 여론을 왜곡하고 사회 분열을 부추기며 서구 민주주의 체제의 정상적인 작동을 방해하는 효과를 빚어냈다. 이러한 문제들은 이른바 데이터 민족주의와 결합되며 사이버 공간에서의 국가 간 역사·문화 갈등으로 비화될 가능성이 있다. 한국에서 제기되었던 구글 지도의 동해 표기 오류 문제나 구글이 1:5000 축척 지도 반출을 요구한 사건 등은 데이터 안보 문제가 민족주의적 정서와 결합된 사례였다(이승주, 2018).

3. 데이터 주권 논란, 이슈연계의 메커니즘

1) 초국적 데이터 유통 규범의 모색

미국은 화웨이에 대해서는 안보를 빌미로 한 보호주의의 칼날을 휘둘렀지만, 자국 빅데이터 기업들의 데이터 비즈니스에서는 자유로운 이동을 보장하자는 입장이다. 국경 간 자유로운 데이터 이전이 보장되는 가운데 개인정보 유출이나 왜곡·남용 등의 문제가 발생할 경우에만 해당 기업이 책임지면 된다는 것이다. 주로 의료, 금융, 정보통신 분야 등의 특정 데이터를 중점적으로 보호하고 있으며, 국가적 차원의 정책보다는 해당 주(州) 또는 기업의 법 테두리 안에서 대응하고 있다. 이러한 미국의 입장은 초국적 유통을 통해 글로벌 차원에서 데이터의 가치를 극대화하려는 미국 다국적 기업들의 이해관계를 대변한다.

이러한 미국의 입장은, WTO에서의 서비스 무역에 대한 논의가 부진한 가운데, 지역무역협정 차원에서 진행되었던 다자간 서비스협정(Trade in Services Agreement: TISA)에서 그대로 드러났다. TISA에서 논의되는 '정보의 국경 간 이동 보장' 조항이 관철될 경우, 빅데이터 분석에 필요한 다량의 데이터 수집·축적·관리 및 유통을 제한하는 정부의 조치는 불허된다. 또한 데이터의 수집과 축적을 위해 필요한 데이터센터를 자국 내 둘 것을 요구하거나 데이터의 이전과 관련하여 통상 차원에서 정당화할 수 없는 요건을 부여할 수 없게 된다(강하연, 2013). 그러나 TISA의 체결은 트럼프 행정부의 출범과 함께 무산되었다.

트럼프 대통령이 환태평양경제동반자협정(TPP)의 탈퇴를 선언하면서 미국이 주도하던 디지털 무역협상이 소강상태를 맞고 있는 가운데, 데이터 무역에 대한 논의는 포괄적·점진적 환태평양경제동반자협정(CPTPP)과 미국·멕시코·캐나다 협정(USMCA)에서 이루어졌다. 미국을 제외한 TPP 가입국 11개국이 체결하여 2018년 12월 발효된 CPTPP는 무역협정 중 최초로 국경 간 자유로운 데이터 이동, 서버 국지화 금지, 개인정보 보호 등의 내용을 포함했다. 2018년 미국, 캐나다, 멕시코가 기존의 'NAFTA'를 개정하여 체결된 USMCA는 기본적으로 CPTPP를 기초로 하되 새로운 규범을 포함했다. 개인정보 보호, 국경 간 자유로운 데이터 이동 및 서버의 설치, 인터액티브 컴퓨터 서비스 등에 대한 규정을 담았다(박지영·김선경, 2019).

미국과 일본도 2018년 중후반부터 개인정보 보호와 빅데이터 국제 유통 규칙 마련을 위한 논의를 진행해 왔다. 2018년 7월 미국은 자유로운 디지털 무역을 촉진하기 위해 TPP를 대체할 틀을 미국과 일본이 주도해 만들자고 제안했다. 사실상 트럼프 대통령이 탈퇴했던 TPP의 데이터 버전으로 볼 수 있는 구상을 제시한 것이었다. 이러한 '데이터 TPP'의 바탕에는 2011년 비준된 아시아·태평양경제협력체(APEC)의 '국경 간 프라이버시 규칙(Cross-Border Privacy Rules: CBPR)'이 있었다. CBPR은 기업의 개인정보 보호를 평가하고 인증하는 체계이며 회원국 간 데이터 이전 활성화와 안전한 개인정보 이전을 위해 지켜야 할 일련의 원칙을 제시했다. 현재는 한국과 미국, 일본, 캐나다 등 8개국만 참여하고 있지만, 미국은 이를 베트남, 대만, 남미 국가들까지 확대하려 한다(박지영·김선경, 2019).

2019년 6월, 오사카 G20 정상회의는 미중 기술패권 경쟁의 무게중심이 '화웨이 라운드'에서 '데이터 라운드'로 옮겨갈 조짐을 보여줬다. G20에서 일본이 제안한 '오사카 트랙'은 중국의 디지털 보호주의와 데이터 국지화 정책을 겨냥한 미국 등 서방 진영의 속내를 담고 있었다. 오사카 트랙에서는 국제적 데이터 유통 규칙의 표준화뿐만 아니라 개인정보와 지적재산권 보호 및 사이버 보안의 강화, 그리고 미국의 인터넷 기업들에 대한 과세 기준 마련 등이 논의되었다. G20 차원에서 제기된 이러한 문제들은 양자 및 다자 그리고 지역 차원의 협상 과정에서 유사한 구도로 재현 및 확장될 것으로 전망된다.

그러나 오사카 G20 정상회의에서 미중 정상은 데이터 주권으로 설전을 벌였다. 트럼프 대통령이 중국의 데이터 통제를 겨냥해 "국가를 넘는 데이터 유통 등을 제한하는 (중국의) 움직임은 무역을 방해하고, 프라이버시나 지적재산을 침해하는 것이어서 반대한다"라고 말했다. 이에 대해 시진핑 주석은 "각국의 자주적인 관리권을 존중하고 데이터의 질서 있는 안전 이용을 확보해야 한다"라고 반박했다. 또한 시 주석은 불법적인 데이터 수집 가능성 등을 이유로 중국 화웨이에 대해 제재를 가하는 미국 정부를 향해 "공평, 공정하고 차별 없는 시장 환경을 만들어야 한다"라고 역공을 펴기도 했다(민재용, 2019).

2) 데이터 국지화와 국가 주권 담론

미국이 자국의 빅데이터 기업들의 이익을 내세워 데이터의 초국적 유통을 옹호하고 있는 가운데, 최근 각국은 데이터를 일국적 재산으로서 이해하고 데이터 안보의 시각에서 접근하는 행보를 보이고 있다. 특히 데이터 주권의 개념을 내세워 자국 기업과 국민의 데이터를 보호하고 데이터 유통 활성화 및 그 활용 역량을 증대시키고자 노력하고 있다. 데이터 현지 보관, 해외 반출 금지 등으로 대변되는 '데이터 국지화(data localization)' 정책을 확대해 국가의 사이버 보안뿐만 아니라 국민의 개인정보 보호를 보장하겠다는 것이다. 이렇게 원칙적으로 데이터의 초국적 이동을 제한하는 입장을 추구하는 대표적인 국가는 중국이다(Liu, 2020).

스노든 사건 이후 미국이 데이터 감시를 수행한 데 대한 위기감은 중국이 이러한 입장을 강화하는 데 작용했다. 중국에서 활동하는 모든 기업은 중국에서 수집된 데이터를 반드시 역내에 보관해야 하며, 데이터를 역외로 이전하기 위해서는 중국 당국의 허가를 받고, 중국의 규정에 따라 안전 평가 절차를 거쳐야 한다는 것이다. 또한 중국 정부의 요구가 있을 경우 데이터 암호 해독 정보를 제공해야 하며, 거부 시에는 기업에 영업 정지와 벌금을 부과한다는 것이다. 이러한 중국의 행보는, 공익을 해치는 데이터를 검열·통제하고, 자국 내에서 수집한 데이터의 국외 유출을 규제하는 것은 국가 주권이라는 관념에 입각해 있다.

2017년 6월 시행된, 중국의 '네트워크안전법'은 이러한 내용을 담고 있다. '네트워크안전법'에서는 데이터 국지화와 인터넷 안전 검사 관련 조항이 쟁점인데, 상위 등급에 있는 '핵심 정보 인프라 운영자'로 지정되면, 데이터 서버를 중국에 둬야만 하고, 중국 정부가 지정한 네트워크 장비와 서비스만을 사용해야 한다. 그리고 중국 정부는 안전 수준에 대해 지속적으로 점검하고 모니터링할 수 있다. '네트워크안전법'은 표면적으로는 개인정보 보호 및 국가와 국민의 안전을 목표로 내세웠지만, 실상은 자국 산업의 보호와 인터넷 콘텐츠의 통제와 검열 강화를 노리는 것으로 평가된다.

러시아도 자국민 데이터를 국가 주권의 범위로 규정하는 법률을 연이어 제정하고 있다. 푸틴 러시아 대통령은 2019년 5월 러시아에서 발생한 데이터를 해외로 가지고 나갈 경우 정부 검열을 거치도록 강제하는 법안에 서명했다. 해외 기업의 무차별적인 데이터 수집과 국외 반출을 금지한 것이다. 이러한 연속선상에서 2019년 11월에는 '독립인터넷법'을 발표했다. '독립인터넷법'은 러시아의 통신 회사 로스콤나드조르로 하여금 외부와의 트래픽을 차단하여 순수하게 러시아만의 인터넷을 만들도록 규정했다. 많은 인권 활동가들과 사이버 전문가들은 러시아의 인터넷이 일종의 '디지털 철의 장막' 안에 갇히게 되어 인터넷에 대한 검열 및 감독에 새로운 국면을 열 것이라고 우려했다.

기타 국가들의 데이터 주권 행보에도 주목해야 한다. 베트남도 2018년 데이터 국외 반출을 금지하는 법안을 발효했다. 호주 정부는 2018년 말 해외에 있는 자국민의 데이터를 볼 수 있도록 규정한 법안을 통과시켰다. 해외 기업이 해외에 보관한 호주 국적민의 데이터를, 호주 정부가 제공을 요청할 근거를 만든 것이다. 한국에서도 국내 기업들의 클라우드 사업이 지지부진한 상황에서 미국 클라우드 기업들에 대한 지나친 의존으로 인해서 국내에서 생산되는 수많은 데이터가 해외로 빠져나갈 가능성이 우려되고 있다. 네이버는 국내에서 유일하게 시설·운용·솔루션 개발까지 자체적으로 총괄하는 데이터센터를 강원도 춘천에 구축한 데 이어, 두 번째 데이터센터를 세종시에 대규모로 구축한다는 계획을 밝혔다.

3) 개인정보 보호와 시민주권 옹호

이렇듯 데이터의 초국적 유통 규범을 모색하는 움직임과 이에 대응하여 자국 데이터 시장을 지키려는 데이터 국가 주권의 움직임이 경합하는 가운데, 최근 유럽연합의 행보가 주목을 끌고 있다. 역사적으로 세이프하버 협정 체결과 그 무효화 및 프라이버시 실드 도입 등의 행보를 밟아온 유럽연합은, 2018년 5월에는 개인정보 보호규정(General Data Protection Regulation: GDPR)을 시행하기에 이르렀다. 이 과정에서 데이터 국외 이전 및 국지화의 문제 이외에도 데이터의 효과적 활용 및 개인정보 보호 문제, 소유권 개념이 아닌 방식으로 개인의 데이터 권리를 인정하는 문제, 그리고 구글세의 부과 문제 등이 쟁점으로 거론되었다(Farrell and Newman, 2018).

이러한 유럽연합의 행보는 개인의 권리를 바탕으로 하여 국민(nation)의 차원에서 행사되는 주권의 개념을 엿보게 한다. 이러한 주권 개념은 민권(民權)

의 개념으로 통하며, 좀 더 구체적으로 말하면 개체적 '시민'의 권리에 근거를 두는 집합적 '국민'의 권리라는 의미에서 일종의 '시민주권'이다. 이를 데이터 분야에 적용하면, '개인의 집합으로서 국민'의 민감한 정보를 담은 데이터나 '개별 사용자로서 국민들'의 개인정보를 보호하는 권리 개념으로 나타난다. 이는 국가를 구성하는 개인의 권리를 집합적으로 이해하는 주권 개념으로서 앞서 소개한 국가 주권으로서의 데이터 주권에 대한 논의와는 구별된다.

이러한 시민주권론을 엿볼 수 있는 대표적인 예가 바로 GDPR이다. GDPR은 그 규정 위반 시 전 세계 매출액의 4% 또는 최대 2000만 유로(한화 약 268억 원) 규모의 과징금을 부과하는데, 유럽연합 회원국은 물론 유럽연합 역내에 사업장을 두거나 온라인 서비스로 재화나 서비스를 제공하는 모든 글로벌 기업에 해당한다. 실제로 영국항공은 2018년 50만 명의 개인정보 유출 사고로 GDPR 적용을 받아 거액의 벌금을 물었다. 구글도 2019년 1월 프랑스의 정보처리자유국가위원회(CNIL)로부터 GDPR 위반으로 벌금을 부과받았다. 유럽 비영리단체인 NOYB는 아마존과 애플이 GDPR을 위반했다고 주장했고, 넷플릭스, 유튜브에 대해서도 같은 혐의로 조사가 진행되었다.

GDPR은 기존의 데이터 열람권이나 수정권 등과 함께 데이터 삭제권(즉, 잊힐 권리), 데이터 이동권, 프로파일링 거부권 등을 규정하고 있다. 다시 말해, 사용자가 기업이 보유한 자신의 개인 데이터를 삭제하거나 다운로드할 수 있어야 함은 물론 자신의 데이터를 자신이 지정한 제3자에게 제공할 수 있도록 하는 데이터 결정권을 강화했다. 또한 가명정보 활용을 법적으로 규정함으로써, 데이터 활용과 관련 서비스에 대한 사용자의 신뢰를 제고했다. 해외 서버로 건너간 자신의 데이터가 침해될 경우 언제든 소송을 제기할 수 있음은 물론이다(구태언, 2019).

특히 국경 간 데이터 이전에 대한 규제와 관련하여, GDPR은 역외로 데이터를 이전할 경우 유럽연합과 동등한 수준의 개인정보 보호 체계를 갖추었다는 사실을 증명하는 '적정성 평가(adequacy or equivalence decision)'를 통과해야만 데이터의 자유로운 이전이 가능하도록 했다. 그러나 데이터 보호 수준이 기준에 부합하지 않더라도 데이터 주체의 동의가 있거나 계약을 이행해야 할 경우, 또는 법적 협력이 필요한 경우에는 데이터 이전이 가능하게 되어 있다. 국가 차원에서 데이터를 보호하는 권리 개념의 근거를 찾는 것이 아니라, 개인 차원에서 그 권리의 근거를 찾고 이를 유럽연합이 보장하는 법·제도를 제공하는 모델이다.

이러한 맥락에서 유럽의 개별 국가들은 개인정보의 보호를 저해하지 않는 범위 내에서 개인정보를 활용할 기회를 높여나갔다. 영국과 프랑스의 경우, 개인정보 이동권을 통해 보호와 활용의 균형을 도모하는 시범 사업을 시행했다. 영국의 마이데이터(MiData)와 프랑스의 셀프데이터(SelfData)는 개인정보를 주체인 본인에게 돌려주고, 본인 스스로 판단하에 개인정보의 활용 여부 및 방법을 제공하는 사업을 시행했다. 영국의 마이데이터는 자신의 거래 내역을 다운로드받을 수 있도록 한 제도이다. 셀프데이터는 개인의 목표를 달성하기 위해 개인 자신의 통제하에서 개인정보를 생산해 사용 및 공개하는 것을 의미한다 (구태언, 2019).

한국도 2018년 6월 각 분야에 개인 중심의 데이터 유통 체계인 마이데이터 사업을 의료·금융·에너지·유통·학술연구 등의 분야에 도입하여 시범 사업을 추진한 바 있다. 이를 통해 과학기술정보통신부는 개인정보 활용에 따른 혜택을 체감해 개인 중심의 데이터 유통 체계를 확립하겠다고 했다. 그러던 중 2020년 1월 9일 데이터 3법(개인정보 보호법·정보통신망법·신용정보법 개정안)이 통과되었다. 가명정보 활용에 근거를 명시하고, 법 집행 체계를 일원화하는 게 골자다. 가명정보는 통계 작성, 과학적 연구, 공익적 기록 보존 등을 위해 정보 주체의 동의 없이 적절한 안전 조치하에 개인정보를 이용할 수 있다. 이러한 행보는 한국이 GDPR의 '적정성 평가'를 통과하는 데 긍정적인 영향을 미칠 것으로 예견된다.

4. 데이터 안보의 (복합)지정학적 차원

1) 정보기관의 데이터 감시와 감청

지정학적 차원에서의 데이터 안보 문제는 국가안보 차원에서 이루어지는 정보기관의 데이터 수집 활동의 형태로 오래전부터 제기되어 왔다. 최근 논란이 된 것은 미 국가안보국(NSA)의 암호 해독과 정보 수집 활동이다(Petit, 2020). 앞서 살펴본 바와 같이 미국은 민간 차원의 데이터 유통과 관련해서는 자유로운 유통을 옹호하면서 국가안보를 내세워 데이터 국지화를 주장하는 중국을 비판하지만, 지정학적 임계점을 넘는 대목에 오면 사생활 보호보다는 국가안보를 우선에 두고 데이터 수집과 감청 활동을 합리화한다. 이러한 미국의 태도를 보여주는 대표적인 사례로는, 1998년 유럽의회에서 그 존재가 처음 폭로되면서 파문을 일으켰던, 미국 NSA의 에셜론 프로젝트를 들 수 있다.

에셜론은 미국이 중심이 되어 이른바 영국, 캐나다, 호주, 뉴질랜드 등 파이브 아이즈 국가들이 운영하는 전 세계의 통신감청 협력 체제이다. 에셜론은 1960년대 냉전 시대에 소련과 동구권의 군사 및 외교 통신을 감청하기 위해 만들어졌으며, 소련 붕괴 이후에는 테러 모의나 마약 거래, 기타 국가안보 관련 통신을 감청해 왔다고 알려져 있다. 이러한 활동을 통해서 확보된 각종 데이터는 NSA가 20억 달러를 들여서 건설한 미국 내 유타 데이터센터에 저장된다. 유타 데이터센터는 NSA의 도청 위성과 해외 감청 기지, 미국 전역의 이동통신 시설 내 비밀 모니터링 룸 등으로부터 데이터를 수집해서 저장하는데, 민간 기업이 보유한 데이터센터를 제외하고는 미국 내 최대 규모인 것으로 알려져 있다.

2013년 6월 전직 NSA 직원인 에드워드 스노든은 NSA가 프리즘(PRISM)이라는 프로그램을 통해서 장기간에 걸쳐 각종 데이터를 감청해 왔다고 폭로했다. NSA와 연방수사국(FBI)이 인터넷·정보통신 업체들의 서버에 접속해서 인터넷 검색 기록을 비롯하여 파일 전송 기록, 오디오, 동영상, 사진, 이메일, 채팅 정보까지 수집했다는 것이었다. 미국 정부는 정보 수집 사실을 인정했지만, 이는 테러 방지 등의 국가안보 목적으로만 사용했다고 해명했다. 프리즘은 미국 법률에 따라 합법적으로 운영되었으며 국가안보를 위해서는 사생활에 대한 침해가 불가피하다는 것이었다. 테러 방지와 사생활 침해 간의 논쟁은 2016년 미국 FBI와 애플 간의 분쟁에서도 등장했다. FBI는 당시 총기 난사 사건의 범인이 소지한 아이폰의 화면 보호 암호 해제를 애플에 요청했지만, 애플은 개인정보 보호를 이유로 이를 거부했다.

이러한 맥락에서 미국이 9·11테러 이후 만든 이른바 '애국자법'에 주목할 필요가 있다. '애국자법'은 FBI가 법원의 영장 없이도, 또한 대상을 명시하거나 근거를 제시할 필요도 없이 통신 기록과 거래 내역을 볼 수 있게 했다. 미국의 정보기관들은 '애국자법'을 근거로 하여 정보 수집에 제한을 받지 않고 불특정 다수의 개인정보를 수집했으며, 민간 기업들은 정보기관으로부터 특정인에 대한 정보를 요구받으면 무조건 제공해야 했다. 게다가 신원 조회 사실을 본인에게 통보하지 않아도 되었기 때문에 인권침해 논란이 크게 벌어지기도 했다. 결국 이러한 애국자법은 2015년에 폐지되어 '자유법'으로 대체되었다.

이러한 미국의 입장은 최근 테러 색출 차원에서 국경을 넘어 확장되었다. 2018년 3월 미국은 '클라우드법(Cloud Act)', 즉 '해외 데이터 이용 합법화 법률'을 발표했다. 골자는 미국 정부가 테러·범죄 수사와 같은 합당한 이유가 있을 경우, 해외에 저장된 미국 기업의 데이터를 들여다볼 수 있는 권한을 갖는다는 것이다. 미국 법원의 압수수색 영장을 발부받지 못해도 감청할 수 있으며, 데이터가 어디에 저장되어 있든지 간에 필요한 개인정보에 관련된 데이터의 수집이 가능하다. 예컨대 중국 베이징에 있는 MS의 데이터센터에 저장된 중국인 데이터를 미국 정부가 볼 수 있도록 한 것이다. 미중 양국이 데이터의 법적 관할권을 두고 정면충돌할 가능성이 있는데, 특히 앞서 살펴본 중국 '네트워크안전법'과의 충돌 가능성이 있다(Gimelstein, 2019).

2019년 11월 미 상원은 '국가안보와 개인정보 보호법'을 발의했다. 미국인들의 민감한 정보가 미국을 위협하는 국가들로 전송되거나, 그런 국가들의 영토 내에서 저장하지 못하도록 하는 내용을 담고 있다. 기업들이 필요할 경우에만 사용자의 개인정보를 수집하되, 법안에 명시된 국가 혹은 국가안보에 해를 끼칠 수 있는 국가로의 데이터 전송을 금지했다. 이 법안에 명시된 '우려되는 국가'는 중국과 러시아였는데, 이 두 나라에만 국한되지 않고 '미국의 국가안보에 위협이 되는 모든 나라'로 확대될 가능성이 있다. 게다가 개인정보의 경우라면 적국이 아니더라도 미국 영토 외에 저장하는 것 자체를 전부 금지했다.

2) 군사 정찰위성과 '데이터 국방'

군사안보 분야에 오면 데이터 안보 이슈는 그 자체가 지정학적 이슈가 된다. 특히 빅데이터 시대가 도래하면서 데이터의 수집·처리·분석 역량이 군사작전과 전쟁수행의 핵심 요소로 인식되고 있다. 과거에 비해 양도 많아지고 질도 높아진 민간 부문의 데이터와 이를 수집·처리·분석하는 시스템이 군사안보 부문에 미치는 영향도 커졌다. 일반 사용자들이 생성하는 개인정보나 다국적 기업들이 수집한 빅데이터는 군사안보에 있어서도 중요한 자원이 된다. 최근 4차 산업혁명 시대를 맞이하여 민간 주도 우주개발 사업이 늘어나는 가운데, 민간 부문에서 취득한 데이터가 군사안보 분야에서도 유용하게 사용되고 있는 현상은 그 사례 중 하나이다.

이와 관련하여 주목받는 것이 위성항법시스템이다. 위성항법시스템은 4차 산업혁명 시대의 사회 기간시설을 지원하고, 개인의 편익을 증진하는 국가의 주요 인프라로 부상하고 있다. 또한 위성항법시스템은 항법, 측지, 긴급 구조 등 공공 부문뿐만 아니라 스마트폰 등과 같은 국민 개개인의 생활 속으로까지 그 활용 영역을 급속히 확대하고 있다. 게다가 최근 현대전이 인공위성의 위성항법장치를 이용한 우주전의 형태를 띠고 있다는 점에서 그 데이터들이 갖는

(군사)안보적 함의가 크다. 이러한 추세에 부응하여 미국과 유럽 국가들뿐만 아니라 러시아, 중국, 일본 및 인도 등도 독자적인 위성항법시스템을 구축했거나 구축하기 위한 시도를 펼치고 있다.

북한의 핵·미사일 도발이 잦아지자 미국은 북한에 대한 정찰위성을 대폭 늘렸다. 미국은 미사일 엔진의 불꽃을 찾아내 미사일 발사를 탐지할 수 있는 조기경보위성(DSP)과 우주 적외선 시스템 위성(SBIRS)을 우주에 쏘아 올렸다. '열쇠 구멍(Key Hole)'이라고 불리는 영상정찰위성, 래크로스(Lacrosse) 레이더 정찰위성도 운용하고 있다. 최신형 미국 정찰위성은 스텔스 기술이 적용되었다. 미국 정찰위성이 보내준 북한 관련 정보는 주한미군을 통해 한국도 받아볼 수 있다. 그러나 미국이 가진 정보 100%를 실시간으로 한국에 전송하는 것은 아니고, 한국을 길들이기 위해 미국이 때때로 정찰위성 정보를 끊을 때가 있다고 한다(이철재, 2017).

군사 분야에서 정찰위성이나 정찰기를 활용한 군사 정보·데이터의 수집은 전략적 우위를 창출하는 핵심 역량이다. 예를 들어, 미군은 정찰위성이나 무인정찰 드론 등을 활용하여 북한의 대륙간탄도미사일(ICBM) 이동 발사 차량을 정확하게 추적·파악하고 있는 것으로 알려져 있다(Lieber and Press, 2017). 최근 논란이 되었던 지소미아(GSOMIA)에 의거하여, 일본은 북한의 핵·미사일 기술 관련 정보를 제공했는데, 이에 따르면 일본의 위성은 하루에 3~4차례 한반도 상공을 지나가는 미국의 정찰위성이 커버하지 못하는 사각 시간을 일부 보완한다. 2019년 12월에는 미국이 북한의 추가 시험과 도발 동향 징후를 파악하기 위해서 한반도 상공에서 운용하는 특수정찰기가 하루 동안 세 대나, 그것도 위치 발신 장치를 켠 상태로 비행하며 대북 감시 활동을 벌인 것으로 드러나 논란이 되기도 했다.

이러한 상황에서 북한도 인공위성 개발이라는 명분을 내세워 미사일 개발에 적극 나서고 있다. 사실 ICBM과 위성발사체(SLV)는 거의 같은 원리로 발사된다. 북한은 군사용 장거리 미사일 개발과 함께 우주개발 계획을 진행해 여러 차례 성공을 거뒀다. 이에 국제사회는 군사용으로 이용할 수 있는 북한 핵무기 개발과 미사일 개발에 대해 제재 수위를 높여왔다. 북한은 미사일 개발을 포기하지 않을 것으로 보인다. 그러나 외부적으로는 최첨단 위성 발사와 달 착륙을 목표로 한 우주개발 계획을 내세우고 있다. 우주개발 계획을 통해서 지구관측위성 추가 발사와 북한 최초 정지궤도 통신위성 발사를 추진하고 있다. 북한의 지구관측위성과 정지궤도위성 개발이 명분으로 내세우는 것은 통신 문제의 해결이다. 한 외부 우주개발 전문가는 북한의 목표가 야심 차긴 하지만 가능성이 없는 것은 아니라고 평가했다.

2019년 말 북한이 동창리 발사장에서 대단히 중대한 시험을 한다고 발표한 가운데, 위성 발사체를 통한 발사 시험 가능성이 대두되며 논란이 야기된 바 있다. 이와 관련하여 핵·미사일 전문가들은 ICBM용 고체연료 시험보다는 인공위성 발사용 액체연료 시험에 무게를 두고 있다. 향후 북한 도발도 ICBM 발사보다는 인공위성 발사가 유력하다는 분석이다. 그런데 ICBM 발사가 아니라 인공위성 발사이더라도, 이를 통해서 북한이 정찰위성을 얻게 되면 김정은 위원장은 평양에 앉아서 한국에 전개되는 전략자산과 표적, 이동 상황을 모두 다 볼 수 있다. 정찰위성이 한반도를 하루에 2~3차례 통과함으로써 괌과 일본의 항공모함 이동까지 볼 수 있고 미국까지도 감시할 수 있다. 북한으로서는 한반도 전역을 탐지할 수 있는 전략자산이 생기는 셈이다.

최근 정찰용 드론도 데이터 안보와 관련된 쟁점이다. 2017년 6월 9일 강원도 전방 지역에서 북한군의 정찰용 드론으로 추정되는 비행체가 발견되어 큰 이슈가 되었다. 북한의 정찰용 드론의 추락은 2013~2014년에도 백령도, 파주, 삼척 지역에서 3차례에 걸쳐 있었다. 그 당시 발견된 정찰용 드론은 비행 거리와 내부 기술 수준이 낮아 비웃는 사람들도 많았다. 그러나 2017년에 발견된 드론은 비행 거리를 대폭 개량한 것으로, 한국 측 방공망의 허점을 뚫고 내륙 전략시설을 정찰할 수 있는 능력을 보여줘 적지 않은 당혹감을 안겨주었다. 군사적 위협의 가능성 여부 논란을 떠나 남측의 방공망을 뚫고 내륙 깊숙이 정찰용 드론이 활보하고 다닌다는 사실은 충분히 우려할 만한 상황이다.

4차 산업혁명의 진전과 함께 군사 분야에서도 빅데이터의 중요성이 인식되면서 이른바 '데이터 국방'이 모색되고 있다. 특히 인공지능 기술의 발달로 인해 더 강력해진 데이터 처리능력은 점점 더 군사안보에 필요한 핵심으로 자리 잡을 것이다. 이러한 과정에서 전장 센서로부터 데이터를 수집하고, 더 발전된 처리능력으로 보강한 알고리즘으로 데이터를 처리하고, 결과적으로 적보다 빠르게 침투하는 것이 핵심이 된다. 모든 전장 정보를 데이터화하여 클라우드 서버에 저장·분석하고, 이를 필요한 부대에 제공하는 이른바 '지능형 데이터 통합 체계'의 구축과 활용이 모색되고 있다. 이를 바탕으로 각종 정보와 데이터를 분석하고, 실시간으로 인간 지휘관의 지휘결심체계를 지원할 것으로 기대되고 있다.

데이터의 도입은 첨단 방위산업에도 큰 영향을 미치고 있다. 무기체계의 스마트화와 디지털 플랫폼의 구축을 바탕으로 한 제품-서비스 융합을 통해서 가치를 창출하려는 변화가 군수 분야에서 발생하고 있다. 제품 자체의 가치 창출 이외에도 유지·보수·관리 등과 같은 서비스가 새로운 가치를 창출하는 영역으로서 새로이 자리 잡고 있다. 기존 재래식 무기체계의 엔진 계통에 센서를 부착하여 축적된 데이터를 분석함으로써 고장 여부를 사전에 진단하고 예방하며, 부품을 적기에 조달하는 '스마트 군수 서비스'의 비전이 제기되고 있다. 이러한 디지털 공급사슬에 대한 투자는 시장접근성을 높이고 생산 비용을 절감하며 협업 혁신을 촉진하는 데 기여함으로써 방위산업 분야에서 시스템 변화를 일으킬 것으로 기대된다.

5. 분할인터넷과 '플랫폼의 플랫폼' 경쟁

1) 디지털 전환과 분할인터넷의 경향

이상에서 살펴본 바와 같이 글로벌하고 초국적인 차원에서 진화해 온 인터 넷은 미중이 벌이는 지정학적 경쟁의 과정에서 기업별로 또는 국가별로 분할되 는 양상마저 드러내고 있다(Lemley, 2021: 1418). 최근 분할인터넷의 부상으로 불리는 사이버 공간의 블록화 또는 발칸화는 21세기 초반 디지털 전환 시대에 글 로벌 차원에서 드러나고 있는 메가트렌드 중 하나이다. 분할인터넷(splinternet)은 '쪼개진다(splinter)'와 '인터넷(internet)'의 합성어이다. 2018년 에릭 슈밋 전 구 글 회장은 분할인터넷의 등장 가능성을 언급한 바 있는데, 그는 인터넷 세상이 미국 주도의 인터넷과 중국 주도의 인터넷으로 쪼개질지도 모른다고 예견했다 (Holmes, 2020).

이는 이전부터 제기되어 왔던 관념이기는 하지만 최근 미중 패권경쟁이 디 지털 플랫폼 영역에서 첨예하게 나타나기 시작하며 이러한 현상이 현실화되는 것이 더욱 가까워졌다는 평가가 제기되고 있다. 실제로 이러한 분할의 비전은 반도체 공급망의 분할과 재편, 데이터 국지화, 이커머스와 핀테크 시스템의 분 할, 콘텐츠 검열 제도의 차이 등으로 입증되고 있다. 여태까지의 인터넷은 국 경이나 종교, 이념 등을 넘어서 '모두'에게 개방되고 자유로운 형태의 'World Wide Web(WWW)'이었다. 그러나 앞으로 출현할 인터넷은 국가별·지역별로 분할된 'Region Wide Web(RWW)'이 될 가능성도 없지 않다.

분할인터넷의 경향은 '사이버 주권론'과 같은 기존의 사이버 공간의 '정치사 회적 장벽 세우기'를 넘어서는 좀 더 근본적인 차원의 '기술공학적 장벽 세우 기'를 초래할 가능성도 엿보인다. 최근 중국과 러시아 등의 행보가 그 사례이 다. 이러한 시도에는 글로벌 인터넷 거버넌스의 체계로부터 독립된, 루트서버 나 새로운 인터넷 주소 또는 도메인이름 체계 등을 국가 단위로 구축한다는 내용이 포함되어 있다. 최근 화웨이 사태 이후 중국은 기존의 인터넷과는 다른 기술 시스템의 구축을 고려 중인 것으로 알려졌다. 이러한 움직임에 대해 미국도 일본, 호주, 노르웨이, 이스라엘 등의 국가들과 '사이버 기술 동맹'을 추구한다는 구상으로 대응하고 있다.

중국은 오래전부터 유튜브, 구글 검색, 페이스북, 인스타그램, 넷플릭스 같은 서비스는 물론 해외의 유명 언론매체도 차단하는 이른바 만리방화벽(Great Firewall)을 구축해 왔다. 중국은 만리장성에 빗댈 정도로 강력한 인터넷 통제 시스템을 통해 사회주의를 반대하는 정보가 유입되지 못하도록 막고 외국 인터넷 플랫폼에 접속할 수 없도록 차단했다. 그 결과 중국인들은 구글과 페이스북, 트위터 대신 바이두나 위챗, 웨이보 등을 사용하게 되었다. 중국은 이러한 만리방화벽 안에서 자국 기술 회사들도 정치적으로 민감한 콘텐츠를 검열받도록 통제하고 있는 상황이다.

한편, 중국의 플랫폼 기업들에 대한 별도의 제재를 취하지 않았던 미국도, 근래 몇 년간 사이버 안보 등의 이유로 중국 기업들의 사업을 금지하는 조치를 내리고 있다. 이러한 미국의 변화를 드러내는 가장 대표적인 것이 '클린 네트워크(Clean Network)' 구상이다. 이 구상은 미국 국민의 사생활과 기업의 민감한 정보 등 국가 자산을 보호하기 위해 일부 중국 기업의 서비스를 미국 내에서 이용하지 못하도록 하는 등의 조치를 포함한다. 만리방화벽의 미국 버전인 셈이다. 이에 대응하여 중국이 다시 '글로벌 데이터 안보 이니셔티브'로 맞서면서 인터넷 세상이 두 진영으로 나누어질지도 모른다는 우려를 증폭시켰다.

러시아도 바깥세상과 차단된 인터넷 구축의 행보를 보이고 있다. 앞서 살펴본 바와 같이 2019년 11월에는 '독립인터넷법'을 발표했다. 2019년 12월 말 러시아는 국제 인터넷망을 대체할 국내용 네트워크 테스트를 성공적으로 마쳤다고 발표했다. 계획대로 이행할 경우 러시아인들은 세계인이 사용하는 국제 인터넷망에서 완전히 단절되거나, 그렇지 않더라도 러시아 정부가 승인한 정보만을 접할 수 있게 된다. 중국이나 러시아 이외에도 이란, 사우디, 북한 등과 같은 국가들은 이미 다른 나라에서 유입되는 온라인 콘텐츠를 검열하는 시스템을 유지하는 등 차단 조치를 취하고 있다. 그런데 여기서 유의할 점은, 과거에는 전체주의 국가들에 국한되었던 이런 시도가 이제 하나의 세계적인 추세로 발전하고 있다는 사실이다.

심지어 서방 진영 국가들 사이에서도 인터넷을 어떻게 관리하느냐를 두고 의견이 갈리면서 미국 버전의 인터넷과 유럽 버전의 인터넷이 탄생할 가능성이 거론되고 있다. 전자의 경우가 국가안보와 범죄 예방에 초점을 맞추고 있다면, 후자의 경우는 프라이버시와 개인의 보호를 강조하는 새로운 규칙을 만들고 있다. 이렇게 국가별·지역별로 서로 다른 기준과 접근성을 가진 인터넷이 탄생하게 되면 국제적인 정보의 교환은 물론, 국제금융과 무역에도 영향을 줄 수밖에 없다. 과거 누구나 접근 가능한 '정보의 바다'로 비유되던 하나의 글로벌 인터넷이 서로 분리된 크고 작은 연못처럼 변할지도 모른다는 우려가 제기되는 것은 바로 이러한 대목이다.

2) 분할인터넷 부상의 조짐들

분할인터넷이 등장할지도 모른다는 전망을 낳는 조짐들은 인터넷과 이동통신 및 위성시스템 인프라와 관련하여 여러 분야에서 드러나고 있다. 사실 사이버 공간의 '기술공학적 장벽 세우기'를 의미하는 디지털 인프라의 분할은, 앞서 언급한 '정치사회적 장벽 세우기'보다도 좀 더 근본적인 차원의 인터넷 분할을 초래할 가능성이 있다. 실제로 인터넷 주소자원의 분할에 대한 논의에서부터, 앞서 살펴본 5G 이동통신 인프라의 분할 시도, 그리고 해저케이블과 위성항법 시스템의 분할 가능성까지 다양한 사례들이 나타나고 있다.

첫째, 인터넷 주소 자원의 분할 시도이다. 인터넷 주소 자원의 관리는 미국을 기반으로 한 국제인터넷주소관리기구(Internet Corporation for Assigned Names and Numbers: ICANN)가 담당해 왔다. 전 세계 인터넷 트래픽을 관리하는 13개

루트 DNS 서버 중 10개가 미국에 있고, 세계의 트래픽 가운데 최소 60% 이상은 미국을 거쳐 이뤄진다. 이러한 미국의 주도에 대해 러시아와 중국 및 개도국들은 반론을 제기해 왔다(Lemley, 2021: 1417). 특히 중국은 미국이 ICANN을 통한 인터넷 거버넌스의 수행 과정에서 자국의 이익을 챙길 수 있을 뿐만 아니라 매우 큰 권력을 행사할 수도 있다고 지적했다. 미국이 원하기만 한다면 IP주소가 도메인과 연결되지 않도록 통제할 수 있다는 것이었다.

특히 중국은 ASCII 코드에 입각한 현행 도메인이름 체계에 대해 강력히 문제를 제기했으며, 다국어로 도메인이름을 표기할 수 있는 기술적·정책적 방안의 도입을 주장했다. 2006년 3월 1일 중국은 독자적으로 중국어 도메인이름 체계를 만들겠다고 발표함으로써 큰 충격을 주기도 했다. 한자로 된 최상위 도메인으로 中國(.cn), 公司(.com), 網絡(.net) 등의 세 가지를 만들겠다는 것이었다. 끝내 실현되지는 않았지만, 이러한 시도는 중국이 ICANN이 관리하는 루트서버 외에 새로운 루트서버를 기반으로 한 도메인이름 체계를 만드는 것으로, 미국이 주도하는 ICANN의 인터넷 패권에 대한 정면 도전을 의미했다. 별도 루트서버로 최상위 도메인을 관리하려는 중국의 움직임은 장기적으로 인터넷을 분할할 가능성을 내포한 조치로서 분할인터넷 논의의 초기 형태라고 할 수 있다.

둘째, 분할인터넷 논의는 5G 이동통신 인프라를 구축하는 과정에서도 나타난다. 5G는 4세대 LTE보다 전송 속도가 20배 이상 빠르며, 빠른 속도와 안정성을 기반으로 통신을 비롯하여 다양한 디바이스를 연결하여 인공지능, 자율주행차, 사물인터넷, 디지털 금융, 원격의료 등 다양한 영역에 적용될 4차 산업혁명 시대의 핵심 인프라로 여겨지고 있다. 중국 기업인 화웨이가 5G 기술의 선두 주자인데, 2017년 기준으로 화웨이의 세계 통신 장비 시장점유율은 28%로 세계 1위를 차지했다. 5G는 통신 인프라와 산업 및 서비스 분야에서 벌어지는 민간 부문 경쟁뿐만 아니라, 국가 간 갈등을 여실히 보여주는 분야이다. 2019~2020년에는 화웨이 공급망을 차단하기 위한 미국 정부의 제재가 이어졌다(김용신, 2020; Tang, 2020).

이에 미국은 파이브 아이즈 동맹국을 중심으로 화웨이 장비를 사용하지 않으려는 행보를 보이고 있다. 미국의 제재에도 불구하고 중국은 5G 네트워크를 구축하고 있다. 이는 중국 내에만 국한된 것이 아니라 일대일로(一帶一路) 구상을 통해 아프리카, 중남미, 아시아에도 5G 네트워크를 수출하고 있다. 이들 국가는 미국과 서로 연결되지 않아도 무방한 상이한 하드웨어 시스템을 구축하고 있어서, 미국과 호환되지 않는 5G 네트워크를 사용할 가능성이 큰 나라들이다(Lemley, 2021: 1413). 화웨이의 5G 이동통신 장비 사용을 매개로 하여, 화웨이 장비를 사용하지 않는 서방 진영의 인터넷과 화웨이 장비를 사용하는 비서방 개도국 진영의 인터넷으로 분할될 가능성이 드러나는 대목이다.

셋째, 해저케이블의 분할 가능성이다. 현재 인터넷 데이터 전송의 95%는 해저케이블로 이루어지는데, 전 세계에는 약 380개의 해저 광케이블이 설치되어 있으며 길이로는 120만 킬로미터(74만 5645마일)에 달한다. 해저케이블 공사는 미국, 일본, 프랑스 3파전에 최근 중국이 급부상하고 있는데, 2012~2015년 기간만 하더라도 주로 홍콩과 타이완을 연결하는 해저케이블 공사만 하던 중국 기업들은 2016년 이후 전 세계 해저케이블 시장의 20%를 내다볼 정도로 급성장했다. 특히 화웨이가 뛰어들면서 이 분야의 주도권이 중국으로 넘어갈 조짐이 나타나자, 미국과 동맹국들이 사이버 보안 문제를 들고 나섰다.

2020년 8월 폼페이오 미 국무장관은 '클린 케이블'과 관련, "중국 공산당이 글로벌 인터넷과 연결하는 해저케이블에 의해 전송되는 정보를 훼손할 수 없도록 노력하고 있다"라고 발표했다. 또한 2020년 9월 구글과 페이스북은 5년째 추진해 오던 '태평양 해저 광케이블 프로젝트(Pacific Light Cable Network: PLCN)'의 노선을 중국 바로 앞에서 변경해 홍콩을 최종 기착지에서 배제하고 타이완과 필리핀으로 연결될 것이라고 발표했다. PLCN의 좌초는 미중 간 디지털 인프라 구축 경쟁에서 해저 광케이블이 새로운 각축장으로 등장했음을 의미하며, 분할인터넷에 대한 우려로부터도 자유롭지 못하다(김연규, 2020).

끝으로, 위성항법시스템의 분할 가능성에 대한 논의이다. 지상 케이블망과 해저 광케이블망을 보완하는 역할을 하는 인프라가 위성통신이다. 최근 베이더우로 대표되는 중국의 위성항법시스템이, 지금까지 GPS를 통해 미국이 거의 독점했던 위성항법시스템에도 도전장을 던졌다. 중국은 2020년 10월 55번째 베이더우 위성을 쏘아 올리면서, 미국의 전 지구적 위성항법시스템에 상응하는 자체 시스템을 완성했다. 이와 더불어 중국은 2013년 이래로 태국, 브루나이, 라오스, 파키스탄 등 일대일로 대상 국가들을 대상으로 베이더우를 정부 및 군사 분야에 활용하는 조약을 체결해 왔다. 이러한 중국의 행보는 우주 분야에서 중국과 우호적인 국가들을 연대함으로써 우주 인프라 분야 미국의 주도권에 대항하여 중국의 영향력을 강화시킬 것으로 전망된다.

3) 미중 '플랫폼의 플랫폼' 경쟁

이상에서 살펴본 미중 디지털 패권경쟁은 일종의 '플랫폼의 플랫폼(Platform of Platforms)' 경쟁이다. 어느 한 부문의 플랫폼을 놓고 벌이는 경쟁이라기보다는 여러 플랫폼을 아우른다는 의미이다. 다른 말로 '종합 플랫폼' 또는 '메타 플랫폼'의 경쟁이라고도 부를 수 있다. 사실 국제정치학에서 말하는 '글로벌 패권경쟁'이라는 개념도 바로 이러한 '플랫폼의 플랫폼' 경쟁과 크게 다르지 않다. 다양한 분야를 아우르는 복합적인 권력 질서를 구축하는 것이기 때문이다. 이러한 '플랫폼의 플랫폼' 경쟁의 결과는 어느 일방의 승리로 귀결될 수 있다. 국제정치학에서 말하는 '세력전이'가 바로 그것이다. 그러나 '플랫폼의 플랫폼' 경쟁은 두 개의 플랫폼이 호환되지 않는 상태로 분할되는 결과를 낳을 수도 있다.

최근 미국과 중국이 벌이고 있는 '플랫폼의 플랫폼' 경쟁은 전자보다는 후자의 전망을 더 강하게 갖게 한다. 쉽게 말해 제로섬 게임의 전망이다. 다시 말해 최근의 추세는, 미국과 중국이 디지털 패권경쟁을 벌이면서 전 세계를 연결하던 인터넷도 둘로 쪼개질 수 있다는 우려가 제기되고 있다. 중국의 성장과 미중 무역전쟁, 공급망 디커플링, 탈지구화, 민족주의, 코로나19 등으로 대변되는 세계의 변화 속에서 '둘로 쪼개진 인터넷'은 쉽게 예견되는 사안이다. 미국을 추종하는 국가들은 미국 주도의 반쪽 인터넷을 이용하고, 중국에 가까운 국가들은 중국 주도의 나머지 반쪽 인터넷을 이용할 것이라고 보는 시각에 일단 힘이 실린다. 한국처럼 미중 양국에 대한 안보 또는 경제 의존도가 높은 국가는 둘로 쪼개진 인터넷 가운데 어느 하나를 선택해야 하는 상황을 맞을 수도 있다.

이러한 미중 디지털 패권경쟁의 결과로 출현할 글로벌 정치 질서의 미래는 어떠할까? 여기에 코로나19 사태의 발생은 미래의 전망을 더욱 어둡게 한다. 코로나19 사태는 전 세계적으로 개방성의 후퇴와 폐쇄적 고립주의의 대두를 강화했다. 코로나19 사태는 '미국 우선주의', 브렉시트 등과 같은 보수주의적인 포퓰리즘의 확산을 가속화시켰다. 이러한 와중에 신자유주의적 지구화의 와해와 다자주의의 퇴조가 점쳐지기도 한다(Farrell and Newman, 2020). 현실주의 고전지정학의 시각에서 말하는 바처럼, "코로나 팬데믹은 개별 국가 단위의 권력을 강화하고 민족주의의 재발흥"을 부추기고 있다(Walt, 2020).

분할인터넷과 관련해서도 가장 비관적인 점은 인터넷의 분할이 탈지구화(deglobalization)를 재촉할 것이라는 사실이다. 지구화는 세계 각국에서 특히 권위주의 체제를 중심으로 일종의 부족주의(tribalism)로 대체되고 있다. 국제관계의 미래는 상호 교류와 의존에 있기보다는 자급자족체제(autarky)로 회귀하는 것처럼 보인다. 각국은 인종, 국적, 종교 등에 경계를 긋고 있다. 인터넷의 분할은 지구화의 후퇴를 반영하지만, 이러한 추세는 되돌리기 어렵게 될 수도 있다(Lemley, 2021: 1421).

이러한 맥락에서 전망하게 되는 디지털 세계질서의 미래도 다분히 미국과 중국을 중심으로 하여 양분된 모습일 가능성이 크다. 예를 들어, 미국의 비전은 이른바 '실리콘밸리 모델'에 기반을 두는 디지털 미래질서로서, 클라우드 컴퓨팅과 사물인터넷의 네트워크를 배경으로 하여 인공지능을 기반으로 빅데이터를 활용하는 자유주의적 디지털 제국의 모습일 수 있다. 이에 비해, 중국의 비전은 일종의 디지털 천하질서를 연상케 하는 위계적이고 권위주의적 질서일 가능성이 크다. 앞서 언급한 바와 같이, 최근 중국 내에 방대하게 구축된 CCTV 감시망에서 유추하여 거론되는 중국 내의 '천망(天網, Skynet) 시스템' 또는 중국형 '천하망라(天下網羅) 질서론'이 그 사례이다.

하지만 지금의 미중 갈등이 장기적으로 지속되어 지배표준이 바뀌고, 서로의 인터넷이 호환되지 않는 수준까지 나아갈 것인지에 대해서는 이견이 존재한다. 미래의 인터넷을 놓고 미중이 벌이는 경쟁은 과거 지구화 시대로부터 국제협력을 통해 구축해 온 질서를 토대로 하기 때문이다. 이미 구조화되어 온 양국의 상호 의존 관계를 무시하고 제로섬 경쟁의 시각에서만 양국의 네트워크 권력게임을 상정할 수만은 없다. 실제로 이미 미중의 많은 기업은 서로 의존할 수밖에 없는 관계를 맺고 있다. 그 상호 의존 관계가 '상호 의존의 무기화'나 '상호 의존의 함정'을 낳기도 한다. 분할인터넷을 논하면서도 '비제로섬 게임' 또는 '윈윈 게임', 더 나아가 재(再)지구화(re-globalization)의 비전을 버릴 수 없는 이유이다.

제3부

신흥권력 경쟁의
세계정치

제7장

첨단 방위산업 경쟁과 수출통제

1. 첨단 방위산업의 세계정치

역사적으로 새로운 기술 발달을 바탕으로 한 혁신적인 무기체계의 등장은 전쟁에서 승자와 패자를 가른 중요한 변수였다. 현대전에서도 새로운 기술에 기반을 둔 무기체계의 우월성은 전쟁의 승패에 큰 영향을 미쳤다. 이러한 연속선상에서 보면, 최근 주목을 받고 있는 이른바 4차 산업혁명도 미래전의 향배를 크게 바꾸어놓을 것으로 예견된다. 사실 첨단기술이 국방 분야에 도입되면서 무기체계뿐만 아니라 작전운용, 그리고 전쟁양식까지도 변화시킬 가능성이 커졌다. 더 나아가 인간 병사가 아닌 전투로봇들이 벌이는 로봇전쟁의 시대가 다가올 것이라는 전망마저 나오고 있다. 이러한 맥락에서 주요국들은 첨단기술을 개발하여 더 좋은 무기체계를 확보하기 위한 새로운 차원의 군비경쟁에 박차를 가하고 있다.

근대 산업혁명 이후 무기체계의 개발을 둘러싼 군비경쟁은 해당 국가의 방위산업 역량과 밀접한 관련이 있었다. '전쟁의 산업화'라는 말이 나오는 것은 바로 이러한 맥락이다. 특히 이러한 과정에서 획득된 혁신적 군사기술은 단순히 무기를 생산하는 기술 역량을 넘어서 민간 산업의 경쟁력뿐만 아니라 국력 전반에도 영향을 미치는 핵심 요소로 이해되었다. 냉전기에도 민군겸용기술을 둘러싼 방위산업 경쟁은 강대국 군비경쟁, 그리고 좀 더 넓은 의미에서 본 패권경쟁의 핵심이었다. 이러한 관점에서 보면 4차 산업혁명 시대의 무기체계 군비경쟁의 결과도 첨단 방위산업 분야에서 벌어지는 기술경쟁에 의해 크게 좌우될 것으로 보인다. 특히 군사기술과 민간 기술을 명확히 구분하는 것이 어려운 4차 산업혁명 분야의 특성을 고려할 때 이러한 전망은 더욱 설득력을 얻는다.

오늘날 첨단 방위산업 경쟁은 복합적인 권력경쟁의 성격을 띤다. 실제 전쟁의 수행이라는 군사적 차원을 넘어서 무기 판매나 기술 이전과 같은 경제와 기술의 경쟁이 진행 중이다. 이러한 첨단 방위산업 경쟁의 이면에는 표준경쟁 또는 플랫폼 경쟁도 벌어지고 있으며, 더 나아가 미래전의 수행 방식을 주도하려는 담론경쟁의 면모도 보인다. 이러한 복합적인 권력경쟁의 이면에서 첨단 방위산업을 제도적으로 지원하는 군사기술 혁신모델의 경쟁도 자리 잡고 있음을 놓치지 말아야 한다. 기성 및 신흥 방산 기업 간의 경쟁이 치열해지면서 산업구조의 변동이 발생하며, 강대국 간의 세력 분포 변화뿐만 아니라 비강대국 또는 비국가 행위자들의 위상 변화도 발생하고 있다.

오늘날 첨단 방위산업 분야의 군사기술 혁신모델도 국가 주도의 스핀오프(spin-off) 모델로부터 민간 주도의 스핀온(spin-on) 모델로 변화하고 있으며, 이러한 과정에서 새로운 방산 기업과 혁신 주체들이 참여하는 개방 네트워크 모델이 모색되고 있다. 최근 방위산업 분야에서도 지구화의 추세에 저항하는 기술민족주의 경향이 강해지면서 국가의 역할이 다시 강조되고 있지만, 새롭게 부상할 국가 모델은 단순히 기존의 국민국가 모델로 돌아가는 모습은 아니다. 오히려 국가 주도 모델과 민간 주도 모델 그리고 기술민족주의와 기술지구주의를 엮어내는 '메타 거버넌스 모델'의 모습이 드러나고 있다. 이러한 와중에 근대 국제질서가 질적 변환을 겪고 있음도 놓치지 말아야 한다.

2. 첨단 방위산업 경쟁과 권력 성격의 변환

1) 4차 산업혁명과 첨단 방위산업

4차 산업혁명의 전개에 따른 기술 발달은 첨단 군사기술 분야에도 큰 영향을 미치고 있다(Winkler et al., 2019). 무엇보다도 무인로봇, 인공지능 및 머신러닝, 빅데이터, 사물인터넷(IoT), 가상현실(VR), 3D 프린팅, 생명공학 등과 같은 4차 산업혁명 분야의 신흥 및 기반 기술(emerging and foundational technologies: EFT)을 적용하여 새로운 무기체계의 개발이 이루어지고 있다. 인공지능(AI)과 자율로봇 기술을 적용한 자율무기체계(AWS)의 개발이 대표적인 사례인데, 총, 폭탄, 전투차량, 전투함정, 전투비행기, 레이저, 레일건, 사이버SW, 로봇, 드론 등 분야에서 첨단기술을 장착한 재래식 무기 개발이 이루어지고 있다.

미국의 '수출통제개혁법(Export Control Reform Act: ECRA)'은 미래 무기체계의 개발에 의미를 갖는 신흥 및 기반 기술로서 다음의 14개 분야를 제시한다. ① 바이오, ② 인공지능과 머신러닝, ③ PNT(positioning, navigation, timing), ④ 마이크로프로세서, ⑤ 첨단 컴퓨팅 기술, ⑥ 데이터 분석 기술, ⑦ 양자 정보 및 센싱 기술, ⑧ 로지스틱스, ⑨ 3D 프린팅, ⑩ 로보틱스, ⑪ 두뇌-컴퓨터 인터페이스, ⑫ 극초음속, ⑬ 첨단소재, ⑭ 첨단 감시 기술 등이다. 이들 기술 대부분은 민간 부문을 중심으로 발달하여 군사 분야에 적용되는 민군겸용(dual-use)의 특성을 지닌다. 실제로 최근 상업용 AI 기술이 군사용으로 전용되어 기존의 군사 역량을 강화하는 데 기여하는 일이 많아지고 있다. AI 기술혁신이 대학과 기업에서 이루어지고 있으나, 군사 분야로 빠르게 전용되고 있다. 민군겸용의 성격을 지닌 첨단기술인 AI 기술 역량 격차에 대한 국가안보 차원의 우려가 발생하는 이유이다.

군사안보 차원에서 기술적 우위 확보를 통한 군사력 증진이 모색되고 있다. 이러한 효과를 낳는 4차 산업혁명 분야의 기술은 여러 가지가 있겠지만, 가장 큰 주목을 받는 것은 인공지능 기술이다. AI의 경우 인식·인지증강 분야에서 급속도로 실용화되고 있고, 무기·정보·감시·정찰 시스템과 결합할 경우 군사적·정보적 잠재력이 막대할 것으로 평가된다. 드론·로보틱스 기술도 AI 기술의 발전과 더불어 정밀도가 크게 향상되었는데, 군용 무인장비가 널리 보급되고 있고 군용 드론과 AI가 결합한 자율살상무기도 점점 더 현실화되어 가고 있다. 이러한 맥락에서 AI는 군사적 관점에서 안보화되고 더 나아가 군사화되면서 실제 무기체계로 개발될 가능성이 높아진다(Johnson, 2019b).

4차 산업혁명의 전개는 무엇보다도 첨단기술을 적용한 새로운 무기체계의 개발에 영향을 미치고 있다. 그러나 기술의 융·복합을 핵심으로 하는 4차 산업혁명의 특성상, 개별 무기체계의 개발과 도입을 넘어서 사이버-물리 시스템(Cyber-Physical System: CPS) 전반의 구축이 방위산업 전반에 미치는 영향에 주목해야 한다. 사이버-물리 시스템은 모든 것이 초연결된 환경을 바탕으로 데이터의 수집과 처리 및 분석 과정이 고도화되고, 이를 바탕으로 기계가 인공지능을 장착하고 스스로 학습하면서 새로운 가치를 창출하는 시스템이다. 이러한 사이버-물리 시스템의 도입을 바탕으로 새로운 형태의 제품과 서비스가 창출되고 사회 전반에 변화가 발생한다. 4차 산업혁명은 이미 개발된 핵심 원천기술을 다양하게 융합하거나 광범위하게 적용하여 속도와 범위 및 깊이의 측면에서 유례없는 사회적 파급 효과, 즉 '시스템 충격'을 일으킨다(Schwab, 2016).

이러한 관점에서 볼 때, 4차 산업혁명이 첨단 방위산업에 미치는 영향은 무기체계의 스마트화, 디지털 플랫폼의 구축, 제조-서비스 융합과 같이 서로 밀접히 연관된 세 가지 현상에서 나타난다(장원준 외, 2017).

첫째, 4차 산업혁명의 신기술, 특히 인공지능이 기존의 무기체계와 융합하여 스마트화가 촉진되고 있다. 기존 무기체계에 스마트 기술을 접목하는 수준을 넘어서 인간을 대체할 정도의 무인무기체계 또는 자율무기체계가 출현할 가능성도 없지 않다. 이러한 스마트화는 '단순 제품'이 아니라 초연결된 환경을 배경으로 한 '시스템 전체'에서 진행된다. 스마트 빌딩이나 스마트시티처럼 스마트 국방시스템의 구축을 지향한다. 다시 말해, 사물인터넷으로 구성된 초연결 환경을 배경으로 하여 인공지능을 활용한 지휘통제체계의 스마트화를 통해 국방 분야의 사이버-물리 시스템을 구축하는 것이다.

둘째, 국방 분야에서도 클라우드 환경을 기반으로 생성되는 각종 데이터를 수집·처리·분석하는 디지털 플랫폼의 구축이 모색되고 있다. 인공지능이 전장의 각종 정보와 데이터를 수집·분석하고, 클라우드 서버에 축적·저장하여, 필요시 실시간으로 인간 지휘관의 지휘결심을 지원하는 '지능형 데이터 통합 체계'를 구축한다. 훈련 데이터를 축적하여 전투력 증강을 위한 계량 데이터를 축적할 수도 있고, 사이버 위협을 탐지하는 채널을 통해 악성코드를 찾고 이에 대한 대응책을 마련할 수도 있다. 이러한 디지털 플랫폼을 기반으로 해서 작동하는 무기체계 자체가 새로운 전투 플랫폼으로도 기능할 수 있을 것이다.

끝으로, 스마트화와 디지털 플랫폼 구축을 바탕으로 한 제품-서비스 융합을 통해서 가치를 창출하는 변화가 발생하고 있다. 제품 자체의 가치 창출 이외에도 유지·보수·관리 등과 같은 서비스가 새로운 가치를 창출하는 영역이 새로이 자리 잡고 있다. 기존 재래식 무기체계의 엔진 계통에 센서를 부착하여 축적된 데이터를 분석함으로써 고장 여부를 사전에 진단하고 예방하며, 부품을 적기에 조달하는 '스마트 군수 서비스'의 비전이 제기되고 있다. 디지털 공급사슬에 대한 투자는 시장접근성을 높이고 생산 비용을 절감하며 협업 혁신을 촉진하는 데 기여함으로써 방위산업 분야에서 시스템 변화를 야기할 것으로 기대된다.

더 나아가 4차 산업혁명의 전개는 방위산업의 성격 전반을 변화시키고 있다. 근대 무기체계의 복잡성과 그에 내재한 '규모의 경제'라는 특성은 방위산업의 독과점화를 창출했으며, 방위산업의 공급사슬이 몇몇 거대 방산 기업들의 시스템 통합에 의해서 지배되는 결과를 낳았다(Caverley, 2007). 사실 전통적으로 방위산업은 대규모 연구개발이 필요한 거대 장치산업으로서 '규모의 경제'를 이루는 것이 경쟁력 확보의 요체였다. 정보의 비대칭성이 존재하는 방산 시장은 수요자인 군과 공급자인 거대 방산 기업이 쌍방 독점하는 산업구조이다. 또한 최첨단 소재와 다수의 부품 결합을 통해 제품화되는 조립산업으로서의 특징은 위계 구조로 대변되는 '수직적 통합 모델'을 출현케 했다. 탈냉전과 초기 정보화(또는 3차 산업혁명)의 진전은 거대 시스템의 도입을 통해서 이러한 방위산업의 특성을 강화했다.

이러한 기존 방위산업의 특성은 4차 산업혁명이 창출한 기술 환경 아래에서 새로운 변화를 맞고 있다. 스마트화, 디지털 플랫폼의 구축, 제조-서비스 융합으로 대변되는 빠른 기술 변화 속에서 국가가 대규모 기술혁신을 주도하고 수요를 보장했던 기존의 방위산업 모델은 민간 부문이 주도하는 새로운 모델에 자리를 내주고 있다. 대규모 장치산업으로서의 성격도 변화하여 다양한 방식의 인수합병을 통해서 산업 전체에 수평적·분산적 성격이 가미되고 있다. 이러한 과정에서 최종 조립자가 가치사슬을 위계적으로 통제하는 '수직적 통합 모델'에서 인공지능, 빅데이터, 특정 서비스 등을 장악한 생산자가 가치사슬 전체에 영향을 미치는 '수평적 통합 모델'로의 부상도 예견케 한다. 요컨대, 4차 산업혁명 시대의 첨단 방위산업은 '거대산업(mega-industry)' 모델에서 '메타산업(meta-industry)' 모델로의 변환을 겪고 있다.

2) 디지털 부국강병 경쟁의 전개

근대 국제정치에서 방위산업의 역량은 국가이익을 도모하고 국가안보를 확보함으로써 부국강병을 달성하는 방편으로 인식되었다. 특히 해당 시기의 첨단 무기체계를 자체적으로 생산하는 기술 역량의 확보는 국력의 핵심으로 인식되었다. 사실 이러한 인식은 방위산업에만 국한된 것은 아니었고 첨단 부문에 해당되는 철강, 조선, 자동차, 항공우주, 전기·전자 산업 등에서 나타났다. 이들 분야의 산업 역량 개발은 대외적으로 보호주의 정책과 연계되면서 기술 민족주의의 형태로 나타났다. 동아시아 국가들의 근대화와 산업화 과정에서도 방위산업 육성은 부국강병의 상징으로서 국가적 위상을 드높이는 방책으로 이해되었다. 그 과정에서 수입 무기의 토착화를 넘어 무기 생산의 자급자족 능력을 보유한다는 기술민족주의의 목표가 설정되었다(Bitzinger, 2015).

4차 산업혁명 시대에도 첨단 방위산업의 역량은 군사력과 경제력의 상징이다. 이러한 역량의 보유는 실제 전쟁의 수행이라는 군사적 차원을 넘어서 무기 판매나 기술 이전 등과 같은 경제적 차원의 경쟁력을 의미한다. 특히 이 과정에서 기술력을 확보하는 것은 국가전략의 요체로 인식된다. 사실 방위산업은 외부의 위협으로부터 국가안보를 지키는 전략산업임과 동시에 첨단기술의 테스트베드로 인식되었으며, 이렇게 생산된 기술을 활용하여 민간 산업의 성장도 꾀할 수 있는 원천으로 여겨졌다. 이런 점에서 첨단 무기체계의 생산력 확보 경쟁은 단순한 기술력 경쟁이나 이를 바탕으로 한 군사력 경쟁이라는 의미를 넘어서 포괄적인 의미에서 본 스마트 자원권력을 확보하기 위해서 벌이는 복합적인 '디지털 부국강병 경쟁'을 의미한다.

첨단 방위산업 중에서도 군사 및 민간 부문에서 겸용(dual-use)되는 기술이 각별한 시선을 끌었다. 첨단 부문의 민군겸용기술을 확보하는 나라가 미래전의 승기를 잡는 것은 물론, 더 나아가 글로벌 패권까지 장악할 것으로 예견된다. 그러한 국가는 군사력뿐만 아니라 민간 산업 분야에서도 경쟁력을 확보하는 것이 가능하다. 첨단 무기체계와 신기술 개발에서 성과를 낸다면 경제 분야에서도 혁신 성장의 견인차를 얻을 수 있기 때문이다. 최근 지구화와 정보화의 진전에 따라서 군수와 민수 분야의 경계는 허물어져 가고 있으며, 군과 민에서 주목하는 핵심 기술들도 크게 다르지 않다. 4차 산업혁명 시대를 맞이해서 군사기술과 민간 기술의 경계를 허문 '하이브리드 기술'을 확보하려는 전략의 의미가 부각되는 이유이다(DeVore, 2013).

결국 첨단 방위산업 역량은 미래 신흥권력의 중요한 요소이며, 이러한 이유에서 세계 주요국들은 4차 산업혁명 기술을 활용한 첨단무기 개발 경쟁에 나서고 있다(Haner and Garcia, 2019). 첨단 방위산업이 새로운 자원권력의 원천이라는 점을 인식하고 이 분야에 대한 투자를 늘리고 있으며, 민간 기술을 군사 분야에 도입하고, 군사기술을 상업화하는 등의 행보를 적극적으로 펼치고 있다. 특히 첨단화하는 군사기술 추세에 대응하기 위해서 민간 분야의 4차 산업 혁명 관련 기술 성과를 적극 원용하고 있다. 사이버 안보, 인공지능, 로보틱스, 양자 컴퓨팅, 5G 네트웍스, 나노소재와 같은 기술이 대표적인 사례들이다. 이러한 기술에 대한 투자는 국방 분야를 4차 산업혁명 분야 기술의 테스트베드로 삼아 첨단 민간 기술의 혁신을 도모하는 효과도 있다(김민석, 2020).

예를 들어, 미국은 중국과 러시아의 추격으로 군사력 격차가 좁아지는 상황에 대처하기 위해서 이른바 '제3차 상쇄전략'을 추진하고 있다. 미국은 일찍이 무인무기체계의 중요성을 인식하고 연구개발을 추진하여 다양한 무인무기를 개발·배치함으로써 현재 전 세계 군용 무인기의 60%를 보유하고 있다. 한편, 중국도 4차 산업혁명 분야의 첨단기술을 활용한 군 현대화에 적극 나서고 있다. 후발 주자인 중국은 미국을 모방한 최신형 무인기를 생산·공개하고, 저가의 군용·민용 무인기 수출을 확대하는 등 기술적 측면에서 미국의 뒤를 바짝 쫓고 있다(杨仕平, 2019). 이러한 양국의 경쟁은 방위산업 분야에서도 보호무역주의와 기술민족주의가 부활하는 모습을 방불케 한다. 향후 드론과 같은 무인무기체계 개발 경쟁은 미국과 중국이 벌이는 글로벌 패권경쟁과 연계되어 더욱 가속화될 것으로 예견된다(Weiss, 2017).

3) 무기체계 플랫폼 경쟁의 부상

4차 산업혁명 시대의 첨단 방위산업 경쟁은, 단순히 어느 한 무기체계의 우월성을 놓고 벌이는 제품과 기술의 경쟁만이 아니라, 무기체계 전반의 표준 장악과 관련된 일종의 플랫폼 경쟁의 성격을 지닌다. 여기서 플랫폼 경쟁은 기술이나 제품의 양과 질을 놓고 벌이는 경쟁이 아니라, 판을 만들고 그 위에 다른 행위자들을 불러서 활동하게 하고 거기서 발생하는 규모의 변수를 활용하여 이익을 취하는 경쟁을 의미한다. 주로 컴퓨팅이나 인터넷, 그리고 좀 더 넓은 의미에서 본 네트워크 분야에서 원용된 개념으로 ICT의 발달로 대변되는 기술 변화 속에서 변환을 겪고 있는 세계정치 분야에도 적용해 보려고 한다. 특히 이 글은 이러한 플랫폼 경쟁의 개념을 방위산업 분야에서 나타나고 있는 무기 체계 경쟁의 성격 변화에 적용했다.

무기체계 플랫폼 경쟁의 의미는 최근 많이 거론되고 있는 '게임체인저(game changer)'라는 말에서도 드러난다. 게임체인저란 현재의 작전수행 패러다임이 나 전쟁 양상을 뒤집어 놓을 만큼 새로운 군사 과학기술이 적용된 첨단 무기체 계를 의미한다. 군사전략의 측면에서 볼 때, 게임체인저로 거론되는 첨단 무기 체계의 도입은 전장의 판도를 바꿔 결정적 승리를 달성하는 것을 의미한다. 게 다가 이러한 게임체인저를 생산하는 기술 역량의 향배는 방위산업 경쟁의 판 도도 바꿀 수 있다. 세계 주요국들이 모두 게임체인저급 무기체계 개발에 관심 을 두는 이유다. 어쩌면 성능이 우수한 무기체계를 다수 생산하는 것보다 이러 한 게임체인저급의 무기체계 하나를 생산하는 것이 더 효과적일 수도 있기 때 문이다. 이러한 점에서 게임체인저의 개념은 그 자체로 무기체계 플랫폼 경쟁 의 의미를 담고 있다.

세계 최대 무기 수출국인 미국의 행보를 보면, 단순히 첨단무기만 파는 것이 아니라 그 '운영체계'를 함께 팔고 있음을 알 수 있다. 다시 말해, 제품 수출을 넘어서 표준 전파와 플랫폼 구축을 지향한다. 사실 방위산업은 승자독식의 논 리가 통하는 분야이다. 우선 무기 구매국들은 '전쟁에서 이기는 무기'를 구입 하려 하고, 한번 구입한 무기는 호환성 유지 등의 이유로 계속 사용할 수밖에 없게 된다. 앞서 언급한 바와 같이, 4차 산업혁명 관련 기술을 탑재한 무기체 계의 작동 과정에서 디지털 플랫폼 구축의 중요성이 더 커지면서 이러한 표준 권력의 논리는 더욱 강화된다. 미국이 글로벌 방위산업을 주도하는 근간에는, 이렇듯 무기와 표준을 동시에 제공함으로써, 자국에 유리한 플랫폼을 구축하 려는 전략이 자리 잡고 있다. 결국 무기체계 플랫폼 경쟁의 궁극적 승패는 누가 더 많이 자국이 생산한 무기체계를 수용하게 하느냐에 달려 있기 때문이다.

이러한 플랫폼 경쟁은 무기체계 분야를 넘어서 방위산업 또는 미래 산업 전반의 플랫폼 경쟁으로도 확산된다. 최근 이러한 확산 가능성을 보여주는 사례가 드론이다. 드론은 민군겸용기술의 대표적인 사례인데, 다양한 분야에 활용되는 군용 및 민간 기술들이 만나는 접점에서 발전해 왔다. 게다가 드론 경쟁은 단순히 드론을 제조하는 기술경쟁의 의미를 넘어서 드론을 운용하는 데 필요한 소프트웨어와 서비스의 표준을 장악하는 경쟁이기도 하다. 사실 드론의 개발과 운용 과정을 보면, 제품-표준-플랫폼-서비스 등을 연동시키는 것이 중요함을 알 수 있다. 군사적인 관점에서 볼 때, 이러한 드론 표준이 내포하고 있는 것은 미래 무기의 표준인 동시에 미래 전쟁의 표준일 수 있다는 점이다. 실제로 드론을 중심으로 미래전의 무기체계와 작전운용 방식이 변화하고 전쟁 수행 주체와 전쟁 개념 자체도 변화할 조짐을 보이고 있다.

무기체계 플랫폼으로서 군용 드론 산업에서는 미국이 선두인데, 보잉, 제너럴다이내믹스, 아토믹스, 록히드 마틴 등과 같은 미국의 전통 방산 기업들이 우위를 차지하고 있다. 미국은 미래전의 게임체인저로 불리는 군집 드론의 개발에도 박차를 가하고 있다. 중국은 미국 다음으로 가장 활발하게 군용 드론을 연구하고 있는 국가이다. 그러나 중국의 강점은 오히려 민용 드론 산업에 있다. 중국 업체인 DJI가 민간 드론 분야에서 압도적인 시장점유율을 차지하는 가운데 세계 최대의 드론 기업으로서 위상을 공고히 하고 있다. 현재 전체 드론 시장에서 민용 드론의 비중은 군용 드론에 비해 적으나, 그 증가 속도는 더 빨라서 장차 미중의 격차는 축소될 것으로 전망된다. 이러한 과정에서 드론 산업의 발전은 넓은 의미에서 본 4차 산업혁명 분야의 민군겸용 플랫폼 경쟁의 새로운 지평을 열 것으로 전망된다(유용원, 2019).

3. 미중경쟁과 민군겸용기술 수출통제

1) 첨단 방위산업의 수출통제 레짐 변환

미국과 중국이 벌이는 첨단 무기체계 경쟁은 사실상(de facto) 경쟁뿐만 아니라, 제2차 세계대전 이후부터 진화해 온 법률상(de jure) 메커니즘, 즉 첨단 군사기술 관련 국제레짐의 변화에서도 나타난다. 역사적으로 전략물자와 첨단기술 수출통제 레짐을 구축하고 적용하는 것은 국제정치의 큰 관건이었다. 군사적 유용의 가능성이 있는 전략물자, 특히 첨단기술의 수출통제는 냉전 시대의 코콤(CoCom)에서부터 있었다. 특히 회원국들이 자발적으로 협의하고 조정하는 다자간 수출통제 체제가 작동해 왔는데, 2000년대 들어서는 무형의 기술을 중시하며 이에 대한 각종 통제 규정을 구체화하고 강화하는 방향으로 변화했다. 유엔 안보리나 각종 다자 수출통제 체제 등을 통해 개별 국가 차원에서도 기술 이전에 대한 법·제도를 재정비하고 강화하라는 요구들이 부과되었다. 이러한 배경에는 국가 간 교역의 발달과 산업의 전반적 발전으로 누구나 전략물자를 손쉽게 구할 수 있게 된 환경 변화가 작용했다(김현지, 2008: 352~353).

1990년대 말부터 기술통제의 제도화 방안에 대한 협의는, 코콤 해체 후 1996년 7월에 출범한 바세나르 협정을 통해서 이루어졌다. 바세나르 협정은 재래식 무기와 민군겸용기술의 투명성을 제고하고 책임성을 강화하는 성격을 띠었다. 바세나르 협정은 법적 구속력이 있는 조약이 아니었을 뿐만 아니라 코콤보다 덜 엄격했다. 수출통제와 관련된 협약국의 투명성을 높이는 데 초점이 맞춰져 있었으며, 협약국 간 비토(veto)도 허용하지 않았다. 특히 국가안보를 위협하는 재래식 무기의 과잉 축적을 방지하고 이러한 물자들의 국외 이전에 책임을 부여함으로써 국제질서의 안정성을 확보한다는 목적을 내세웠다. 바세나르 협정에서는 수출통제의 대상이 되는 물품과 기술을 어느 정도 특정하고 있는데 무기 자체는 물론 무기를 제조하기 위한 기술 및 원재료뿐만 아니라 기술적 활용에 따라 무기에 사용될 수 있는 이중용도(dual-use) 물품에 대해서도 통제를 가하고 있다(유준구·김석우·김종숙, 2015: 87).

바세나르 협정은, 통제 대상 국가를 공산권 국가로 지정한 코콤과 달리 '국제 평화와 지역 안전을 저해할 우려가 있는 모든 국가'로 규정한다. 테러 국가나 분쟁 국가에 수출입을 할 경우 각국 간 사전 협의가 필요하다. 즉, 회원국 중 한 국가가 특정 국가에 대해 전략물자 금수조치를 취할 경우 다른 회원국들도 여기에 동조해야 하며 이를 무시하고 수출입하는 국가에 대해서는 다른 회원국들이 해당 품목에 대해서 금수하는 등 강력한 조치를 취할 수 있다. 특히 바세나르 협정을 기초로 한 수출통제 제도의 경우 최종 용도(end-use)와 최종 사용자(end-user)에 대하여 엄격한 통제를 하고 있는데, 이에 따라 재수출에 대해서도 엄격한 통제를 가하고 있다.

바세나르 협정에서 말하는 이중용도 품목에는 다양한 소프트웨어(SW)가 포함되어 있으나 국내 일반 소프트웨어 기업들과 관련성이 가장 높은 항목은 정보 보안 관련 SW이다. 정보의 저장 및 전송 과정에서 암호화 기술을 사용하는 SW의 경우 상당수가 해당될 수 있는데 이 경우 SW 제품이나 기술을 이전할 경우 사전에 수출 허가를 받아야 한다. 한편 북한과 같이 수출통제체제에 가입되어 있지 않은 나라로 전략물자를 수출하기 위한 허가를 받으려면 최종 사용자가 해당 물품을 금지된 용도로 사용하지 않고, 허가받지 않은 국가로 재이전하지 않겠다는 서약서를 제출해야 하고, 최종 사용자의 영업증명서 등의 서류도 제출해야 한다(심지섭, 2019).

이러한 수출통제 레짐에 대한 논의는 4차 산업혁명 시대를 맞아 더욱 강화 및 정교화될 가능성이 있다. 자율살상무기 중에서도 특히 드론에 대한 기술통제의 필요성이 제기되고 있다. 군사 드론을 둘러싼 논쟁은 기존 드론뿐만 아니라 미래의 변종, 그리고 특정 시장에의 판매 금지 등의 문제를 담고 있다. 현재 각국은 살상용 드론을 투명성과 신뢰성을 보장하는 특별한 장치 없이 일방적으로 사용하고 있는데, 이를 규제할 국제레짐의 필요성에 대한 학계나 NGO,

정책서클 등의 지적이 제기되고 있다(Buchanan and Keohane, 2015). 그러나 국내외의 안보 기능, 인도주의적 노력, 민간의 상업적 사용 등과 같이 비군사적인 용도로 사용되는 드론의 특성을 고려하지 않으면 이러한 규제의 노력은 성공할 수 없을 것이다. 드론의 비군사적 성격은, 기존의 대량살상무기나 미사일과 관련된 논의와는 달리, 엄격한 규제와 통제 장치를 담은 국제 거버넌스의 틀을 마련하는 데 걸림돌로 작동할 가능성이 크다(Schulzke, 2019).

최근 이러한 드론 기술 수출통제 체제의 수립을 위한 논의 과정은 중국으로의 첨단 무기체계의 기술 이전에 대한 경계심과 연결되는 양상을 보인다. 지난 20여 년 동안 중국의 국방 과학기술 및 혁신시스템은 크게 발전했는데, 방위산업의 역량 개선도 이러한 발전 과정에서 중요한 역할을 했다. 중국은 기술 수입을 위한 대량 투자, 공동 협업에의 참여, 산업 스파이와 해킹 등 다양한 수단을 활용하여 군용 및 민군겸용기술을 획득하기 위해 집중적인 노력을 벌여왔다(Cheung, Lucyshyn and Rigilano, 2019). 최근 미국은 이에 대해 경계하기 시작했는데, 특히 미국의 국가안보에 영향을 미치는 신흥 및 기반 기술, 그리고 군사적·상업적으로 개발 초기 단계에 있는 기술에 대한 통제를 강화하기 시작했다. 이들 기술은 아직 국가안보에 미치는 영향이 밝혀지지 않아서 다자레짐에 의해서 통제 조치가 취해지지 않은 기술들이었다(Lewis, 2019).

2) 미중 민군겸용기술 경쟁과 수출통제

미중경쟁의 맥락에서, 최근 미국이 첨단 무기체계 관련 전략물자와 민군겸용기술의 수출통제 카드를 활용하는 기저에는 기술동맹을 통해서 중국을 견제하려는 의도가 깔려 있다. 기존에는 미국이 플랫폼을 구축하고 그 플랫폼 위에서, 도전국이라고 할 수 있는 독일이나 일본조차도 경쟁적 또는 수직적 분업구조를 형성하는 양상이었다. 그런데 현재 중국은 미국의 플랫폼을 이탈하여 신흥기술 관련 독자적 플랫폼을 만들려는 시도를 벌이고 있어 이를 사전적으로 견제하려는 미국의 의도가 작동하고 있다. 신흥기술을 둘러싼 미중경쟁이 격화되고 있는 가운데, 미국은 국내 법·제도 및 정책은 물론 다자 이니셔티브의 메커니즘을 통해서 동맹국과 파트너 국가들을 동원하여 중국에 대한 공세 조치를 강화하고 있다.

2018년 8월, 트럼프 행정부가 '수출통제개혁법(Export Control Reform Act: ECRA)'을 발표한 것도 바로 이러한 맥락에서 이해할 수 있다. 미국의 '수출통제개혁법'은 특히 신흥기술의 최종 사용자 및 목적지에 대한 보다 체계적인 제한에 초점을 맞추고 있다. 이러한 행보의 바탕에는 첨단기술의 수출통제가 기술경쟁력의 보호 차원을 넘어서 국가안보의 문제로 인식되는 상황 전개가 깔려 있었다. 이러한 법제 개혁의 행보는 최근 중국 기업인 화웨이의 5G 네트워크 장비에 대한 미국 정부의 수입 규제 문제와 연결되는 것이기도 하다. 이러한 과정에서 미국은 첨단 방위산업 제품의 수출 또는 수입을 통제하는 동맹외교를 활발하게 벌였다. 미국의 인도·태평양 전략과 중국의 일대일로 구상이 경합을 벌이고 있는 미중 글로벌 패권경쟁이 그 바탕에 깔려 있다(유준구, 2021a).

미국은 '수출통제개혁법' 이외에도 2021년 '전략경쟁법(Strategic Competition Act)'이나 각종 행정명령을 통해 대중국 기술통제를 강화했다. 이러한 조치는 냉전 시대 코콤이 부활한 면이 있는데, 미일 국가안보혁신기금 조성 등 동맹을 강화하여 이행을 강조했다. 대중국 통제를 위한 대중국 수출통제 강화의 핵심 영역은 신흥 및 기반 기술(EFT)이다. EFT는 중국의 '중국제조 2025'에 대한 대응 차원에서 강조하는 생명공학, AI 및 머신러닝 등 14개 분야를 포함한다. 대부분이 이중용도의 특성을 지니며, 구체적인 범주는 규정하지 않고 있으나, 기술과 물품뿐 아니라 소프트웨어도 포함한다. 또한, EFT가 점차 민간 부문에서 발전됨에 따라 중국의 핵심 기술에 대한 투자 방지를 위하여 수출통제와 FDI 관련 규정을 연계하고 있다(유준구, 2021a).

미국은 신흥기술에 대한 대중국 통제를 위한 다자 이니셔티브도 강화하고 있는데, 2019년 9월 민감기술 보호, 특히 관련 기술의 대중국 유출 방지 방안을 논의하기 위해 유사입장국 협의체인 '민감기술에 대한 다자조치(Multilateral Action on Sensitive Technologies: MAST)'를 출범시켰다. 민감기술은 비(非)우방국에 유출될 경우 국가안보에 위험을 끼칠 수 있는 기술로, 주로 민군겸용의 신기술을 지칭하는데 5G, 인공지능, 3D 프린팅, 드론 등이 포함된다. 참가국은 미국, 영국, 캐나다, 호주, 뉴질랜드, 한국, 일본, 독일, 프랑스, 이탈리아, 네덜란드, 노르웨이, 덴마크, 스웨덴, 핀란드 등 15개국이다. 주요 의제로는 주요 관리 대상인 민감기술(인공지능, 적층 제조 기술, 양자 기술 등)의 이전 방지 방안과 중국 군민융합 전략하에서 이루어진 기술 탈취 시도 사례 등을 다룬다. 아울러 주요 4대 분야로 수출통제제도, 외국인투자심사제도, 정밀비자심사제도, 국제 연구개발 협력 관리 등을 선정했다(유준구, 2021a).

3) 바이든 행정부의 민군겸용기술 제재 확대

미국의 첨단기술 수출통제는 지속될 전망인데, 바이든 행정부의 첫해에는 트럼프 행정부의 기존 수출통제 정책을 유지하며 관련 정책을 검토했다. 그러나 트럼프 행정부와 비교할 때, 바이든 정부의 수출통제는 다자주의적 접근, 경제 민감성 고려, 제재 등 다양한 수단을 활용한다는 점에서 차이가 있을 것으로 보인다. 특히, 실무 담당 고위 관료들의 성향에 따라 수출통제의 기조와 방향이 조정될 것으로 전망된다. 결국 바이든 행정부의 미국은 독자 제재도 집행하지만, 다자 프레임워크를 활용하면서 동맹국들의 이탈을 방지하고 그러한 과정에서 미국이 핵심을 장악하는 방식을 취할 것으로 전망된다(유준구, 2021a).

최근에는 수출통제가 민군겸용기술 분야를 넘어서 민군의 경계가 모호한 민간 기업에 대한 제재에까지 확대되고 있다. 전략물자에 대한 수출통제 기준의 마련이 선량한 민간 거래를 방해할 의도가 아니기 때문에, 이전에는 미국 이외의 국가에서 미국의 특정 기술이나 소프트웨어를 사용하여 제조한 제품을 제3국에 수출할 경우 미 정부의 허가를 받아야 하는 제품, 즉 특정 미국산 기술이나 소프트웨어를 사용해 생산된 직접제품(direct product)에 대해서는 수출관리규정(Export Administration Regulations: EAR)을 과도하게 적용하지 않았다. 그러나 중국, 특히 화웨이 사례는 예외가 되었다. 화웨이에 대해서는 민수용, 예를 들어, 모바일 기기의 구성품도 전략물자로 적용했다. 기존에 미국 기술이 사용된 비율은 일반적으로 25% 기분을 적용했지만, 중국에는 더 엄격히 적용하고 있다.

2021년 6월, 바이든 대통령은 중국군과 관련된 방위 및 감시 분야의 기술을 다루는 기업들, 즉 중국의 핵, 항공, 석유, 반도체, 감시 기술 분야 59개 기업에 대한 미국의 투자를 금지하는 행정명령을 내렸다. 중국의 군산복합체뿐만 아니라 군, 정보, 보안 연구 및 개발 프로그램에 대한 미국 투자도 금지했다. 이 행정명령은 2021년 8월 2일 발효되었으며, 대상 기업들은 단계적으로 갱신된다. 이 조치는 트럼프 행정부가 내렸던 조치를 확대한 것으로, 대상 기업들은 31개에서 59개로 늘어났고, 감시 기술을 다루는 회사들이 포함되었다. 화웨이, 핵 관련 국영 에너지 기업인 중국광핵그룹, 거대 이동통신 회사인 중국이동통신, 부동산 회사인 코스타그룹, 항공기 제작 회사인 중항공총, 석유가스 개발 회사인 중국해양석유총공사, 감시 장비 회사인 하이크비전, 중국의 반도체 기술을 상징하는 SMIC 등이 59개 기업에 포함되었다.

미국의 중국에 대한 수출입통제는 점점 더 확대되는 추세이고 그 목적도 다양화되고 있다. 초기의 제재가 사이버 안보가 문제시되는 화웨이 장비의 수입규제가 목적이었다면, 점차로 화웨이를 비롯한 중국의 기업들에 대해서 전략물자와 첨단기술의 수출을 통제하는 방향으로 확대되었다. 미국의 투자 규제도 초기에는 중국의 반도체 또는 금융 기업들이 미국 내 기업들에 대해 투자하거나 인수 시도를 벌이는 것을 금지하고 차단하는 것이 목적이었다면, 점차로 미국 기업들이 중국의 민간 기업(또는 군산복합체)에 투자하는 것도 금지하거나 자제하는 분위기로 심화되었다. 이러한 과정에서 나타나는 첨단기술 분야에 대한 수출입 통제를 네 가지 범주로 나누어 보면 **표 7-1**과 같다.

표 7-1 첨단기술 분야의 수출입 통제

	수입규제	수출통제
물자 및 기술 통제	• 화웨이 5G 통신 장비 규제: 사이버 안보가 이유 • 드론, CCTV, 틱톡 등 사용 규제: 개인정보 유출 등 이유	• 미국산 물품 및 기술의 수출 제한 • 수출통제개혁법(ECRA, 2018), 상무부 ERA의 법적 근거 마련. 14개 항목에 대한 통제 • 화웨이 등 제재 명단 등재
투자 규제	• FIRRMA, 재무부, CFIUS 권한 강화, 투자심사 대상 확대 • 푸젠진화의 아익스트론(Aixtron) 인수 금지(2016.12) • 캐넌브리지의 래티스반도체 인수 차단(2017.9) • 앤트파이낸셜의 머니그램 인수 좌절(2018.1)	• 군사 개발 및 인권침해와 관련된 중국 군산복합체 기업(CMIC)에 투자 금지(2021.6.3), 방산 및 감시 기술 분야의 59개 기업을 지정 • 디디추싱 상장 논란 이후 중국 기업에 대한 투자 자제 분위기

자료: 저자 작성.

2020년 8월 미 의회는 중국의 AI 기술과 함께 양자(quantum) 기술이 미국의 국방을 위협하고 있다는 보고서를 냈다. 양자 기술은 물리학 최소 단위인 양자의 특성을 보안·초고속 연산 등에 적용한 차세대 정보통신기술이다. 중국은 2016년 세계 최초 양자 위성통신인 '묵자'를 발사한 데 이어, 2017년엔 베이징-상하이를 잇는 세계 최장 2000킬로미터 구간에 유선망을 구축해 양자암호통신을 성공시켰다. 최근 중국은 미국이 앞서 있는 양자 컴퓨팅 분야에서도 도전장을 내밀고 있다.

2021년 8월 중국은 음속의 5배 이상으로 날아가는 극초음속 미사일의 발사 실험을 공개해서 미국 당국자들의 간담을 서늘케 했다. 미 정책서클에서는 중국의 이러한 군사혁신이 양국 간에 벌어질 미래전의 판도를 바꿀 '게임체인저'가 될지도 모른다는 우려를 제기했다. 마크 밀리 미 합참의장도 중국의 극초음속 미사일 시험을 '매우 중대한 기술적 사건'이라고 규정하며, 냉전기 구소련이 세계 최초로 인공위성을 발사해 미국을 놀라게 한 '스푸트니크 순간'에 빗대기도 했다.

이러한 연속선상에서 2021년 11월 미 상무부가 국가안보에 위협이 되는 수출통제 대상 기업을 지정한 조치도 이해할 수 있다. 이 제재 리스트에는 대(對)스텔스 및 대(對)잠수함 용도의 무기 개발을 위한 양자 컴퓨팅과 암호화 기술에 관련된 8개의 중국 기업이 포함되었다. 미 상무부에 따르면, 이들 기업은 미국이 확보하고 있는 원천기술을 적용한 첨단무기를 확보하기 위한 사업에 연루되었다. 특히 중국 기업 최초로 양자 기술 분야에서 상장한 퀀텀시텍이 미국의 수출 제재를 받았는데, 군사용 애플리케이션을 지원하는 목적의 미국 제품을 구매한 혐의였다.

4. 첨단 방위산업 경쟁과 권력 주체의 변환

1) 스핀오프 모델에서 스핀온 모델로

20세기 후반의 첨단 방위산업은 국가, 특히 군이 주도하여 군사적 목적으로 시장의 위험을 감수하며 미래가 불확실한 기술에 대한 투자를 주도했던 역사가 있다. 그 대표적인 사례가 미국의 국방고등연구계획국(DARPA)이 민군겸용 기술의 혁신 과정에서 담당했던 역할이었다. DARPA가 연구개발을 주도한 군사기술은 시험·평가의 과정을 거쳐서 제품 양산화의 길로 나아갔다. 연구개발을 군이 주도했기 때문에 그 기술이 전장에서 사용될 가능성이 컸을 뿐만 아니라 시장의 불확실성 때문에 민간에서는 엄두도 내지 못했을 연구개발의 성과들이 군사 부문에서 민간 부문으로 이전되었다. 정보통신 및 인터넷과 관련해 많은 기술적 성과가 그 연구개발 단계부터 군의 막대한 자금 지원을 받았으며, 이를 기반으로 훗날 상업적으로 막대한 수익을 창출할 수 있는 계기를 마련했다. 이른바 스핀오프 모델은 이렇게 작동했다.

최근 첨단 방위산업의 기술혁신 과정을 보면, 민군의 경계가 없어졌을 뿐만 아니라 예전과는 반대로 민간 기술이 군사 부문으로 유입되는 이른바 스핀온 현상이 나타나고 있다. 과거에는 미사일, 항공모함, 핵무기 등이 이른바 게임 체인저였고 그 중심에 군이 있었다면, 4차 산업혁명 시대에는 인공지능, 3D 프린팅, 사물인터넷, 빅데이터 등과 같이 민간에 기원을 둔 기술들이 게임체인 저의 자리를 노리고 있다. 오늘날 민간 부문의 기술개발이 훨씬 더 빠르게 진행되고 있어 새로운 군사기술이 개발되는 경우에도 민군 양쪽의 용도를 모두 충족시키는 것이 중요해졌다. 과거 군사기술이 군사적 목적으로만 개발되어 이용되었다면, 지금은 좋은 민간 기술을 빨리 채택해서 군사 부문에 접목시키고 민간 부문에도 활용하는 접근이 이루어지고 있다.

오늘날 무기체계가 점점 더 정교화됨에 따라 그 개발 비용은 더욱더 늘어나고 있지만, 탈냉전 이후 대규모 군사 예산을 확보하는 것이 몹시 어려워진 현실도, 군사기술의 혁신 과정에 민간 부문의 참여가 활성화된 배경 요인이다. 게다가 명확한 군사적 안보위협이 존재하지 않는 상황에서 큰 비용을 들여 개발한 첨단기술을 군사용으로만 사용하는 데 대한 정치적 정당성을 확보하는 것도 어려워졌다. 오늘날 기술 개발자들은 예전처럼 고정적인 군 수요자층만을 대상으로 하는 것이 아니라, 전 세계 수십억의 수요자층을 대상으로 기술을 개발하게 되었다. 이런 맥락에서 민간 부문의 상업적 연구개발이 군사 부문의 중요한 기술혁신 기반으로서 무기 개발과 생산에도 활용되는 '군사 R&D의 상업화' 현상이 발생했다(Ikegami, 2013).

그 대표적 사례들이 자율주행차, 인공지능 등의 분야에서 발견된다. 예를 들어, DARPA가 지원한 2004년 그랜드 챌린지에서 시제품을 냈던 자율주행차 기술 관련 분야는 현재 테슬라, 우버, 구글 등과 같은 민간 업체들이 주도한다. 인공지능 머신러닝의 경우에도 아마존의 알렉사나 애플의 시리에서부터 페이스북이나 구글이 사용하는 데이터 집산 기법에 이르기까지 민간 부문이 주도하고 있다. 미 국방부가 로봇의 미래 사용을 검토하며 머뭇거리는 동안 아마존은 수만 개의 로봇을 주문처리센터에 도입해서 사용했다. 첨단 제품 수요의 원천으로서 군의 위상도 크게 하락하여, 2014년에 로봇청소기 제조사인 아이로 봇은, 팽창하는 가정용 수요에 주력하기 위해서 폭탄제거로봇과 같은 군납 비 즈니스를 종료하기도 했다(FitzGerald and Parziale, 2017: 103).

미 국방부도 이러한 변화를 인식하고, 민간 분야의 4차 산업혁명 신기술을 군사 분야에 적용·확대하기 위해서 노력하고 있다(FitzGerald and Parziale, 2017: 102~103). 미국은 매년 DARPA 챌린지를 개최하여 자율주행(2004~2007), 로봇 (2015), 인공지능 활용 사이버 보안(2016) 등과 같은 군용 기술에 대한 민간의 기술개발을 유도해 왔다. 또한 미 국방부는 실리콘밸리의 스타트업과 같은 혁 신적 민간 업체로부터 기술 솔루션을 습득하기 위한 노력을 공세적으로 벌이고 있다. 예를 들어, 2015년 8월 애슈턴 카터 미 국방장관은 실리콘밸리 내에 국방 혁신센터(DIU)를 설립하여 초소형 드론, 초소형 정찰위성 등을 개발케 했으며, 2016년에는 국방디지털서비스(Defense Digital Service: DDS)를 만들어 버그바운 티(bug bounties)라는 해킹 프로그램을 군에도 도입했다. 한편 2018년 6월 미 국 방부 내에 설립된 '합동인공지능센터(Joint Artificial Intelligence Center: JAIC)'는 인공지능을 국방 분야에서 적극 활용한 사례로 평가된다.

이러한 미국의 변화와 대비하여 주목할 필요가 있는 것이 중국의 군사기술 혁신 관련 행보이다. 중국은 '중국제조 2025' 정책으로 4차 산업혁명을 준비하 는 한편, 군 현대화를 목표로 군사비 지출을 지속적으로 늘리면서 민군겸용기 술 혁신에 박차를 가하고 있다. 2017년 19차 당대회에서도 시진핑 주석은 군 민융합의 중요성을 강조한 바 있다(谢地·荣莹, 2019). 이러한 중국의 군민융합 모델은 과거 미국 DARPA의 스핀오프 모델과 대비된다. 미국 DARPA 모델이 군이 주도하는 모델이었다면, 중국은 당과 정부가 컨트롤타워의 역할을 하며 군의 기술혁신 성과를 활용해서 국가 기술 전반에서 미국을 추격하려는 모델 이다. 따라서 원래는 민용 기술이지만 군용 기술로서 쓰임새가 있는 기술을 중 국의 방산 기업들이 적극적으로 도입해서 개발한다. 이러한 과정에서 중국이 지향하는 본연의 목적이 군사 분야 자체보다는 국가적 차원의 산업육성과 기술개발이라는 인상마저 준다. 군민융합 모델이기는 하지만 미국발 스핀온 모델과는 그 성격과 내용을 달리하고 있는 점에도 유의할 필요가 있다(毕京京 主编, 2014; 李升泉·刘志辉 主编, 2015).

2) 거대 다국적 방산 기업의 부상과 변환

이상에서 살펴본 국가 주도 모델에서 민간 주도 모델로의 이동은 방위산업 분야 민간 행위자들의 성격 변화와 연동된다. 특히 탈냉전과 지구화의 전개는 방위산업의 주체와 무기 생산 방식의 변화를 야기했다(Kurç and Bitzinger, 2018: 255). 기술 발달로 인해 무기 개발에 필요한 비용이 막대하게 증대함에 따라 국가 재정에 대한 부담이 커졌다. 첨단 무기체계 하나의 가격이 웬만한 개도국 국방비와 맞먹는 상황이 발생하기도 했다. 국가나 기업 차원에서도 실패에 따른 위험비용이 커질 수밖에 없었다. 이러한 변화를 감당하기 위해서 방산 기업들이 '규모의 경제'를 달성하고 해외시장에 용이하게 접근하기 위해서 공동 생산과 개발, 파트너십, 인수합병, 조인트벤처 등의 형태로 협력의 지평을 늘려 나갔다. 그 결과로 출현한 다국적 방산 기업들은 수많은 인력과 막대한 재력을 지닌 '거대 업체'가 되었다. 이러한 과정을 통해서 방위 산업 지구화가 전개되었으며, 이는 국내 차원에서 무기 생산을 자급하려는 국가들의 능력을 잠식했다(DeVore, 2013: 534~535).

외부 환경의 변화에 대응하려는 방산 기업들의 인수합병은 냉전기부터 있었지만, 탈냉전 이후 기업 간의 인수합병이 전례 없이 이루어졌다. 1993년과 1997년 사이 미국에서는 15개나 되던 방산업체의 수가 4개로 줄어들면서 공고화되었다. 유럽에서 이러한 인수합병의 과정은 다소 점진적으로 진행되었다. EADS(에어버스와 유로콥터의 모기업), BAE 시스템스, 탈레스, 아우구스타웨스트랜드 등과 같은 유럽의 대기업들도 다국적 사업을 벌여나갔다. 그 결과 2018년 국방기술품질원에서 발간한『세계 방산시장 연감』에 따르면, 세계 100대 무기 생산 기업 중 상위 10개 업체는 모두 미국과 서유럽 회사인데, 록히드 마틴(미국), 보잉(미국), 레이시언(미국), BAE 시스템스(영국), 노스럽 그루먼(미국), 제너럴다이내믹스(미국), 에어버스(범유럽), L-3커뮤니케이션스(미국), 레오나르도(이탈리아), 탈레스(프랑스) 등이 나란히 랭크되었다.

이러한 거대 다국적 방산 기업의 부상은 정부와 방산 기업의 관계를 변화시켰다. 다국적 방산 기업은 순수한 일국 기업에 비해서 정부의 간섭으로부터 자유로웠다. 또한 이들 다국적 방산 기업들은 웬만한 중소국 국방부서의 예산보다도 많은 재정적·인력적 자원을 보유하고 있는 경우가 많았다. 예를 들어, 세계 5대 방산 기업들은 세계 11위의 군사비 지출 국가인 한국의 방위비보다도 큰 예산 규모를 자랑했다. 방산 기업 간의 새로운 협력 관계는, 주로 서유럽 지역을 중심으로 해서, 기존의 정부 간 국방 협력 관계를 대체하기 시작했다. 다시 말해, 무기 거래의 형태가 국가 간 거래에서 기업 간 거래로 변화했으며, 공동 무기 생산을 위한 정부 간 협정이 산업 간 협정으로 대체되었다. 이 밖에 기술 이전, 데이터 교환, 산업 협업 등이 활발해짐으로써 무기 생산은 더욱더 다국적화의 길을 가게 되었다.

이들 거대 다국적 방산 기업들은 방위산업 분야의 핵심 군사기술을 활용해 민수 영역으로의 확장을 꾀했다. 방위산업 분야의 기업이라도 기존 고객의 수요는 물론 미래 고객의 요구를 충족시키기 위해 끊임없이 제품과 서비스의 포트폴리오를 강화해야 생존이 가능하다는 인식 때문이다. 빠르게 변화하는 시장에서 매출 대부분을 무기 판매에 의존하는 기업보다는 다양한 포트폴리오를 펼치는 기업이 더 유리한 입지를 차지할 것이라는 전망 때문이기도 하다. 그 결과 이들 방산 기업은 매출처의 다변화를 위해 주력 분야 이외의 분야로 업무를 확대했다. 예를 들어, 세계 1위 방산 기업인 록히드 마틴을 비롯해 제너럴다이내믹스도 의료 지원이나 사이버 보안 등과 같이 ICT 서비스 시장으로 진출하고 있다. 이러한 변화는 기존의 '거대합병(mega-merger)'과는 구별된다는 의미에서 '메타합병(meta-merger)'이라고 불러볼 수 있을 것 같다.

4차 산업혁명 시대를 맞이해서도 방산 기업 간의 인수합병이 진행되고 있다. 최근에는 완제품 생산업체와 서비스 업체 간 인수합병이 확대되는 추세이다. 2017년에는 미국 항공기 부품·자재 생산 기업인 유나이티드 테크놀로지스(UTC)가 항공전자 시스템과 객실 설비 제조업체인 록웰 콜린스를 300억 달러에 인수·합병했다. UTC는 2019년에 대형 방산 기업인 레이시언을 합병해서 새로이 매출액 740억 달러 규모의 레이시언 테크놀로지스를 출범시켰다. 노스럽 그루먼과 제너럴다이내믹스는 2018년 수십억 달러에 달하는 인수합병 계약을 체결했다. 이러한 인수합병의 추세에 글로벌 ICT 기업들이 참여하는 현상에도 주목할 필요가 있다. 2013년 구글은 로봇 회사인 보스턴 다이내믹스를 인수한 데 이어, 4년 만에 보스턴 다이내믹스를 일본의 소프트뱅크에 매각하기도 했다. 장차 록히드 마틴의 경쟁자가 보잉이나 레이시언이 아니라 구글, 애플, 화웨이 등과 같은 ICT 기업이 될 것이라는 전망이 나오고 있다.

거대 다국적 방산 기업들은 독립적인 연구개발 활동 이외에도 파트너십과 공동개발, 기업분할, 사내 구조조정 등에도 활발히 나서고 있다. 대규모 방산 기업들도 스타트업처럼 조직 DNA를 바꾸고 준비해야 하는 상황이라는 인식 때문이다. 스타트업처럼 빠르게 결정을 내리도록 조직 체계를 바꾸는 한편, 스타트업을 직접 인수하거나 육성하는 행보도 보인다. 이러한 새로운 모델의 출현은 스타트업의 기술을 모두 수용하는 일종의 '라이선스 인 전략'의 출현에서도 나타났다. 이탈리아 방산 기업인 레오나르도의 '오픈 이노베이션 이니셔티브'의 사례를 보면, 2017년 한 해에만 200건 이상의 산학연 협업을 실시했다. 구조적으로 보자면, 90개 이상의 주요 대학과 협력해 프로젝트 및 리서치 이니셔티브를 실시했으며, 회사 내부적으로 제품 및 역량 강화를 위한 미래 트렌드 기술 파악 및 기술 로드맵 구축을 위해 특정 역량을 보유한 연구 기관, 스타트업, 중소기업 등과 협업했다(매일경제 국민보고대회팀, 2019: 139).

3) 군사혁신 네트워크와 메타 거버넌스

이상에서 살펴본 민군 관계나 방산 기업의 변환에 대한 논의는 좀 더 넓은 의미에서 본 군사혁신 네트워크의 변화에 대한 논의로 연결된다. 이는 기존의 군산복합체(military-industrial complex) 모델보다는 그 내포와 외연이 넓은, 이른바 '군-산-학-연 네트워크'의 부상에 대한 논의와도 관련된다. 군산복합체는 군과 방위 산업의 밀접한 이해관계 구도를 서술하기 위해서 1960년대 초부터 원용된 개념이다. 이러한 군산복합체의 모델은 냉전기 방위 산업의 작동을 설명하는 데 유용했는데, 탈냉전과 지구화라는 환경 변화를 겪으면서 참여 주체나 협력 분야 등에 있어서 변화를 겪어왔다(Smart, 2016: 457). 예를 들어, 2000년대 정보화 시대 초기에도 군산복합체의 변화에 주목하는 연구들이 있었는데, 제임스 데어 데리언(James Der Derian)이 말하는 MIME 네트워크(military, industrial, media, entertainment network)가 그 사례 중 하나이다(Der Derian, 2001). MIME 네트워크의 개념은 디지털 이미지, 전쟁 영화, 다큐멘터리 영화, 리얼리티 TV, 컴퓨터 시뮬레이션, 비디오 게임 등이 군사기술과 연계되는 할리우드와 펜타곤, 그리고 실리콘밸리의 밀리테인먼트(militainment) 관련 기술혁신 네트워크의 부상을 다룬다(Kaempf, 2019: 542).

군사혁신 네트워크의 기능적 변화와 더불어 주목해야 할 것은 지리적 차원의 네트워크라고 할 수 있는 방위 산업 클러스터 모델의 변화이다(장원준 외, 2018). 미국은 제2차 세계대전 이후부터 현재까지 클러스터 육성에 매진해 온 결과 전체 50개 주 중에서 20여 개 주에 방위 및 항공우주, MRO(maintenance, repair and operation) 클러스터가 집적되어 있다. 텍사스(방위·항공), 오클라호마(MRO), 애리조나(방위·항공), 캘리포니아 샌디에이고(함정) 등 연간 4080억 달러의 국방예산이 주 정부의 클러스터 육성에 쓰이고 있다. 이러한 방위산업 클러스터의 특징은 군 기지와 시설, 군 연구소 등 군사 체계를 중심으로 산업 생산, 과학기술 및 기업 지원 체계가 긴밀하게 연계되어 있다는 데 있다. 다시 말해, 스핀오프 모델의 기능적 연계가 공간적 집적 모델에 구현된 형태라고 할 수 있다. 이러한 방위산업 클러스터 모델이 4차 산업혁명과 스핀온의 시대를 맞이하여 드러낼 변화는 앞으로 큰 관건이 될 것이다.

　이와 관련하여 중국 드론 산업의 토양인 중국 선전(深圳) 지역의 혁신 클러스터 모델에 주목할 필요가 있다. '아시아의 실리콘밸리' 또는 '세계의 공장'으로 불리는 중국의 선전 지역은 과학기술 분야 인재들의 집합소로 기술혁신의 발원지일 뿐만 아니라 시제품을 신속하게 제작할 수 있는 생산 능력을 가지고 있으며, 인건비와 부품 조달 측면에서 가격 경쟁력까지 갖춘 생태계를 형성하고 있다. 선전 지역 생태계의 이러한 특징은 중국 드론 산업 발전에도 효과적으로 작용하여 드론 개발에 필수적인 반도체 칩, 가속센서, 소형 고품질 센서, 모터, 배터리 전자 부품 등을 그 어느 지역보다도 용이하고 상대적으로 저렴한 가격으로 조달할 수 있는 기술 인프라를 구축했다. 민간 드론 세계 1위 기업인 DJI는 이러한 선전 지역 생태계의 이점을 효과적으로 활용하여 성장한 대표적인 혁신기업이다.

　이렇게 기능적·지역적 차원에서 본 군사혁신 네트워크의 변환 과정에서 국가는 어떠한 역할을 담당할 것인가? 스핀온의 시대가 되었지만, 국가의 역할이 사라질 것으로 볼 수는 없다. 오히려 최근 미중 기술패권 경쟁에서 보는 바와 같이, 보호무역주의와 기술민족주의 경향이 득세하면서 지정학적 시각에서 본 국가의 역할이 재조명을 받고 있다. 그렇다고 스핀오프 모델이나 과거의 군산복합체 모델로의 회귀를 논할 것은 아니다. 오히려 이전부터 이어져 온 방위산업 지구화와 최근 재부상한 기술민족주의의 경향이 겹치는 지점에서 국가의 역할이 재설정될 가능성이 크다. 이러한 맥락에서 새로운 국가모델로서 '네트워크 국가(network state)'의 모델에 기반을 둔 새로운 거버넌스 모델, 즉 '메타 거버넌스(meta-governance)'에 대한 논의를 첨단 방위산업 분야에 원용해 볼 필요가 있다.

　망누스 크리스티안손은 메타 거버넌스의 시각에서 미국의 '제3차 상쇄전략'

의 사례를 살펴보고 있다(Christiansson, 2018: 263). 미국의 제3차 상쇄전략은 2014년에 제시되었는데, 그 이면에는 두 가지의 주요 동인이 작동했다. 그 하나는 미국의 기술적 우위가 중국이나 러시아와 같은 국가들에 의해서 도전받는 다는 인식이었으며, 다른 하나는 국방예산의 감축이라는 내핍한 환경하에서 국방 부문이 혁신으로 대응해야 한다는 인식이었다. 제3차 상쇄전략은 냉전기 다양한 군사적 부족을 보충하기 위해서 시도했던 1950년대(전략핵무기로 귀결)와 1970년대(스텔스 기술, 정찰위성, GPS 등으로 귀결)의 상쇄전략 시리즈의 현대 버전이었다. 크리스티안손은 이러한 3차 상쇄전략을 "거버넌스가 규칙과 절차로서 형성되고 촉진되는 상급 질서 거버넌스"로서 메타 거버넌스가 조직화된 것으로 해석한다. 제3차 상쇄전략은 '합리적 기획(rational planning)'의 관점에서 이해되는 기존의 기획 절차에 도전하는 국방 조직 거버넌스의 새로운 양식이라는 것이다(Christiansson, 2018: 269).

구체적으로 살펴보면, 제3차 상쇄전략은 로보틱스, 첨단 컴퓨팅, 소형화, 3D 프린팅 등과 같이, 정부와 민간의 상호 네트워킹을 필요로 하지만, 전통 방위산업과는 특별한 연관이 없었던 신흥기술 분야를 대상으로 제기되었다. 이들 신흥기술 분야는 기성 기술 분야와는 달리 심의와 컨설팅의 반복적인 과정이 중요하며, 그렇기 때문에 무기체계 그 자체만큼이나 그 개발 과정의 구축이 중요하다. 이러한 점에서 제3차 상쇄전략은 합리적 목표를 정해놓고 공략하는 기존의 군사혁신 시스템의 '합리적 기획'과는 구별되며, 오히려 애매모호성, 복잡성, 불확실성 등을 내재한 기획 과정 그 자체에 대한 부단한 피드백으로 추구하는 모델이라고 할 수 있다. 제3차 상쇄전략은 민간 기업들뿐만 아니라 전통적으로 국방 분야의 반경 밖에 존재하는 산업, 무역그룹, 싱크탱크, 의회, 학술기관 등과의 협업도 강조한다. 이러한 대내외적 메커니즘의 작동은 크리스티안손이 제3차 상쇄전략을 메타 거버넌스의 시각에서 이해하는 근거이다(Christiansson, 2018: 269~270).

5. 첨단 방위산업과 권력 질서의 변환

1) 자율무기체계 경쟁과 세력 구도의 변환

자율무기체계의 개발을 위한 미국, 중국, 러시아 등 강대국들의 지정학적 경쟁이 가속화되고 있는 가운데, 이 분야를 주도하는 나라는 미국이다. 미국은 '3차 상쇄전략'의 추진이라는 맥락에서 자율무기체계를 도입하고 있다. 역사적으로 거슬러 올라가서 보면, 제2차 세계대전 이후 미국은 적대국의 군사력 추격을 상쇄하기 위해 군사기술의 우위를 추구하는 전략을 모색해 왔다. 1950년대 초반 미국은 '1차 상쇄전략'을 통해 동유럽 지역에 배치된 소련의 재래식 군사력의 수적 우세를 상쇄하기 위한 핵무기 개발을 추진했다. 1970년대 중후반 미국은 '2차 상쇄전략'을 통해 소련의 핵무장 능력과 미사일 발사체의 발전을 상쇄하기 위해 스텔스 기술, 정찰위성, GPS 등을 개발했다.

이러한 연속선상에서 2014년 미국은 중국과 러시아의 추격으로 군사력 격차가 좁아지는 상황에서 게임체인저로서 3차 상쇄전략을 제시했다(Johnson, 2017). 3차 상쇄전략은 미래전에서 미국의 군사력 우위를 보장하기 위한 최첨단 기술혁신을 위해 설계되었다. 미국의 3차 상쇄전략이 지향하는 4차 산업혁명 분야의 기술은, ① 자율적 딥러닝 시스템의 개발, ② 인간-기계 협력 의사결정체계, ③ 웨어러블 기기, 헤드업 디스플레이, 외골격 강화 기능 등을 활용한 인간 병사의 개별 전투 능력 향상, ④ 개선된 인간-무인체계의 혼성 작전, ⑤ 미래 사이버·전자전 환경에 작동하는 부분 자율무기의 개발과 운용 등 다섯 가지로 집약된다.

이들 기술 분야에서는 단순한 군사기술 경쟁이 아니라 4차 산업혁명 시대의 전략자원인 기술력을 놓고 벌이는 복합경쟁이 벌어진다. 최근 전반적으로 군사부문에서 예산 확보가 제한되고 있는 가운데, 민간 부문에서 산업경쟁력을 높일 수 있는 투자를 늘리고, 이 과정에서 개발된 첨단기술을 군사 부문으로 적용하는 시스템의 구축 경쟁이 벌어지고 있다. 이러한 시각에서 볼 때, 2018년 신설된 합동인공지능센터는 미 국방부 인공지능(AI) 전략에서 중요한 의미를 가진다. 민간 영역에서 개발된 AI 기술의 도입은 미래전의 수행을 염두에 둔 작전 운용 방식과 국방 시스템의 혁신도 유발하고 있다. 2021년 8월 미 육군 미래사령부는 2026년까지 집중 투자할 AI 연구 영역을 발표했다.

첨단 군사혁신 분야에서 중국의 도전도 만만치 않다. 중국군은 4차 산업혁명이 제공하는 새로운 기술을 활용한 군 현대화를 추진하고 있다. 중국은 미국과의 지정학적 경쟁이라는 구도에서 군 현대화를 추진하며 자율무기체계 개발에 임하고 있다. 중국의 AI 군사화 수준은 아직 미국에 미치지 못하지만, 민간 산업 분야의 AI 기술을 활용해 미국과의 격차를 빠른 속도로 좁히고 있다. 민간이 주도하는 육·해·공 위주의 전통적인 전쟁 분야에서는 미국을 넘어서기 어렵지만, 궁극적으로 AI와 기계를 기반으로 한 미래전 분야에서는 미국과 겨뤄볼 만하다는 것이 중국의 속내로 파악된다.

중국의 AI 무기 개발은 2017년부터 본격적으로 시작된 것으로 평가된다. 시진핑 주석은 2017년 10월 18일 제19차 당대회 연설에서 새로운 시대에 걸맞은 군사력과 군사전략의 창출을 위해 중국적 특색을 실현한 현대화된 전투체계를 갖추어야 한다고 역설했다. 이를 위해 2020년까지 기본적인 자동화를 달성하는 한편 전략 능력을 발전시켜야 하며, 2035년에는 국가 방위를 위한 현대화를 완성해야 한다고 강조했다. 21세기 중반에 이르러서는 세계 최강의 군사력을 갖춘다는 포부이다.

그 직전인 7월 중국 국무원은 '신세대 인공지능 발전계획'을 제시했는데, 미래 국력 경쟁의 원동력이자 신산업 발전의 원천 및 국방력 강화의 동인으로서 AI의 역할을 강조했다. 그 이후 중국은 육·해·공 전 분야에서 자율살상의 능력까지도 갖춘 AI 무기를 개발하고 있는 것으로 알려져 있다. 이러한 맥락에서 중국은 로봇학과 무인시스템 연구개발에 많은 자금을 지원하고 있으며, 중국 내 국방산업과 대학 등도 로봇학 연구에 박차를 가하고 있다.

중국의 자율무기체계 도입은 중국의 반접근/지역거부(Anti Access/Area Denial: A2/AD) 전략에도 크게 기여할 것으로 기대되고 있다. 자율무기 관련 기술혁신의 성과를 도입함으로써 좀 더 진전된 정보 및 탐지 능력을 제공하고 장거리 폭격의 정확도를 향상시키며 반(反)잠수함 전투 능력을 개선할 수 있을 것으로 기대된다. 이를 위해서 중국군은 인공지능, 빅데이터, 슈퍼컴퓨터, 자율무기, 지향성 에너지 무기, 양자 기술 등과 같은 첨단기술의 군사적 적용을 시도하고 있다. 또한 이를 위해서 민간 부문으로부터 군사 부문으로 첨단기술을 전환하기 위한 '군민융합'의 전략도 추구한다. 중국은 미국의 3차 상쇄전략에 대응하는 지정학적 경쟁의 구도에서 자율무기체계 경쟁에 임하고 있다.

향후 자율무기체계 개발경쟁은 미중이 벌이는 글로벌 패권경쟁과 연계될 가능성이 크다(설인효·박원곤, 2017: 9~36). 자율무기체계의 기술혁신 경쟁은 단순한 군사력 경쟁을 넘어서는 미래전 수행의 기반이 되는 복합적인 사이버 권력경쟁의 성격을 띤다. 사실 자율무기체계 경쟁은 향후 고전지정학적 세력 구도의 변화를 야기할 가능성이 있다. 냉전기 미소 핵 군비경쟁에서 보았듯이 자율무기체계 경쟁도 군비경쟁을 야기하고 국제정치의 불안정성을 낳을 가능성이 있다. 여태까지 재래식 무기 역량은 핵무기 역량을 능가할 수 없는 하위 역량으로만 이해되었지만, 4차 산업혁명 시대를 맞아 다양한 스마트 기술을 적용한 재래식 무기의 정확도와 파괴력이 증대되면서, 이제 자율무기체계 역량은 핵무기 능력에 대한 억지를 논할 만큼 중요한 변수가 되었다(Altmann and Sauer, 2017: 118, 120).

2) 첨단 방위산업의 글로벌 패권 구조 변환

자율무기체계 경쟁이 권력 질서의 변환에 미치는 영향은 첨단 방위산업 경쟁의 사례에서도 좀 더 구체적으로 찾아볼 수 있다. 현재 글로벌 방위산업의 패권은 미국이 장악하고 있다. 세계 10위권 국가들의 국방비 지출을 보면, 2017년 기준으로 미국(6100억 달러), 중국(2280억 달러), 사우디(690억 달러), 러시아(660억 달러), 인도(640억 달러), 프랑스(580억 달러), 영국(470억 달러), 일본(450억 달러), 독일(440억 달러), 한국(390억 달러)의 순서이다(SIPRI, 2018). 국가별 무기 수출 비중을 보면, 2014~2018년 기준으로 미국(35.9%), 러시아(20.6%), 프랑스(6.8%), 독일(6.4%), 중국(5.2%), 영국(4.2%), 스페인(3.2%), 이스라엘(3.1%), 이탈리아(2.3%), 네덜란드(2.1%)의 순서이며 한국은 1.8%로 11위를 차지했다. 이들 11개 국가의 무기 수출 비중이 전 세계 수출량의 91.6%를 차지한다.

국가별 방산 기업의 매출액을 보면, 미국 방산 기업들은 2017년 대비 7.2% 증가한 2460억 달러의 매출액을 2018년에 기록하며 업계 1위를 차지했으며, 거래 규모로는 전 세계 59%를 차지했다. 한편 2002년 이후 처음으로 미국 방산 기업들이 상위 5위를 독식했는데, 록히드 마틴, 보잉, 노스럽 그루먼, 레이시언, 제너럴다이내믹스 등 5개 기업의 매출 규모는 1480억 달러로, 시장의 35%를 차지했다. 미국을 대표하는 방산 기업 록히드 마틴은 473억 달러의 매출액을 기록하며 세계 1위 자리를 지켰다. 이렇게 미국이 독주하는 이유로는 2017년 트럼프 대통령이 발표한 새로운 무기 현대화 프로그램을 들 수 있다. 미국의 거대 방산 기업들은 최대 고객인 미국 정부로부터 계약을 따내는 것이 주요 관심사일 수밖에 없었다(최진영, 2019).

글로벌 방위산업 패권 구조의 변동 요인으로는 중국의 도전에 주목해야 한다. 역사적으로 중국은 러시아, 프랑스, 영국, 미국 등으로부터 무기를 수입했다(Meijer et al., 2018). 중국의 국방비 지출 규모는 세계 2위이지만 무기 수출 비중은 5% 정도의 수준이었다. 그러나 최근 중국의 무기 수출은 크게 성장하여 글로벌 방위산업의 '수평적 구조 변동'의 가능성을 보여준다. 중국이 일류 방위산업국이 되었다는 데는 이견이 있겠지만, 무기 생산의 역량이라는 점에서 그 기술 역량의 스펙트럼이 넓어진 것은 사실이다. 중국의 역량과 경쟁력의 증대는 수출 실적에서 드러나서, 2000년부터 2015년 사이에 중국은 6.5배의 무기 수출 성장을 달성했으며, 무기 수출 순위에서 2015년 현재 중국은 세계 5위로 미국, 러시아, 독일, 프랑스의 뒤를 이었다(Li and Matthews, 2017: 175).

2015년 기준으로 중국의 무기 수출 비중은 6.9%로서 36.6%를 차지한 미국에 비해 크게 낮지만, 그럼에도 중국의 무기 수출 비중이 2001년도에 비해서 2.5배나 성장했다는 사실에 주목할 필요가 있다. 시스템 통합과 전투 시스템 분야에서 중국은 일류 국가를 향한 행보를 드러내기 시작한 것으로 평가된다. 그러나 아직 중국은 아프리카 등지의 저소득 국가에 B급 무기를 파는 이류 국가라는 인상을 지우지 못하고 있다. 그러나 최근에는 중국 나름의 고유 브랜드를 구축했다는 평가도 있다. 초창기에는 정치적 목적으로 '로테크' 무기체계를 판매하는 전략을 채택했으나, 최근에는 상업적 차원에서 '하이테크' 무기체계를 공략하기 시작했다. 또한 무기 수출과 에너지·천연자원 확보를 연계하는 경제적 고려나 무기 수입국의 국내 정치에 대한 비개입 원칙의 준수와 같은 외교적 고려를 일종의 브랜드로 내세우고 있다(Yang, 2020; Li and Matthews, 2017).

미국 주도로 패권 구조가 형성되어 있는 글로벌 방위산업에서 중국이 벌이는 도전은 최근 요르단의 중국산 드론 수입 사례에서도 나타났다. 2015년 요르단에 군사용 드론을 판매하려는 미국 기업의 요청을 미국 정부가 거부했던 적이 있다. 미국이 무장 드론 역량을 보유한 유일한 국가였을 시절에는 이러한 거부를 통해서 요르단의 군사용 드론 획득을 봉쇄하는 효과가 있었을 것이다. 그러나 끝내 요르단은 중국으로부터 유사한 군사용 드론을 구입하는 데 성공했다. 결국 미국은 요르단에 대한 군사용 드론의 확산을 저지하지도 못했을 뿐만 아니라 드론 사용과 관련 교육과 훈련을 제공할 기회도 잃었고, 궁극적으로 요르단에 대한 정치적 영향력도 상실했다. 게다가 이러한 사태의 진전은 요르단뿐만 아니라 테러 단체들이 미국산이 아닌 드론을 활용하여 미국을 공격할 기회마저도 높였다(FitzGerald and Parziale, 2017: 103~104).

미군은 군용 드론 최강자로 약 30종, 8000여 대를 보유하고 있다. 중국은 2000년대 후반부터 뒤늦게 군용 드론 개발에 나섰지만, 현재까지 20여 종을 개발해 미국을 맹추격하고 있다. 중국은 미국산 드론이 지배하는 미래 공중전투에 유일하게 도전할 국가이다. 현재 중국 유니콘 기업이자 글로벌 드론 시장을 장악하고 있는 DJI는 값싸고 높은 성능의 가성비를 내세워 전 세계 산업용 드론 시장의 약 70%를 차지하고 있다. DJI는 2006년 홍콩과기대 대학원생이던 왕타오가 세운 기업으로 2018년 세계 1위 드론 제조업체가 되었다. 기업가치만 1600억 위안이다. 중국은 거대한 내수시장을 발판으로 규모를 키워 저렴한 가격을 경쟁력으로 삼아 세계시장을 장악했다. 중국은 이전부터 드론 산업을 국가 전략 사업으로 규정하고 다양한 진흥책을 내놓았다. 정부의 정책적 지원에서 비롯된 R&D 투자가 시너지를 내면서 2020년 중국 드론 시장 규모는 465억 위안에 달했다.

앞서 살펴본 바와 같이, 미국은 중국산 드론에 대해서도 데이터 안보를 빌미로 규제 조치를 내리고 있다. 그러나 당장은 미국도 중국산 드론을 시장에서 배제하기 쉽지 않아 보인다. 게다가 이미 서구의 일부 드론 회사들은 소비시장에서 DJI에 패배를 인정한 상태이다. 정부 당국자들도 미국의 민간 드론이 중국을 따라잡으려면 수년이 걸릴 것이라고 본다. 그런데 DJI 드론의 경쟁력은 역시 중국 특유의 가성비인데, DJI의 가격경쟁력 비결은 상용부품(완성부품)을 80%나 사용한 데 있다. 부품 가격은 제품 판매가의 20%에 불과하고, DJI가 쓴 상용부품의 다수가 미국산인데, 특히 핵심 부품이 그러하다. 통신 부품은 미국 반도체 업체 코보(Qorvo), 전원 부품은 미국 텍사스인스트루먼트(TI) 반도체 칩을 썼다. 코보 반도체는 드론의 무선통신 신호를 강화하고 간섭을 없애주는 핵심 칩이고, 텍사스인스트루먼트 반도체는 드론의 배터리를 관리한다.

미국의 중국산 드론 규제에 대한 동맹국의 합류에 주목해야 한다. 2020년 9월 일본 정부도 안보상의 우려를 이유로 드론 공급망에서 중국산을 배제하는 방안을 준비 중인 것으로 알려졌다. 일본이 민감한 정보를 보호하기 위해 자국 정부가 구매하는 드론에서 중국산 제품을 효과적으로 차단할 것이라는 보도가 나왔다. 일본은 동맹국인 미국과 마찬가지로 정보기술, 공급망, 사이버 안보, 지적재산권 측면에서 중국에 대해 안보상의 우려를 제기했다. 일본 자위대는 현재 중국산을 포함해 수백 대의 드론을 운용하고 있으며, 일본 해상보안청도 약 30대의 드론을 운용하고 있는데, 이들 대다수는 중국산으로 알려졌다. 일본 이 자국 정부가 보유한 모든 중국산 드론을 교체할 것인지는 불확실하지만 범죄 조사, 사회기반시설 공사, 응급 구조 등 민감한 업무에 투입되는 신규 구매 드론에 대해서는 자료 유출을 방지하기 위해 보안 조치가 강화되고, 더욱 엄격한 조사 과정을 거치게 될 것이라는 전망이다.

정작 미국도 미군이 중국산 드론을 퇴출한다고 해놓고 다수 제품을 구매한 것으로 드러났다. 미 공군 특수전사령부(AFSOC)가 2020년 9월 DJI의 드론 57대를 구매했다. 새로 구매한 DJI 제품들은 미국과 동맹국들을 겨냥해 어떻게 사용될 수 있는지, 이들 드론을 어떻게 퇴치할 수 있는지에 관한 미 공군 테스트와 훈련에 사용될 예정이라고 알려졌다. AFSOC는 이미 수년 동안 DJI를 포함한 다양한 중국산 드론을 도입해 활용해 왔는데, DJI 제품의 가성비가 가장 좋고 유용하기 때문에 구매했다. 2019년 통과된 미 '국방수권법'이 연방기관의 중국산 드론 구매를 금지했음에도 공군이 DJI의 제품을 최근까지 구매할 수 있었던 것은 훈련과 정보 수집 등의 목적으로는 사용할 수 있다는 예외 조항 덕분이다. 그럼에도 비판론자들은 중국산 드론이 미국의 군사 및 핵심 인프라 정보를 수집해 중국으로 전송할 가능성이 있다고 우려한다.

이상에서 살펴본 글로벌 방위산업의 구조 변환은 중견국에도 새로운 기회를 제공할 가능성이 있다(Ikegami, 2013: 436). 무기를 생산·판매하는 방산 기업의 수적 증가는 중견국이 자국의 방위산업화를 위해서 필요한 기술을 이전받기에 좋은 환경을 창출했다. 다국적 방산 기업들과의 협력을 통해 중견국은 글로벌 방위산업 시장에 진출할 수 있게 되었다. 특히 지구화의 전개와 다국적 방산 기업의 부상으로 중견국이 기업 간 거래의 초국적 네트워크에 참여할 기회가 커졌으며, 글로벌 공급망에 통합될 가능성이 높아졌다. 이러한 맥락에서 최근 강대국뿐만 아니라 중견국도 글로벌 방위산업의 가치사슬 내에서 차지하는 위상을 활용하여 글로벌 방위산업의 '수직적 구조 변동'을 야기할 주체로 거론되기도 한다(Kurç and Neuman, 2017: 219~220).

그러나 첨단 방위산업을 둘러싼 지정학적 경쟁의 전개는 기존의 강대국과 약소국 간의 이른바 '알고리즘 격차'를 더욱 벌려놓을 가능성이 크다. 최근 북한이나 이란처럼 일부 국가들이 핵과 같은 전략무기를 통해서 비대칭 관계의 타파를 노리더라도, 미국을 비롯한 강대국들의 '알고리즘 우위'는 이를 상쇄해 버릴 가능성이 있다(Payne, 2018: 24). 4차 산업혁명 분야의 미래 첨단기술은 확고한 지식기반을 보유하고 있어야 개발이 가능한 분야이기 때문에 대부분의 약소국은 이러한 경쟁에 쉽게 뛰어들 수 있는 처지가 아니다. 그렇다고 이들 약소국이 나서서 현재 강대국들이 벌이는 자율무기체계 개발을 규제하는 국제 규범을 창출하기도 쉽지 않다. 현재로서는 강대국들이 이러한 요구를 받아들이지 않을 것이며, 향후 그러한 규범이 마련되더라도 주로 강대국들의 이익이 반영될 가능성이 높다(전재성, 2018: 135).

제8장

우주 복합 공간의 신흥권력 경쟁

1. 우주 복합 공간의 세계정치

과거 관찰과 탐험의 대상으로 이해되었던 우주에 대한 관심이 최근 새롭게 제기되고 있다. 사이버 공간과 결합되면서 우주는 육·해·공에 이어 우주·사이버전(戰)이 벌어지는 다영역작전의 공간으로 인식되고 있다. 그렇다고 냉전기 강대국들이 군비경쟁을 벌이던 공간과 같은 의미로 우주공간을 다시 소환하자는 것은 아니다. 오늘날의 우주공간은 민군겸용의 함의를 갖는 첨단 방위산업의 대상일 뿐만 아니라 상업적 활용을 통해서 민간 영역으로 연결되고 있다. 좀 더 포괄적인 의미에서 우주는 4차 산업혁명 시대의 기술·정보·데이터 환경을 배경으로 일상생활 전반에 큰 영향을 미치고 있다. 이렇게 재조명되고 있는 우주공간은 새롭게 구성되는 사회적 공간이라는 성격을 띠며, '저 멀리 있는 공간'이 아니라 우리 삶의 여타 공간과 연동된 '복합 공간'이다.

이렇듯 전략적·경제적·사회적 수요가 커지면서 우주공간을 둘러싼 이익갈등도 늘어나고 있다. 우주공간은 이제는 누구나 사용할 수 있는 공공재가 아니라 제한된 희소재이며, 마냥 사용할 수 있는 무한 자원이 아니라 언젠가는 소실될 유한 자원이다. 정지궤도는 이미 꽉 차 있고 주파수도 제한된 자산이어서 우주 교통관리가 필요한 밀집 공간이 되어가고 있으며, 군사적 충돌도 우려되는 분쟁의 공간으로 이해되기도 한다. 더욱 주목할 것은 우주개발에 참여하는 주체의 다변화이다. 고도의 과학기술과 자본이 필요한 분야라는 우주개발의 특성상 과거 우주개발에 참여할 수 있는 국가들은 몇몇 강대국들에 제한되어 있었다. 최근에는 그 참여의 문턱이 낮아져서 여타 선진국들과 중견국들도 참여하게 되었으며, 더 나아가 민간 기업들도 우주산업에 참여하고 있다. 이른바 뉴스페이스(NewSpace)의 부상을 거론케 하는 대목이다(Moltz, 2019).

우주공간에서의 경쟁이 치열해지면서 그것이 초래할 안보위협에 대한 인식도 달라지고 있다. 우주공간을 통한 군사적 위협이 전통적으로 문제시되었던 안보위협이었다면, 민군겸용의 성격이 강한 상업적 활동의 확대도 사실상의 군사·정보 활동을 의미하는 잠재적 위협 요인으로 간주된다. 실제로 미국, 러시아, 중국 등은 우주공간에서의 정보·군사 수행 능력 향상을 위한 경쟁을 가속화하고 있다. 아울러 적극적인 개발과 경쟁의 대상이 된 우주공간 자체도 인류에 대한 새로운 안보위협으로 인식되고 있다. 우주의 난개발로 인한 우주환경의 훼손에 따른 위협도 만만치 않아서, 우주잔해물이나 폐위성 추락 등이 초래할 피해도 크다. 이러한 맥락에서 우주는 새로운 국제규범의 마련을 필요로 하는 공간으로도 이해된다.

예전의 우주전략이 과학기술 전담 부처를 중심으로 연구개발 역량의 획득을 중심으로 전개되었다면, 이제는 좀 더 복합적인 우주전략을 모색하는 새로운 접근이 필요하다. 우주기술의 개발과 확보 이외에도 우주산업 육성, 우주자산의 관리·활용, 미사일·정찰위성 등 국방·안보, 우주탐사, 우주외교 등에 이르기까지 좀 더 포괄적인 대응 전략의 마련이 필요하다. 현재 제기되고 있는 주요 현안에 대한 분석과 더 나아가 이에 걸맞은 국제협력과 거버넌스, 그리고 관련 국가 행위자의 역할에 대한 고민이 필요하다. 사실 이러한 시각에서 보면 우리에게 필요한 것은 단순한 우주전략이 아니라, 최근 쟁점이 되고 있는 사이버 안보나 인공지능(AI) 탑재 무기체계까지도 포함한 신흥기술 안보에 대응할 수 있는 복합적인 미래 우주전략이라고 할 수 있다.

2. 우주의 안보화와 우주 전략경쟁

1) 중국의 우주굴기와 미국의 우주전략

최근 주요국들은 우주 문제를 국가안보의 사안으로 안보화하고, 이에 전략적으로 접근하고 있다. 우주공간의 중요성이 높아질수록 우주를 선점하고, 우주력을 육성하려는 각국의 경쟁이 치열해지고 있다. 우주 시대의 초창기에는 미국과 구소련 간의 양자 경쟁이 진행되었다면, 최근에는 중국의 진입으로 경쟁 구도가 확장되었다. 미국, 중국, 러시아 등은 우주공간을 과학기술과 경제산업의 문제로 인식하는 차원을 넘어서 전략적이고 군사적인 시각에서 보고 있으며, 이러한 인식을 바탕으로 우주력을 배양하고, 더 나아가 우주공간에서의 전쟁수행 능력을 향상하기 위한 군비경쟁을 벌이고 있다. 이들 우주강국들은 우주력을 국가안보 전략 구현의 핵심으로 이해하여 위성, 발사체, 제어 등과 관련된 우주기술·우주자산의 확보는 물론이고 우주무기 개발과 우주군 창설을 추진하고 있다.

그중에서도 가장 큰 쟁점은 우주 분야의 미중경쟁이다. 2000년대 들어서 중국의 도전적 행보가 도화선이 되었다. 2000년대 중국의 최초 유인우주선 선저우 5호 발사(2003), ASAT 실험 성공(2007) 등은 미국을 자극했다. 이후 중국은 우주개발 사업을 국가안보와 국가 발전 전략의 핵심으로 인식하고, 우주강국 달성을 위한 혁신 개발과 과학 탐구 및 경제 개발 능력 등을 자체적으로 구비하기 위한 노력을 벌여왔다. 2016년『우주전략백서』발표를 계기로 중국의 우주전략은 시진핑 정부의 '중국몽' 구현의 일환으로 이해되어 광범위하고 포괄적으로 진행되고 있다(Drozhashchikh, 2018). 2010년대에는 우주-사이버-전자 통합 '전략지원군' 창설(2016), 양자통신위성 발사(2016), 우주정거장 톈궁 2호 발사(2016), 창어(嫦娥) 4호 달 뒷면 탐사(2019) 등을 통해서 우주굴기의 행보를 강화했다.

특히 중국은 2020년 10월 55번째 베이더우(北斗) 위성을 쏘아 올리면서, 1994년 이후 완성까지 26년 만에 미국의 전 지구적 위성항법장치에 상응하는 베이더우 자체 위성항법시스템을 완성했다. 중국은 군사적 차원에서 미 우주 군과 유사한 '전략지원군'을 새로운 군종으로 창설해 위성 발사와 항법통신위성 을 운영하고 있다(Goswami, 2018). 2020년대에 들어서도 화성탐사선 톈원 1호 화성 착륙(2021), 중국 로켓 창정 5B호 추락 사건(2021) 등의 이벤트가 발생하 면서 미중 우주경쟁의 불씨가 커지고 있다. 중국은 2025년까지 인류 최초의 달 기지 건설(5년 이내에 유인화)을 계획하고 있으며, 2030년까지 우주 분야의 선진국으로 도약하고 2045년에는 우주 장비와 기술 면에서 최고의 선진국으 로 부상하는 것을 목표로 하고 있다. 이를 위해 중국은 우주 관련 기술의 연구 개발에 집중하는 정책을 펴고 있다.

우주굴기로 알려진 중국의 행보에 대응하여 미국은 한동안 템포를 늦추었 던 우주전략의 고삐를 다시 잡고 있다. 미국의 우주전략이 가속화되는 배경에 는 중국의 유인우주선 발사나 위성요격무기(ASAT) 개발 등에 대한 위협감이 존 재한다(나영주, 2007; 정종필·박주진, 2010; Shea, 2016). 특히 중국이 2019년 1월 인류 최초로 달의 뒷면에 탐사선 창어 4호를 착륙시키자, 미국은 우주군 창설 을 공표하는 반응을 보였다. 오늘날 우주공간이 그 군사적 활용 가능성을 염두 에 둔 군비경쟁의 공간으로 인식되고 있음을 보여주는 대목이다.

미국은 트럼프 대통령 취임 직후인 2017년 6월 국가우주위원회(NSC)를 부활 시키고, '국가우주전략(National Space Strategy)'을 발표했으며, 대통령 문서 (Presidential Documents)의 형태로 「우주정책지침(Space Policy Directive)」을 계 속 발표하면서 우주정책을 구현하고 있다(He, 2019). 트럼프 행정부 우주전략의 핵심은 '미국 우선주의(America First)'의 취지에 따라 우주 군사력을 강화하고 상업적 규제 개혁을 통해 미국의 이익을 보호하는 것이다(유준구, 2018).

이러한 기조에 따라 미국은 2019년 12월 24일 우주군을 창설했는데, 이는 육·해·공군과 해병대, 해안경비대에 이은 여섯 번째 군종이다. 이 외에도 우주상황인식(SSA) 발표, 우주교통관리(STM) 체계 정비, 2018년 '수출통제개혁법(ECRA)' 등 일련의 우주안보 정책을 추진했다. 미국은 유인 달 탐사와 달 연구기지 건설을 포함한 아르테미스 프로젝트를 적극 추진하고 있다. 미국의 화성 우주헬기(인저뉴어티) 비행에서도 나타났듯이 최근에는 화성 탐사 경쟁도 벌이고 있다. 2024년까지 인류 최초의 달궤도 우주정거장을 만들고, 2033년엔 화성에 사람을 보낸다는 구상이다.

2) 기타 주요국의 우주전략

러시아는 1992년 우주군을 창설했지만, 소련 붕괴 이후 경제난으로 1997년 해체했다. 푸틴 대통령이 집권한 뒤 2001년 우주군을 재창설했고 2011년에 우주항공방위군으로 개편했으며, 이는 2015년 8월 다시 공군과 통합되어 항공우주군이 되었다. 러시아 우주군은 항공우주군의 3개 군대 중 하나로서 우주에 기반을 둔 미국의 미사일방어전략에 대응하는 임무를 수행한다. 러시아는 1996년에 통과된 '러시아연방 우주활동 관련법', 2014년 발표되어 현재까지 적용되고 있는 '러시아 안보독트린'과 '2006~2015년 러시아연방 우주 프로그램' 등 핵심 문서들을 통해 우주안보 및 우주기술 개발 정책을 추진하고 있다.

러시아는 우주를 국가안보의 가장 핵심적인 영역으로 인식하고 있는데, 전략적 목표로 타국의 우주 군사화 시도에 대한 저항, 우주 활동에서의 안전을 보장하기 위한 유엔에서의 정책 조율, 우주공간에서의 감시와 관련된 국가 역량의 강화를 내세우고 있다. 러시아는 우주개발 예산이 미국이나 중국에 비해 크게 부족한 상황이지만, 여전히 앞선 우주기술력을 보유하고 있어 이를 바탕으로 과거의 우위를 회복하려는 전략을 추구하고 있다(쉬만스카, 2019; 유준구, 2019).

2000년대 이후 기존 우주 선진국뿐만 아니라 일본, 인도를 비롯한 후발 주자들도 우주개발에 본격적으로 참여하고 있다(Klein, 2012; 조홍제, 2017). 일본의 우주전략은 과거 민간 부문의 역할 증대와 상업적 목적 추구에 중점을 두었으나, 최근에는 중국의 우주개발에 자극받아 적극적인 우주개발 정책을 추진하고 있으며, 점차 국가안보 차원에서 접근하는 비중이 늘어나는 추세이다. 일본은 2008년 '우주기본법'을 제정하여 우주기술을 군사적 목적으로 사용할 수 있도록 했으며, 2022년을 목표로 '우주대(Space Corps)'의 창설을 추진 중이다.

인도의 경우에도 국가안보의 차원에서 우주전략을 야심차게 벌이고 있다. 미국, 러시아, 중국에 이어서 네 번째로 달 착륙 국가가 되겠다는 목표로 2019년 9월 무인 달 탐사선 찬드라얀 2호의 달 착륙을 시도했으나 실패했다. 2019년 3월에는 저궤도위성을 위성요격미사일로 격추하는 실험에 성공했으며, 2022년까지는 유인우주선을 발사하겠다는 목표를 밝혔다.

오늘날 전 세계적으로 단독 혹은 국제협력을 통해 우주개발에 참여하고 있는 국가는 50개국이 넘으며 이 중 15개국 정도는 독자적인 우주 군사 프로그램을 수행 중이다. 이들 국가는 우주군사력 증강에 막대한 투자를 하고 있는데, 우주예산 중 군사 부문 예산이 1990년대 초반의 30%에서 2010년대에는 50%로 늘어났다(유준구, 2019: 206).

3. 우주의 군사화와 무기화

1) 우주의 군사화: 위성자산의 활용

미국, 중국, 러시아 등 강대국들이 우주경쟁을 본격화하는 과정에서 우주전

수행을 위한 능력을 강화하는 경쟁이 벌어지고 있다(박병광, 2012). 우주공간은 육·해·공에 이어 '제4의 전장'으로 이해되고 있으며, 사이버 공간에서의 전쟁과 더불어 '다영역작전'이 수행되는 복합 공간으로서 그 위상을 정립해 가고 있다(Reily, 2016). 최근 군사작전 수행 과정에서 우주와 인공위성의 활용은 선택이 아닌 필수가 되었으며, 우주력을 활용하지 않고서는 효과적으로 전쟁을 수행하기 어려운 작전환경이 펼쳐지고 있다. 우주전의 수행 과정에서 제기되는 우주의 군사적 활용 문제는 주로 우주의 '군사화(militarization)'와 우주의 '무기화(weponization)'라는 두 가지 차원으로 나누어 이해된다.

우주의 군사화는, 우주공간을 활용한 지상전 지원작전의 중요성이 커지면서, 위성자산을 활용한 정찰, GPS를 이용한 유도제어 등 민간 및 국방 분야에서 우주자산이 적극적으로 활용되는 현상으로 나타나고 있다. 군사 정찰위성, 미사일 조기 경보 시스템, 지리적 위치 및 내비게이션, 표적 식별 및 적의 활동 추적을 포함한 많은 군사작전에서 우주공간의 활용이 핵심으로 부상하고 있다. 상대국의 민감한 군사 실험, 평가 활동, 군사훈련 및 군사작전을 탐지하는 데 있어서 인공위성이 제공하는 정보 수집이 더욱 중요해지고 있는 것이다.

특히 군 정찰위성의 개발은 국방 우주력 구축의 출발점으로 이해된다. 인공위성은 평시의 첩보활동뿐만 아니라, 1992년 걸프전 이후부터 전장에서 꾸준히 활용되고 있다. 2014년 7월 기준으로 지구궤도에서 활동 중인 인공위성은 총 1235기에 달하는데, 이 중에서 약 41.5%를 차지하는 512기가 미국의 인공위성이며, 그 512기 중에서 159기가 군사위성이다. 공식적으로 확인되지 않은 러시아, 중국, 프랑스 등의 군사위성과 군사 목적의 장비를 탑재한 통신위성, 지구 관측 및 과학 연구용 민간 위성을 포함하면, 군사 활동에 이용되는 인공위성의 숫자는 상당한 수준에 이를 것이다(정영진, 2015). 한국은 2020년 7월 군 전용 통신위성을 보유하게 되었는데, 방위사업청은 이 군 통신위성을 무기체계로 분류하고 있다.

2) 우주의 무기화: 우주 무기체계 개발

우주의 군사화가 통신, 조기 경보, 감시 항법, 기상 관측, 정찰 등과 같이 우주에서 수행되는 안정적이고 소극적이며 비강제적인 군사 활동을 의미한다면, 우주의 무기화란 대(對)위성무기 배치, 우주 기반 탄도미사일 방어 등과 같이 적극적·강제적·독립적이면서 불안정한 군사 활동을 의미한다(Zhao and Jiang, 2019). 쉽게 말해, 우주의 군사화가 정찰위성·항법위성·통신위성 등을 군사적인 목적으로 활용하는 경우라면, 우주의 무기화는 주로 위성요격무기와 같은 실용적인 무기체계 그 자체를 우주공간에 도입하는 행위와 관련된다. 우주의 무기화는 일반적으로 지구상의 군대에 대한 단순한 수동적 지원을 넘어서 공격적인 사용을 의미한다. 우주의 무기화는 '우주통제'의 개념과도 통하는데, 우주통제는 다시 '공세적 우주통제(Offensive Space Control: OSC)'와 '방어적 우주통제(Defensive Space Control: DSC)'로 구분되며, 이 중에서 우주의 무기화는 공세적 우주통제 능력을 갖추는 것으로 이해할 수 있다.

(1) 공격 방식에 따른 우주무기 분류

우주의 무기화를 구성하는 우주무기를 분류하는 방식으로 많이 사용하는 것은 공격 방식에 따른 분류로 대체로 다음과 같이 네 가지 형태로 나뉜다.

첫째, 운동성(kinetic) 무기이다. 운동성 우주무기는 인공위성이나 지상 기지를 직접 타격하거나 근접하여 탄두를 폭발시키는 무기를 의미한다. 직접발사 인공위성 대응무기는 요격체를 따로 사용하지 않고, 표적이 되는 인공위성을 궤도 중에 직접 타격하는 것을 목표로 한다. 탄도미사일과 미사일방어 요격체를 변형하면 직접발사 인공위성 대응무기가 될 수 있으며, 이들은 인공위성을 궤도상에서 표적으로 삼기에 충분한 에너지를 가지고 있다. 궤도형 인공위성 대응무기의 경우, 해당 궤도에서 며칠 동안, 심지어 몇 년을 비행하다가 폭파시킬 수도 있다. 직접발사 인공위성 대응무기와 궤도형 인공위성 대응무기는 모두 효과를 높이기 위해 표적 인공위성에 대한 탐지·추적·요격 기술을 필요로 한다.

둘째, 비운동성 무기이다. 비운동성 대우주 무기는 레이저나 고출력 전자파 무기 혹은 전자기 펄스 무기로, 인공위성이나 지상통제소에 물리적인 접촉 없이 물리적인 효과를 낼 수 있는 무기를 의미한다. 이러한 공격은 빛의 속도로 이루어지며, 때로는 제3국이 관측할 수 없고 추적하기도 어렵다. 고출력 레이저는 태양광 패널과 같이 민감한 인공위성 부품을 파괴하거나 무력화시킬 수 있으며, 레이저는 임무에 필요한 센서를 일시적 혹은 영구적으로 차단시킬 수 있다. 지상에서 레이저로 인공위성을 공격하기 위해서는 높은 에너지 및 광학 기술, 레이저를 움직이기 위한 발전된 통제 기술이 필요하다. 레이저가 대기를 통과해야 하기 때문에, 비용도 많이 들고 높은 정밀도가 요구되는 기술이다.

셋째, 전자적 공격이다. 전자적 공격은 전파를 조작하거나 교란하는 것으로, 데이터의 송신과 수신을 담당하는 우주체계를 표적으로 삼는다. 교란(jamming)은 전자기 공격의 한 형태로, 같은 주파수 대역이나 인공위성과 수신기의 안테나에 잡음을 만드는 방식으로 전자기 통신에 간섭하는 것을 의미한다. 상향(uplink) 교란은 지상에서 인공위성으로 전달되는, 지휘통제 등의 신호에 간섭하는 것이다. 하향(downlink) 교란은 인공위성에서 지상으로 전달되는 신호를 표적으로 삼는 것이다. GPS 수신기나 위성전화와 같이 양방향 안테나를 가진 사용자 단말기는 더 넓은 수신 범위를 가지고 있어, 더 넓은 범위의 하향 교란에 영향을 받는다. 교란을 중단하면 원상태로 회복되고 통신도 정상으로 돌아오는 특성상, 우연히 일어난 간섭과 구별하거나 탐지하기 어렵다. 따라서 실제 공격의 주체가 누구인지 파악하기도 상당히 어렵다.

조작(spoofing)이란 전자기 공격의 한 형태로, 공격하는 측이 수신자에게 가짜 정보를 전달하고, 이것이 수신하고자 했던 실제 정보라고 착각하게 만드는 것을 의미한다. 인공위성에서 내려오는 정보를 조작하여 거짓 데이터를 적의 통신체계에 주입할 수 있다. 만약 지휘통제의 상향 신호를 성공적으로 조작할 수 있다면, 악의적인 목적으로 인공위성을 통제할 수 있다. 항로방해(meaconing)라는 종류의 조작을 이용하면, 군용 GPS 신호도 조작할 수 있다. 항로방해를 위해서는 GPS 신호를 해독할 필요도 없는데, 원본 신호를 해독하거나 바꾸지 않고, 같은 내용을 단순히 시간이 지난 뒤에 다시 송신하는 방식이기 때문이다. 교란기와 마찬가지로 일단 조작기를 개발하기만 하면 이를 다수 생산하고 배치하는 데에는 큰 비용이 들지 않아, 다른 국가나 비국가 행위자에게 확산될 가능성도 크다.

끝으로, 사이버 무기이다. 전자기 공격과 달리, 사이버 무기는 전파 신호의 송신에 간섭하지 않고 데이터와 그 데이터를 이용하는 체계 자체를 표적으로 삼는다. 인공위성이나 지상통제소의 안테나, 지상통제소 사이의 연결망, 인공위성과 연결되는 사용자 단말기 등이 모두 사이버 공격의 대상이 될 수 있다. 사이버 공격은 데이터의 흐름(통신에 참여하는 사용자 포함)을 파악하거나, 데이터 자체를 감시하거나, 체계에 조작된 데이터를 주입하는 데 사용될 수 있으며, 대상 체계에 대한 깊은 이해가 필요하지만, 공격에 많은 자원이 필요하지 않다. 우주체계에 대한 사이버 공격은 데이터의 손실이나 광범위한 방해, 심지어 인공위성의 영구적인 상실로 이어질 수 있다. 예를 들어, 적이 사이버 공격을 통해 인공위성의 지휘통제 체계를 장악하면, 위성을 경유하는 모든 통신체계를 단절시키고 궤도보정용 연료를 소모시키거나 전자기 센서를 손상시키는 방식으로 인공위성에 영구적인 손상을 줄 수 있다. 사이버 공격의 주체를 정확하고 신속하게 파악하기는 쉽지 않다. 이는 공격의 주체들이 자신의 신분을 감추기 위해 공격 서버를 우회하는 등 여러 방법을 사용할 수 있기 때문이다.

(2) 공격 방향에 따른 우주무기 분류

이 밖에도 우주무기는 여러 가지 방식으로 분류되는데, 일반적으로 공격 방향, 즉 무기의 발포 지점과 표적이 위치한 공간에 따라 다음과 같이 네 가지 형태로 분류할 수 있다(Defense Intelligence Agency, 2019).

첫째, '우주를 경유한 지대지(earth-to-earth via space)' 공격무기이다. 대륙간 탄도미사일뿐만 아니라 탄도요격미사일을 포함한 미사일방어시스템 등은 모두 우주공간의 인공위성을 활용하여 작동하는 무기체계들이다. GPS 신호나 위성통신 대역을 교란 또는 방해하는 전자전 수단인 GPS 교란도 이러한 환경에서 구현되는 공격이다. 교란에는 우주에 있는 위성을 지상에서부터 교란하여 위성 수신 지역의 모든 사용자에 대한 서비스를 훼손하는 상향 교란과 공중의 위성을 사용하여 지상부대와 같은 지상 사용자를 대상으로 하는 하향 교란이 있다. 최근 중국이 중국 연안에 출현한 미군 무인정찰기를 상대로 교란 공격을 실험하여 논란이 된 적이 있다. 중국은 2019년 4월 남중국해 분쟁 도서에 차량 탑재형 교란 장치를 배치한 것으로 확인되었다.

둘째, '지대우(earth-to-space)' 공격무기이다. 위성요격무기 시스템을 가동해 인공위성을 직접 요격하는 경우이다. 2008년 2월 미국이 이지스함에서 SM-3를 발사하여 자국의 정찰위성 USA-193을 격추했다. 러시아도 표적 인공위성의 주변 궤도에 재래식 폭발물의 발사를 목적으로 공공전궤도 인공위성 요격 미사일 시스템을 개발했다. 중국은 2007년 1월 지상에서 KT-1 위성요격 미사일로 고도 약 850킬로미터 상공의 노후화된 자국 기상위성인 펑윈/FY-1C를 요격·파괴하는 실험을 했으며, 2010년과 2014년에도 위성요격무기 실험에 성공했다. 위성요격 방식으로는 위성요격 미사일과 같은 운동성 무기 이외에도 레이저나 고출력 마이크로파, 기타 유형의 무선 주파수 공격을 가하는 지향성 무기가 있다. 지상·해상·공중이라는 물리적인 공간 외에도 사이버 공간에서 우주를 공격하는 수단도 그 운용 단말이 지구에 위치하므로, 넓은 의미에서는 지대우 무기라고 볼 수 있다.

셋째, '우대우(space-to-space)' 공격무기이다. 우주 궤도의 위성을 사용하여 상대 위성을 공격하는 궤도위협(Orbital Threats)인데, 이 경우도 인공위성을 물리적으로 타격하는 운동성 무기와 레이저나 고주파 등을 활용하는 지향성 무기가 있다. 예를 들어, 상대 위성에 일시적 또는 영구적 손상을 주기 위한 다양한 방법이 사용되는데, 여기에는 키네틱 킬 차량, 무선 주파수 교란기, 레이저, 화학 분무기, 고전력 마이크로파 및 로봇 기기와 같은 수단이 동원된다. 특히 로봇 기기는 위성 서비스, 수리, 잔해물 제거 등의 평화적 목적과 동시에 군사적 목적으로도 사용되는 민군겸용의 성격을 띤다. 구소련이 1960년대부터 개발을 시작한 동궤도(co-orbital) 위성을 시작으로, 1970년대에 군사적 목적으로 개발하여 배치했던 비밀 우주비행체인 알마즈(Almaz) 우주정거장과 1987년에 발사 과정에서 실패했던 폴류스(Polyus) 전투위성 등이 대표적 사례이다.

끝으로, '우대지(space-to-earth)' 공격무기이다. 우주에서 지상·공중·해상에 있는 표적을 공격하는 무기로, 궤도상에 공격용 무기체계를 배치해 놓거나, 유사시 우주비행선이나 미사일을 이용하여 우주로 이동 후 지구 표적을 공격할 수 있다. 대표적인 우대지 무기는 구소련이 1960년대에 개발했던 부분궤도폭격시스템(Fractional Orbital Bombardment System: FOBS)이다. FOBS는 핵탄두를 저궤도에 배치했다가 필요시 지구 표적을 공격할 수 있게 하는 개념이다. 구소련은 우주에 대량살상무기의 배치를 금지한 우주조약을 어기면서 1968년부터 비행모델을 배치하여 운용하다가, 1979년에 체결된 제2차 전략무기제한협정(SALT-II)을 준수하여 1983년부터 중단했다. 폐위성 등 우주물체의 지상 추락을 유도하는 방법도 우대지 무기로 간주되는데, 1997년 미국 텍사스주에 250킬로그램의 위성 잔해가 추락해서 논란이 된 바가 있다. 위성 자체를 공격의 수단으로 삼을 수 있다는 점에서 정교한 우주무기의 공격 역량을 갖추지 않은 나라라도 위성을 운영하는 것만으로도 잠재적 위협을 가할 수 있다. 이는 최근 북한의 위성에 대해서 미국이 문제를 제기하고 있는 사안이기도 하다. 이 밖에도 인공위성 궤도에서 무거운 물체를 떨어뜨려 운동성 에너지를 폭탄처럼 활용하는 무기인 '신의 지팡이(Rods of God)'가 있다. 그러나 이렇게 우주공간에서 지구를 공격하는 무기는 아직 개발 단계이고 실전에 배치되기에는 아직 멀었다는 평가가 주를 이룬다.

우주의 군사화와 무기화의 과정에서 출현하는 우주무기들은 단순히 군용에만 그치는 것이 아니라 민군겸용의 성격을 지니고 있다는 점에 주목할 필요가 있다. 최근 모든 국가의 군과 정부는 상업적 우주산업에 크게 의존하고 있다. 예를 들어, 미국에서 통신·지휘·감시·정찰 등과 같은 군사정보 서비스들은 민간 기업들에 의해 제공되고 있다. 미국의 군과 정부의 투자로 개발된 다양한 민간 기술들이 인공위성의 민군겸용 임무 수행에 직간접적으로 활용되고 있다. 따라서 이러한 민간 주체들의 우주활동은 그것이 아무리 상업적 활동이라도 많은 경우 사실상 군사적 활동을 전제하거나 수반하는 측면이 강하다. 이 대목에서 주목해야 할 점은 우주개발 경쟁이 본격화되면서 상업적 목적의 우주산업이 차지하는 비중이 급격히 증가하고 있다는 사실이다(Pelton, 2019).

4. 우주 산업경쟁과 뉴스페이스의 부상

1) 뉴스페이스의 부상과 우주공간의 상업화

글로벌 우주산업은 2018년 3500억 달러 규모에서 2040년까지 1조 달러 규모로 성장할 것으로 전망되는데, 이러한 성장을 추동하는 것은 정부 부문이 아니라 민간 부문일 것으로 예견된다. 이러한 변화는 과거 정부 주도의 '올드스페이스(OldSpace)' 모델로부터 민간 업체들이 신규 시장을 개척하는 '뉴스페이스(NewSpace)' 모델로의 패러다임 전환을 바탕에 깔고 있다. 2000년대 중반 일론 머스크나 제프 베이조스 등과 같은 ICT 업계의 억만장자들이 우주산업에 진출한 이후, 2010년을 전후하여 상업 우주시대를 뜻하는 뉴스페이스라는 용어가 널리 쓰이기 시작했다. 뉴스페이스는 혁신적인 우주상품 및 서비스를 통한 이익 추구를 목표로 하는 민간 우주산업의 부상을 의미한다. 뉴스페이스의 부상은 우주개발의 상업화와 민간 참여의 확대와 함께 그 기저에서 작동하는 기술적 변화, 그리고 '정부-민간 관계'의 변화를 수반한 우주산업 생태계 전반의 변화를 의미한다.

뉴스페이스의 부상은 우주 분야에서 민간 스타트업들의 참여가 늘어나고 이들에 의한 벤처투자가 확대되는 형태로 나타났다. 냉전기 미소와 같은 강대국 정부들에 의한 공공투자의 영역으로만 이해되었던 우주 분야에 민간 기업들이 적극 진출하게 된 것이다. 실제로 전 세계적으로 우주 관련 창업 기업 수가 눈에 띄게 증가하여, 2011년 125개 기업에서 2017년 약 1000개로 늘어났으며, 2027년에는 약 1만 개 이상이 될 것으로 예상된다. 이들 뉴스페이스 기업들은 ICT 산업을 기반으로 한 첨단기술을 축적하고 있을 뿐만 아니라, 초기 투자금 회수에 대한 리스크를 감수하는 등 공격적인 투자 성향을 보여주고 있다. 게다가 스타트업들의 참여로 이제 우주 분야는 더 이상 소수 대기업의 독무대가 아닌 것으로 이해되었다.

이러한 뉴스페이스 부상의 기저에는 소형위성과 재사용 로켓 개발로 인해 비용이 감소하면서 우주로의 진입장벽이 낮아진 기술적 변화가 있다. 통신 및 전자공학 기술의 비약적 발달로 인해 500킬로그램 이하 소형위성 시장이 확대되었으며, 표준화와 모듈화를 바탕으로 한 대량생산 시스템을 구축하여 규모의 경제를 실현했고, 민수 부품을 활용하고 부품의 수를 축소하는 방향으로 재설계가 이루어졌다. 위성은 다품종소량생산으로 고부가가치의 특성이 있었지만, 최근 스마트 팩토리를 통해 위성을 대량생산하는 패러다임의 변화가 발생한 것이다. 또한, 위성이 소형화됨에 따라서 대규모 군집 위성군을 바탕으로 민간 기업들이 위성인터넷 통신, 지구 관측 등의 신규 서비스를 제공하게 되었다. 향후 10년간 발사될 소형위성 중 약 70%가 위성군으로 운영될 예정인데, 아마존의 카이퍼(Kuiper) 프로젝트는 3236개 위성 발사, 스페이스X의 스타링크(Starlink)는 1만 2000개 위성 발사, 원웹(One Web)은 648개 위성을 발사할 예정이다.

뉴스페이스의 출현은 우주개발에서 정부의 역할이 점점 더 줄어들고 민간 부문의 역할이 늘어나는 현상으로 나타났다. 글로벌 우주산업의 역사를 되돌아보면, 1950~1970년대에는 1957년 소련의 인공위성 스푸트니크가 발사되고 미국의 아폴로 프로그램이 진행되면서 우주 군사경쟁이 시작되었다. 1980~1990년 대에는 군수 우주기술의 상업적 활용이 있었지만, 당시의 우주산업은 정부가 유일 또는 주요 고객으로서 주도했다. 2000년대 이후에는 민간 기업들이 진출하여 신흥 우주시장을 창출하면서 우주산업의 주도권이 정부에서 민간으로 넘어가는 '탈집중화' 현상이 발생하고 있다(Weinzierl, 2018). 우주산업은 정부가 위험 부담을 감수하고, 주요 고객이 되는 정부 주도 생태계에서 민간 기업체들이 상업 우주 분야를 개척하는 방향으로 변화의 움직임이 일고 있다(Quintana, 2017).

뉴스페이스 부상의 계기는 일론 머스크가 이끈 미국의 민간 우주기업 '스페이스X'의 등장에서 마련되었다. 2002년 설립된 스페이스X는 우주 수송비용을 획기적으로 절감하고 화성을 식민지화하겠다는 목표를 내세워 시선을 끌기도 했다. 그 후 스페이스X는 지구궤도로 인공위성을 쏘아 올리기 위한 팰컨 발사체와 화물 및 인간을 우주로 수송하기 위한 드래건 우주선 시리즈를 개발했다. 스페이스X의 경쟁력은 NASA로 하여금 2011년 NASA가 운영하던 유인우주선 프로젝트인 스페이스 셔틀을 취소하고, 그 대신 스페이스X를 상업용 유인우주선 개발 프로젝트(Commercial Crew & Cargo Program)의 지원 대상자로 선정케하는 과정에서 나타났다. 이후 9년 만인 2020년 5월 스페이스X는 미국의 첫 민간 우주선 '크루 드래건'을 '팰컨 9' 로켓에 실어 쏘아 올리면서 세간의 관심을 모았다. 스페이스X는 민간인을 대상으로 지구궤도의 우주여행을 제공하는 상업 비행 사업도 기획하고 있다.

스페이스X는 스타링크 프로젝트를 통해서 1차로 4409개의 위성을 발사하고, 그보다 저궤도에 7518개의 위성을 쏘아 올려 전 지구적 위성인터넷 시스템을 구축하겠다는 계획을 추진 중이다. 2020년 상반기 코로나19 국면에서 파산보호 신청을 냈다가 영국 정부에 인수된 원웹도 2021년까지 150킬로그램 미만의 저궤도 소형위성을 1200킬로미터 상공에 올려 북극 지역까지 아우르는 전 세계 인터넷망 연결을 계획했었다. 원웹은 총 648기의 위성을 쏘아 전

그림 8-1 뉴스페이스와 새로운 비즈니스 모델

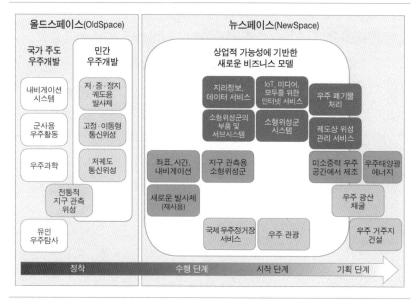

자료: SpaceTec Partners(2016: 2); 안형준 외(2018: 7)에서 재인용.

세계에 인터넷 서비스를 제공한다는 계획을 2012년 공개하며 위성인터넷 사업을 처음으로 발표한 업체다(이혁, 2019). 한편 아마존의 제프 베이조스가 2000년 설립한 블루오리진도 '뉴 셰퍼드'라는 우주선을 개발하여 우주여행 관광 상품을 내놓겠다는 계획을 추진하고 있다.

미국이나 유럽 기업들이 주도하고 있는 뉴스페이스 분야에 도전하는 중국의 행보에도 주목할 필요가 있다. 최근 중국 정부가 승인한 민간 우주기업의 수가 급격히 증가하는 모습인데, 이들 중국 기업들은 독자적으로 로켓을 궤도에 발사하거나 재사용 가능한 로켓 실험에 성공하기도 했다. 중국의 민간 우주 산업은 아직은 미국보다 규모나 기술력이 낮고 중국 정부의 규제가 여전히 심하지만, 최근 중국 정부가 민간 투자를 장려하면서 정부 시설과 발사 장소에 대한 접근이 쉬워지고 있다. 이들 중국의 신생기업은 국가사업과는 경쟁을 피하면서 주로 초소형 위성, 재사용 가능한 로켓 및 저가 운송 서비스와 같은 저렴한 기술에 사업 중점을 두고 있다(신성호, 2020: 82~83).

최근 뉴스페이스 모델은 우주발사 서비스, 위성제작, 통신·지구 관측 이외에도 우주상황인식, 자원 채굴, 우주관광 등 다양한 활용 범위로 확장되고 있으며 이에 참여하는 기업의 숫자와 투자 규모도 늘어나고 있다. 게다가 우주식민지 건설, 우주 자원 채굴, 우주공장(space factory)과 같이 장기적으로나 실현 가능한 불확실한 분야에까지 우주개발 투자가 확대되는 양상이다. 최근에는 우주공간에서의 제조업, 사물인터넷을 활용한 인터넷 서비스, 우주폐기물처리와 우주태양광 에너지 활용 등도 시작 또는 기획하고 있다(그림 8-1 참조).

2) 4차 산업혁명과 위성 활용 서비스 경쟁

4차 산업혁명이 우주산업에 미치는 영향은 '스페이스 4.0'에 대한 논의에서 나타난다. 스페이스 1.0은 고대의 우주 천문 관측 시대이고, 스페이스 2.0이 냉전기 미소 우주 군사경쟁 시대이며, 스페이스 3.0이 우주정거장으로 대변되는 우주 국제협력 시대였다면, 2010년 초중반부터 논의되기 시작한 스페이스 4.0은 4차 산업혁명의 맥락에서 본 우주공간의 융복합화 시대를 의미한다. 특히 우주산업을 위성과 발사체를 생산하는 업스트림(upstream)과 위성 영상·통신 서비스를 제공하는 다운스트림(downstream)으로 구분해서 볼 때, 스페이스 4.0은 다운스트림 서비스를 기반으로 하여 4차 산업혁명 분야의 기술을 융복합한 신산업과 서비스가 창출되는 시대를 의미한다(신상우, 2019). 4차 산업혁명과 관련된 스페이스 4.0의 우주 서비스로는 ① 위성항법시스템, ② 위성인터넷 서비스, ③ 우주 영상 및 데이터 활용 서비스 등을 들 수 있다.

첫째, 4차 산업혁명 시대를 맞이하여 특히 주목을 받는 위성 활용 서비스는 위성항법시스템이다. 위성항법시스템은 항법 위성군을 이용하여 위치 정보를 제공하는 PNT(positioning, navigation, timing) 서비스이다. 참고로 PNT 서비스에는 위성항법시스템만 있는 것이 아니고 최근에는 인공지능과 사물인터넷을 활용한 PNT 서비스도 개발되고 있다. 여하튼 이러한 서비스는 위성을 통해 위치 및 내비게이션 데이터를 제공함으로써 해상·지상 및 항공 운송에서 좀 더 효율적인 경로를 계획하고 경로를 관리하는 서비스를 제공한다. 위성항법시스템은 4차 산업혁명 시대의 사회기반시설을 구축하여 개인의 편익을 증진하는 국가의 주요 인프라로 부상하고 있다. 또한 위성항법시스템은 항법, 긴급 구조 등 공공 부문뿐만 아니라 스마트폰 등과 같은 국민 개개인의 생활 속까지 그 활용 영역이 급속히 확대되고 있다. 게다가 최근 미래전이 인공위성의 위성항법장치를 이용한 우주전의 형태를 띤다는 점에서 그 군사안보적 함의도 커지고 있다.

이러한 추세에 부응하여 각국은 독자적 위성항법시스템 구축에 박차를 가하고 있는 추세이다. 미국 GPS, 러시아의 글로나스(GLONASS)는 GNSS(Global Navigation Satellite System)를 이미 구축했고, 유럽의 갈릴레오(Galileo)와 중국의 베이더우는 GNSS를 구축 중이다. 한편 인도의 나빅(Navic), 일본의 큐즈(QZSS)는 RNSS(Regional Navigation Satellite System)를 구축 중이고, 한국도 독자 위성항법시스템인 KPS 구축에 대한 논의를 벌이고 있다. 이중에서 최근 쟁점은 중국이다. 중국은 우주군사력 건설 차원에서 미국의 GPS와 같은 독자적인 위성항법시스템을 구축하고자 시도하고 있다. 중국은 미국이 제공하는 GPS 위치 정보에 의존할 경우 자국의 안보에 심각한 위협을 초래할 수 있다는 전략적 판단에 따라 국가안보 차원에서 베이더우를 구축해 왔다.

항법위성이 제공하는 초정밀 위치 정보 데이터는 내비게이션, 빅데이터, 증강현실, 사물인터넷, 인공지능, 스마트시티, 자율주행차에 이르기까지 다양한 분야에 적용되고 있다. 예를 들어, 자율주행차의 경우 이미 미국의 GM, 독일의 벤츠, BMW 등 자동차 기업뿐만 아니라 구글, 마이크로소프트까지 시장에 뛰어들었다. GPS 신호의 오차범위를 3미터까지 줄여주는 초정밀 GPS 보정시스템(SBAS)도 주요국들에서 운영하거나 준비 중이다. 항법위성은 자율비행과

커넥티드(connected)라는 특성이 있는 드론의 운용에도 적용된다. 드론은 위치를 추적할 수 있는 GPS, 항공역학, 수직 이착륙, 컴퓨터, 이미지 처리, 통신, 배터리, 소프트웨어 등 이미 존재하는 기술들을 융복합해서 만들어낸 대표적인 사례이다. 한편, 위성 기반 사물인터넷(IoT) 시장규모도 2013년 11억 달러 규모에서 2023년 24억 달러로 증가할 것으로 전망된다(류장수, 2017).

둘째, 저궤도 소형위성을 대거 발사해 인터넷망을 구축하려는 계획도 4차 산업혁명의 맥락에서 진행 중인 위성 활용 서비스이다. 앞서 언급한 것처럼, 스페이스X는 2020년부터 약 4000대, 원웹은 2017년부터 648대의 인공위성을 발사해 글로벌 차원의 위성인터넷을 구축할 계획이다. 최대 5000개에 달하는 위성으로 지구를 뒤덮는 대형 '저궤도 위성군(low earth orbit: LEO)' 기반 인터넷 시스템이 실현되면 현재 지상망 중심으로 이루어지고 있는 인터넷과 모바일 통신의 지역적 제약을 획기적으로 극복하고 전 지구적 연결이 더욱 강화될 것이다(류장수, 2017). 이를 기반으로 한 위성 광대역 서비스의 제공은 디지털 인프라의 확대에 크게 이바지할 것이다. 모건스탠리는 2040년 우주경제 규모가 1조 달러 이상에 이를 것으로 추정하고 있으며, 특히 위성을 통한 인터넷 접속 서비스 시장이 4000억 달러 규모로 신규 창출될 것으로 예측했다.

끝으로, 위성을 활용하여 지구의 관측 영상을 제공하고 데이터를 분석하는 서비스도 새롭게 떠오르고 있다. 위성정보는 환경·에너지·자원·식량안보·재난 등의 신흥안보 문제 해결에 이바지하는 필수 요소이다. 특히 정밀한 위성 데이터는 사물인터넷, 빅데이터, 인공지능 딥러닝 등의 기술과 융합되어 다양한 분야에 정보를 제공함으로써 4차 산업혁명의 중요한 인프라를 형성하게 된다. 예를 들어, 위성에서 얻은 데이터를 통해서 기후 변화(환경), 수확량 모니터링(농업), 사람의 이동에 맞춘 마케팅(유통), 선박·기차 규모 파악 및 교통체증에 대한 파악(교통), 세계에서 발생하는 산불 등의 조기 발견과 산림 개간 현황 파악(임업), 지하자원이나 유적 발굴이나 석유 시추 상황 파악(자원), 북극해 결빙 시 최단 항로 예측(해상 운수), 위성사진 분석으로 정확한 인구분포 파악

(인구) 등을 목적으로 다양한 분야에서 분석을 진행하며 새로운 부가가치를 창출할 것으로 기대된다(김종범, 2017).

여타 우주 분야에서도 4차 산업혁명 분야의 기술을 적용하려는 움직임이 시작되었다. 최신 ICT 관련 기술들이 수용되어 기존의 우주발사체와 인공위성 분야에서 기술혁신이 가속화되고 있다. 인공위성의 특정 부품을 만드는 데 3D 프린터가 사용됨으로써 생산 비용을 낮추고 새로운 비즈니스 모델을 창출하는 데 기여하고 있다. 예를 들어, 실리콘밸리에 있는 우주발사체 분야의 스타트업인 '렐러티비티 스페이스(Relativity Space)'는 발사 비용의 90% 절감을 목표로 발사체 전체를 3D 프린팅 기술로 제작하는 사업을 추진하고 있다. 이처럼 우주 분야는 4차 산업혁명 관련 기술들과 영향을 주고받으면서 융합과 연결을 촉진하는 기술혁신의 핵심 분야로 주목받고 있다.

5. 우주 규범경쟁과 국제협력의 모색

1) 우주의 군사화에 대한 국제법 적용 논의

1950년대 이래 국제사회는 우주에서의 군비경쟁 방지와 지속 가능한 우주 환경 조성을 위하여 규범적 방안을 모색해 왔다. 현재 우주 분야 국제규범에 대한 논의는 주로 강대국들을 중심으로 유엔 차원에서 진행되고 있다. 이러한 우주 국제규범의 모색 과정에서 '아래로부터의 국제규범 형성 작업'과 '위로부터의 국제조약 창설 모색'의 두 가지 트랙이 병행해서 진행되었다(Schmitt, 2006; 임채홍, 2011; Johnson-Freese and Burbach, 2019).

유엔 총회 산하에 우주 문제를 논의할 수 있는 위원회는, 1959년 12월 설립된 유엔 '우주공간 평화적 이용 위원회(Committee on the Peaceful Uses of Outer Space: COPUOS)'와 1978년 5월 처음 개최된 유엔 군축특별총회에 기원을 두고

1982년부터 우주 문제를 논의한 다자간 제네바 군축회의(Conference on Disarmament: CD)가 있다(박병광, 2012). COPUOS는 지속 가능한 우주 환경 조성에 관한 방안을, CD는 우주공간에서의 군비경쟁 방지를 위한 방안(Prevention of Arms Race in Outer Space: PAROS)을 논의하고 있다. COPUOS는 국제조약 채택을 주도하기보다는 국가 간 공동의 합의를 유도하는 방향으로 최근 선회했으며, 이는 아래로부터의 공동합의를 통한 국제규범 형성을 모색하려는 서방 진영, 특히 미국의 사실상(de facto) 접근과 맥이 닿는다. CD에서의 우주에 대한 논의는 일종의 위로부터의 국제조약 모색의 논의로서 이해되며, 이는 중국과 러시아 등 비서방 진영이 주도하는 법률상(de jure) 접근과 맥이 닿는다(유준구, 2016).

이러한 국제규범 논의 과정에서 미국과 유럽연합, 그리고 중국과 러시아로 대변되는 서방 대 비서방 진영의 대립 구도가 견고하게 유지되고 있다. 미국과 유럽연합은 2012년 ICoC(Draft International Code of Conduct for Outer Space Activities)를 제출한 바 있다. 이러한 과정에서 특히 미국과 중러를 중개하려는 유럽연합의 접근은 기본적으로 법적 구속력이 없는 행동 규범을 채택하려는 의도를 갖고 있다. 반면 중국과 러시아는 PPWT(Treaty on the Prevention of the Placement of Weapons in Outer Space and of the Threat or Use of Force against Outer Space Objects)를 공동 제출했다. 이러한 PPWT 기반의 접근은 법적 구속력이 있는 국제우주법을 제정하려는 입장으로 요약된다. 이 밖에 현재 우주 관련 국제규범의 형성 및 창설과 관련된 쟁점으로 논의되고 있는 사항은 우주의 군사화·무기화, 자위권의 적용, 우주파편의 경감 등 위험 요소 제거, 투명성 및 신뢰 구축 등이 있으며, 각 쟁점에서 각국은 자국의 이해를 반영하기 위해서 서로 다른 입장을 드러내고 있다(유준구, 2016).

한편 우주공간의 국제규범 창설 논의에는 우주개발 선진국과 개도국 간 갈등도 첨예한 쟁점으로 제기되고 있다. 개도국들은 우주가 인류의 유한 천연자원이고 그 혜택이 모든 국가에 미쳐야 하며, 우주개발 활성화를 위한 국제협력을 촉진하기 위해서는 조속히 그 '경계획정'의 문제가 해결되어야 한다는 입장이다. 이에 대해 선진국들은 우주의 정의 및 경계획정을 추진하는 것은 시기상조이며, 국제적 합의가 부재한 상황에서 추진할 경우 우주활동을 위축시킬 수있고, 경계획정으로 인해 관할권 문제를 둘러싼 국제분쟁이 촉발될 가능성이 크다고 주장한다. 이러한 선진국과 개도국의 입장 차는, 우주공간의 유한 자원 이용과 관련하여, 우주 무선통신 수용 주파수 지대와 지구정지궤도(geostationary orbit) 문제에서 제기되고 있으며, 영공과 우주의 경계획정 문제에서도 이들 국가군 간 의견 대립이 존재한다.

최근 우주규범에 대한 논의를 살펴보면, 2017년 12월 유엔총회 결의에 따라 설치된 PAROS에 관한 정부전문가그룹(GGE)에서 2018~2019년 조약 문서에 포함될 요소의 검토 및 권고 사항에 대해 논의를 했으나, 미국, 유럽연합 중심의 서방 진영과 중·러 및 개도국 진영 간 현격한 입장 차로 인해 보고서 채택을 실패했다. 25개국 위원들은 PAROS 조약의 일반 의무, 범주, 정의, 검증 등 제반 이슈별로 심도 있는 토의를 했으나, 논의가 진행될수록 PAROS에 대한 기본 철학 및 접근법, 세부 이슈별 입장 차가 분명하게 드러났고, 보고서 초안 내용이 미국 등 우방국 입장을 충분히 반영할 수 없다는 판단이 내려지자 미국의 불참 선언으로 회의가 종료되었다. 제네바 군축회의(CD)에서 PAROS 논의를 주도하고 있는 중·러는 미국의 우주활동 재량 및 우월적 지위를 상쇄한다는 전략을 펼치고 있고, 이에 비해 미국 등 서방 진영은 PAROS 조약 성립은 시기상조이며, 불완전한 조약의 성립은 오히려 정당한 군사적·상업적 우주 활동을 제약할 위험이 크다는 입장을 취하고 있다(유준구, 2019: 220~221).

한편, 2019년 미국의 우주군 창설을 계기로 다영역작전 개념이 급부상했고, 이를 법제화하려는 노력이 2020년부터 미국을 중심으로 구체화되고 있다. 이러한 논의 동향은 국제규범 모색 과정에도 상당한 영향을 미칠 것으로 예상되는데, 우주전을 사이버전에 대한 국제법 논의 틀 내에서 다루려는 작업이 진행되고 있다. 예를 들어 '우메라(Woomera) 매뉴얼'은 우주공간에서의 군사작전에 대한 국제법 적용을 검토하려는 작업이다. 이는 기존에 미국과 나토를 중심으로 진행된 사이버 안보 분야 탈린 매뉴얼의 구도를 우주 분야의 국제규범으로 확대하려는 노력이다. 이와 유사한 맥락에서 이른바 '밀라모스 매뉴얼(Manual in International Law Applicable to Military Uses of Outer Space: Milamos Manual)' 작업도 진행되고 있다. 향후 우주의 무기화 문제를 다룰 적절한 국제규범의 형식과 내용에 대한 논의는 지속될 것으로 보인다(유준구, 2019: 226).

2) 우주규범의 주요 쟁점과 진영 간 입장 차

최근 인공위성과 우주활동국의 수가 증가하면서 우주 환경이 피폐화되고 과밀화되는 문제가 발생하고 있다. 국제사회는 우주활동의 목적, 즉 상업적 활동 또는 군사적 활동의 여부를 불문하고 지속 가능한 우주 환경 조성과 우주에서의 군비경쟁 방지를 위하여 정책적·규범적 방안을 동시에 모색해 왔다. 현재 제기되는 우주 분야 국제 갈등과 협력의 주요 현안은, ① 장기지속성(LTS) 가이드라인과 '우주2030' 어젠다, ② 우주상황인식(SSA), 우주교통관리(STM), 우주파편물(Space Debris), ③ 투명성신뢰구축조치(TCBMs), PAROS GGE, 우주의 군사화와 무기화 및 자위권 적용 문제, 위성부품수출통제(ECR)와 같은 우주공간에서의 군비경쟁 방지 관련 현안 등의 세 그룹으로 나누어볼 수 있다.

(1) 장기지속성 가이드라인과 우주2030 어젠다

우주활동 장기지속성(Long-Term Sustainability: LTS) 가이드라인은 우주 협력과 관련한 국제적 논의에서 '기본적이고 법적인 프레임워크(fundamental legal framework)'의 위상을 갖고 있다. 유엔 COPUOS는 총 28개 세부 지침안 중 7개를 제외한 21개 지침을 2019년 7월에 채택했는데, 쟁점별로 주요국들의 이견이 표출되었다. 미국·유럽과 중국·러시아는 국제규범의 논의와 형성 방식, 주요 행위자, 실행 시기, 안보 이슈의 포함 여부 등에 대해 생각이 달랐다. 미국·

유럽이 다중이해당사자주의(multistakeholderism)를 기반으로 구속성이 약한 가이드라인의 조기 작성 및 실행을 주장한다면, 중·러는 국가 간 협의의 방식을 기반으로 법적 구속력과 그에 따른 이행에 우선순위를 부여한다. 미국·유럽 대 중·러의 기본 구도 위에 미국과 유럽연합 국가들 사이에도 입장 차가 발견된다. 미국은 기본적으로 구속성 없는 가이드라인의 작성을 선호하고 있으나, 유럽연합은 자발적 가이드라인의 한계를 인정하고 어떤 형태로든 제도 형성의 필요성을 강조하고 있다(Martinez, 2018).

우주2030 어젠다는 제1회 UNISPACE 50주년 기념회의인 UNISPACE+50의 의제를 보완·발전시키면서 등장했다. 우주2030 논의는 UNISPACE 6개 의제를 경제, 사회, 접근권, 외교로 재조정한 데서 나타나듯이, 유엔의 SDGs (Sustainable Development Goals) 및 재난 위험 경감을 위한 '센다이(Sendai) 프레임워크'와 연계하려고 한다. 우주2030 논의도 기본적으로 미국·유럽 대 중국·러시아의 구도가 유지되고 있으나, LTS의 경우보다 그 논의 구도는 복잡하다. SDGs와의 연계 문제를 기준으로 할 때, 미국이 다소 신중한 입장인 반면, 유럽연합, 중국, 러시아가 적극적인 자세를 보이고 있다. 우주2030 관련 미국과 유럽의 입장 차는 좀 더 두드러지는데, 유럽연합이 SDGs와의 연계에 적극적인 반면, 미국은 우주 이슈와 SDGs 문제의 양자 연계를 원론적으로만 지지하고 있으며 특정 이슈에 대한 부분적 관심만 표명하고 있다.

(2) 우주상황인식과 우주교통관리, 우주파편물

우주상황인식(Space Situational Awareness: SSA)이란 일반적으로 인공 우주물체의 충돌·추락 등의 우주위험에 대처하기 위하여 우주감시 자산을 이용하여 지구 주위를 선회하는 인공위성, 우주폐기물 등의 궤도 정보를 파악하여 위험 여부 등을 분석하는 활동을 의미한다. 우주에 기반을 둔 위험은 특정 국가의 안보에 치명적일 뿐만 아니라 전 세계의 모든 국가에 직간접적으로 영향을 미치기 때문에 SSA 활동에는 국제협력이 매우 중요하다(Borowitz, 2019). SSA 관련 국제적 논의를 촉발시킨 결정적인 사건은 중국의 위성요격미사일(ASAT) 발사 실험의 성공이었다. 이로 인해 우주공간에서의 군비경쟁이 급진전되는 상황이 창출되었으며, 미국·유럽 대 중국·러시아의 구도가 더욱 명확해졌고, SSA 관련 국제적 논의의 기본적인 틀을 구성하게 되었다. 그러나 민관 협력과 군사적 차원의 접근에 대한 미국·유럽과 중국·러시아의 입장 차가 명확하게 형성되는 가운데, 미국과 유럽 관계에 있어서도 개별 국가들의 역량에 따라 파트너십 수준의 편차가 상당히 나타나고 있다.

인공위성 수의 증가와 우주폐기물의 기하급수적인 증가로 우주에서 우주물체 간 충돌 가능성이 현저히 증대됨에 따라 항공관제와 유사한 개념으로 우주물체의 충돌 방지를 위한 우주교통관리(Space Traffic Management: STM)의 필요성이 제기된다(Palanca, 2018). 이를 위해 정보 공유와 국제협력의 필요성이 인식되고 있으나, 주요국들이 국제협력에 대한 기본 인식과 방향, 특히 민간과의 협력과 군사적 차원의 대응 문제 등에 있어 견해차를 보인다(Hitchens, 2019). 미국과 유럽은 군사적 차원에서 관리해야 할 필요성을 강조하지만, 군사적 역량을 증대하는 데 한계가 있으므로 민간 기업들을 통해 그 공백을 메우는 접근을 시도한다. 미국과 유럽 주요국의 양자 협력은 정책의 방향성과 SSA 관련 자립적 능력의 보유 수준에 따라 상당한 차별성을 보인다. 중국은 우주 정보, 감시, 관찰을 비롯한 전략적인 조기 경보 능력을 독자적으로 개발·강화하는 데 정책적 우선순위를 부여하고 있으며, 러시아도 SSA/STM에 있어서 군사적 측면에 우주 감시 및 추적 시스템을 우선적으로 고려하는 정책을 추진하는 특징을 보인다.

우주파편물(space debris)은 우주 궤도상에 대량으로 산재해 있고, 고도 500킬로미터에서 초당 약 7~8킬로미터라는 엄청난 속도로 움직이고 있어 통제 불가능하므로, 충돌 가능성을 포함하여 우주의 항행에 상당한 위험을 초래하는 요소로 인식되고 있다. 1994년 COPUOS 소위원회에서 의제화한 이래 논의되고 있다. ICoC에서는 우주파편물의 심각성을 인식하여 그 발생을 최소화하는 방안으로 우주물체의 발사 시기부터 궤도에서의 비행 수명을 종료하는 전 기간에 걸쳐 장기 잔류 우주파편물을 발생시킬 수 있는 모든 활동을 제한하고 있다. 이와 관련하여 ICoC는 서명국에 유엔 COPUOS가 채택한 우주파편물 경감 가이드라인을 준수할 것을 촉구하고 있으며, 국내 이행에 필요한 정책과 절차를 수립하도록 요구하고 있다. ICoC에서는 우주파편물의 발생을 경감하는 조치와 기술이 군사적으로 전용될 수 있다는 것이 쟁점이다. 실제로 우주파편물의 제거를 위한 명분과 목적으로 미국, 중국, 러시아는 요격미사일, 인접폭발, 레이저 파괴 등 다양한 군사적 전용 기술을 실험 및 상용화하고 있다(Doboš and Pražák, 2019).

(3) 우주공간에서의 군비경쟁 방지 관련 현안

우주공간에서의 군비경쟁 방지 관련 현안으로서 투명성신뢰구축조치(Transparency and Confidence-Building Measures: TCBMs)란 시의적절한 정보 공유를 통해 국가 간에 상호 이해와 신뢰를 형성함으로써 국가 간에 발생 가능한 갈등을 예방하는 조치를 말한다. 우주 분야에서 TCBMs는 우주에서의 군비경쟁을 방지하기 위한 목적으로 유엔 총회의 요청으로 1990년대 초 논의가 시작되어 1993년 '우주에서 신뢰구축 조치 적용에 대한 정부전문가 연구보고서'가 채택되었다. 또한 유엔은 2012년 총회 제1위원회에 '우주에서 TCBMs GGE'를 구성했으며, 2013년 유엔 GGE 보고서가 총회에서 승인되었다. 핵군축과 대량살상무기를 다루는 제1위원회에서 우주활동과 TCBMs를 연계하여 논의한다는 것은 유엔이 우주의 군사적 이용을 사실상 허용한다는 것을 의미할 뿐만 아니라, 군사적 또는 비군사적 우주활동을 구분하지 않고 우주에서 이루어지는 활동 그 자체를 규제하겠다는 것을 의미한다.

PAROS로 알려진 외기권에서의 군비경쟁 방지 문제는 1980년대 초 제네바 군축회의(CD)에서 제기된 의제이다. 외기권에 무기 배치와 위성요격무기의 배치를 금지하는 것을 핵심 내용으로 하지만, 이를 지지하는 중국·러시아 그룹과 서방 그룹 간의 갈등으로 인해 공식 의제로 채택되지는 않고 현재까지 교착 상태에 있다. 2008년 PAROS 의제를 기반으로 중국과 러시아는 국제조약의 성격을 가진 PPWT를 제출했으며, 2014년에는 그 수정안을 제출했다. 2017년 총회 결의안에 의거하여 우주 군비경쟁 방지에 대해 법적 구속력을 가진 규범 형성을 위한 요소의 식별 및 건의를 위해 PAROS GGE 창설을 합의했다. 일반 원칙, 범주 및 목표, 정의, 모니터링·검증·투명성 및 신뢰 구축 조치, 국제협력, 제도적 장치 등의 의제를 논의했다. 이후 PAROS GGE는 결과보고서를 제출했으나 국가 간 제도적 협의와 강제성에 대한 이견, 그리고 논의 주제에 대한 인식의 차이로 인해 최종 채택되지 못했다.

우주공간의 군사화와 무기화, 자위권 적용 문제도 쟁점이다. 우주공간이 군사적 목적으로 이용될 경우, 지속적인 우주 탐사와 비군사적 이용에 대한 보장을 확신할 수 없게 되므로, 이를 반영하여 1967년 외기권 조약 제4조 1항에서는 우주의 군사화·무기화의 일정한 금지를 규정하고 있다. 달과 다른 천체에서는 군사 활동이 포괄적으로 금지되는 반면, 지구 주변 궤도에서는 대량파괴무기만이 금지의 대상이라는 것이 쟁점이다. 이에 대해서 중국과 러시아는 외기권 조약의 평화적 목적과 관련하여 완전한 비군사화를 주장하는 반면, 미국은 침략적 이용만 금지하면 된다는 입장을 취하고 있다. 한편, 우주공간에서의 자위권 적용도 핵심 쟁점인데, 국가 간 이견이 현저하게 존재한다. 중국과 러시아는 우주가 자위권의 대상이 된다는 것을 받아들일 수 없다는 입장인 데 비해, 미국과 서방은 특정한 상황에서의 자위권의 적용은 유엔헌장에 보장된 기본적 권리라는 입장이다.

국제적 차원에서 우주산업과 관련한 위성부품 수출통제(ECR)는 바세나르 협정과 미사일기술통제레짐(MTCR)을 통해 이루어지고 있다. 미국과 유럽연합은 바세나르 협정과 MTCR에서 우주산업 분야에서의 수출통제에 대한 논의와 규범 형성을 주도하고 있으며, 이를 위한 국제협력을 비교적 긴밀하게 진행하고 있다. 미국과 유럽연합은 다용도(omni-use) 신흥기술이 대두되는 과정에서

비서구적 규범과 표준이 확산되는 데 대하여 경계심을 늦추지 않고 있다. 특히 중국의 부상으로 인해 우주 분야에서 비서구적 규범과 표준의 대두가 가속화될 가능성이 있다는 인식하에 기존의 수출통제 레짐을 우주 분야 국제협력에도 원용하려는 공통의 인식을 갖고 있다. 미국이 2018년 8월 '수출통제개혁법 (Export Control Reform Act: ECRA)'을 발표한 것은 이러한 맥락인데, 이 개혁은 각 부처에 산재되어 있는 수출통제 목록을 단일화하고, 수출통제 권한 역시 단일화하는 데 목표를 두고 있다.

제9장

미래전의 진화와 세계정치의 변환

1. 자율무기체계와 미래전의 진화

최근 기술혁신이 사회 각 분야에 미치는 영향에 대한 논의가 한창이다. 기술혁신은 오래전부터 군사 분야에도 큰 영향을 미쳐서 무기체계뿐만 아니라 군사작전의 개념을 변화시켜 왔는데, 최근에는 그 영향의 정도와 속도가 확대되면서 새로운 전쟁양식, 즉 '미래전'으로의 진화를 가속화시킬 것으로 예견된다. 가장 비근하게는 정보화 시대의 초기인 1990년대와 2000년대에 정보통신기술의 발달은 RMA(Revolution in Military Affairs)와 군사변환(Military Transformation)을 논하게 했으며, 다양한 군사작전과 작전운용에 대한 새로운 개념을 출현시켰다. 이러한 연속선상에서 보면, 인공지능, 로봇, 소셜미디어, 블록체인, 클라우드 컴퓨팅, 빅데이터, 사물인터넷, 3D 프린팅 등과 같은 4차 산업혁명 분야의 기술혁신은 군사 분야에 어떠한 영향을 미칠까?

초기 정보화가 인간의 정보 능력을 확장시켜 네트워크 지휘통제를 가능케 하는 작전 개념을 끌어냈다면, 4차 산업혁명은 새로운 데이터 환경에서 인공지능과 로봇을 활용한, 이른바 '사이버-키네틱전(cyber-kinetic warfare)'의 출현을 예견케 한다. 이러한 변화는 무기체계와 군사작전의 개념을 크게 바꿀 가능성이 있으며, 육·해·공이라는 전통 전투공간이 우주와 사이버 공간으로 확대되는 양상을 촉발시키고 있다. 게다가 아직은 '먼 미래'의 일이겠지만, 4차 산업혁명의 진전은 새로운 군사안보 패러다임의 부상뿐만 아니라 인간이 아닌 로봇들이 벌이는 전쟁의 가능성마저도 거론케 한다. 이러한 과정에서 인공지능과 로봇으로 대변되는 자율무기체계(Autonomous Weapon Systems: AWS)의 발달은 핵심 변수이다.

이 장은 자율무기체계의 부상으로 대변되는 기술혁신 변수가 미래전의 진화와 국제정치의 변환에 미치는 영향을 살펴본다. 여기서 '진화'와 '변환'은 다층적인 상호작용의 구도 속에서 '과거'와 '현재'가 중첩되면서 '미래'를 만들어가는 복합적인 양상을 표상한다. 이러한 시각에서 볼 때, 미시적 차원의 기술 발달을 바탕으로 한 자율무기체계의 도입은 단순한 무기체계 변환의 차원을 넘어서 군사안보 분야의 작전운용과 전투공간, 그리고 전쟁양식까지도 변화시키고 있는 것으로 이해된다. 이와 더불어 미래전의 진화는 군사 분야의 조직과 제도에 혁신을 유발하고 있으며, 더 나아가 거시적인 국제정치 차원에서 그 주체와 구조 및 작동 방식과 구성 원리를 변화시킬 가능성도 지닌 것으로 봐야 할 것이다.

이러한 진화와 변환 과정의 이면에는 강대국들의 지정학적 경쟁이 있다 (Dittmer, 2013; Shaw, 2017). 이미 자율무기체계는 미래전의 승패를 가를 전략자원으로 부상했다. 그러나 이러한 현상이 우리가 알던 지정학의 시각을 넘어선다는 사실도 놓쳐서는 안 된다. 무엇보다도 인공지능이나 로봇 등과 같은 첨단기술은 기본적으로 지리적 공간을 초월하는 사이버 공간의 이슈일 뿐만 아니라 영토국가의 경계를 넘어서 다양한 비국가 행위자들이 활동하는 과정에서 개발 및 확산되는 성격을 지닌다. 또한 이 기술들이 살상무기로 활용되는 과정은 국제질서의 안정성 확보를 위한 국제협력의 거버넌스와 국제규범의 형성을 거론케 한다. 이러한 과정에서 자율무기체계의 반(反)인류적 위험성을 경고하는 '안보화'의 세계정치도 출현하고 있다.

2. 자율무기체계와 작전수행 담론의 변환

1) 자율무기체계의 이해

　미래전의 진화에 영향을 미칠 수 있는 4차 산업혁명의 기술은 다양한데, 그 중에서도 특히 자율로봇이 미치는 영향에 대한 관심이 크다. 쉽게 말해, 자율로봇은 인공지능으로 지능화되어 '감지-사고-행동' 패러다임을 따라 작동하는 기계이다(싱어, 2017). 이러한 기술을 무기체계에 적용한 것이 '자율무기체계'이다. 이를 가리키는 용어로 자율살상무기, 무인무기체계, 군사로봇 또는 킬러로봇 등이 사용되기도 한다. 일반적으로 이해되는 자율무기체계는 '일단 작동하면 인간이 개입하지 않고도 자율적으로 전개되어 목표물을 확인하여 물리적으로 공격하는 능력을 갖춘 무인무기체계'이다. 여기서 자율무기체계를 정의하는 핵심은 인간과의 관계에서 설정되는 자율성의 정도이다. 관측(Observe)-판단(Orient)-결심(Decide)-행동(Act)의 'OODA 고리(loop)'에서 인간이 관여하는 정도로 '자율성'을 이해하여 그 발전 단계를 셋으로 구분한다.

　첫째는 '자동(automatic)'의 단계이다. 임무 수행의 일정 단계에서 인간의 개입과 통제가 행사되는데(human-in-the-loop), 일반적으로 인간이 원격조정하는 무인무기가 여기에 포함된다. 대개 교전의 결정은 인간이 수행한다. 둘째, '반자율(automated)'의 단계이다. 이는 인간이 감독 역할을 수행하는 자율무기에 해당한다(human-on-the-loop). 자율무기가 독립적으로 작동하나 기능 장애나 시스템 고장 등 잘못될 경우 인간이 개입할 수 있다. 끝으로, '자율(autonomous)'의 단계이다. 완전한 자율성이 발휘되는 단계로 기계가 스스로 독립적으로 작동한다(human-out-of-the-loop). 최종적인 감독 권한은 인간이 갖고 있지만, 초기에

명령을 입력한 이후에는 인간이 항상 관여할 필요가 없다(Scharre, 2018; 조현석, 2018: 223~224).

　마지막 단계의 완전 자율성을 갖추고 작동하며 '인간에 의한 추가적 개입' 없이도 무력을 행사할 수 있는 자율무기의 경우, 이를 인간이 얼마나 적절히 감독하느냐의 문제를 놓고 윤리적으로나 국제법적으로 논란이 벌어진다(Williams, 2015). 그러나 현재 배치되어 있는 대부분의 자율무기체계들은 아직 '자동' 또는 '반자율'의 범주에 속하는 것들이며, 완전하게 '자율'인 것은 드물다. 그러나 그 지능의 정교함은 꾸준히 향상되고 있어 결국 멀지 않은 장래에 완전 자율 무기가 실제 작전에 배치될 것으로 예견된다(Birkeland, 2018). 특히 4차 산업혁명 분야에서 빅데이터에 기반을 둔 머신러닝과 인공지능의 발달은 자율무기체계의 도입을 가속화시키고 있는데, 무기가 배치된 전장의 종류나 활용 영역 등에 따라 다양한 범주로 나눈다.

　가장 널리 알려진 것은, 공중에서 운용되는, 일반적으로 드론(drone)으로 알려진 무인비행체(Unmanned Aerial Vehicles: UAVs)이다. 이미 실전에서 그 위력을 보여준 프레데터나 글로벌 호크 이외에도 인간이 조종하는 드론에서부터 인간의 조종 없이 사전에 입력된 좌표를 타격하는 드론에 이르기까지 다양한 형태가 있다(Fuhrmann and Horowitz, 2017; Horowitz, Kreps and Fuhrmann, 2016). 또한 지상에서 운용되는 무인지상차량(Unmanned Ground Vehicles: UGVs)도 있다. 병사가 운용하는 소형 로봇에서부터, 인간형 전장 구조로봇, 물류수송용 무인차량, 무인전투차량 등이 있다. 해양에서 운용되는 무인수상함정과 무인잠수정도 주목된다. 무인수상함정으로는 자율주행전함인 '시 헌터(Sea Hunter)'가 최근 주목을 받았으며, 무인잠수정은 수중 정보 수집과 기뢰대항 체계의 기능을 수행한다. 이러한 물리적 영역에서 운용되는 자율무기체계 외에도 비(非)물리적 영역에서의 사례도 매우 다양한데, 우주·사이버 무기나 기타 감시와 정찰 등과 같이 전략적 의사결정을 지원하는 자율무기체계들이 있다.

　이러한 자율무기체계의 도입은 향후 전장의 패러다임을 바꿀 것으로 예견되기도 한다. 아직은 '가까운 미래'에 벌어질 일이라기보다는 '먼 미래'에 발생할 가능성이 있는 일로 여겨지지만, 미래전에서 자율로봇이 전쟁의 인식론적·존재론적 전제를 재설정할 행위자로 새로이 자리매김하게 될 가능성도 배제할 수 없다. 특히 이러한 전망이 나오는 이유는, 전장 환경에 대한 인식론적 문제가 그 배경이 되는 물질적 조건과 무관하지 않기 때문이다. 즉 인공지능과 자율로봇의 도입이 직접 모든 군사작전을 결정하는 것은 아니지만 적어도 그 가능성의 범위를 규정하는 존재론적 기반을 새롭게 정의할 가능성은 없지 않다. 이렇게 보면, 자율로봇에 의존하는 전쟁은 그 개시에서부터 다양한 전투행위에 이르기까지 인간 중심 전쟁에 비해 그 형식과 내용을 달리할지도 모른다. 이러한 전망이 나올 만큼 이미 로봇은 인간과 공존하는 공간 또는 자율성의 공간을 점점 늘려가고 있는 것이 사실이다(Shaw, 2017: 453, 459).

2) 자율무기체계와 군사작전의 변환

정보화 시대 초기부터 미국은 첨단 정보통신기술을 바탕으로 정보·감시·정찰(ISR)과 정밀타격무기(PGM)를 지휘통제통신체계(C4I)로 연결하는 복합시스템을 구축했으며, 이를 네트워크 중심전(Network Centric Warfare: NCW)으로 통합하는 전략을 추진해 왔다. 현대 군사작전이 특정 무기체계가 단독으로 수행하는 플랫폼 중심전(Platform Centric Warfare: PCW)으로부터 모든 전장 환경 요소들을 네트워크화하는 방향으로 변환되고 있다는 인식에 따른 것이었다. 정보 우위를 바탕으로 지리적으로 분산된 모든 전투력의 요소를 네트워크로 연결·활용하여 전장 인식을 확장할 뿐만 아니라 위협 대처도 통합적으로 진행하겠다는 것이었다(Koch and Golling, 2015).

이러한 개념은 다양한 형태의 자율무기체계 도입으로 더욱 구체화되고 있다. 특히 스워밍(swarming) 작전의 개념이 네트워크 중심전의 개념을 정교하게 발전시키는 데 기여했다(Arquilla and Ronfeld, 2000). 스워밍은 자율무기체계,

그중에서도 특히 드론의 발전을 배경으로 하여 실제 적용할 수 있는 효과적인 작전 개념으로 인식된다. 스워밍 작전의 개념적 핵심은 전투 단위들이 하나의 대형을 이루기보다는 소규모로 분산되어 있다가 유사시에 이들을 통합해서 운용한다는 데 있다. 여기서 관건은 개별 단위체들이 독립적으로 작동하면서도 이들 사이에 유기적인 소통과 행동 조율이 가능한 정밀 시스템을 구축하는 것인데, 인공지능 알고리즘이 이를 가능케 했다(Ilachinski, 2017).

인공지능은 전장 정보의 실시간 수집과 처리 및 활용을 바탕으로 타격 대상을 식별하여 판단하고 공격하는 기능을 원활히 수행할 수 있게 한다. 인공지능을 적용한 수많은 드론 떼가 각 전투 단위들의 데이터를 수집하여 다른 단위들과 공유하며 집합적으로 공격과 방어의 기동을 동시에 수행하는 모습을 상상해 볼 수 있다. 이를 통해서 전통적으로 군 지휘부의 임무였던 지휘통제 기능마저도 자율무기에 탑재된 알고리즘에 의해 어느 정도 대체하는 것이 가능해졌다. 이러한 알고리즘 기반 스워밍 작전을 광범위하게 적용함으로써 새로운 유형의 전투 조직이 출현하고 해외 군사기지의 필요성이 없어지는 단계까지도 전망하게 되었다(Mori, 2018: 32; Shaw, 2017: 461).

최근 제시된 모자이크전(Mosaic Warfare)의 개념도 기술혁신을 반영하여 전쟁수행 방식이 변화한 사례이다. 모자이크전은 적의 위협에 신속 대응하고 피해를 입더라도 빠르게 복원하는 것을 목적으로 한다. 기술 부문에서 ISR과 C4I 및 타격 체계를 분산하여 이를 준독립적으로 운용함으로써 중앙 지휘통제체계가 파괴된다고 할지라도 지속적인 작전 능력을 확보할 뿐만 아니라 새로이 전투 조직을 구성해 내는 것이 핵심이다. 이는 네트워크 중심전하에서 하나로 통합된 시스템이 지닌 한계를 극복한다는 의미가 있는데, 단 한 번의 타격으로 시스템 전체가 마비되는 사태를 미연에 방지하자는 것이다(Grayson, 2018).

이러한 모자이크전의 수행에 있어서 인공지능 기술은 핵심적인 역할을 담당할 수밖에 없다. 분산 네트워크의 개념을 도입함으로써 모자이크처럼 전투 체계를 결합하고 재구성하는 과정에서 처리해야 할 정보의 양은 막대하게 늘어날 수밖에 없으며, 이를 처리하는 속도도 일정 수준 이상을 보장해야 하는 상황이 창출될 것이기 때문에, 그 기능의 상당 부분을 인공지능에 의존하지 않을 수 없게 될 것이다. 이렇듯 4차 산업혁명 분야에서 제공되는 첨단기술을 적용한 자율무기체계가 도입됨에 따라서 기존에 제기되었거나 혹은 새로이 구상되고 있는 군사작전의 개념들이 실제로 구현될 가능성이 커지고 있다.

3) 미래전 수행 담론의 경쟁

넓게 보면, 첨단무기 경쟁은 전쟁수행 방식의 개념을 장악하려는 경쟁의 성격도 지닌다. 가장 추상적인 차원에서 첨단무기 경쟁은 미래전의 수행 담론을 주도하는 문제로 귀결되기 때문이다. 무기체계를 제조하는 방위산업은 관련 서비스의 제공으로 연결되고, 더 나아가 그 무기나 서비스의 존재를 합리화하는 전쟁수행 담론을 전파한다. 역사적으로도 미국은 방위산업 지구화를 통해서 우방국들에게 자국의 무기체계를 전파·확산하는 입장을 취해왔다. 이러한 방위산업 지구화의 이면에는 전쟁수행 방식의 원리와 개념 등을 전파하여 자국의 무기를 파는 데 유리한 환경을 조성함으로써 미국의 영향력을 증대시키려는, 이른바 '신자유주의적 통제'의 속셈이 있었던 것으로 평가된다(Caverley, 2007: 613).

실제로 미국은 서유럽의 동맹국들에게 미국과 나토의 전쟁수행 담론과 표준을 따르는 무기체계를 수용하도록 했다. 미국이 동북아 동맹전략에서 한국과 일본에 원했던 것도 이와 다르지 않았다. 다시 말해, 미국 무기체계의 기술표준을 수용하고 미국 군사작전의 담론표준을 따르게 하는 것이었다. 최근 4차 산업혁명 시대 미래전의 개념을 수용하는 문제에도 한국은 미국발 작전 개념을 원용하는 경향이 있다. 미국은 자국의 무기체계를 팔기 위해서 작전 개념을 개발하고, 그 작전 개념을 구현하기 위해서는 그에 호환되는 무기체계의 도입이 필요하다. 게다가 한번 도입된 무기체계와의 호환성을 유지하기 위해서는 지속적으로 미국의 무기체계를 수입할 수밖에 없다. 군사담론의 전파와 무기체계의 도입이 함께 가는 모습이다. 이러한 시각에서 보면, 최근 미국이 제기하고 있는 군사작전 담론에는 나름대로 미국 방위산업의 속내가 깔려 있다.

2000년대 이래로 제기되었던 미국발 작전운용 개념들은 미국의 무기체계를 바탕으로 해야 구현될 수 있는 구상들이다. 특히 미국발 네트워크 중심전의 담론은 정보 우위를 바탕으로 첨단 정보시스템으로 통합된 미국의 무기체계 운용과 밀접한 관련이 있다. 첨단기술을 적용한 무기체계가 도입됨에 따라서 기존에 제기되었거나 혹은 새로이 구상되고 있는 군사작전의 개념들이 실제로 구현될 가능성이 커지고 있다. 스워밍은 드론 기술의 발전을 배경으로 하여 실제 적용할 가능성을 높인 작전 개념이다. 개별 단위체들이 독립적으로 작동하면서도 이들 사이에 유기적인 소통과 행동의 조율이 가능한 정밀 시스템의 구축이 인공지능 알고리즘을 통해 가능해진 것이다. 모자이크전의 개념도 4차 산업혁명 분야의 새로운 분산 네트워크 기술의 성과를 반영한 작전 개념인데, 분산 네트워크와 인공지능 관련 기술이 핵심적인 역할을 담당한다.

여기서 주목할 점은 이러한 무기체계와 작전 개념들을 생산하는 주체가 주로 미국 정부이거나 미국의 거대 방산 기업들이라는 사실이다. 이에 대한 대항 담론의 생성 차원에서 중국이 벌이고 있는 미래전 수행담론 경쟁에도 주목할 필요가 있다. 예를 들어, 중국이 제기하는 반접근/지역거부(A2/AD)는 자신보다 우월한 미국의 해군력이 동아시아의 주요 해역에 들어오는 것을 저지하는 목적의 작전 개념이다. A2/AD는 미국만이 구사하던 네트워크 중심전을 중국 역시 구사하게 된 결과로 출현했다. 전장의 모든 구성 요소를 네트워크화하여 대함탄도미사일(anti-ship ballistic missile: ASBM) 등의 첨단무기체계를 활용한 장거리 정밀타격이 가능해지면서 제기된 작전 개념으로 평가된다.

3. 자율무기체계와 전투공간 및 전쟁양식의 변환

1) 전투공간의 변환과 사이버·전자전의 진화

자율무기체계의 도입은 전투공간의 변환에도 큰 영향을 미치고 있다. 최근 이러한 변화를 보여주는 대표적 사례가 '다영역작전(Multi Domain Operation: MDO)' 또는 전영역작전(All Domain Operation: ADO)의 개념이다(Reily, 2016). 이는 기존의 육·해·공의 전장 개념에 우주와 사이버 전장을 더한 '5차원 전쟁' 개념을 바탕으로 한다. 특히 이러한 5차원 전쟁 개념의 출현은 사이버·우주 공간이 육·해·공 작전운용의 필수적인 기반이 되었다는 인식을 반영한다. 또한 인간 중심으로 이해되었던 기존의 전투공간의 개념이 비인간 행위자인 자율무기체계의 참여를 통해서 변화될 가능성을 시사한다. 이런 상황에서 4차 산업혁명의 진전으로 인해 부상하는 자율로봇과 인공지능은 전투공간의 경계를 허물고 상호 복합되는 새로운 물적·지적 토대를 마련할 것으로 예견된다.

사이버전은 이렇게 비인간 행위자의 개입으로 전투공간의 지평이 확대되는 대표적 사례이다. 지난 수년 동안 양적인 차원에서 사이버 공격의 건수는 꾸준히 증가하고 있으며, 그 공격 패턴도 질적으로 변화하고 있다. 사이버 공격의 양상을 보면, 국가 기간시설의 교란과 시스템 파괴에서부터 금전 탈취와 정보 절취 등에 이르기까지 다변화되고 있다. 사이버 공격에 동원되는 수법이라는 측면에서도 디도스(DDoS) 및 봇넷 공격, 악성코드 침투, 가상화폐를 노린 해킹과 랜섬웨어 유포, 인공지능(AI)을 활용한 사이버 공격의 자동화 등으로 다양화되고 있다. 특히 최근 가장 많은 수를 차지하는 금전 탈취나 정보 절취의 경우, 그 수법도 다양하게 진화하여 기관 사칭 공격, 취약 기관 연계 침투, 정치 외교적 사건을 전후한 국가안보 관련 정보 절취 등이 많이 늘어나고 있다.

공격 주체 면에서도 초창기에는 해커나 테러리스트와 같은 비국가 행위자들이 나섰다면 최근에는 국가 지원 해킹이 두드러지고 있으며 오프라인 작전과 사이버 작전을 병행하여 그 효과를 극대화하고 있다. 2007년 에스토니아와 2008년 조지아에 대한 러시아의 사이버 공격, 2010년과 2012년 미국·이스라엘과 이란 간에 오고 간 사이버 공방, 2013년 이후 부쩍 논란이 된 미국과 중국 간의 사이버 공방 등이 대표적인 사례다. 이렇듯 국가 행위자가 지원하여 수행되는 사이버전이 독자적인 작전의 형태를 띠면서 물리적 군사력과 통합된 '사이버-물리전(Cyber-Kinetic Warfare)'의 도래가 점쳐지고 있다. 다영역작전 개념의 출현은 사이버 공간이 육·해·공·우주 작전운용의 필수적인 변수가 되었다는 인식을 반영한다.

사이버 위협이 증가함에 따라 세계 주요국들은 자국 환경에 맞는 사이버 안보 정책을 다차원에서 마련하려는 노력을 경주하고 있다. 특히 미국과 서방 진영 국가들의 경우, 러시아, 중국, 이란, 북한 등으로부터 가해지는 사이버 공격에 능동적으로 대응하는 조치를 취해왔다. 미국은 국내 사법 체계를 활용하여 해커를 공개수배하기도 했으며, 이스라엘은 무장 테러 조직인 하마스 그룹의 해킹 거점을 공습·파괴하는 무력 대응의 방법을 동원하기도 했다. 또한 미국은 북한의 3대 해킹 그룹을 정조준하여 국제 제재의 칼날을 뽑아들기도 했다. 아울러 미국은 자국의 사이버 안보 관련 조직 정비에 적극적으로 나서고 있으며, 영국도 2016년 브렉시트 이후 사이버 안보에 적극적이고 능동적인 방어 전략을 추진하고 있다.

이러한 사이버전에 대한 논의는 EMP(Electro Magnetic Pulse)나 HPM(High Power Microwave) 등을 사용하는 전자전과도 연결된다. 미국은 2013년 2월 북한의 미사일 발사를 무력화하려는 목적으로 '발사의 왼편(Left of Launch)'이라는 사이버·전자전을 감행한 것으로 알려져 있다. 최근 개발되고 있는 민간 또는 군사 부문의 기술과 서비스들은 사이버·우주공간의 복합성을 전제로 한다. GPS와 드론 등을 활용한 지상무기체계의 무인화와 위성기술을 활용한 스마트화 등을 통해서 사이버·우주공간을 연결하는 복합시스템이 등장하고 있다. GPS 신호를 방해하는 전자전 수단인 GPS 교란(jamming)은 바로 이러한 환경을 배경으로 출현한 비대칭 위협 중 하나이다.

4차 산업혁명 시대의 기술 발달과 관련하여 사이버 공격과 방어에 인공지능을 활용하는 문제가 관건이다. 사이버전이 독자적인 군사작전으로 부상하는 가운데 인공지능을 활용하여 무차별적으로 악성코드를 전파하는 사이버 공격을 가하거나, 혹은 반대로 알고리즘 기반 예측과 위협 정보 분석, 이상 징후 감지 등이 사이버 방어에 활용되고 있다. 지속적으로 악성코드를 바꾸며 진화하는 사이버 공격에 대해서 과거 수행된 공격 패턴을 파악하는 식의 통상적인 방어책은 점점 그 효과를 상실하고 있다. 게다가 자동화된 방식으로 사이버 공격이 이루어지고 있는 상황에서 인간 행위자가 이를 모니터링한다는 것은 거의 불가능하다. 이런 맥락에서 인공지능을 사용하여 기존의 취약점을 확인하고 보완·수선하는 자율방식이 모색되고 있다.

이른바 5G 이동통신 시대의 도래는 사이버전이나 전자전의 수행에도 큰 영향을 미칠 것으로 예견된다. 사실 사이버 안보와 미래전 환경은 5G에 의해 근본적으로 바뀔 수 있다. 5G 환경에서는 인터넷에 연결된 사물이 기하급수적으로 늘어나기 때문에 파급력도 그만큼 확장될 것으로 예상된다. 예를 들어, 4G에서는 1제곱킬로미터당 2000개의 사물을 연결할 수 있었다면, 5G는 100만 개의 사물을 연결할 수 있으며, 여기에는 군용 장비도 포함된다. 5G 기술이 상상했던 것보다 더 많은 대역폭을 제공하게 되면서 사물인터넷(IoT)을 일상의 현실로 만들기에 충분하다는 전망을 낳고 있다. 이런 맥락에서 최근 미국은 5G 분야에서 약진하고 있는 중국 기업 화웨이를 견제하고 나섰다.

2) 사이버 심리전과 하이브리드전

사이버 심리전의 부상에도 주목할 필요가 있다. 사이버 루머와 가짜 뉴스가 쟁점인데, 이는 사이버 공간의 네트워크를 타고서 유포되는 특징이 있다. 최근 미국이나 서방 진영 국가들의 선거 과정에서 감행된 러시아발 가짜 뉴스 공격은 인터넷과 소셜미디어에서 여론을 왜곡하고 사회 분열을 부추기며 서구 민주주의 체제의 정상적인 작동을 방해하는 효과를 빚어냈다(Walker and Ludwig, 2017). 러시아 정부가 수행한 전술은 고도화된 설득 전략을 바탕으로 정교하게 구사되었을 뿐만 아니라, 인공지능을 활용한 다양한 정보 확산 기술을 사용한 것으로 알려져 있다. 아울러 인공지능과 가상현실(VR) 등을 사용해 만든 '딥페이크(deep fake)'도 최근 쟁점으로 떠올랐다. 2020년 코로나19 사태와 미국 대선 등을 거치면서 사이버 공간에서 유포되는 가짜 뉴스를 안보의 관점에서 보아야 한다는 인식이 확산되었다.

한반도에서도 최근 사이버 공간에서의 북한의 사이버 심리전도 지속적으로 강화되고 있다. 북한은 통일전선부와 정찰총국 사이버공작 부서에 이른바 '댓글 팀'을 신설하고 사이버 심리전 공작을 주도하고 있다. 이들 부서에는 300명이 넘는 이른바 '댓글 전문 요원'이 활동 중인 것으로 알려져 있다. 이들이 허위 정보 및 역정보 등 가짜 뉴스를 확산시키는 여론 왜곡 공작을 전개해 한국 사회의 남남갈등과 사회 혼란을 부추기고 있다. 옥스퍼드 대학이 2019년 9월 공개한 보고서에 따르면, 북한은 전 세계 사이버군 역량에서 세 번째로 높은 국가로, 약 200여 명 규모의 상설 부대가 있는 것으로 추산되었다. 특히 친정권적 선전 활동이나 선거 활동 비방 등 상대에 대한 공격에 주력하는 국가로 분류되었는데, 허위 정보를 생산해 여론 조작에 직접 관여하는 형태이다.

가짜 뉴스를 활용한 교란 행위는 단순히 경쟁국이나 적국의 사회 혼란을 야기하는 여론전만을 목표로 하지 않는다. 소셜미디어와 인공지능 기술을 활용하여 사이버 심리전의 전략적 효과를 노리고 언론매체에 빈번하게 역정보 또는 허위 정보를 유포하는 행위는 미래전의 한 양식을 보여준다. 이는 현실공간의 무력분쟁과 연계되면서 이른바 하이브리드전(hybrid warfare)으로 비화될 가능성이 있다. 하이브리드전은 고도로 통합된 구상 속에서 노골적이거나 은밀한 형태로 군사·준군사 또는 민간 수단들이 광범위하게 운용되는 전쟁의 양상을 의미한다. 최근 하이브리드전은 전투원과 민간인이 구분되지 않는 구도에서 상대국의 군사적 대응을 촉발하기 직전에 멈추도록 교묘하고 신중하게 감행되고 있다(Bresinsky, 2016).

예를 들어, 2014년 우크라이나에 대해서 사이버 공격과 병행하여 감행된 러시아의 하이브리드전은 새로운 분쟁 양식의 등장이라는 점에서 학계의 주목을 끌었다. 또한 2018년 나토가 시리아 정부의 화학무기 사용에 대해서 인도주의적 명분을 내세워 시리아에 대한 공습을 감행했을 때, 러시아가 취한 대응도 하이브리드전의 맥락에서 이해된다. 당시 러시아가 취한 반격은 군사적 대응이 아니라 사이버 공간에서 정보·심리전을 수행하는 활동이었다. 구체적으로 말해, 러시아는 서구 국가들의 인터넷과 소셜미디어를 목표로 하여 트롤군(Troll Army)의 활동을 증대시켰다. 러시아의 이러한 행동은 향후 사이버 심리전을 겸비한 하이브리드전이 미래전의 한 양식으로 자리 잡을 가능성을 보여주었다(송태은, 2019).

3) 자율무기체계와 근대 전쟁의 질적 변환?

자율무기체계와 관련된 가장 큰 관심사 중 하나는 '로봇이 완전 자율성을 갖고 전쟁을 수행하는 날'이 올 것이냐, 즉 '특이점(singularity)'이 올 것이냐의 문제이다. 당장은 로봇이 인간을 보조하는 정도의 역할에 머물고 있지만, 인공지능의 발전으로 인해 군사로봇의 자율성은 점점 더 커지는 추세이다. 군사작전의 측면에서 로봇 운용의 이득이 매우 크다. 무엇보다도 군사로봇의 도입은 인명 피해를 최소화함으로써 인간이 전장의 위험에 처하지 않고도 전쟁을 수행할 수 있는 가능성을 높여놓았다(Docherty, 2012). 자율로봇의 도입이 아니더라도 자동성이나 부분 자율성을 지닌 무인무기체계의 도입은 군사 분야 운용 인력의 절감과 인간의 능력을 초월한 임무 수행을 가능케 할 것이다. 이로 인해 여러 국가는 미래 군사 분야를 주도할 기술혁신을 수용하는 차원에서 인공지능과 로봇의 군사적 이용을 확대하는 경향을 보이고 있다.

'먼 미래'를 내다보는 장기적 관점에서 보면, 자율무기체계의 발전은 인간 중심의 전쟁관에 큰 변화를 가져올 가능성도 없지 않다(Altmann and Sauer, 2017: 117~142). 자율군사로봇이 대거 동원될 경우 전쟁 개시는 쉽고 전쟁을 끝내기는 어려워질 것이라는 전망이 나온다. 스워밍 작전의 경우, 인공지능이 오작동하여 자율무기체계 간 상호작용의 조정이 실패하여 의도치 않게 전쟁이 확대될 우려도 제기된다. 자율살상무기들이 해킹당하면 아군을 살상하는 참혹한 결과가 생길 수도 있다. 또한 인간과 인공지능 간의 인터페이스 기술이 발달하면서 양자의 구분이 희미해지는 현상이 발생할 수도 있다. 이렇게 되면 자율무기체계의 발달은 무기체계를 업그레이드하는 차원을 넘어서 그 무기를 사용하는 인간의 정체성에도 영향을 줄 수 있다(Payne, 2018).

자율무기체계의 발달과 이에 따른 전쟁수행 방식의 변화는 '근대전(modern warfare)'의 본질을 바꿀 정도의 문명사적 변화를 초래하게 될 것인가? 예를 들어, 자율무기체계의 도입은 클라우제비츠(Carl von Clausewitz)가 말하는 전쟁의 세 가지 속성, 즉 폭력성과 정치성, 우연성(또는 불확실성)을 변화시킬 정도로 획기적인 의미를 지니고 있을까? 클라우제비츠에 따르면, '현실전'은 불가피하게 두 가지 변수에 의해서 제한을 받아 '절대전'으로 비화되지 않는다고 한다. 그 하나의 변수는 전투원이 행사할 수 있는 폭력 사용의 능력이 주는 제한이며, 다른 하나의 변수는 폭력을 통해서 특정 목표를 추구하는 정치적 의지라는 제한 요인이다. 그렇지만 '이번에는 이길 것 같은 느낌'에 기대어 전쟁을 벌이는, 우연성이라고 하는 세 번째 변수가 있어서 전쟁은 발생한다.

그런데 만약에 인공지능과 자율로봇에 크게 의존하는 전쟁을 수행하는 것이 가능해진다면, 그러한 미래 전쟁은 클라우제비츠가 말하는 세 가지 요인으로부터 자유로울까? 이러한 맥락에서 4차 산업혁명은 근대 전쟁의 본질까지도 변화시키는가의 문제를 생각해 볼 필요가 있다. 특히 자율무기체계의 도입은 전쟁의 본질을 변화시켰는가? 본질이 변한 것은 아니라면 그럼 무엇이 변했는가? 특히 클라우제비츠가 말하는 근대 전쟁의 본질, 즉 폭력성, 정치성, 우연성의 관점에서 어떤 변화가 발생했는가를 살펴볼 필요가 있다(민병원, 2017; Hoffman, 2017/18; Dimitriu, 2018).

첫째, 폭력성의 관점에서 볼 때, 적어도 오늘날의 기술 발달 그 자체는 전쟁 수행의 절대능력을 증대시키는 방향으로 영향을 미칠 것이다. 다시 말해 첨단 기술을 장착하고 실전에 투입되는 자동과 반자율 및 자율 살상무기가 보유한 폭력 사용 능력을 계속 늘리는 방향으로 전쟁은 진화할 가능성이 있다. 이렇게 보면 폭력의 논리가 계속 증폭되는 근대 전쟁의 본질은 자율무기의 시대에도 사라지지 않을 뿐만 아니라 오히려 더 두드러질 가능성이 있다. 그러나 달리 보면, 인간이 아닌 기계, 그것도 인공지능 시스템을 적용한 기계를 대신 내세워 싸우는 전쟁의 부상은 상대 인간을 굳이 살상하지 않아도, 원하는 전쟁의 목적을 달성하는 상황의 출현도 예견케 한다. 마치 용병이 대신 나서 싸웠던 중세 시대의 전쟁이 굳이 목숨을 걸고 싸우지 않는 단계에서 폭력의 사용이 멈췄듯이, 서로 죽이지 않아도 핵심 시스템만 다운되면 전쟁의 승패를 보게 되는 상황이 올 수도 있을 것이다.

둘째, 정치성의 관점에서 보아도, 폭력 행사의 주체로서 국가 행위자의 정치적 판단에 도전하는 비국가 행위자(민간군사기업이나 테러리스트 집단 등)가 아무리 증가하더라도 여전히 국가는 변화를 거듭하면서 살아남을 것으로 예상된다. 그런데 새로이 고려해야 하는 변수는, 인공지능 기반 자율무기체계에 의지하는 전쟁이 무력 사용의 범위를 결정하는 인간의 정치적 의지 안에 머무른다는 보장이 없다는 점이다. 예를 들어, 인간이 설계한 인공지능 프로그램이 자체적인 오류 또는 외부의 해킹 공격으로 인해서 인간이 의도한 것과 다른 방식으로 상황을 인식하고 대응하여 위기나 분쟁이 고조될 가능성도 없지 않다. 더 중요하게는 전쟁수행 과정에서 인간은 보편적인 목표에 부합하여 폭력 사용의 정도를 조정할 수 있다면, 과연 인공지능이 상황의 변화에 맞추어 원래 설계된 범위를 넘어서 폭력 행사를 조율하며, 더 나아가 폭력 사용의 파급 효과까지도 고려한 유연한 판단을 내릴 수 있느냐는 문제가 제기된다.

끝으로, 더 많은 논란의 여지가 있는 것은 우연성 또는 불확실성이다. 기술 발달의 복잡성이 증대되는 상황에서 자율무기체계를 활용한 미래전의 불확실성은 더 커졌다고 할 수 있다. 그러나 달리 생각하면, 인간의 능력이 아닌 알고리즘의 우열로 전투의 승패가 예견되는 상황에서 아날로그 시대의 전쟁이 지닌 불확실성은 달리 해석될 수도 있다. 사실 여태까지는 인간이 전쟁수행 과정에서 발생하는 불확실성을 예측하고 리스크를 감수하며 전쟁의 개시와 상승 및 억지를 고민해 왔다. 그러나 4차 산업혁명으로 대변되는 디지털 시대를 맞이하여 인간의 예측이 불가능할 정도로 전쟁의 복잡성이 증대되어, 오히려 그 역할을 인공지능이 대체하는 상황이 발생한다면, 전쟁의 불확실성에 대해서 우리가 여태까지 설정하고 있었던 문턱은 크게 낮아질 수밖에 없을 것이다. 특히 기술의 오작동이나 사이버 공격 등으로 인한 '시스템 실패'는 예전에는 없던 종류의 불확실성을 낳는 변수이다.

이렇듯 자율무기체계의 도입으로 인해 전쟁수행의 폭력성과 정치성 및 우연성이 예전과는 다른 구도로 펼쳐지는 상황에서 미래전은 앞으로 어떠한 양상으로 진화해 갈 것인가? 그야말로 인간이 아닌 비인간(non-human) 행위자로서 로봇이 주체가 되어 벌어지는 '로봇전쟁'의 도래 가능성을 생각해 보게 만드는 대목이다. 아직은 '가까운 미래'에 이러한 우려가 현실화될 가능성은 크지 않지만, '먼 미래'를 예견하는 관점에서 보면, 장차 이러한 문제가 닥쳐오지 않으리라는 보장도 없다. 사실 종전의 기술 발달이 전쟁의 성격과 이를 수행하는 사회의 성격을 변화시키는 데 그쳤다면, 4차 산업혁명 시대의 자율무기체계는 전쟁의 가장 본질적인 문제, 즉 인간의 주체성 변화라는 문제를 건드리고 있기 때문이다. 그야말로 인간이 통제할 수 있는 범위를 벗어날지도 모르는, 이른바 '포스트 휴먼 전쟁'과 이를 가능케 하는 기술 발달이라는 변수에 대한 철학적 성찰이 필요한 대목이다.

4. 자율무기체계와 세계정치의 질적 변환

1) 자율무기체계의 도입과 국민국가의 변환

4차 산업혁명의 진전에 따른 자율무기체계의 도입과 미래전의 진화는 전쟁 수행 주체로서 국민국가의 역할과 성격을 변화시키고 있다. 근대 국민국가의 무력 행사 과정에서 기술혁신은 무기체계의 발달뿐만 아니라 전쟁양식의 변환에 큰 영향을 미쳤다. 1차 및 2차 산업혁명의 시대에는 '전쟁의 산업화(industri-alization of war)'라고 부를 정도로 군대와 산업은 밀접히 연계되며 발전했다. 정보화 시대의 초기(또는 이른바 3차 산업혁명기)에도 '전쟁의 정보화(informatization of war)' 추세 속에서 군사상의 혁명(Revolution in Military Affairs: RMA)과 군사혁신이 모색된 바 있다. 이러한 연속선상에서 볼 때, 4차 산업혁명과 자율무기체계의 발달은 국가 변환에 영향을 미치고 있다. 특히 예전에는 당연시되던 국가에 의한 폭력 사용의 공공화와 독점화가 도전을 받고 있으며, 이와 병행하여 안보사유화(privatization of security)와 폭력 사용의 분산화가 발생하고 있다.

이는 기술개발의 주체라는 점에서 4차 산업혁명이 주로 민간 행위자들에 의해서 주도된다는 특징에서 비롯된다. 인공지능, 빅데이터, 로봇 등의 기술혁신은 지정학적 경계를 넘어서 민간 부문에서 이루어지고, 나중에 군사 부문에 적용되는 '스핀온(spin-on)'의 양상을 보인다. 이는 20세기 후반 냉전기에 주요 기술혁신이 주로 군사적 목적에서 진행되어 민간 부문으로 확산되었던 '스핀오프(spin-off)' 모델과 차이가 있다. 사실 좀 더 엄밀하게 말하면, 4차 산업혁명 시대의 기술은 그 복잡성과 애매모호성으로 인해서 민용과 군용을 구분하는 것 자체가 쉽지 않다. 기술개발이 민간에 기원을 두고 있을 뿐만 아니라 민군의 용도 구분도 잘 안 된다는 점은, 경쟁국들, 심지어 비국가 행위자들도 그 기술에 쉽게 접근할 수 있다는 것을 의미한다.

민간군사기업(Private Military Company: PMC)의 부상은 이러한 비국가 행위자의 역할 증대를 보여주는 대표적인 사례이다. 전쟁의 전문화로 인해서 국가는 계약을 통해 다양한 군사 임무를 부분적으로 혹은 경우에 따라서는 전부를 민간군사기업에 위임하는 안보사유화 현상이 발생한다. 4차 산업혁명의 진전으로 인해서 첨단기술을 기반으로 한 무기체계의 복잡성이 증대되면서 전쟁의 집행뿐만 아니라 무기체계의 생산과 사용에 대한 지식과 전쟁수행의 의사결정 관련 업무에도 민간군사기업이 관여할 가능성이 커졌다. 최근 민간군사기업은 전투에 대한 자문 업무를 넘어서 전쟁 자체의 개시와 같은 어젠다 설정도 주도하고 있다. 사이버 안보 분야에서 민간 정보 보안업체들이 담당하는 역할도 이러한 민간군사기업의 역할에 비견된다(이장욱, 2007).

민간군사기업이 국가 영역 안의 변화라면, 국가 영역 밖에서 발생하는 변화로 테러 집단과 해커, 국제범죄 네트워크 등의 부상이 있다. 이들 집단에 고용되는 용병들은 폭력 사용에 특화된 전문가 집단이다. 흥미롭게도 국가 영역의 안팎에 각기 몸담은 폭력 전문가들이 두 영역 사이를 오고 가면서 폭력 행사 업무를 담당하기도 한다. 특히 4차 산업혁명의 기술 확산은 이들 전문가 집단에 큰 힘을 실어주었다. 인터넷과 소셜미디어 등을 통해서 살상무기에 대한 정보를 습득하는 것이 쉬워졌을 뿐만 아니라 드론이나 로봇, 무인자동차 등의 상용화가 활발해지면서 이들 기술을 살상용으로 쉽게 전용할 수 있게 되었다. 이러한 정보와 기술의 획득은 국가에 저항하는 비국가 행위자들의 폭력 행사 능력을 강화시키고 있다(윤민우, 2011).

4차 산업혁명의 기술 발달은 근대 국제정치의 전제가 되었던 주권국가 단위로 형성된 관념과 정체성도 변화시키고 있다. 예를 들어, 빅데이터나 사물인터넷, 인공지능 등의 기술 확산은 국가 주권의 경계를 재설정할 뿐만 아니라 국가와 민간 영역, 특히 개인과의 관계를 재정립할 필요성을 제기한다. 여기서 더 나아가 '국민'이라는 정체성을 변화시킬 가능성을 안고 있다. 사회경제 활동의 많은 부분이 탈지정학적 공간으로서 사이버 공간을 매개로 이루어지고 방대한 규모의 데이터가 영토국가의 국경을 넘어서 이동하고 있는 상황에서 초국적으로 이동하는 데이터를 국가 주권이라는 미명하에 통제한다는 것은 쉬운 일이 아니다. 그럼에도 각국은 데이터를 일국적 재산으로서 이해하고 데이터 안보의 시각에서 접근하는 경향을 보이고 있다.

이러한 과정에서 주목해야 할 것이 인공지능과 빅데이터 기술의 발달을 기반으로 국가에 의해서 행사될 가능성이 있는 시민에 대한 감시와 사생활 침해이다. 사실 일상적으로 사이버전이 감행되는 상황에서 빅데이터를 수집하고 분석함으로써 잠재적 위협에 대응하는 것은 중요하다. 그런데 이는 또 다른 종류의 국가 통제를 우려케 한다. 사실 현재 더욱 논란이 되는 것은 다국적 기업들에 의한 데이터의 수집과 감시이다. 이는 최근 일국 단위에서 데이터 주권을 어떻게 수호할 것이냐의 논쟁을 불러일으켰으며, 이러한 과정에서 초국적 데이터의 흐름을 규제하는 문제가 디지털 무역정책의 주요 사안으로 부상했다. 이는 개인의 정체성이나 전자정부 시스템의 구축 문제 등과 연동되면서 근대 국제정치의 또 다른 전제인 '국민 정체성'에 의문을 제기한다. 그야말로 탈지정학적 현상과 지정학적 현상이 중첩되는 대목이다.

궁극적으로 인공지능과 빅데이터 등과 같은 4차 산업혁명 기술의 발달은 국민국가의 지정학적 경계를 넘어서는 권력 분산과 주체 다양화 및 질서 변환의 문제를 제기한다. 가장 현상적으로는 인공지능을 도구로 활용하거나 국력 증진의 목표로 삼은 새로운 권력게임이 벌어지고 있다. 그러나 자율무기를 놓고 벌이는 게임에서 국가 행위자는 유일한 주체가 아니며, 오히려 글로벌 차원에서 초국적으로 활동하는 비국가 행위자들의 위상이 높아지고 있다. 이러한 과정에서 4차 산업혁명의 기술 변수는 단순한 도구가 아니라 행위 능력을 지닌 하나의 주체, 즉 '포스트 휴먼'으로 거론되기도 한다. '인간 간의 정치(inter-human politics)'에 기반을 둔 국제질서에 대한 논의를 넘어서 '포스트 휴먼 간의 정치(inter-post-human politics)'까지도 포함하는 세계질서의 부상 가능성을 엿보게 하는 대목이다.

2) 첨단 방위산업 경쟁과 세계질서의 변환

첨단무기 경쟁은 관념(idea)과 정체성의 차원에서 본 세계질서의 질적 변환에도 영향을 미친다. 무엇보다도 민간이 주도하는 첨단 방위산업의 발전과 그 산물인 민군겸용기술의 민간 영역으로의 확산은 국가 중심 질서의 기본 전제를 와해시키고 비국가 행위자들의 위상을 제고할 가능성이 있다. 특히 자율살상무기의 확산은 국제정치에서 불안정과 갈등을 유발하고 기존에 국가 행위자들을 중심으로 합리적으로 통제되던 국제질서의 기본 골격에 도전할 가능성이 있다. 자율살상무기가 비국가 행위자들의 손에 들어가면서, 단순한 주체 분산의 문제를 넘어서, 각국이 디지털 부국강병 경쟁의 차원에서 자율무기체계를 개발하려는 역량 증대의 노력이 역설적으로 자국의 안보를 위협할 뿐만 아니라 현 국제질서의 취약성을 드러내는 방향으로 귀결될 가능성이 있다(Schneider, 2019: 842).

사실 자율살상무기 관련 기술의 발달과 비용의 감소는 비국가 행위자들이 비대칭 전쟁의 수행 과정에서 민군겸용기술을 그들의 전력 수단으로 활용할 가능성을 높였다. 이들 무기는 이미 민간군사기업에 의해서 상업적으로뿐만 아니라 군사적으로도 활용되고 있으며, 이러한 과정에 참여하는 폭력 전문가들의 손에 의해서 또 다른 의미의 '스핀오프 현상'이 야기될 가능성이 크다(Stitchfield, 2020: 106). 이러한 현상은 온라인 암시장인 이른바 '다크웹(Dark Web)'에서의 불법적인 무기 거래를 통해서 더욱 강화될 가능성이 있다. 다크웹은 통상적인 검색엔진으로는 검색이 되지 않는 인터넷의 영역으로서 익명 소프트웨어의 이면에 은닉되어 있고 주로 암살이나 테러용 무기의 거래가 이루어지는 공간이다. 이렇게 어두운 통로를 통해서 자율살상무기가 확산된다면 어떤 피해가 발생할지 예견하기 어렵게 된다(Paoli, 2018).

최근 들어 우려되는 것은 급속히 확산되고 있는 드론 기술이다(Fuhrmann and Horowitz, 2017; Gilli and Gilli, 2016). 글로벌 차원으로 확산된 상업용 드론이 비국가 행위자들에 의해서 군사용 드론으로 변용되어 활용될 가능성이 커졌기 때문이다(Jackman, 2019). 이미 예멘의 후티 반군은 무기화된 드론을 사용했으며, ISIS와 보코하람도 개량된 폭발물과 결합하여 드론을 공격무기로 사용하고 있다. 이와 더불어 4차 산업혁명 분야에서 최근 주목받는 또 다른 기술은 3D 프린팅이다. 사실 지난 수년 동안 3D 프린팅 기술은 무기 제작을 포함한 모든 것을 만드는 방식을 혁명적으로 바꿈으로써 그 확산이 예기치 않은 효과를 낳을 가능성을 제기하고 있다. 3D 프린팅 기술을 활용한 제트엔진, 미사일, 인공위성, 핵무기 등의 부품 제조는 국제질서의 안정성을 크게 해칠 것으로 우려된다(Volpe, 2019: 815).

자율무기체계에 대한 우려가 증폭되는 또 다른 이유는 인공지능 기반 살상무기 시스템이 사이버 보안, 특히 프로그램의 바이어스(bias), 해킹, 컴퓨터 오작동 등에 취약하기 때문이다. 인공지능을 활용하여 자동으로 프로그래밍된 해킹 공격이 시스템의 취약점을 공략케 하는 기술들이 날로 발달하고 있다. 인공지능 프로그램이 설정한 바이어스는 특정 그룹에게 차별적으로 작용할 수 있는데, 최근 안면인식 시스템이 무기체계로 통합되면서 비인권적이고 비인도적인 피해를 발생시킬 가능성에 대한 우려도 커지고 있다. 프로그램의 바이어스 이외에도 인공지능 시스템은 항시 해킹 위협에 노출되어 있으며, 프로그래머의 의도가 아니더라도 전혀 예상치 못했던 코딩 실수를 범할 수도 있다. 이러한 바이어스와 오류의 결과는 인공지능이 점차로 무기체계에 탑재되면서 더 악화될 것이다(Haner and Garcia, 2019: 332).

이러한 통제 불가능성과 비의도성의 문제는 킬러로봇에 대한 윤리적·규범적 통제 및 여기서 파생되는 인간 정체성에 대한 논의로 연결된다. 이는 자율살상무기의 확산이 인류 전체를 위험에 빠트릴 수도 있다는 문제의식과 연결된다(Butcher and Beridze, 2019; Koppelman, 2019). 이러한 윤리적·규범적 문제 제기의 이면에는 인공지능을 탑재한 자율로봇으로 대변되는 탈인간 행위자의 부상이 인간 정체성에 근본적인 문제를 제기한다는 고민이 존재한다. 다시 말해, 4차 산업혁명의 진전은 인간이 아닌 행위자들이 벌이는 전쟁의 가능성을 우려케 한다. 이러한 과정에서 자율무기체계로 대변되는 기술 변수는 단순한 환경이나 도구 변수가 아니라 주체 변수로서, 미래전과 방위산업의 형식과 내용을 결정하고 더 나아가 미래 세계정치의 조건을 새로이 규정할 가능성이 있다.

5. 자율무기체계의 국제규범과 윤리

1) 민간 차원의 자율무기체계 규범 논의

AI 알고리즘의 규범에 대한 논의는 개인정보 보호와 인권 보장의 차원에서도 제기되지만, 군사적 차원에서 인공지능을 탑재한 살상무기의 개발에 대한 윤리적·법적 규제의 문제로도 나타난다(이원태 외, 2018). 이른바 '킬러로봇'에 대한 인간의 통제, AI 및 자율살상무기의 개발과 윤리적 기준 사이의 균형, 기존 인권법적 가치의 적용, 테러 집단의 악용과 기술 유출을 방지하기 위한 수출통제 등의 문제들이 쟁점으로 제기되고 있다. 사실 자율살상무기에 대한 윤리적·법적 기준이 부재한 상태에서 자율살상무기를 운용하는 것이 초래할 결과에 대한 심도 있는 논의가 필요한 상황이다. 여기서 더 나아가 자율살상무기의 확산이 인류의 생명뿐만 아니라 인간 전체의 정체성을 위험에 빠트릴 수도 있다는 문제 제기마저도 나온다(Butcher and Beridze, 2019; Koppelman, 2019; Jensen, Whyte and Cuomo, 2019).

핵군비 경쟁의 역사적 교훈을 떠올리면, 자율살상무기의 개발은 강대국 간의 새로운 군비경쟁을 촉발함으로써 국제질서의 불안정을 초래할 뿐만 아니라 더 나아가 인류 전체를 위험에 빠트릴 수도 있다. 게다가 핵무기와는 달리 값싼 비용으로도 개발할 수 있는 특성 때문에 자율살상무기를 둘러싼 경쟁이 낳을 파장은 그 정도가 더 심할 수도 있다(Garcia, 2018: 339). 이른바 불량국가들이나 테러 집단과 국제범죄조직과 같은 비국가 행위자들이 자율살상무기를 획득하게 된다면 그 피해가 어느 방향으로 튈지를 예견하기 어렵다. 그나마 '합리성'을 전제로 해서 국가 행위자들이 관여하는 갈등과 분쟁의 경계를 넘어서, 그야말로 통제되지 않는 불확실성을 야기할 수 있기 때문이다(Bode and Huelss, 2018: 398).

이러한 우려를 바탕으로 기존의 국제법을 원용하여 자율살상무기(LAWS)의 사용을 규제하는 문제가 논의되어 왔다. 예를 들어, 킬러로봇이 군사적 공격을 감행할 경우, 유엔헌장 제51조에 명기된 '자기방어(self-defense)'의 논리가 성립할까? '전쟁의 원인에 관한 법(Jus ad Bellum)' 전통에 근거해서 볼 때, 킬러로봇을 내세운 전쟁은 '정당한 전쟁'일까? 또한 '전쟁 중의 법(Jus in Bello)'의 관점에서 볼 때, 킬러로봇은 전장에서 전투원과 민간인을 구별(distinction)하여 전투 행위를 전개해야 하며, 킬러로봇의 공격 시 의도하는 민간인 인명 살상이나 재산 피해가 군사적 목적을 상회하지 않도록 하는 규정한 '비례(proportionality)원칙'은 지켜져야 할까?(민병원, 2017: 175~176).

좀 더 근본적으로 제기되는 쟁점은 전장에서 삶과 죽음에 관한 결정을 기계에 맡길 수 있느냐는 윤리적 문제이다. 핵무기가 아무리 인류에 위험을 부가했더라도 이는 여전히 정책을 결정하는 인간의 '합리적 통제' 아래 있었다. 그러나 인간의 인지능력을 모방해서 만들어진 인공지능 시스템이 사람의 목숨을 빼앗는 결정을 내리는 것을 용납할 수 있을까? 이러한 결정을 인공지능에 부여하는 것은 인간의 존엄성을 포기하는 것은 아닐까? 급속히 발달하는 인공지능 로봇에 대해 인간의 '의미 있는 통제'를 수립하려면 어떻게 해야 할까? 좀 더 구체적으로 자율살상무기가 국제법을 준수하고 인명에 영향을 미치는 윤리적 판단을 할 수 있도록 설계하고 운용할 수 있을까?(Arkin, 2009; Sharkey, 2008).

이러한 문제의식을 바탕으로 자율살상무기의 금지를 촉구하는 글로벌 시민사회 운동이 진행되었다. 예를 들어, 2009년에 로봇 군비통제 국제위원회(International Committee for Robot Arms Control: ICRAC)가 출범했다. 2012년 말에는 휴먼라이트워치(Human Rights Watch: HRW)가 완전 자율무기의 개발을 반대하는 보고서를 냈다. 2013년 4월에는 국제 NGO인 킬러로봇중단운동(Campaign to Stop Killer Robots: CSKR)이 발족되어, 자율살상무기의 금지를 촉구하는 서명운동을 진행했는데 2016년 12월까지 2000여 명이 참여했다. 이는 대인지뢰금지운동이나 집속탄금지운동에 비견되는 행보라고 할 수 있는데, 아직 완전 자율무기가 도입되지 않은 상황임에도 운동이 전개되었음에 주목할 필요가 있다(Carpenter, 2016).

한편, 2017년 8월에는 전기차 테슬라와 스페이스X로 유명한 일론 머스크와 알파고를 개발한 무스타파 슐레이만 등 명사들이 주도하여, 글로벌 ICT 분야 전문가 116명(26개국)이 유엔에 공개서한을 보내 킬러로봇을 금지할 것을 촉구하기도 했다(조현석, 2018). 또한 2018년 4월에는 해외의 저명한 로봇학자 50여 명이, 한국 카이스트(KAIST)의 연구협력을 전면적으로 거부한 사건이 발생했다. 카이스트가 민간 군수업체인 한화시스템과 협력하여 '국방 인공지능 융합 연구센터'를 만들어 인공지능 무기를 연구하고 있다는 사실을 문제 삼았던 것이다.

한편, 국제적십자위원회(International Committee of the Red Cross: ICRC)도 2011년부터 자율무기체계에 대한 공식 논의를 시작했다. ICRC는 이후 2014년 3월 회의에서 자율무기체계가 '국제인도법'을 준수할 수 있다고 하더라도 인도주의나 공공양심(public conscience)에 비추어 기계가 인간의 생명을 빼앗는 결정을 하는 것은 근본적으로 문제가 있음을 지적했다. 이른바 '마르텐스 조항(Martens Clause)'의 적용 문제가 쟁점인데 이 조항은 현존 전쟁법이 규율하지 못하는 무기가 등장할 경우 인도주의나 공공양심이 대안적 법리로 적용될 수 있음을 적시한다.

2) 유엔 차원의 자율무기체계 규범 논의

킬러로봇중단운동(CSKR)의 노력은 결실을 거두어 2013년 23차 유엔총회 인권이사회에서 보고서를 발표했고, 유엔 차원에서 자율살상무기의 개발과 배치에 관한 토의가 시작되었다. 자율살상무기의 금지와 관련된 문제를 심의한 유엔 내 기구는 특정재래식무기금지협약(Convention on Certain Conventional Weapons: CCW)이었다. CCW는 비인도적 결과를 초래하는 특정 재래식무기의 사용을 금지·제한하는 국제협약이다. 1980년 조약이 체결되었고 1983년 발효된 이 조약은 현재 125개국이 서명했는데, 레이저무기나 탐지 불가능한 지뢰 등을 금지하고 있다. CCW는 만장일치 방식을 채택하고 있어 구체적인 규범을 확립하기에는 한계가 있다고 지적되어 왔다. 2013년 11월 완전 자율살상무기에 대해 전문가 회합을 개최하기로 결정한 이후, 2014년 5월부터 2016년 12월까지 여러 차례 회합이 개최되었으며, 그 결과로 자율살상무기에 대한 유엔 정부전문가그룹(LAWS GGE)이 출범했다(신성호, 2019).

유엔 LAWS GGE에서 AI 무기체계에 대한 논의는 AI 기술의 적용·활용이 주는 혜택은 살리면서도 윤리적으로 부정적인 요소를 피해가는 규범을 만들자는 방향으로 진행되었다(유준구, 2019: 199). LAWS GGE에서 이러한 자율살상무기의 규제 문제를 논의하는 과정에서 쟁점이 된 것은, ① 자율살상무기의 개념과 범위에 대한 정의, ② 자율살상무기의 규제 시 적용되는 법제의 내용, ③ 자율살상무기 규제에 적용되어야 할 규제 원칙 및 기준 등의 문제였다. 이러한 논의 진행 과정에는 완전 자율무기를 규제하는 규범을 정착시키려는 '규범혁신가(norm entrepreneurs)'와 반대로 AI와 로봇기술의 발전을 도모하고자 하는 '규범반대자(norm antipreneurs)' 사이의 상충되는 이익이 자리 잡고 있었다(장기영, 2020).

특히 이러한 논의에서 미·중·러 등 기술 선도국과 개도국 그룹 간의 입장 차가 크다. 전반적으로 기술 선도국은 LAWS에 대한 논의를 아직 현존하지 않는 미래 무기로서 완전 자율살상무기에 한정하려고 한다. 반면, 개도국 그룹은 AI를 적용하는 무기체계 전반으로 논의의 범위를 넓히려고 한다. 이러한 입장 차와 관련하여 주목할 점은, 미·서방과 중·러 간의 대립으로 진행된 사이버 안보나 우주 군사화 논의와는 달리, LAWS 논의는 기술 선도국과 개도국 및 비 동맹 그룹 간 대립으로 나타난다는 점이다. 2019년 제2차 GGE에서는 정책적 대응 방향과 관련하여 법적 구속력 있는 규범을 마련하자는 입장, 정치적 선언 을 채택하자는 견해, 추가적 논의가 필요하다는 주장 등이 제기되어 논쟁을 벌 였지만, 국가 간 이견으로 구체적인 방향성을 결정하지 못했다. 이러한 기조는 2020년 제3차 LAWS GGE 논의에서도 이어져서 가시적인 합의를 도출하는 데 실패했다.

결과적으로 지난 5년여 동안 유엔 회원국들 사이에서 자율살상무기에 대한 논의가 큰 진전을 보지 못하고 있다. 20개 이상의 나라에서 행해진 여론조사에 따르면, 61% 이상의 시민들이 자율살상무기의 개발을 반대하지만, 각국은 여 전히 매년 수십억 달러를 자율살상무기 개발에 투자하고 있다. 프랑스와 독일 은 현재의 국제법에 부합하는 방향으로 자율무기체계 개발을 규제할 것을 주장 한다. 이 외에도 28개 국가는 킬러로봇의 금지를 요구해 왔으며, 더 나아가 비 동맹운동과 아프리카 국가들의 그룹은 살상로봇을 제한하는 새로운 국제조약 의 필요성을 주창한다. 미국이 아직 명시적인 입장을 표명하지 않고 있는 가운 데, 유럽 국가들은 자율살상무기를 금지하는 국제규범 수립의 노력을 지지하고 있다. 중국도 2018년 자율살상무기의 전장 사용을 금지하는 데 동의했으며, 자 신들의 자율살상무기 개발과 생산을 멈출 용의가 있다고 밝히기도 했다.

다만, 2019년 8월 제2차 LAWS GGE에서 기존 10개의 지침에서 한 개 지침 이 더 추가되는 성과가 있었음에 주목할 필요가 있다. 새로운 지침은 '인간-기 계 상호작용'과 관련된 것인데, 이 지침과 연계되는 추가 지침 논의가 가속화 될 것으로 예상된다. 특히 추가된 지침의 내용이 AI 및 자율살상무기에 대한 인간의 개입을 규정한 내용이어서, 관련 당사자들 간에 AI 및 자율살상무기에 관련된 국제규범의 도입 필요성이 핵심 사안으로 인식되고 있음을 보여준다 (유준구 2019: 220). 이후 CCW 당사국 회의에서도 이러한 원칙은 승인을 받아서, LAWS 관련 신흥기술의 잠재적인 개발과 사용 과정에서 '국제인도법'의 적용, 인간의 책임, 인간-기계 상호작용, CCW를 통한 프레임워크 제공 등에 대해서는 국제사회가 견해차를 좁히면서 합의를 모아가고 있는 것으로 평가할 수 있다.

이러한 합의 도출 과정에서 유엔 사무총장의 지원도 힘이 되었다. 2018년 과학기술계 지도자의 모임인 '웹정상회의(Web Summit)'에 참석한 안토니우 구테흐스 유엔 사무총장은 인공지능의 무기화를 중대한 위험이라고 지적하고, 자율무기체계로 인하여 확전 방지와 '국제인도법'의 준수가 어려워졌다고 개탄하면서 인명을 살상하는 무기는 정치적으로나 도덕적으로 수용할 수 없으며 국제법을 적용하여 금지해야 한다는 의견을 분명히 밝혔다(조동준, 2020). 이후 2019년 6월 유엔 사무총장이 주도한 '디지털 협력 고위급 패널'은 인간에 의한 결정, 감시체계 수립, 투명성, 비차별성 등의 내용을 담은 보고서를 발표했으며, 2019년 12월부터 라운드테이블을 진행하고 있고, 2020년 6월에는 '디지털 협력 로드맵'을 발표했고, 국제기구, 회원국, 기업, 연구 기관, 시민단체가 참여하는 'AI 글로벌 자문기구'의 구성을 추진했다.

3) 정부간협의체의 인공지능 규범 논의

이상에서 살펴본 포괄적인 국제법이나 국제규범의 마련 논의와는 별도로 2019년 5월 OECD 각료이사회에서는 'OECD AI 이사회 권고안'이 공식 채택 되었는데, 이 권고안은 국제기구에서 최초로 수립된 AI 권고안이라는 데 의미가 있다(유준구, 2019: 220). OECD 권고안은 법적 구속력이 없지만, OECD가 제시한 원칙은 국제표준을 설정하는 데 큰 영향을 발휘한다. 실제로 OECD가 제시한 '개인정보 보호지침'은 미국과 유럽을 비롯한 전 세계 개인정보 보호법의 기초가 되었다. OECD AI 권고안은 AI 관련 5개 원칙 및 정책 권고를 통해서 AI가 추구해야 할 가치를 명시했다. 이 권고안에서 AI 시스템은 정보를 투명하게 공개하는 투명성과 결과에 책임을 지는 책임성을 제시했는데, AI가 만들어낸 결과에 인간이 통제권을 행사할 수 있어야 한다는 내용도 포함되었다. 또한, AI가 작동하는 동안 안전이 보장되어야 하고, AI가 초래할 수 있는 잠재적인 위험이 지속적으로 평가되어야 한다는 원칙과 동 원칙들이 지켜지도록 AI 개발자와 이용자를 강제해야 한다는 원칙도 규정했다.

G20 정상회의는 2019년 6월 일본 쓰쿠바에서 '디지털 경제 장관회의'를 개최하고 OECD AI 권고안을 부속서 형태로 'G20 AI 원칙'으로 추인하면서, 개별 규정의 어젠다에 대한 G20 차원의 의견을 제시했다. 'G20 AI 원칙'은 디지털 경제와 관련하여 '인간 중심 미래 사회'라는 기조를 유지해야 한다고 지적하면서, 기존 유엔 SDGs를 강화하는 방향으로 추진되어야 함을 강조했다. '인간 중심 AI'를 실현하기 위해 정부, 국제기구, 학계, 시민사회, 민간 부문 등 모든 이해당사자들이 각각의 역할을 수행해야 한다는 점을 확인했다. 특히, AI 기술을 수용하기에는 열악한 상황에 처해 있는 중소기업 등을 지원해야 한다는 점을 강조했다. 이 밖에 유네스코에서도 'AI 윤리 권고문'을 협의 중이며, 유엔에서도 AI 및 신흥기술 관련 평시 규범과 사이버 범죄에 대한 논의가 진행 중이다.

2020년 6월 세계 최초의 인공지능 전담 협의체인 GPAI(Global Partnership on AI)가 공식 발족했다. 앞서 언급한 바와 같이, GPAI는 프랑스와 캐나다가 2018년 처음 설립을 제안했고, 2019년 G7 정상회의에서 창설이 협의되었으며, 이후 2020년에 이르러 출범한 AI 글로벌 협의체이다. 이를 통해 AI 기술의 발전은 물론 올바른 활용에 대한 국제적 논의가 본격화될 전망이다. 한국을 포함해 프랑스, 캐나다, 호주, 독일, 미국, 일본, 유럽연합, 뉴질랜드 등 총 14개 창립회원이 함께 발족했다. GPAI에는 각국의 과학계와 산업계, 시민사회, 정부 기관 및 국제기구의 AI 전문가 등 이해관계자가 참여하며 전문가그룹 및 주제별 작업반을 통해 AI 관련 이슈 및 우수 사례에 대한 이해를 제고하고 국제적 AI 이니셔티브를 공유한다.

이상에서 살펴본 인공지능과 자율무기체계의 규범 논의 과정에서 한 가지 주목해야 할 것은 자율살상무기의 금지를 위한 윤리적 행보가 인공지능이나 로봇과 같은 4차 산업혁명 분야의 구체적인 기술 자체를 규제하거나 금지하려는 것은 아니라는 점이다. 그 대신 이러한 행보는 '안보화'의 정치논리를 내세우며 군사적 목적을 위해서 특정 기술을 적용하려는, 군사적 관행에 대한 반대 의견의 표출이라고 볼 수 있다. 사실 자율살상무기 금지에 대한 논의에 이르면 모든 국가는 비슷한 처지에 있다. 몇몇 나라들이 기술적인 면에서 앞서가고 있는 것은 사실이지만, 아직 그 보유국과 비보유국 간의 구별이 명확하지 않다. 이러한 상황에서 자율살상무기 금지 논쟁은 아직 본격적으로 불붙지 않았고, 특히 강대국들의 지정학적 이해관계로 인하여 본격적인 문제 제기 자체가 심히 제한되고 있다(Altmann and Sauer, 2017: 132~133).

결론

미중 디지털 패권경쟁과 한국

1. 미중 디지털 패권경쟁

역사적으로 각 시기의 첨단 부문에서 벌어지는 강대국들의 경쟁은 국제정치 구조의 변동을 가능케 하는 사례라는 점에서 국제정치학의 오래된 관심사였다. 특히 근대 산업혁명 이후 첨단 부문에서 나타났던 산업 경쟁력과 기술패권의 향배는 정치적·군사적 차원에서 본 글로벌 패권의 부침과 밀접히 연관되었다. 가장 비근한 사례로는 20세기 전반 전기공학이나 내구소비재 산업, 또는 자동차 산업 등을 둘러싸고 벌어진 영국과 미국의 패권경쟁을 들 수 있다. 좀 더 가까이는 20세기 후반 가전산업과 컴퓨터 하드웨어 및 소프트웨어 산업에서 벌어진 미국과 일본의 패권경쟁을 들 수 있다. 이러한 연장선에서 21세기 신흥 첨단 부문인 4차 산업혁명 분야에서 전개되는 미국과 중국의 기술패권 경쟁도 이해할 수 있다.

이러한 문제의식을 바탕에 두고 이 책은 오늘날 신흥 첨단 부문에서 미중이 벌이는 경쟁을 살펴보았다. 이 책이 주목한 것은 오늘날 미중 기술패권 경쟁이 예전의 첨단 부문에서 나타났던 것과는 다른 양식의 권력게임을 보여준다는 점이었다. 미중이 벌이는 첨단 부문의 경쟁은 단순히 시장점유율이나 기술혁신을 놓고 벌이는 자원권력 게임이 아니라 표준의 장악과 매력의 발산, 규모의 변수와 체제의 성격까지도 관련되는 디지털 패권경쟁이다. 특히 이 책은 새로운 경쟁의 개념을 기술-표준-매력의 세 가지 문턱에서 벌어지는 신흥기술 경쟁인 동시에, 기술과 안보가 만나는 지점에서 진행되는 신흥안보 갈등이고, 더 나아가 세계정치의 권력게임과 행위 주체 및 구성 원리 변환도 수반하는 신흥 권력 경쟁으로 이해했다.

1) 기술-표준-매력의 신흥기술 경쟁

최근 제일 주목을 많이 받는 미중 디지털 패권경쟁의 분야는 기술-표준-매력의 3단 문턱에서 벌어지는 신흥기술 경쟁이다. 민간 영역에서 벌어지고 있는 기술혁신을 둘러싼 경쟁, 즉 4차 산업혁명 분야의 주도권을 장악하기 위해서 기업들이 벌이는 기술-표준-매력 경쟁이라고 할 수 있다. 최근 미중 신흥기술 경쟁의 양상은 더욱 거세지고 있을 뿐만 아니라 점점 더 확대·심화되고 있다. 컴퓨팅, 인공지능(AI), 사물인터넷, 데이터 등과 같은 분야의 첨단 기술 경쟁 그 자체뿐만 아니라 반도체, 배터리, 바이오·제약산업 등의 공급망 안보 문제로 그 전선이 확대되고 있다.

이 분야의 양상을 엄밀하게 살펴보면, 미중이 기술을 두고 벌이는 경쟁의 면모만큼이나 그 기술과 관련된 생산 네트워크 내지는 공급망을 둘러싼 갈등이 좀 더 두드러진 쟁점이 되었다. 특히 신자유주의적 지구화 시대에 구축되었던 글로벌 공급망의 디커플링(decoupling) 이슈가 핵심이고 여기서 비롯되는 상호의존의 무기화가 쟁점이다. 지구화로 인해 각 기술과 생산 부문에서 구축된 상호 의존의 네트워크 그 자체가 갈등의 요인이자 경쟁의 대상이며 권력의 수단으로 인식되는 상황이 드러난 것이다.

최근 첨단기술 분야에서 나타나는 미중 갈등의 추세를 보면, 5G(화웨이)와 반도체(SMIC)를 넘어서 드론(DJI), CCTV(하이크비전), AI 안면인식(센스타임), 틱톡(바이트댄스), 위챗(텐센트), 핀테크(알리바바) 등 표준 또는 플랫폼 경쟁으로 그 전선이 확장되고 있음을 알 수 있다. 좁은 의미의 기술경쟁을 넘어서 산업과 무역뿐만 아니라 외교, 동맹, 군사, 안보 영역에까지 그 범위가 확대되고 있다. 특히 최근에는 기술 이슈가 국가안보의 쟁점으로 부각되는 양상마저 드러난다. 그야말로 디지털 분야를 중심으로 두 강대국이 글로벌 패권경쟁을 벌이고 있다.

매력경쟁의 차원에서도 중국의 도전은 거세다. 중국의 영화산업은 빠른 양적 성장을 바탕으로 할리우드에 버금가는 기술력 향상을 위해 노력하고 있다. 자체적인 기술혁신도 추구하지만, 합작과 투자 및 인수 등의 방법을 통해서 할리우드의 기술을 추격하고 있다. 이러한 과정에서 주목할 것은 모바일 인터넷의 보급에 따른 문화 소비 양식의 변화이다. 최근 찰리우드로 대변되는 중국 영화산업의 도전에서 알리바바, 텐센트, 바이두와 같은 인터넷 기업들의 행보가 주목을 받는 이유다. 콘텐츠·엔터테인먼트 산업의 미래를 소비자 또는 사용자들이 주도하는 새로운 모델에 근거해서 거론하는 것은 바로 이러한 맥락이다.

그럼에도 중국은 글로벌 관객들의 감동을 끌어내기 위해서 내용적인 면에서 보편성 있는 문화 코드를 개발해야 한다는 과제를 안고 있다. 여태까지 미국이 글로벌 패권의 보편주의를 기반으로 한 공세적 담론의 전파를 내세웠다면, 중국은 급속히 성장하는 자국의 국력에 대한 우려를 불식시키려는 방어적 담론을 생성하는 데 주력했다. 공공외교의 추진에서도 미국이 자유와 민주주의를 확산시키는 방향으로 프레임을 짜고 있다면, 중국은 자신들이 처한 특수성을 국제사회에 호소하는 프레임으로 대응했다.

2) 디지털 플랫폼 경쟁과 분할인터넷

디지털 플랫폼 경쟁에서 나타난 '차이나 플랫폼'의 도전에도 주목해야 한다. 중국 플랫폼 기업들은 대부분 미국 기업들의 비즈니스 모델을 모방해 탄생했다. 전자상거래 업체인 알리바바는 아마존을, 검색엔진 업체인 바이두는 구글을, 동영상 스트리밍 업체인 유쿠는 유튜브를, SNS 업체인 텐센트는 페이스북의 모델을 거의 베끼다시피 했다. 후발 주자로서 기술력이 뒤처진 상황에서 선진 모델을 거대한 자국 시장에 적용하는 것만으로도 막대한 수익을 얻을 수 있었다. 그러나 중국의 스토리는 단순한 모방의 단계에만 그치지 않고 혁신의 단계를 거쳐서 역전의 단계로 나아갔다는 점에서 드라마틱하다.

이 책이 강조한 것은 디지털 플랫폼 경쟁이 단순히 기업 간 경쟁의 모습만은 아니라는 점이었다. 디지털 플랫폼 경쟁에는 검색엔진, 인공지능, 데이터 국지화, 전자상거래와 핀테크 등의 분야에 대한 미중 양국의 수출입 규제라는 변수가 작동하고 있다. 이러한 과정에서 미중 양국의 정부가 주요 행위자로 활동했을 뿐만 아니라 이들이 내세우는 상호 규제의 논리 자체가 순수한 경제 논리가 아닌 정치와 안보의 논리에 기반을 두고 있었다. 어느 한 부문의 플랫폼 경쟁이라기보다는 '플랫폼의 플랫폼(Platform of Platforms: PoP)' 경쟁이라고 불러야 할 정도로 복잡한 양상으로 미중 디지털 패권경쟁은 진화하고 있다.

이러한 추세에 기름을 부은 사건은 코로나19 팬데믹의 발생이었다. 코로나19 사태가 진정되더라도 비대면 경제로의 전환이 급속도로 이뤄지는 방향으로 디지털 생태계가 재편될 것으로 전망된다. 물론 이러한 전환과 재편의 과정은 일국의 경계 안에만 머물지 않고 글로벌 차원에 걸쳐서 진행될 것이다. 그런데 이 과정에서 주목할 것은, 디지털 경쟁의 장이 비대면 환경으로 옮겨가면서 온라인 공간에서도 국가와 진영의 경계가 높아지고 있다는 점이다. 글로벌하고 초국적인 차원에서 진화해 온 인터넷이 기업별로 또는 국가별로 분할되는 양상마저도 드러나고 있다.

최근 분할인터넷(splinternet)의 부상으로 불리는 사이버 공간의 블록화는 이러한 경향을 우려하여 붙여진 이름이다. 이는 이전부터 제기되어 왔던 관념이기는 하지만, 최근 미중의 패권경쟁이 디지털 플랫폼 영역에서 첨예하게 불거지고 코로나19로 디지털 전환이 가속화되면서 더욱 체감하게 된 현상이다. 이러한 분할의 비전은 반도체 공급망의 디커플링, 데이터 국지화, 이커머스와 핀테크 시스템의 분할, 콘텐츠 검열 제도의 갈등 등으로 입증되고 있다. 이러한 경향이 이어지는 가운데 미국은 동맹의 강화를 주도하고 있으며, 중국을 상대로 하여 규범과 가치의 경쟁도 벌이고 있다.

현재 미중 간에 진행되고 있는 디지털 플랫폼 경쟁이 앞으로 더욱더 격화되면 종국에는 실제로 디지털 세상이 둘로 쪼개지는 결과를 낳을지도 모른다. 중국의 성장과 미중 갈등이 지구화의 해체를 촉발했고 코로나19가 탈지구화를 가속화하고 있는 상황에서 인터넷마저도 분할될 위험에 처했다. 미국과 중국을 추종하는 국가들은 각기 양국의 분할인터넷 진영에 속해서 사이버 공간에서의 삶을 영위하게 될지도 모른다. 20세기 중후반 미소 냉전으로 인해서 동서양 진영 사이에 높은 장벽이 쌓였듯이, 인터넷 세상에서도 이익과 제도, 이념을 달리하는 두 진영이 출현할지도 모른다.

3) 신흥기술 경쟁의 국가안보 프레임

최근 미중 기술경쟁의 파고를 더욱 높게 만드는 변수는 기술과 안보의 만남이다. 4차 산업혁명 시대를 맞아 인공지능, 무인로봇, 빅데이터, 모바일, 클라우드 컴퓨팅, 사물인터넷, 가상현실, 3D 프린팅 등과 같은 디지털 기술이 미래국력의 핵심으로 인식되면서 기술은 단순한 기업경쟁력의 변수가 아니라 국가안보의 프레임이 씌워져 강조되고 있다. 실제로 미중 기술경쟁은 민간 기업 행위자들이 기술 그 자체를 놓고 벌이는 경쟁의 차원을 넘어서 국가 행위자 간의 지정학적 갈등의 면모를 여실히 보여주고 있다.

최근 사이버 안보는 좁은 의미의 해킹 문제를 넘어서 거시적인 국가안보의 지정학적 문제가 되었다. 무엇보다도 국가 지원 해킹의 형태로 나타나고 있는 사이버 공격의 양상이 최근 현란한 변화를 보이고 있다. 사이버 공격이 양적으로 늘어나고 질적으로 변화를 보이는 가운데 이에 대응하는 국가적 차원의 대응책도 예전보다 훨씬 더 복합적인 구도에서 마련할 필요성이 있다. 이제 사이버 안보의 문제는 컴퓨터 시스템의 보안 문제에만 그치는 것이 아니라 산업 경쟁력과 통상마찰, 선거 개입과 심리전, 국제협력과 규범 형성의 문제가 되었다.

최근 이러한 지정학의 양상을 가장 극명하게 보여준 또 다른 사례는, 미래 디지털 인프라를 구성하는 핵심인 5G 기술을 둘러싼 미중 갈등이었다. 그 갈등의 축은 정부 대 정부의 구도가 아니라 정부 대 기업이라는 비대칭적 구도에서 형성되었다. 5G 분야에서 앞서가고 있는, 중국 기업인 화웨이의 기술적 공세를 견제하기 위해서 미국 정부는 국가안보를 빌미로 수입 제재라는 조치를 취했다. 이러한 조치의 전면에는, 화웨이 제품에 심어진 백도어를 통해서 미국의 국가안보에 큰 영향을 미칠 데이터와 정보가 빠져나간다는 논리가 내세워졌다.

화웨이의 공급망을 옥죄는 수출통제 조치도 취해졌다. 안보를 빌미로 한 양국 간의 기술 갈등은 반도체, CCTV, 드론, SNS 서비스 등으로 확장되었다. 이는 지구화 과정에서 구축된 글로벌 공급망의 와해를 우려케 했다. 게다가 미국은 전통적인 정보동맹인 파이브 아이즈 국가들을 동원해서 중국의 기술적 약진에 맞불을 놓으려 했다. 최근에는 미국이 대중국 견제의 전선에 민주주의 가치와 인권 규범의 변수까지 동원하면서 '신냉전'이라는 말이 무색하지 않은 상황이 창출되고 있다.

데이터 이슈는 민간 분야의 플랫폼 경쟁에서뿐만 아니라 국가안보의 이슈를 내건 신흥안보 갈등의 아이템이 되었다. 이것은 국가안보와 관련된 내용을 직접적으로 담은 데이터가 중요해졌다는 의미만은 아니다. 빅데이터 시대에는 민간 영역의 개인정보 침해나 사이버 공격을 통한 데이터 유출도 국가안보의 문제가 될 수 있다. 스몰데이터 시대의 속성론적 마인드로 보면 이 자체로서 국가안보를 논하기에는 무색하지만, 빅데이터의 과정론적 마인드로 보면 이러한 미시적 데이터가 양적으로 늘어나고 이슈연계되면서 거시적 차원에서 지정학적 함의를 지닌 국가안보의 패턴을 드러낼 수 있다.

4) 첨단 군사기술 경쟁과 미래전의 진화

다변화하고 있는 미중 갈등은 군사안보 분야로도 옮겨가서 첨단 군사기술을 둘러싼 경쟁도 진행되고 있다. AI를 탑재한 무기의 개발, 양자 기술의 군사적 활용, 극초음속 미사일의 도입 등과 같은 문제가 현안으로 부상했다. 이들 신흥기술은 민군겸용의 성격을 갖는 것이 대부분이어서 전통적인 군사안보의 시각에서도 중요할 뿐만 아니라 경제·산업 분야의 기술경쟁력이나 정보·데이터 분야의 비군사적 신흥안보로서의 함의도 매우 크다. 특히 AI 알고리즘을 놓고 벌이는 패권경쟁은 미중이 벌이는 신흥권력 경쟁의 복합적 면모를 잘 보여준다.

인공지능 패권경쟁은 권력게임의 성격 변화를 극명하게 보여준다. 인공지능의 기술적·경제적·안보적 중요성이 커지면서 미국과 중국을 비롯한 주요국들은 인공지능 기술 역량을 배양하기 위한 노력을 국가전략 추진의 차원에서 진행하고 있다. 그야말로 인공지능은 디지털 부국강병 경쟁의 핵심 아이템이다. 이러한 양상은 디지털 패권을 놓고 벌이는 미중경쟁에서 극명하게 드러나고 있다. 인공지능 기술 분야에서 현재 미국이 여전히 우위를 차지하고 있는 가운데 중국이 여러 방면에서 맹렬히 추격하는 모습이다.

인공지능 패권경쟁의 영향을 파악하는 또 다른 포인트는 권력 주체의 변환이다. 이 분야 경쟁의 실질적 주역은 국가가 아닌 민간 기업들이다. 이들 기업 간 경쟁은 단순히 기술자원의 확보를 놓고서 벌이는 경쟁 차원을 넘어선다. 최근 이 분야의 경쟁은 AI 설계 역량과 데이터의 확보를 바탕으로 해서 이 분야의 플랫폼을 장악하려는 표준경쟁으로서의 양상을 뚜렷하게 드러냈다. 'GAFA'와 'BATH'로 대변되는 미국과 중국의 인터넷 기업들이 벌이는 최근의 경쟁은 이러한 면모를 여실히 보여준다. 최근 중국의 안면인식 AI와 관련된 미중 갈등은 이러한 표준경쟁의 정책과 제도의 차원을 보여주었다.

가장 포괄적인 의미에서 본 인공지능 패권경쟁은 자율살상무기의 개발을 규제하는 국제규범의 모색 과정에서 나타나고 있다. 자율살상무기의 규제 담론은 글로벌 시민운동의 차원에서 생성되어 전파되었으며, 유엔을 대표로 하는 국제기구들이 이를 수용하면서 확산되었다. 유엔에서 진행된 국제규범에 관한 논의는 이 분야의 기술 선도국과 개도국 그룹 간의 입장 차를 극명하게 보여주었다. 자율살상무기의 금지를 위한 윤리적·규범적 문제 제기가 거세게 제기되고 있지만, 주요국들은 군사적 오용의 가능성이 있는 민군겸용의 성격을 띤 인공지능의 기술개발 경쟁을 오히려 더욱 가속화하고 있는 상황이다.

최근 우주공간의 주도권을 장악하기 위한 주요국들의 경쟁도 뜨겁다. 이러한 우주경쟁은 단순한 기술적·산업적 차원에서만 이해할 현상이 아니라 미래 국가전략을 거론케 하는 우주지정학(Cosmo-geopolitics, 宇宙地政學)의 현상으로 이해해야 한다. 그렇지만 4차 산업혁명 시대 우주공간이 보여주는 복합성은 전통적인 고전지정학적 시각을 넘어서는 좀 더 정교한 분석틀을 가지고 우주 경쟁의 세계정치를 이해할 것을 요구한다. 특히 복합 공간으로서 우주공간의 부상에 제대로 대응하기 위해서는 좀 더 거시적이고 포괄적인 차원에서 파악된 미래 국가전략의 모색이 필요하다.

첨단 무기체계와 군사전략의 상호작용은 미래전의 진화에 대한 새로운 전망을 제시한다. 군사작전의 운용과 전투공간의 변화, 그리고 근대전의 속성을 넘어서는 새로운 전쟁양식의 가능성도 거론된다. 미래전의 진화는 국제정치의 변환에도 영향을 미치고 있다. 전쟁수행 주체의 변화라는 측면에서 근대 국제 정치에서 대내외적 폭력 사용을 독점했던 국민국가의 위상이 변화하고 있다. 더 중요하게는 첨단기술에 대한 접근성이 좋아진 비국가 행위자들의 부상이 큰 변수이다. 이러한 도전에 직면하여 기존에 주권국가 단위로 형성되었던 국제정치의 관념과 정체성도 변화의 조짐을 보인다.

5) 디지털 패권의 복합지정학

2019년 1월 세계경제포럼(WEF)은 4차 산업혁명으로 인한 기술 발달 문제를 '지정학적 위기'의 관점에서 볼 것을 제안한 바 있다. 오늘날 기술 발달이 불균등 성장과 사회적 불평등을 심화시키고, 더 나아가 정치적 갈등과 지정학적 위기를 증폭시킬 수 있다는 문제 제기였다. 실제로 4차 산업혁명 분야에서 벌어지는 강대국들의 경쟁은 이러한 불평등과 갈등 및 위기를 더욱 조장하는 방향으로 치닫고 있다. 특히 최근 벌어지고 있는 미중 신흥기술 경쟁의 양상은 지정학적 위기를 낳을 조짐을 여실히 보여주고 있다.

이러한 양상은 '디지털 기술을 둘러싼 지정학적 경쟁'이라는 의미로 '디지털 지정학(Digital Geopolitics)'이라고 부를 수 있겠다. 디지털 지정학의 초기 쟁점이 사이버 안보였다면, 이러한 안보위협이 양적으로 늘어나고 있을 뿐만 아니라 여타 다양한 안보 문제와도 연계되고 있다. 최근 미중 기술경쟁의 불꽃이 기술·산업 분야를 넘어서 무역·경제 분야로 연계되고, 더 나아가 군사안보와 동맹외교, 국제규범 등이 관련된 분야로 번져가고 있다. 이러한 과정에서 미중 기술경쟁은 양국의 사활을 건 글로벌 패권경쟁으로 진화하고 있는 모습이다.

디지털 기술안보가 지정학적 문제가 되었다지만, 이것이 단순히 전통적인 고전지정학의 시각으로 회귀하여 문제를 보자는 것은 아니다. 오늘날의 기술안보는 기본적으로 사이버 공간을 매개로 이루어지는 탈(脫)지리적 공간의 안보 문제라는 속성을 지닌다. 게다가 글로벌 시장을 배경으로 하여 영토국가의 경계를 넘나드는 초국적 자본의 비(非)지정학적 활동이 저변에 깔려 있다. 디지털 기술안보의 진화 과정에서는 객관적으로 실재하는 위협의 존재만큼이나 그 위협을 주관적으로 구성해 내는 담론정치의 과정도 매우 중요한 부분을 차지한다.

따라서 디지털 패권경쟁을 제대로 이해하기 위해서는 전통 지정학의 협소한 시각에만 머물지 말고, 최근의 변화를 반영하기 위해서 개발된 다양한 이론

그림 1 기술-안보-권력의 복합지정학

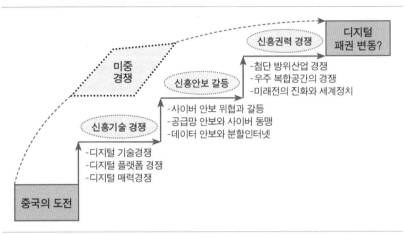

자료: 저자 작성.

적 논의를 엮어내는 새로운 지정학의 시각, 이른바 '복합지정학'의 시각을 원용해야 한다. '디지털 패권의 복합지정학'으로 본 미중경쟁은 좁은 의미에서 본 기술경쟁의 차원을 넘어서 디지털 안보 분야의 기술과 표준 및 규범을 장악하기 위한 경쟁으로 진화하고 있다. 여기서 더 나아가 최근 다양한 군사적 함의를 갖는 방위산업 이슈와 우주 및 미래전 이슈들이 연계되면서 기술-안보-권력의 복합지정학의 모습을 드러내고 있다(그림 1 참조).

2. 한국의 디지털 국가전략

미중 양국과 밀접한 안보동맹 및 경제 관계를 유지하고 있는 한국에게 미중 디지털 패권경쟁의 양상을 정확히 파악하고 적절한 대응책을 모색하는 일은 매우 중요한 국가전략적 사안이 아닐 수 없다. 2019년 상반기를 달구었던 화웨이 사태 당시와 같이, 미국이 한국에게 대중 제재의 전선에 동참해 달라고 요청한다면 어떻게 해야 할까? 2019년 화웨이 사태 당시뿐만 아니라 2020년 하반기에도 미국은 한국에 화웨이 등 중국 ICT 기업 배제를 골자로 한 '클린 네트워크'에 참여하기를 요구하기도 했다. 그해 12월 미 의회가 '2021 국방수권법(NDAA)'에 화웨이 장비 사용 국가에 미군 배치를 재검토하는 조항을 넣겠다는 소식도 예사롭지 않게 들렸다.

중국도 '한국판 뉴딜'과 중국의 '글로벌 데이터 안보 이니셔티브'가 통하는 점이 많다며 한국의 동참을 우회적으로 압박한 바 있다. 중국의 손짓을 그냥 무시하기에는 한국과 중국의 경제적 상호 의존도는 다른 어느 나라에 비해서 높다. 한국은 서방 진영의 제도와 규범 및 가치를 따르면서도, 중국과는 주로 경제 분야에서 정책과 문화적 유사점이 많다. 마치 한국은 두 개의 플랫폼에 모두 발을 딛고 있는 모양새이다. 이러한 상황은 미중 양국이 우호 관계를 유지할 경우에는 기회이지만, 지금처럼 갈등이 깊어가는 시기에는 딜레마가 된다.

플랫폼 사이의 틈새가 크지 않을 때는 이른바 '양다리 작전'이 통할지 몰라도, 지금처럼 플랫폼의 틈새가 점점 더 벌어질 것이 예상되는 상황에서는 접근법을 달리해야 한다. 기업들이 벌이는 디지털 플랫폼 경쟁의 양상이 좀 더 광범위하고 복잡하게 전개되고 있을 뿐만 아니라, 그 경쟁의 성격 자체가 지정학적 사안으로 발전하고 있기 때문이다. 외부적으로 선택의 압박이 가해오기 전에, 중견국으로서 한국이 취할 전략적 방안에 대한 좀 더 구체적인 고민이 필요하다. 향후 한국이 추진할 디지털 국가전략의 방향을 다음과 같은 10대 과제에 담긴 몇 가지 전략 포인트를 제시하면서 이 책의 논의를 마무리하고자 한다.

1) '구조적 위치' 파악이 출발점

첫째, 신흥기술 분야별 차별성에 대한 인식을 바탕으로 한국이 차지한 '구조적 위치(structural position)'를 파악하고 이를 활용하는 전략의 수립이 필요하다. 다시 말해, 분야별로 미중경쟁의 양상이나 한국이 처한 상황, 그리고 한국이 보유한 기술 역량이 각기 다르다는 사실을 정확히 이해하는 것이 출발점이다. 예를 들어, 미중경쟁의 구도에서 반도체나 우주기술, 첨단 군사기술처럼 미국이 기술우위를 점하고 있는 분야와 배터리나 5G 통신 장비 등과 같이 중국이 기술우위를 점하고 있는 분야, 또는 디지털 플랫폼 분야처럼 글로벌 플랫폼은 미국 기업들이 장악하고 중국 국내시장은 중국 기업들이 장악한 분야 등을 구별하여 디지털 국가전략의 방향과 내용을 고민할 필요가 있다.

물론 각 분야에서 드러나는 미중 양국의 기술적 우열이 단순명료하게 가려지지 않을 경우가 많지만, 대략의 '세력 구도'가 어떻게 형성되고 있는지를 파악하는 것은 매우 중요하다. 각 분야가 기술 변수 이외에도 여타 변수들, 특히 안보나 외교 및 규범 변수와 얼마나 연계되는가도 중요한 고려 요인이다. 미중 간 기술 격차, 여타 산업에 미치는 영향, 민군겸용 가능성과 범위 등에 따라 개별 기술 분야에서 펼쳐지는 미중경쟁의 내용과 형식은 매우 다르다. 따라서 개별 분야에서 미국과 중국이 동원하는 전략과 게임의 성격이 상이하다는 점을 명확하게 인식하고 이에 기반을 둔 적절한 대응 전략을 모색할 필요가 있다.

한국의 기술 역량과 관련해서도, 반도체나 배터리처럼 한국이 기술 및 생산 역량을 보유하고 있는 분야, 우주기술이나 첨단 군사기술처럼 미국에 크게 의존하는 분야, 5G 통신 장비나 원료의약품처럼 중국산을 사용하고 있는 분야, 또는 디지털 플랫폼처럼 일부 분야에서 한국의 독자적 생태계를 형성할 가능성이 있는 분야 등으로 나누어 대응 전략을 고민할 필요가 있다. 불가피하게 미중 어느 한쪽에 협력의 무게중심을 좀 더 많이 두게 되더라도, 다른 한쪽의 존재를 염두에 두면서 그 협력의 복합공식을 고민하려는 노력을 멈추지 말아야 할 것이다. 이를 바탕으로 미중경쟁에 대한 전반적 대응 전략과 개별 기술 분야의 구체적 대응 전략을 복합적으로 구사할 필요가 있다. 달리 말하면, 분야별 '개별 전략'과 이들을 아우르는 '메타 전략'을 엮어내는 '복합 전략'의 모색이 필요하다.

2) 디지털 질서의 '구조적 공백' 공략

둘째, 미중경쟁으로 인한 디지털 질서의 변동 과정에서 하위 부문 간에 발생하는 '구조적 공백(structural hole)'을 공략하는 전략의 모색이 필요하다. 예를들어, 최근 미국이 주도하는 디지털 하드웨어 분야의 글로벌 공급망 재편 과정에서 기술질서와 생산질서 사이에서 발생하는 '구조적 공백'을 공략할 필요가있다. 다시 말해, 기술질서의 구조와 생산 네트워크의 변동 사이에서 발생하는 균열과 불일치, 즉 '구조적 공백'을 읽어내려는 노력이 중요하다. 리쇼어링과 디커플링으로 대변되는 글로벌 공급망의 변환 속에서 한국의 위상과 역할을 단순한 생산기지가 아닌 실질적 기술 역량을 확보한 혁신자로 자리매김해야할 것이다.

반도체의 경우 미 바이든 행정부의 반도체 전략의 핵심은 중국에 대하여 '두 세대 차이'의 기술력 우위를 유지하는 가운데, 해외 생산에 대한 의존도를 줄임으로써 공급망의 취약성을 완화하는 데 있다. 이러한 미국 전략의 성격을 감안하여 한국은 반도체 공급망의 취약성 완화를 위한 미국의 리쇼어링 행보에 대한 협력을 반도체 전략의 기본 방향으로 설정하고, 이러한 전략을 보완하는 맥락에서 미국의 반도체 일류 기술을 수용하려는 노력을 기울여야 할 것이다.

배터리 분야도 미 바이든 행정부가 공급망의 취약성을 완화하려고 역점을 두는 분야인데, 미국은 중장기적으로 배터리 소재의 혁신을 통해 대외 의존도를 낮추고 공급망의 취약성을 완화하려는 노력을 펼치고 있다. 이에 한국은 단기적으로는 미국의 리쇼어링을 추진하는 공급망 전략에 대한 협력을 추진하되, 중장기적으로는 이를 한국의 배터리 기술혁신 역량을 강화하는 기회로 활용해야 한다.

바이오·제약 분야에서 발견되는, 백신 기술 역량과 원료의약품·의료 장비생산 역량의 불일치도 비슷한 사례이다. 한국은 백신 개발을 위한 협력을 한미협력 차원에서 추진하는 한편, 국내 업체들의 백신 생산 능력을 증대시키는 기회로도 활용하는 양면 전략을 추구할 필요가 있다. 국내 업체들이 백신 공급망에서 낮은 수준의 위탁 생산 방식에서 벗어나 선진 제약업체들과 좀 더 높은 수준의 협력 관계를 형성하고, 기술 역량을 강화하는 기회로 삼아야 할 것이다.

3) 대외 의존의 다변화와 포용적 유연성

셋째, 글로벌 공급망의 재편 과정에서 중국에 대한 의존을 완화하는 창구를 다변화하려는 노력과 함께 한중 관계를 포용적으로 이끌어가는 유연한 전략이 필요하다. 배터리·전기차, 의료 원자재·장비, 5G 통신 장비 등의 분야는 현재 중국이 시장과 생산 및 기술 역량을 보유하고 있어 일정한 정도 중국에 의존할 수밖에 없는 분야이다. 이들 분야를 중심으로 하여 미국이 주도하는 글로벌 공급망의 재편이 발생하는 과정에서 중국으로부터의 피해를 최소화하는 안전장치 확보의 전략이 필요하다. 이는 한국도 미국과 마찬가지로 공급망의 내용과 범위를 다변화함으로써 중국에 대한 의존도를 줄이는 중장기적 노력을 벌일 필요가 있음을 의미한다.

그럼에도 단기적으로는, 공급망의 재편 과정에서 미국과 협력하더라도, 중국과의 우호적 교류 기조를 유지하는 노력도 병행해야 할 것이다. 만약에 과거 화웨이 사태와 같이 전략적 선택을 요구받는 상황이 발생하더라도, 외교안보적 차원에서 미국이 추진하는 기조에 동조하면서도 중국과의 관계를 갈등 국면으로 치닫지 않게 하는 일종의 '유연한 관리'의 접근이 필요하다. 다시 말해, 미국과의 긴밀한 협력은 불가피하지만, 동시에 한중 관계를 '적대적'이 아니라 '포용적'으로 품어나가려는 노력이 필요하다.

4) 개방적 호환성의 플랫폼 전략

넷째, 미국 기업들이 주도하고 있는 디지털 플랫폼 경쟁 분야에서는 지배 플랫폼 위에서 응용 플랫폼을 추구하는 동시에, 자국 플랫폼의 '개방적 호환성'을 유지하는 전략이 필요하다. 여태까지 한국은 일부 분야에서 나름대로의 독자적 플랫폼을 구축했으며, 이는 해외 다국적 기업들이 국내시장에 쉽게 침투해 들어오지 못하는 보호막으로서 기능했던 것이 사실이다. 특히 컴퓨팅 및 인터넷 플랫폼에서는 일찌감치 미국 표준을 수용하고 그 위에 민족주의 정서 등을 활용한 한국형 응용 프로그램을 세우는 전략이 어느 정도는 통했다. 그러나 이러한 상황이 한국의 컴퓨팅 및 인터넷 생태계를 국내에 한정시키는 결과를 낳았고, 이후 글로벌 표준과의 호환성 유지라는 더 큰 숙제를 낳았음도 적시해야 할 것이다.

인공지능·클라우드·데이터 등과 같은 디지털 플랫폼 비즈니스는 미국 기업들이 우위를 차지하고 있는 분야이지만, 동시에 이 분야의 특성상 한국이 독자적 플랫폼 또는 생태계를 구축할 가능성도 존재한다. 예를 들어, 인공지능 플랫폼 분야에서 한국은 미국의 지배 플랫폼을 수용하고 그 위에서 일종의 응용 플랫폼을 추구하는 전략을 모색할 필요가 있다. 클라우드·데이터 플랫폼 분야에서 제기되는 논란, 즉 데이터의 자유로운 유통론이냐, 아니면 데이터 이전에 대한 주권적 통제냐와 관련된 논란에서도 한국은 데이터의 자유 유통에 대한 미국의 규범을 옹호하는 기본 입장을 취하는 가운데 국내 기업의 보호 차원에서 특정 이슈를 중심으로 한 '유연한 관리론'을 주장하는 것이 필요하다.

인터넷 서비스(전자상거래와 핀테크 등) 분야의 플랫폼 경쟁에서 제기되는 가장 중요한 문제도, 예전처럼 독자적 영역을 구축하는 '고립 전략'을 넘어서 미중 디지털 플랫폼 경쟁의 와중에 형성되는 글로벌 표준과의 호환성을 유지하는 '개방적 호환 전략'의 숙제이다. 중견국으로서 한국이 이른바 빅데이터의 시대에 독자적으로 적정한 '큰(big) 규모'를 확보할 수 없는 상황에서 고려해야 할 변수는, 미국과 중국으로 대변되는 글로벌 네트워크와 어떠한 방식으로 '중개의 호환성'을 유지할 것인가의 문제이다. 이러한 과정에서 디지털 인프라 등의 분야에서 제기되는 차세대 기술표준의 부상에도 적극적으로 대응하는 노력이 필요하다. 5G 분야의 오픈 랜(Open-RAN)이나 차세대 6G 경쟁에의 참여 등이 주요 현안으로 제기된다.

5) 실력을 바탕으로 한 틈새 전략

다섯째, 디지털 플랫폼 경쟁 분야 중에서도 미디어·콘텐츠 분야에서 형성되는 독특한 틈새, 즉 미국의 플랫폼 지배력과 한국의 콘텐츠 생산력 사이의 틈새를 공략하는 전략이 필요하다. 예를 들어, 넷플릭스나 디즈니플러스 등과 같은 미국 OTT 기업들이 국내시장에 진출하고 있는 상황은 한국 OTT 플랫폼 기업에는 일종의 위기가 아닐 수 없다. 그러나 다른 관점에서 보면, 이들 OTT 기업이 한국 콘텐츠에 큰 자금을 투자하고 있어, 콘텐츠 생산이라는 관점에서 보면 한국에 기회일 수도 있다. 중국 콘텐츠 기업도 한국에 대한 투자를 늘리고 있는 상황에서 이러한 기회를 잘 살릴 필요가 있다. 궁극적으로 이 분야의 플랫폼을 장악한 세력과 개방적 호환성을 유지하면서 콘텐츠 생산의 경쟁력을 길러 한국의 가치를 높이는 전략이 필요하다. 비유컨대, 디지털 콘텐츠 분야에서 미풍(美風)과 한파(漢波) 사이에서 한류(韓流)의 성공을 이어나갈 방안을 찾는 것이 핵심이라고 할 수 있다.

이러한 과정에서 미중이 벌이는 글로벌 플랫폼 경쟁의 향배를 정확히 읽고 콘텐츠 생산 분야의 실력을 바탕으로 한 틈새 메우기 전략을 모색할 필요가 있다. 이러한 전략은 콘텐츠뿐만 아니라 국내외 차원에서 보편적 규범을 설계하는 과정에도 적용된다. '워싱턴 컨센서스'와 '베이징 컨센서스'의 복합모델로서 이른바 '서울 컨센서스' 모델의 가능성에 대한 논의가 꾸준히 학계에서 진행되었음에 주목할 필요가 있다. 신흥 무대에서의 국제규범 형성 과정에 참여하는 문제에서도 한국은 미국의 디지털 자유담론과 중국의 사이버 주권담론 사이에서 일정한 정도의 중개자 역할을 발휘할 여지를 찾을 수 있을 것이다. 이러한 과정에서 염두에 둘 것은 중견국으로서 한국의 매력전략은 기본적으로 열린 네트워크 담론일 수밖에 없다는 사실이다.

6) 기술-안보 연계 분야의 유연한 관리

여섯째, '유연한 관리론'의 마인드에 기반을 두고, 안보화를 바탕으로 한 기술과 안보의 연계 현상에 대응하는 전략이 필요하다. 기술과 안보가 연계된 5G 분야의 미중 갈등이 본격화되면서 상당수 국가가 기술적 기준에 근거하여 화웨이의 5G 장비 채택 여부를 결정하던 기존의 패턴에서 벗어나 안보위협의 프레임을 원용하여 전략적 결정을 내리는 방향으로 선회한 바 있다. 국가마다, 화웨이 5G 장비 도입의 '공식 금지'나 '사실상 금지'와 같이, 구체적인 대응 방식에서는 차이가 있지만, 전반적인 추세는 5G 기술 이슈의 안보화 수준이 높아졌다는 사실이다. 이러한 추세를 감안하여 기술적 효율성에만 집착하지 말고 안보변수를 복합적으로 고려하는 '유연한 관리'의 발상을 도입할 필요가 있다.

우주기술 분야에서도 최근 '상업화와 군사화의 동시 전개'라는 근본적인 지형 변화가 발생하고 있다는 사실을 적시해야 한다. 우주의 상업화는 우주산업의 효율성 향상과 여타 산업과의 연계를 강화하는 차원에서 빠르게 전개되고 있다. 이른바 '뉴스페이스'의 부상은 이러한 추세를 잘 반영한다. 한편 중국의 우주산업 경쟁력이 강화될 뿐만 아니라 우주굴기의 안보위협이 '안보화'되는 과정에서 미중 우주경쟁의 군사화 또는 무기화 현상이 발생하고 있다. 이러한 우주산업의 변화 추세에 대응하는 차원에서 상업 및 군사 부문의 연계를 실질적으로 지원하는 정책의 개발과 제도의 정비가 필요하다.

특히 주요국들의 우주경쟁 과정에서 발견되는 틈새를 공략하는 전략 마인드가 필요하다. 최근 우주산업에 진입하려는 개도국의 우주 협력에 대한 수요가 급증하는 가운데, 전통적인 우주강국뿐만 아니라 일본, 인도 등과 같이 우주산업에 일정한 역량을 갖춘 우주 신흥국들에 대한 국제협력의 수요가 증가하고 있다. 이러한 우주 국제협력의 구도를 감안하여, 기존 우주강국들과 차별화된 틈새 전략을 추진하여 중견국 및 개도국들과의 우주 협력을 확대할 필요가 있다. 한국의 우주산업 육성의 경험을 활용하여, 개도국의 우주 역량 육성을 지원하는 프로그램 운영이 틈새 전략의 한 사례가 될 수 있다.

7) 첨단 군사기술 협력의 업그레이드

일곱째, 첨단 방위산업과 같이 상대적으로 미국의 군사기술 우위가 명시적인 분야에서는 미국과의 긴밀한 협력을 근간으로 하면서 한미 안보협력을 업그레이드하는 전략이 필요하다. 첨단 방위산업 분야는 미국에 대한 의존도가 여전히 높은 분야로서 한미동맹의 특수성이나 한미연합군의 첨단 무기체계의 상호 운용성 및 호환성 등을 고려하면, 다른 어떠한 기술 분야보다도 미국이 취하고 있는 전략적 행보에 동참할 수밖에 없다. 대중 수출통제와 관련하여, 민군겸용기술 분야에서 한중협력의 행동반경이 제약될 가능성이 있더라도, 미국에 동조하는 방향으로 정책 기조를 설정해야 할 것이다.

군사적 함의를 갖는 우주기술 분야에서는 미국이 여전히 기술적 우위를 유지하고 있다는 사실을 고려한 전략적 행보가 필요하다. 물론, 중국의 우주 능력이 빠르게 향상되고 미국과의 격차를 좁히고 있는 것은 사실이나, 미국과 중국의 우주 능력을 현시점에서 동일선상에서 비교하기는 어렵다. 미중 양국의 기술 역량의 차이와 우주공간에 대한 접근의 차별성을 감안할 때, 미국이 주도하는 우주 프로그램에 참여하는 가운데 한미협력을 고도화함으로써 한국의 우주 역량을 업그레이드하는 전략을 추구할 필요가 있다. 특히, 미국은 우주의 상업화를 통해 우주산업의 패러다임을 선도하고 있다는 점에서 이를 적극적으로 수용하려는 노력이 시급히 필요하다.

8) 동지국가들과의 디지털 연대외교

여덟째, 양자 및 다자 차원에서 미국이 주도하는 사이버 동맹외교에 대응하는 동시에 동아시아 지역 및 글로벌 차원의 국제협력을 추진하기 위한 동지국가들(like-minded countries)과의 연대외교를 적극 추진할 필요가 있다. 화웨이 사태가 전개되는 가운데, 미국과 중국은 자국에 유리한 동맹과 연대의 구도를 형성하기 위해 국제협력을 강화했다. 미국은 주요국들을 대상으로 클린 네트워크, D10 5G 협력, 쿼드(Quad) 안보협력체 등을 모색했으며, 이에 대응하여 중국은 일대일로(一帶一路) 국가들을 대상으로 한 연대전선을 구축했다. 이러한 상황의 전개에 대응하여 범부처 및 민관 협력 차원에서 사안별 대응 전략과 더불어 국가전략 차원의 포괄적인 대책을 개발해야 할 것이다.

이러한 과정에서 미국이 제시하는 쿼드 플러스, 파이브 아이즈 플러스, D10 민주주의 협의체, 그리고 민주주의 정상회의 등과 같은 프레임워크에의 참여를 신중하게 고려할 필요가 있다. 이들 프레임워크에의 참여는 기본적으로 중국의 봉쇄를 목표로 내건 서방 선진국의 그룹에 동참한다는 의미를 지닌다. 2021년 중반을 거치면서 미국은 G7, 나토, 유럽연합 등과 함께 중국을 '구조적 도전'으로 규정하고 중국 포위망을 구축하려는 행보를 강화하고 있다. 따라서 미국 주도의 서방 네트워크에 동참하더라도 그 성격상 중국을 불필요하게 자극하지 않는 행보를 취하는 것이 필요하다.

아울러 미국과 중국이 제시하는 프레임워크 이외에도, 중견국으로서 한국이 리더십을 발휘할 수 있는 연대외교의 프레임워크를 개발할 필요가 있다. 멕시코, 인도네시아, 한국, 터키, 호주가 참여하는 중견국 외교협의체인 믹타(MIKTA), 선진 및 중견 15개국이 참여하는 글로벌인공지능파트너십(GPAI) 등을 활용하는 방안이 최근 거론되고 있다. 이 밖에도 동아시아 지역협력 차원에서 아세안+3나 아세안지역안보포럼(ARF) 등도 한국이 중견국 외교를 펼칠 수 있는 좋은 장이다. 이들 프레임워크에서 추진할 연대외교의 아이템으로는 사이버 안보나 데이터 안보의 이슈뿐만 아니라 코로나19나 기후 변화 안보와 같은 신흥안보 이슈들이 포함된다.

9) 신흥기술 분야 국제규범 형성에 참여

아홉째, 신흥기술 분야를 중심으로 제기되고 있는 다양한 국제규범 형성과정에 적극적으로 참여할 필요가 있다. 사이버 안보, 우주경쟁, 자율무기체계 분야의 국제규범 형성을 둘러싼 국제정치가 한층 복잡해지고 있다. 전통적인 첨단 군사기술의 수출통제 관련 규범뿐만 아니라 인권, 감시 기술, AI 윤리 등과 관련된 규범도 쟁점이다. 따라서 이들 이슈와 관련된 국제규범의 동향과 개별 국가들의 입장을 상시적으로 검토하는 한편, 각 분야 국제규범 형성 구도의 유동성에 대비하여 탄력적으로 대응할 수 있는 체계의 마련이 필요하다. 동시에 이들 분야의 국제규범 형성 과정에서 중견국 외교의 리더십을 발휘할 필요가 있음은 물론이다.

이러한 과정에서 가장 큰 쟁점은 디지털 국제규범의 내용과 형식을 둘러싼 미국과 중국·러시아 또는 서방 진영과 비서방 진영의 대립 사이에서 한국이 어떠한 전략적 입장을 취할 것이냐의 문제이다. 디지털 국제규범의 3대 분야라고 할 수 있는 사이버 안보, 우주의 군사화와 무기화, 인공지능 탑재 무기체계의 개발 등에 있어서 미국과 중국·러시아로 대변되는 강대국들은 각기 다른 입장을 표출해 왔다. 또한 해당 분야의 쟁점들을 둘러싸고 선진국과 개도국의 견해 차이도 만만치 않게 제기되고 있다. 이러한 와중에 중견국으로서 한국의 국가이익과 외교 리더십을 국제규범 형성 과정에 반영하려는 노력을 펼쳐야 할 것이다.

중견국 한국이 추구할 규범외교의 내용에 대한 고민도 필요하다. 강대국이 제시하는 규범외교 모델과는 차별화되는 중견국만의 고유한 모델은 가능할까? 예를 들어, 사이버 안보와 디지털 기술 분야에서 유럽의 중견국들이 추진한 규범외교의 모델을 참고하여 동아시아 지역협력의 프레임워크를 개발할 수 있을 것이다. 이와 관련하여 한국의 중견국 규범외교 모델로서 이른바 '서울 프로세스'에 대한 논의가 지속적으로 제기되어 왔음에도 주목할 필요가 있다. 서울 프로세스의 모색은 앞서 언급한 서울 컨센서스와도 일맥상통하는데, 이는 중견국 규범외교의 추진 과정에서 발산될 한국의 디지털 가치를 담는 문제와 연결된다.

10) 디지털 국가전략의 국내 기반 정비

끝으로, 미중 디지털 패권경쟁에 효과적으로 대응할 수 있는 국내 추진체계의 정비가 필요하다. 구체적으로 제조업 시대에 기반을 두는 '발전국가의 관성'이나 '규제국가의 멍에'를 넘어서 플랫폼 경제의 시대에 걸맞은 정책 개발과 법·제도의 정비가 필요하다. 다시 말해, 새로운 경쟁 환경의 도래에 '걸림돌'이 아닌 '디딤돌'이 될 새로운 정책과 제도, 환경을 마련해야 한다. 궁극적으로는 디지털 국가전략의 성공을 위해서는 '체제의 적합력'이 매우 중요한 변수임을 명심해야 할 것이다. 다시 말해, 새로운 패러다임을 뒷받침하는 시스템 개혁이 필요하다는 점을 인식하고, 구체적으로는 기술-표준-매력 경쟁에서 기존의 발전국가 모델이나 대기업 모델, 그리고 이를 뒷받침하는 사회문화 인프라의 개혁을 추진할 필요가 있다.

사이버 및 데이터 안보 분야에서도 최근 관련 업무를 담당하는 국내 기관들의 추진체계를 정비할 필요성이 제기되고 있다. 한국은 '사이버 취약국'의 오명을 벗기 위해서 공공 부문을 중심으로 이 분야의 대응 체계를 정비할 필요가 있다. 이러한 맥락에서 외교부 및 정부 부처, 중앙-지방정부의 디지털 국가전략 추진체계의 정비도 수반되어야 할 것이다. 더 나아가 민간 부문, 시민사회, 학계, 언론 등의 정책 지식 네트워크 구축도 병행해야 한다. 이러한 과정에서 미래 디지털 국가전략을 총괄하는 컨트롤타워의 위상을 제대로 세우는 작업도 빼놓을 수 없다. 궁극적으로는 디지털 전환의 시대를 맞아 미래 디지털 국가 시스템에 대한 고민이 필요하다.

아울러 대내적으로 한국의 디지털 국가전략을 뒷받침할 국내적 기반의 마련도 중요하다. 이를 위해서는 단순한 대국민 홍보의 차원을 넘어서 민간 이해당사자들의 이익을 조율하는 '중견국 내교(內交)'의 과정이 필요하다. 최근 글로벌 이슈들이 국내 정치와 경제에 미치는 영향이 늘어나면서 외교정책의 과정에 민간 및 시민사회 행위자들이 기여할 여지가 많아졌다. 이러한 구도에서 특정 분야에서 중견국으로서 전략적 선택이 필요함에도, 국내적 반대 때문에 예기치 않은 어려움을 겪는 상황이 발생할 수도 있다. 이러한 점에서 미래 국가전략이라는 넓은 시야에서 국민 여론의 편협화 가능성을 넘어서는 범국가적 발상의 필요성이 제기된다.

궁극적으로 한국의 디지털 국가전략은 미래 디지털 문명에 부합하는 가치를 추구하는 방향으로 수립되어야 할 것이다. 디지털 전환의 시대를 맞아 과거 개도국 시절의 단순한 추격모델을 넘어서 좀 더 복합적인 중견국 외교전략 모델의 개발이 필요하다. 이는 미중이 벌이는 디지털 지정학 경쟁의 시대를 맞아 한국이 국익을 추구할 구조적 틈새를 찾는 전략인 동시에, 좀 더 근본적으로 중견국으로서 한국의 국익을 새롭게 정의하는 문제와도 연결된다. 이는 미래 디지털 문명의 가치로서 민주주의를 어떻게 발전시킬 것이냐의 문제와 연결될 뿐만 아니라 코로나19 팬데믹과 기후 변화 위기의 시대를 맞아 더욱 체감도가 높아진 미래 생태·환경 패러다임의 부상에 부합하는 미래 국가전략을 수립하는 과제와도 연결된다.

참고문헌

강내영. 2015. 『중국영화의 오늘: 영화대국에서 영화강국으로』. 산지니.

강하연. 2013. 「ICT 교역의 글로벌 거버넌스」. 서울대학교 국제문제연구소 엮음. 『커뮤니케이션 세계정치』. 사회평론. 73~109쪽.

_____. 2020. 「글로벌 빅데이터 거버넌스의 정치경제」. 이승주 엮음. 『미중 경쟁과 글로벌 디지털 거버넌스』. 사회평론. 159~188쪽.

고명석. 2020. 『OTT 플랫폼 대전쟁: 코로나 팬데믹 이후 디지털 플랫폼의 미래』. 새빛.

구태언. 2019. "'데이터 주권' 상실, 왜 치명적인가". ≪디지털타임스≫, 11월 4일.

김남권. 2016. "중국의 대미 사이버공격 급감 … '시진핑 군 개혁도 영향'". ≪연합뉴스≫, 6월 21일.

김민석. 2020. "성큼 다가온 인간과 전투로봇의 전쟁". ≪중앙일보≫, 2월 28일.

김상배. 2006. 「실리우드(Siliwood)의 세계정치: 정보화시대 문화제국과 그 국가전략적 함의」. ≪국가전략≫, 제12권 2호, 5~34쪽.

_____. 2010. 『정보혁명과 권력변환: 네트워크 정치학의 시각』. 한울엠플러스.

_____. 2014. 『아라크네의 국제정치학: 네트워크 세계정치이론의 도전』. 한울엠플러스.

_____. 2016. 「신흥안보와 메타 거버넌스: 새로운 안보 패러다임의 이론적 이해」. ≪한국정치학회보≫, 제50권 1호, 75~102쪽.

_____. 2017. 「정보·문화 산업과 미중 신흥권력 경쟁: 할리우드의 변화와 중국영화의 도전」. ≪한국정치학회보≫, 제51권 1호, 99~127쪽.

_____. 2018. 『버추얼 창과 그물망 방패: 사이버 안보의 세계정치와 한국』. 한울엠플러스.

김성옥. 2020. 「중국 인터넷플랫폼 기업의 현황 및 성장전략」. ≪한중Zine INChinaBrief≫, 제380권, 2월 24일. 인천연구원.

김연규. 2020. "구글과 페이스북은 왜 해저케이블 기착지에서 홍콩을 배제했을까?" ≪여시재 인사이트≫, 9월 18일.

김연하. 2020. "美, 이번엔 텐센트 조준 … '데이터 규약 내놔'". ≪서울경제≫, 9월 18일.

김용신. 2020. 「미중 전략 경쟁과 세계화: AI 및 5G 경쟁 사례를 중심으로」. ≪중국지역연구≫, 제7권 1호, 37~65쪽.

김윤정. 2018. "美 보안업체 '북한 해커 집단 리퍼가 전 세계 위협'." ≪뉴스1≫, 2월 22일.

김익현. 2019. 「포스트 넷플릭스, 전쟁의 서막: 글로벌 OTT 시장 현황과 전망」. ≪방송문화≫, 제419권, 107~120쪽.

김조한. 2017. 『플랫폼 전쟁: 미디어 패권을 둘러싼 전쟁에서 한국은 어떻게 생존할 것인가』. 메디치미디어.

김종범. 2017. "[사이언스 리뷰] 4차 산업혁명 시대 이끄는 항공우주기술". ≪중도일보≫, 6월 26일.

김종우. 2015. "美 할리우드, 중국 진출 곳곳 암초 … 계약 잇따라 무산". ≪연합뉴스≫, 9월 7일.

김준연. 2020. 「미중 AI 패권경쟁: 기술추격론에서 본 중국의 추격과 미국의 견제」. 이승주 엮음.

『미중 경쟁과 글로벌 디지털 거버넌스』. 사회평론, 307~343쪽.

김창우. 2019. "미·중·일 틈에 갇혔다 … 게임 코리아 식은땀". ≪중앙일보≫, 10월 19일.

김채윤. 2020. 「미중 디지털 금융표준 경쟁과 중국의 핀테크 전략: 모바일 지급결제(TPP) 플랫폼을 중심으로」. 김상배 엮음. 『4차 산업혁명과 미중 패권경쟁: 정보세계정치학의 시각』. 사회평론, 88~134쪽.

김평수. 2012. 「12·5규획으로 본 중국의 국가전략과 문화산업정책」. ≪글로벌문화콘텐츠≫, 제9권, 27~50쪽.

김현우. 2015. "할리우드 빨아들이는 칭다오 영화단지 … 찰리우드 중심에 서다". ≪한국일보≫, 12월 10일.

김현지. 2008. 「전략물자의 국제 수출통제와 경쟁력 제고방안에 관한 연구」. ≪통상정보연구≫, 제10권 1호, 349~371쪽.

나영주. 2007. 「미국과 중국의 군사우주 전략과 우주공간의 군비경쟁 방지(PAROS)」. ≪국제정치논총≫, 제47권 3호, 143~164쪽.

노수연. 2015. 「중국의 문화콘텐츠산업」. 사이버 공간의 미중경쟁과 한반도 세미나 발표 자료.

≪뉴시스≫. 2018. "'中, 남중국해 갈등에 美 기업 해킹 공격 재개, 파이어아이". 3월 16일.

_____. 2020. "애플 앱스토어 지난해 매출 625조원 … 47% 中서 발생". 6월 16일.

다나카 미치아키(田中道昭). 2019. 『미중 플랫폼 경쟁: GAFA vs BATH: AI시대 메가테크 기업, 최후 승자는?』. 정승욱 옮김. 세종.

류장수. 2017. 「4차 산업혁명과 우주산업」. 한국산업기술진흥협회. ≪기술과 혁신≫, 8월. 92~93쪽.

리즈후이. 2019. 『데이터를 지배하는 자가 세계를 지배한다』. 노민수 옮김. 더봄.

매일경제 국민보고대회팀. 2019. 『밀리테크 4.0: 기술전쟁시대, 첨단 군사과학기술을 통한 경제혁신의 전략』. 매일경제신문사.

문가용. 2018. "러시아의 해킹 그룹 소파시, 활동 영역을 동쪽으로 넓힌다". ≪보안뉴스≫, 2월 21일.

민병원. 2017. 「4차 산업혁명과 군사안보 전략」. 김상배 엮음. 『4차 산업혁명과 한국의 미래전략』. 사회평론. 143~179쪽.

민재용. 2019. "데이터에 주권은 없다? 중·일·EU는 자국민 정보 보호 안전장치". ≪한국일보≫, 8월 30일.

박병광. 2012. 「동북아시아의 우주군사화와 한반도 안보: 한국공군에 대한 시사점」. ≪국방연구≫, 제55권 2호, 1~24쪽.

박지영·김선경. 2019. "디지털 무역 경쟁과 데이터 보호주의". 아산정책연구원, 6월 11일.

서봉교. 2019. 「미-중 국제금융 헤게모니 경쟁과 중국의 디지털 국제금융 도전」. ≪미래성장연구≫, 제5권 2호, 35~55쪽.

_____. 2020. "미국의 국제 신용카드 독점 … 중국산 모바일 페이가 흔든다". ≪중앙일보≫, 6월 10일.

서창배·오혜정. 2014. 「중국의 문화산업화 정책과 소프트 파워 전략」. ≪문화와 정치≫, 제1권 2호, 1~33쪽.

선재규. 2020. "중국, 다음 차례로 미국의 클라우드 서비스 공격 대비". ≪연합뉴스≫, 9월 14일.

설인효·박원곤. 2017. 「미 신행정부 국방전략 전망과 한미동맹에 대한 함의: '제3차 상쇄전략'의 수용 및 변용 가능성을 중심으로」. ≪국방정책연구≫, 제33권 1호, 9~36쪽.

설진아·최은경. 2018. 「GAFA의 플랫폼 전략과 네트워크 효과 유형 분석」. ≪방송통신연구≫, 제102호, 104~140쪽.

송태은. 2019. 「사이버 심리전의 프로퍼갠더 전술과 권위주의 레짐의 샤프파워: 러시아의 심리전과 서구 민주주의의 대응」. ≪국제정치논총≫, 제59권 2호, 161~203쪽.

쉬만스카, 알리나(Alina Shymanska). 2019. 「러시아의 우주전략: 우주 프로그램의 핵심 과제와 우주 분야 국제협력의 주요 현안에 대한 입장」. ≪국제정치논총≫, 제59권 4호, 83~131쪽.

신동현. 2014. 「모바일이 이끄는 중국 비즈니스 신혁명」. 모바일 중국비즈니스 오픈 토크쇼, 중국경영연구소 세미나 강연 자료.

신상우. 2019. "혁신 방향 묻는 유럽 우주기술의 새흐름, Space 4.0". ≪프레시안≫, 8월 9일.

신성호. 2019. 「자율무기에 대한 국제사회 논쟁과 동북아」. ≪국제·지역연구≫, 제28권 1호, 1~28호.

_____. 2020. 「21세기 미국과 중국의 우주 개발: 지구를 넘어 우주 패권 경쟁으로」. ≪국제·지역연구≫, 제29권 2호, 66~90쪽.

심지섭. 2019. 「국제사회 대북제재 현황과 SW분야의 남북경협」. ≪월간SW중심사회≫, 3월호, 소프트웨어정책연구소.

싱어, 피터(Peter Singer). 2017. 「기계들의 전쟁」. 사이언티픽 아메리칸 편집부 엮음. 『미래의 전쟁: 과학이 바꾸는 전쟁의 풍경』. 이동훈 옮김. 한림출판사. 40~55쪽.

안정아. 2014. 「중국 80-90后와 외국 대중문화의 선택적 수용: 베이징 사례」. ≪한국콘텐츠학회논문지≫, 제14권 6호, 34~43쪽.

안형준·최종화·이윤준·정미애. 2018. 「우주항공 기술강국을 향한 전략과제」. ≪STEPI Insight≫, 제226호.

양종민. 2020. 「문화산업의 신흥권력 경쟁과 중견국으로서 한국의 전략」. 김상배·이승주·전재성 엮음. 『중견국 외교의 세계정치: 글로벌-지역-국내의 삼중구조 속의 대응전략』. 사회평론, 315~363쪽.

오로라. 2019. "中 영화산업 전진기지 등팡잉두 '동방의 할리우드'로", ≪조선일보≫, 5월 13일.

_____. 2020. "미국, 화웨이 이어 텐센트 때리기 … 중국판 카톡 '위챗' 못쓰게 막는다". ≪조선일보≫, 9월 16일.

원병철. 2018. "세계 최초 5G 상용화와 화웨이 장비 보안성 논란". ≪보안뉴스≫, 7월 26일.

유승화. 2017. "AI 알고리즘 표준 만들어야". ≪디지털타임스≫, 1월 4일.

유용원. 2017. "美 사이버 교란 작전 '레프트 오브 론치'에 北미사일 잇단 실패?' ≪조선일보≫, 4월 18일.

_____. 2019. "방위산업에 몰아치는 4차 산업혁명". ≪조선일보≫, 3월 22일.

유준구. 2016. 「최근 우주안보 국제규범 형성 논의의 현안과 시사점」. 국립외교원 외교안보연구소. ≪주요국제문제분석≫, 1월 20일.

유준구. 2018. 「트럼프 행정부 국가우주전략 수립의 의미와 시사점」. 국립외교원 외교안보연구소. ≪주요국제문제분석≫2018-47, 12월 20일.

유준구. 2019. 「신기술안보」. 『글로벌 新안보 REVIEW: 환경안보, 인간안보, 기술안보』. 국가안보전략연구원. 199~228쪽.

유준구. 2021a. 「신흥기술 안보의 국제규범 분야 미중경쟁과 한국」. 서울대학교 국제문제연구소 세미나 발표 자료, 5월 10일.

유준구. 2021b. 「유엔정보안보 개방형작업반(OEWG) 최종 보고서 채택의 의의와 시사점」. 국립외교원 외교안보연구소. ≪주요국제문제분석≫2020-59, 4월.

유준구·김석우·김종숙. 2015. 「미국 수출통제 법제의 특성과 시사점」. ≪미국헌법연구≫, 제26권 3호, 81~117쪽.

유한나. 2021. 『차이나 디지털플랫폼 전쟁』. 북스타.

윤민우. 2011. 「국제조직범죄의 전통적 국가 안보에 대한 위협과 이에 대한 이론적 패러다임의 모색」. ≪한국범죄학≫, 제5권 2호, 107~141쪽.

윤재웅. 2020. 『차이나 플랫폼이 온다: 디지털 패권전쟁의 서막』. 미래의 창.

이광표. 2020. "막 오르는 디지털 화폐 시대 … 기축통화 패권전쟁". ≪매일일보≫, 6월 15일.

이근. 2019. "동아시아 강타한 미·중 '가치 블록'". ≪시사인≫, 8월 12일.

이선목. 2018. "볼턴 '중국·북한도 美 중간선거 개입 우려'". ≪조선일보≫, 8월 20일.

이성현. 2020. 「중국의 디지털 화폐 추진 현황과 함의」. ≪세종정책브리프≫, 12월 14일.

이승주. 2018. 「사이버 산업과 경제-안보 연계: 구글 vs. 한국 사례」. 이승주 엮음. 『사이버 공간의 국제정치경제』. 사회평론, 223~247쪽.

이승훈. 2016. 「인공지능 플랫폼 경쟁이 시작되고 있다」. ≪LG Business Insight≫, 5월 11일.

이왕휘. 2018. 「핀테크의 국제정치경제: 미국과 중국의 경쟁」. 하영선·김상배 엮음. 『신흥 무대의 미중 경쟁: 정보세계정치학의 시각』. 한울엠플러스, 223~241쪽.

_____. 2020. 「미국과 중국의 디지털 통화 전쟁: 페이스북의 리브라 대 중국인민은행의 중앙은행 디지털통화」. 이승주 엮음. 『미중경쟁과 글로벌 디지털 거버넌스』. 사회평론, 287~305쪽.

이원태·김정언·선지원·이시직. 2018. 「4차 산업혁명 시대 산업별 인공지능 윤리의 이슈 분석 및 정책적 대응방안 연구」. 4차산업혁명위원회.

이장욱. 2007. 「냉전의 종식과 약소국 안보: 약소국의 생존투쟁과 PMC」. ≪사회과학연구≫, 제15권 2호, 310~347쪽.

이종철·박성배. 2016. 『중국영화의 인식과 담론: 우리 시각으로 보는 중국영화』. 한국문화사.

이진수. 2016. "중국의 '시네마 굴기'". ≪아시아경제≫, 3월 23일.

이철재. 2017 "킬체인의 눈 정찰위성 사업 본격 착수 … 동북아 우주전쟁 뒤늦게 뛰어 들어". ≪중앙일보≫, 8월 25일.

이혁. 2019. 「달 탐사와 위성 인터넷망 구축을 중심으로 본 뉴스페이스 시대」. ≪Future Horizon≫, 8월, 80~86쪽.

≪인민망 한국어판≫. 2019. "런정페이 화웨이 회장, 中 CCTV 인터뷰 동영상 전격 공개!" 1월 28일.

인홍(尹鴻). 2013. 「글로벌 배경하에서 중국 영화산업 발전 추세」. ≪아시아리뷰≫. 제3권 1호, 31~52쪽.

임채홍. 2011. 「'우주안보'의 국제조약에 대한 역사적 고찰」. ≪군사≫, 제80권, 259~294쪽.

장기영. 2020. 「킬러로봇 규범을 둘러싼 국제적 갈등: 국제규범 창설자 vs. 국제규범 반대자」. 김상배 엮음. 『4차 산업혁명과 신흥 군사안보: 미래전의 진화와 국제정치의 변환』. 한울엠플러스. 362~384쪽.

장원준·이원빈·정만태·송재필·김미정. 2018. 「주요국 방위산업 관련 클러스터 육성제도 분석과 시사점」. 연구보고서 2018-883. 산업연구원.

장원준·정만태·심완섭·김미정·송재필. 2017. 「4차 산업혁명에 대응한 방위산업의 경쟁력 강화 전략」. 연구보고서 2017-856. 산업연구원.

전재성. 2018. 「미래 군사기술의 발전과 미중 군사경쟁」. 하영선·김상배 엮음. 『신흥 무대의 미중 경쟁: 정보세계정치학의 시각』. 한울엠플러스, 111~135쪽.

정영진. 2015. 「우주의 군사적 이용에 관한 국제법적 검토: 우주법의 점진적인 발전을 중심으로」. ≪항공우주정책·법학회지≫, 제30권 1호, 303~325쪽.

정종필·박주진. 2010. 「중국과 미국의 반(反)위성무기 실험 경쟁에 대한 안보딜레마적 분석」. ≪국제정치논총≫, 제50권 2호, 141~166쪽.

조동준. 2020. 「첨단 방위산업의 국제규범」. 서울대학교 국제문제연구소 미래전연구센터 워킹페이퍼, No.52, 7월 6일.

조슬기나. 2019. 「[주말에 읽는 글로벌 뉴스] 화웨이 사태.」 ≪아시아경제≫, 2월 23일.

조용호. 2011. 『플랫폼 전쟁: 이기는 자가 미래다』. 21세기북스.

조현석. 2018. 「인공지능, 자율무기 체계와 미래 전쟁의 변화」. 조현석·김상배 외 지음. 『인공지능, 권력변환과 세계정치』. 삼인, 217~266쪽.

조홍제. 2017. 「아시아 우주개발과 우주법」. ≪저스티스≫, 2월, 476~503쪽.

차정미. 2020. 「중국의 '디지털 실크로드': '중화 디지털 블록'과 '디지털 위계'의 부상」. 이승주 엮음. 『미중 경쟁과 글로벌 디지털 거버넌스』. 사회평론, 87~132쪽.

최진영. 2019. "세계 방산산업 장악한 '미국의 위엄'". ≪데일리비즈온≫, 12월 12일.

최진응. 2015. 「중국의 해외인터넷동영상 규제의 함의와 대응방안」. ≪이슈와 논점≫, 제977호.

최필수·이희옥·이현태. 2020. 「데이터 플랫폼에서의 중국의 경쟁력과 미중 갈등」. ≪중국과 중국학≫, 제39권, 55~87쪽.

하만주. 2020. "미, 중국 통신사·앱·클라우드·케이블·스마트폰, 총체적 타격 전략 발표". ≪아시아투데이≫, 8월 6일.

황선명 외. 2020. 「글로벌 플랫폼 바이블 중국편: New BAT, 중국을 넘어 세계를 흔든다」. ≪해외투자2.0: Global Research≫, 삼성증권, 6월 4일.

≪BBC News 코리아≫. 2021. "바이든·푸틴 첫 정상회담 … 분위기 좋았지만, 이견도 뚜렷". 6월 17일.

KAIST 정보미디어연구센터. 2015. 「KAIST 글로벌 엔터테인먼트산업 경쟁력 보고서 2015」. KAIST 정보미디어연구센터.

李升泉·刘志辉 主编. 2015. 『说说国防和军队改革新趋势』. 北京: 长征出版社.

谢地·荣莹. 2019. 「新中国70年军民融合思想演进与实践轨迹」. ≪学习与探索≫, 06期.

杨仕平. 2019. 「5G在军用通信系统中的应用前景」. ≪信息通信≫, 06期.

王成录. 2021. "鸿蒙OS绝不是安卓或iOS的拷贝!" ≪腾讯网≫, 2021.1.13. https://new.qq.com/omn/20210113/20210113A06EB 900.html (검색일: 2021.2.8).

王世伟. 2012. 「中国国家信息安全的新特点与文化发展战略」. ≪图书情报工作≫, 第6期, pp.8~13.

王正平·徐铁光. 2011. "西方网络霸权主义与发展中国家的网络权利". ≪思想战线≫, 第2期, 第37卷, pp.105~111.

中华人民共和国工业和信息化部. 2017. "云计算发展三年行动计划(2017-19年) 解读." https://www.miit.gov.cn/zwgk/zcjd/art/2020/art_78b03dae6f744842a1b7805bb6adc774.html (검색일: 2021.2.7).

毕京京 主编. 2014. 『中国军民融合发展报告 2014』. 北京: 国防大学出版社.

Allen, Gregory C., Michael C. Horowitz, Elsa Kania and Paul Scharre. 2018. "Strategic Competition in an Era of Artificial Intelligence." Center for a New American Security: Artificial Intelligence and International Security. Series 3.

Altmann, Jürgen and Frank Sauer. 2017. "Autonomous Weapon Systems and Strategic Stability." *Survival,* Vol.59, No.5, pp.117~142.

Arkin, Ronald C. 2009. "Ethical Robots in Warfare." Georgia Institute of Technology, College of Computing, Mobile Robot Lab.

Arquilla, John and David Ronfeld. 2000. *Swarming: the Future of Conflict.* National Defense Research Institute, RAND.

Birkeland, John O. 2018. "The Concept of Autonomy and the Changing Character of War." *Oslo Law Review,* Vol.5, No.2, pp.73~88.

Bitzinger, Richard A. 2015. "Defense Industries in Asia and the Technonationalist Impulse." *Contemporary Security Policy,* Vol.36, No.3, pp.453~472.

Bode, Ingvild and Hendrik Huelss. 2018. "Autonomous Weapons Systems and Changing Norms in International Relations." *Review of International Studies,* Vol.44, No.3, pp.393~413.

Borowitz, Mariel. 2019. "Strategic Implications of the Proliferation of Space Situational Awareness Technology and Information: Lessons Learned from the Remote Sensing Sector." *Space Policy,* Vol.47, pp.18~27.

Bresinsky, Markus. 2016. "Understanding Hybrid Warfare as Asymmetric Conflict: Systemic Analysis by Safety, Security, and Certainty." *On-line Journal Modelling the New Europe,* Vol.21, pp.29~51.

Buchanan, Allen and Robert O. Keohane. 2015. "Toward a Drone Accountability Regime." *Ethics & International Affairs,* Vol.29, No.1, pp.15~37.

Butcher, James and Irakli Beridze. 2019. "What is the State of Artificial Intelligence Governance Globally?" *The RUSI Journal,* Vol.164, No.5-6, pp.88~96.

Carpenter, Charli. 2016. "Rethinking the Political/-Science-/Fiction Nexus: Global Policy Making and the Campaign to Stop Killer Robots." *Perspectives on Politics,* Vol.14, No.1, pp.53~69.

Caverley, Jonathan D. 2007. "United States Hegemony and the New Economics of Defense." *Security Studies,* Vol.16, No.4, pp.598~614.

Cheung, Tai Ming, William Lucyshyn and John Rigilano. 2019. "The Role of Technology Transfers in China's Defense Technological and Industrial Development and the Implications for the United States." Naval Postgraduate School: Acquisition Research Program Sponsored Report Series. UCSD-AM-19-028.

Christiansson, Magnus. 2018. "Defense Planning Beyond Rationalism: The Third Offset Strategy as a Case of Metagovernance." *Defence Studies,* Vol.18, No.3, pp.262~278.

Coats, Daniel R. 2017. *Worldwide Threat Assessment of the US Intelligence Community.* Senate Select Committee on Intelligence. Statement for the Record by the Director of National Intelligence. May 11.

Dear, Keith. 2019. "Will Russia Rule the World Through AI? Assessing Putin's Rhetoric Against Russia's Reality." *The RUSI Journal,* Vol.164, No.5-6, pp.36~60.

Defense Intelligence Agency. 2019. *Challenges to Security in Space.* January.

Demchak, Chris C. 2019. "China: Determined to Dominate Cyberspace and AI." *Bulletin of the Atomic Scientists,* Vol.75, No.3, pp.99~104.

Der Derian, James. 2001. *Virtuous War: Mapping the Military-Industrial-Media-Entertainment in Network.* Boulder, CO: Westview Press.

DeVore, Marc R. 2013. "Arms Production in the Global Village: Options for Adapting to Defense-Industrial Globalization." *Security Studies,* Vol.22, No.3, pp.532~572.

Dimitriu, George. 2018. "Clausewitz and the Politics of War: A Contemporary Theory." *Journal of Strategic Studies,* Vol.43, No.5, pp.645~685. DOI: 10.1080/01402390.2018.1529567.

Dittmer, Jason. 2013. "Geopolitical Assemblages and Complexity." *Progress in Human Geography,* Vol.38, No.3, pp.385~401.

Doboš, Bohumil and Jakub Pražák. 2019. "To Clear or To Eliminate? Active Debris Removal Systems as Antisatellite Weapons." *Space Policy,* Vol.47, pp.217~223.

Docherty, Bonnie L. 2012. *Losing Humanity: The Case against Killer Robots.* Washington, DC: Human Right Watch/International Human Right Clinic. December 5.

Drozhashchikh, Evgeniia. 2018. "China's National Space Program and the 'China Dream'." *Astropolitics,* Vol.16, No.3, pp.175~186.

Economist. 2018. "Can Huawei Survive an Onslaught of Bans and Restrictions Abroad?" December 15.

_____. 2019. "Are Security Concerns over Huawei a Boon for its European Rivals?" March, 21.

Farrell, Henry and Abraham L. Newman. 2018. "Linkage Politics and Complex Governance in Transatlantic Surveillance." *World Politics,* Vol.70, No.4, pp.515~554.

_____. 2020. "Will the Coronavirus End Globalization as We Know It? The Pandemic Is Exposing Market Vulnerabilities No One Knew Existed." *Foreign Affairs*, March 16.

FitzGerald, Ben and Jacqueline Parziale. 2017. "As Technology Goes Democratic, Nations Lose Military Control." *Bulletin of the Atomic Scientists,* Vol.73, No.2, pp.102~107.

Fuhrmann, Matthew and Michael C. Horowitz. 2017. "Droning On: Explaining the Proliferation of Unmanned Aerial Vehicles." *International Organization,* Vol.71, No.2, pp.397~418.

Galloway, Scott. 2017. *The Four: The Hidden DNA of Amazon, Apple, Facebook, and Google.* New York: Portfolio/Penguin.

Garcia, Denise. 2018. "Lethal Artificial Intelligence and Change: The Future of International Peace and Security." *International Studies Review,* Vol.20, No.2, pp.334~341.

Gill, Amandeep Singh. 2019. "Artificial Intelligence and International Security: the Long View." *Ethics & International Affairs,* Vol.33, No.2, pp.169~179.

Gilli, Andrea and Mauro Gilli. 2016. "The Diffusion of Drone Warfare? Industrial, Organizational, and Infrastructural Constraints." *Security Studies,* Vol.25, No.1, pp.50~84.

Gimelstein, Shelli. 2019. "Storm on the Horizon: How the U.S. Cloud Act may interact with Foreign Access to Evidence and Data Localization Laws." *Data Catalyst Report.* January.

Goswami, Namrata. 2018. "China in Space: Ambitions and Possible Conflict." *Strategic Studies Quarterly,* Vol.12, No.1, pp.74~97.

Grayson, Tim. 2018. "Mosaic Warfare." Keynote Speech delivered at the Mosaic Warfare and Multi-Domain Battle. DARPA Strategic Technology Office.

Haner, Justin and Denise Garcia. 2019. "The Artificial Intelligence Arms Race: Trends and World Leaders in Autonomous Weapons Development." *Global Policy,* Vol.10, No.3, pp.331~337.

Harrell, Peter. 2019. "5G: National Security Concerns, Intellectual Property Issues, and the Impact on Competition and Innovation." *Testimony before the United States Senate Committee on the Judiciary.* Center for a New American Security.

He, Qisong. 2019. "Space Strategy of the Trump Administration." *China International Studies,* Vol.76, pp.166~180.

Hitchens, Theresa. 2019. "Space Traffic Management: U.S. Military Considerations for the Future." *Journal of Space Safety Engineering,* Vol.6, No.2, pp.108~112.

Hoffman, F. G. 2017/18. "Will War's Nature Change in the Seventh Military Revolution?" *Parameters,* Vol.47, No.4, pp.19~31.

Holmes, Aaron 2020. "Tech leaders have long predicted a 'splinternet' future where the web is divided between the US and China. Trump might make it a reality." *Insider.* https://www.businessinsider.com/splinternet-us-china-internet-trump-pompeo-firewall-2020-8 (검색일: 2022.1.27).

Horowitz, Michael C., Sarah E. Kreps and Matthew Fuhrmann. 2016. "Separating Fact from

Fiction in the Debate over Drone Proliferation." *International Security*, Vol.41, No.2, pp.7~42.

Hozic, Aida A. 2001. *Hollyworld: Space, Power and Fantasy in the American Economy.* Ithaca, NY: Cornell University Press.

Huang, Yanzhong. 2020. "U.S.-Chinese Distrust Is Inviting Dangerous Coronavirus Conspiracy Theories And Undermining Efforts to Contain the Epidemic." *Foreign Affairs*, March 5.

Ikegami, Masako. 2013. "The End of a 'National' Defence Industry?: Impacts of Globalization on the Swedish Defence Industry." *Scandinavian Journal of History*, Vol.38, No.4, pp.436~457.

Ilachinski, Andrew. 2017. *AI, Robots, and Swarms: Issues, Questions, and Recommended Studies.* CNA Analysis & Solutions.

Jackman, Anna. 2019. "Consumer Drone Evolutions: Trends, Spaces, Temporalities, Threats." *Defense & Security Analysis*, Vol.35, No.4, pp.362~383.

Jensen, Benjamin M., Christopher Whyte and Scott Cuomo. 2019. "Algorithms at War: The Promise, Peril, and Limits of Artificial Intelligence." *International Studies Review*, Vol.22, No.3, pp.526~550, https://doi.org/10.1093/isr/viz025. (June 24, 2019).

Johnson, James. 2017. "Washington's Perceptions and Misperceptions of Beijing's Anti-access Area-denial(A2-AD) 'Strategy': Implications for Military Escalation Control and Strategic Stability." *The Pacific Review*, Vol.30, No.3, pp.271~288.

Johnson, James. 2019a. "The End of Military-Techno Pax Americana? Washington's Strategic Responses to Chinese AI-enabled Military Technology." *The Pacific Review*, Vol.34, No.3, pp.351~378. DOI: 10.1080/09512748.2019.1676299.

Johnson, James. 2019b. "Artificial Intelligence & Future Warfare: Implications for International Security." *Defense & Security Analysis*, Vol.35, No.2, pp.147~169.

Johnson, Keith and Elias Groll. 2019. "The Improbable Rise of Huawei. How did a Private Chinese Firm Come to Dominate the World's Most Important Emerging Technology?" *Foreign Policy*, April 3.

Johnson-Freese, Joan and David Burbach. 2019. "The Outer Space Treaty and the Weaponization of Space." *Bulletin of the Atomic Scientists*, Vol.75, No.4, pp.137~141.

Jørgensen, Rikke Frank and Tariq Desai. 2017. "Right to Privacy Meets Online Platforms: Exploring Privacy Complaints against Facebook and Google." *Nordic Journal of Human Rights*, Vol.35, No.2, pp.106~126.

Kaempf, Sebastian. 2019. "'A Relationship of Mutual Exploitation': The Evolving Ties between the Pentagon, Hollywood, and the Commercial Gaming Sector." *Social Identities*, Vol.25, No.4, pp.542~558.

Kania, Elsa B. 2019. "Chinese Military Innovation in the AI Revolution." *The RUSI Journal*, Vol.164, No.5-6, pp.26~34.

Klein, John J. 2012. "Space Strategy Considerations for Medium Space Powers." *Astropolitics,* Vol.10, No.2, pp.110~125.

Knight, Will. 2019. "Trump's Feud with Huawei and China could Lead to the Balkanization of Tech." *MIT Technology Review.* May 24.

Koch, Robert and Mario Golling. 2015. "Blackout and Now? Network Centric Warfare in an Anti-Access Area Denial Theatre." in M. Maybaum, et al.(eds.). *Architectures in Cyberspace.* Tallinn: NATO CCD COE Publications. pp.169~184.

Koppelman, Ben. 2019. "How Would Future Autonomous Weapon Systems Challenge Current Governance Norms?" *The RUSI Journal,* Vol.164, No.5-6, pp.98~109.

Krugman, Paul. 1994. "Myth of Asia's Miracle." *Foreign Affairs,* Vol.73, No.6, pp.62~78.

Kurç, Cağlar and Richard A. Bitzinger. 2018. "Defense Industries in the 21st Century: A Comparative Analysis-The Second E-Workshop." *Comparative Strategy,* Vol.37, No.4, pp.255~ 259.

Kurç, Cağlar and Stephanie G. Neuman. 2017. "Defence Industries in the 21st Century: A Comparative Analysis." *Defence Studies,* Vol.17, No.3, pp.219~227.

Lemley, Mark A. 2021. "The Splinternet." *Duke Law Journal,* Vol.70, pp.1397~1427.

Lewis, James Andrew. 2019. "Emerging Technologies and Managing the Risk of Tech Transfer to China." *CSIS Technology Policy Program Report.* Center for Strategic & International Studies.

Li, Ling and Ron Matthews. 2017. "'Made in China': An Emerging Brand in the Global Arms Market." *Defense & Security Analysis,* Vol.33, No.2, pp.174~189.

Lieber, Keir A. and Daryl G. Press. 2017. "The New Era of Counterforce: Technological Change and the Future of Nuclear Deterrence." *International Security,* Vol.41, No.4, pp.9~49.

Lim, Darren. 2019. "Huawei and the U.S.-China Supply Chain Wars: The Contradictions of a Decoupling Strategy." *War on the Rocks.* May 30.

Liu, Jinhe. 2020. "China's Data Localization." *Chinese Journal of Communication,* Vol.13, No.1, pp.84~103.

Luce, Edward. 2018. "The New Era of US-China Decoupling." *Financial Times.* December 20.

Martinez, Peter. 2018. "Development of an International Compendium of Guidelines for the Long-term Sustainability of Outer Space Activities." *Space Policy,* Vol.43, pp.13~17.

Meijer, Hugo, Lucie Béraud-Sudreau, Paul Holtom and Matthew Uttley. 2018. "Arming China: Major Powers' Arms Transfers to the People's Republic of China." *Journal of Strategic Studies,* Vol.41, No.6, pp.850~886.

Moltz, James Clay. 2019. "The Changing Dynamics of Twenty-First-Century Space Power." *Strategic Studies Quarterly,* Vol.13, No.1, pp.66~94.

Mori, Satoru. 2018. "US Defense Innovation and Artificial Intelligence." *Asia-Pacific Review,* Vol.25, No.2, pp.16~44.

_____. 2019. "US Technological Competition with China: The Military, Industrial and Digital Network Dimensions." *Asia-Pacific Review,* Vol.26, No.1, pp.77~120.

Ninia, John. 2020. "The impact of e-Commerce: China verses the United States." Cornell University SC Johnson College of Business. https://business.cornell.edu/hub/2020/02/18/impact-e-commerce-china-united-states/ (검색일: 2021.2.8).

O'Mara, Margaret. 2019. *The Code: Silicon Valley and the Remaking of America.* New York: Penguin Press.

Palanca, Gerie W. 2018. "Space Traffic Management at the National and International Levels." *Astropolitics,* Vol.16, No.2, pp.141~156.

Paoli, Giacomo Persi. 2018. "The Trade in Small Arms and Light Weapons on the Dark Web: A Study." UNODA Occasional Papers 32.

Parker, Geoffrey G., Marshall W. Van Alstyne and Sangeet Paul Choudary. 2017. *Platform Revolution: How Networked Markets Are Transforming the Economy and How to Make Them Work for You.* W. W. Norton & Company.

Payne, Kenneth. 2018. "Artificial Intelligence: A Revolution in Strategic Affairs?" *Survival,* Vol.60, No.5, pp.7~32.

Pelton, Joseph N. 2019. *Space 2.0: Revolutionary Advances in the Space Industry.* Chichester, UK: Springer Praxis Books.

Petit, Patrick. 2020. "'Everywhere Surveillance': Global Surveillance Regimes as Techno-Securitization." *Science as Culture,* Vol.29, No.1, pp.30~56.

Quintana, Elizabeth. 2017. "The New Space Age: Questions for Defence and Security." *The RUSI Journal,* Vol.162, No.3, pp.88~109.

Reily, Jeffrey M. 2016. "Multidomain Operations: A Subtle but Significant Transition in Military Thought." *Air & Space Power Journal,* Vol.30, No.1, pp.61~73.

Rollet, Charles. 2019. "Huawei Ban Means the End of Global Tech." *Foreign Policy.* July 7.

Scharre, Paul. 2018. *Army of None: Autonomous Weapons and the future of War.* New York: W.W. Norton.

Schell, Orville. 2020. "The Ugly End of Chimerica: The Coronavirus Pandemic has turned a Conscious Uncoupling into a Messy Breakup." *Foreign Policy,* Spring.

Schmitt, Michael N. 2006. "International Law and Military Operations in Space." in A. von Bogdandy and R. Wolfrum(eds.). *Max Planck Yearbook of United Nations Law,* Vol.10, pp.89~125.

Schneider, Jacquelyn. 2019. "The Capability/Vulnerability Paradox and Military Revolutions: Implications for Computing, Cyber, and the Onset of War." *Journal of Strategic Studies,* Vol.42, No.6, pp.841~863.

Schulzke, Marcus. 2019. "Drone Proliferation and the Challenge of Regulating Dual-Use Technologies." *International Studies Review,* Vol.21, No.3, pp.497~517.

Schwab, Klaus. 2016. *The Fourth Industrial Revolution.* World Economic Forum.

Scott, Allen J. 2004. "Hollywood and the World: The Geography of Motion-picture Distribution and Market." *Review of International Political Economy,* Vol.11, No.1, pp.33~61.

Sharkey, Noel. 2008. "The Ethical Frontiers of Robotics." *Science,* Vol.322, No.5909, December 19.

Shaw, Ian G. R. 2017. "Robot Wars: US Empire and Geopolitics in the Robotic Age." *Security Dialogue,* Vol.48, No.5, pp.451~470.

Shea, Dennis C. 2016. "Testimony before the House Space, Science, and Technology Committee, Subcommittee on Space Hearing on 'Are We Losing the Space Race to China?'" House Committee on Science, Space and Technology. September 27.

Simon, Phil. 2011. *The Age of the Platform: How Amazon, Apple, Facebook, and Google Have Redefined Business.* Morton Publishing.

SIPRI. 2018. "SIPRI Arms Industry Database." Stockholm International Peace Research Institute.

Smart, Barry. 2016. "Military-Industrial Complexities, University Research and Neoliberal Economy." *Journal of Sociology,* Vol.52, No.3, pp.455~581.

SpaceTec Partners. 2016. "New Business Models at the Interface of the Space Industry and Digital Economy: Opportunities for Germany in a Connected World." Executive Summary (English), SpaceTec Partners Report.

Stitchfield, Bryan T. 2020. "Small Groups of Investors and Their Private Armies: the Ascendance of Private Equity Firms and Their Control over Private Military Companies as Further Evidence of Epochal Change Theory." *Small Wars & Insurgencies,* Vol.31, No.1, pp.106~130.

Tang, Min. 2020. "Huawei Versus the United States? The Geopolitics of Exterritorial Internet Infrastructure." *International Journal of Communication,* Vol.14. pp.4556~4577.

Volpe, Tristan A. 2019. "Dual-use Distinguishability: How 3D-Printing Shapes the Security Dilemma for Nuclear Programs.," *Journal of Strategic Studies,* Vol.42, No.6, pp.814~840.

Walker, Christopher and Jessica Ludwig. 2017. "The Meaning of Sharp Power: How Authoritarian States Project Influence." *Foreign Affairs.* November 16, pp.8~25.

Walt, Stephen M. 2020. "The Realist's Guide to the Coronavirus Outbreak." *Foreign Policy.* March 9.

Wayne, Mike. 2003. "Post-Fordism, Monopoly Capitalism, and Hollywood's Media Industrial Complex." *International Journal of Cultural Studies,* Vol.6, No.1, pp.82~103.

Weinzierl, Matthew. 2018. "Space, the Final Economic Frontier." *Journal of Economic Perspectives,* Vol.32, No.2, pp.173~192.

Weiss, Moritz. 2017. "How to Become a First Mover? Mechanisms of Military Innovation and the Development of Drones." *European Journal of International Security,* Vol.3, No.2, pp.187~210.

White House. 2017. *National Security Strategy of the United States of America.* December, 2017.

_____. 2018. *National Cyber Strategy of the United States of America.* September, 2018.

Williams, John. 2015. "Democracy and Regulating Autonomous Weapons: Biting the Bullet while Missing the Point?" *Global Policy,* Vol.6, No.3, pp.179~189.

Winkler, John D., Timothy Marler, Marek N. Posard, Raphael S. Cohen and Meagan L. Smith. 2019. "Reflections on the Future of Warfare and Implications for Personnel Policies of the U.S. Department of Defense." RAND.

Yang, Chih-Hai. 2020. "Determinants of China's Arms Exports: A Political Economy Perspective." *Journal of the Asia Pacific Economy,* Vol.25, No.1, pp.156~174.

Zhao, Yun and Shengli Jiang. 2019. "Armed Conflict in Outer Space: Legal Concept, Practice and Future Regulatory Regime." *Space Policy,* Vol.48, pp.50~59.

찾아보기

지은이

/

김상배(金湘培)

서울대학교 정치외교학부 교수이다. 현 사이버안보학회 회장과 서울대 미래전연구센터 센터장을 맡고 있다. 미국 인디애나대학교에서 정치학 박사학위를 취득했다. 정보통신정책연구원(KISDI) 책임연구원으로 근무한 바 있다. 세 번째 단독 저서인 『아라크네의 국제정치학: 네트워크 세계정치이론의 도전』은 2014년도 한국국제정치학회 학술상을 수상했다. 주요 관심 분야는 '정보혁명과 네트워크의 세계정치학'의 시각에서 본 권력 변환과 국가 변환, 중건국 외교 등과 관련된 이론적·경험적 이슈들이며, 신흥안보와 사이버 안보, 디지털 경제, 공공외교, 미래전 등의 주제를 연구하고 있다.

한울아카데미 2362

서울대학교 미래전연구센터 총서 5

미중 디지털 패권경쟁

기술·안보·권력의 복합지정학

ⓒ 김상배, 2022

지은이 김상배 ㅣ **펴낸이** 김종수 ㅣ **펴낸곳** 한울엠플러스(주) ㅣ **편집** 정은선

초판 1쇄 발행 2022년 4월 6일 ㅣ **초판 2쇄 발행** 2023년 11월 20일

주소 10881 경기도 파주시 광인사길 153 한울시소빌딩 3층

전화 031-955-0655 ㅣ **팩스** 031-955-0656 ㅣ **홈페이지** www.hanulmplus.kr

등록번호 제406-2015-000143호

Printed in Korea.

ISBN 978-89-460-7362-3 93340 (양장)

  978-89-460-8167-3 93340 (무선)

※ 책값은 겉표지에 표시되어 있습니다.

※ 무선 제본 책을 교재로 사용하시려면 본사로 연락해 주시기 바랍니다.

한울엠플러스의 책

서울대학교 미래전연구센터 총서 3

우주경쟁의 세계정치
복합지정학의 시각

- 김상배 엮음
- 김상배·최정훈·김지이·알리나 쉬만스카·한상현·이강규·
  이승주·안형준·유준구 지음
- 2021년 5월 3일 발행 ┃ 신국판 ┃ 352면

**주요국의 우주전략과 우주공간에 대한 쟁점을
복합지정학의 시각에서 분석한다!**

'우주'는 기본적으로 한 나라의 주권과 지리적 경계를 넘어서는 탈지정학의 공간이다. 또한
민간 기업의 우주기술 개발이 빠르게 성장함에 따라 출현한 이른바 '뉴스페이스'의 등장은
우주공간의 초국적인 성격, 즉 비지정학적 측면을 보여준다. 여기에 우주 문제의 안보화와
더불어 다양한 이해 관계자들의 협력과 경쟁이 함께 일어나는 비판 지정학의 동학까지 작용
한다. 이러한 맥락에서 본다면, 우주공간에서의 주도권을 장악하기 위한 주요국들의 경쟁은
단순한 기술적·산업적 차원에서 나아가 거시적이고 포괄적인 시각에서 바라볼 필요가 있
다. 이에 이 책은 탈지정학, 비지정학, 비판 지정학을 아우른 '복합지정학의 시각'을 원용하
여 우주를 둘러싼 각국의 경쟁과 국제협력에 관한 쟁점을 분석했다.

미국과 중국을 필두로 주요국들은 우주산업 개발에 앞장서고 있다. 여기에 냉전기 이후의
부침을 극복하고 우주 관련 이슈에 적극적인 태도를 보이고 있는 러시아, 다른 국가에 대한
의존성을 낮추고 독립성을 높이려고 시도하는 유럽연합까지 더해 그 경쟁이 치열해지고 있
는 상황이다. 이에 이 책은 각국의 우주전략을 분석하고 우리나라에 주는 함의를 도출하고
자 했다.

서울대학교 미래전연구센터 총서 4

디지털 안보의 세계정치

미중 패권경쟁 사이의 한국

- 김상배 엮음
- 김상배·이중구·신성호·송태은·이승주·손한별·노유경·
  고봉준·정성철·유준구 지음
- 2021년 10월 28일 발행 | 신국판 | 344면

수세와 공세를 병행하는 미국 vs. 투자와 집중력으로 무장한 중국,
복합지정학의 시각에서 이해한 미중 디지털 안보경쟁

서울대학교 미래전연구센터 총서 네 번째 책이다. 이번 총서 4는 앞서 출간된 총서 1~3권에서부터 일관성 있게 탐구해 온 '첨단기술과 국제질서의 변환'이라는 주제의 연장선에 있다. 총서 4에서는 '디지털 기술'이 야기하는 문제가 양적으로 늘어나고 질적으로 변화하면 국가 안보의 문제로 비화된다는 진단 아래, 패권경쟁을 벌이고 있는 대표적 국가인 미국과 중국의 디지털 안보경쟁을 논의하고자 한다.

이 책에서 주로 원용한 시각은 '복합지정학'이다. 복합지정학의 시각에서 이해한 미중 디지털 안보경쟁은, 좁은 의미의 자원경쟁이나 기술경쟁을 넘어서 표준경쟁 또는 플랫폼 경쟁의 형태로 전개되고 있다. 이러한 문제의식을 바탕으로, 포괄적이고 총체적인 시각에서 미중경쟁과 더 넓게는 변화하는 국제질서의 맥락을 읽을 수 있도록 구성했다.

이를 위해 사이버전·전자전 영역, 사이버심리전, 군사정보·데이터 안보 영역에서 두 국가의 경쟁 양상을 파악했다. 전반적으로 미국이 앞서 가고 중국이 그 뒤를 바짝 쫓는 모양새지만, 중국의 빠른 성장 속도는 주목할 만하다. 우주개발, 드론 산업, 자율무기체계와 같은 첨단기술 영역에도 고도화된 디지털 기술이 적용된다는 점을 고려하여, 기술 분야에서의 양국의 전략도 면밀히 탐구했다.